U0577186

天津记忆文库第二种

王振良◎主编

涉園縹緗

藏书家陶湘资料三种

李小芹 编

南開大學出版社

天津社会科学院出版社
TIANJIN ACADEMY OF SOCIAL SCIENCES PRESS

图书在版编目（CIP）数据

涉园缥缃：藏书家陶湘资料三种 / 李小芹编. -- 天津：南开大学出版社：天津社会科学院出版社，2024.1
（天津记忆文库 / 王振良主编）
ISBN 978-7-310-06413-7

Ⅰ. ①涉… Ⅱ. ①李… Ⅲ. ①陶湘（1871-1940）— 人物研究 Ⅳ. ①K825.41

中国国家版本馆CIP数据核字(2023)第013170号

涉园缥缃：藏书家陶湘资料三种
SHEYUAN PIAOXIANG : CANGSHU JIA TAO XIANG ZILIAO SANZHONG

南开大学出版社
天津社会科学院出版社　出版发行

出版人：陈　敬
地址：天津市南开区卫津路94号　邮政编码：300071
营销部电话：(022) 23508339　营销部传真：(022) 23508542
https：//nkup.nankai.edu.cn

北京建宏印刷有限公司印刷　全国各地新华书店经销
2024年1月第1版　2024年1月第1次印刷
787毫米×1092毫米　16开本　32.75印张　566千字
定价：98.00元

如遇图书印装质量问题，请与本社营销部联系调换，电话（022）23508339

序　言

陶祖莱

从古至今，中华文化之所以绵延不绝，历代先贤著书、藏书、刻书、传书之功实不可没。千载之下，虽世变频仍，然光辉灿烂的中华文明仍可藉书传人而存。及至清末，虽然乱世文衰，但文脉传承仍不绝如缕。

先父陶公，名湘，字兰泉，号涉园，江苏武进人。清末生于书香世家，弱冠以县学生保送鸿胪寺序班，累擢至道员。后经时任铁路大臣盛宣怀、直隶总督袁世凯保荐，历任京汉路养路处机器厂总办、上海三新纱厂总办、山东峄县中兴煤矿公司董事、天津裕元纱厂经理、山东鲁丰纱厂常务董事、交通银行总行总襄理等职。参与了洋务运动中相关交通、纺织、矿业及金融等领域建设。1929年应聘故宫博物院专门委员。

兰泉公虽长于经营民生事务，然论其成就，当首推其在藏书、校书及刻板印书方面的贡献。1916年至1934年，兰泉公寓居天津，其大规模藏书、校书、雕版、刻书工作，主要集中于此时。

兰喻君子，泉称贤士。君子之仪，文质彬彬；贤士所行，不离风雅。兰泉公于清朝末叶为官，民国时期又致力实业和金融，但其情怀所寄仍是自古文人之积习遗风——曾自言“生平于缥缃外，无他嗜。”其兄陶珙、弟陶洙同有藏书之好，更相熏染，砥砺不已。兰泉公不仅爱书、寻书、藏书，更致力于校书与刻书。其所藏所刻之书，无一不是费尽心力，尤对一些宋版精品，还有孤本、善本，更是四处搜求，极力购得，后据所需而定是否校订、重刻，纵使散尽千金亦所不惜。在20世纪初，活跃于京津两地之际，其藏书逾三十万卷，跻身蜚声中外的大藏书家之列。

历来卓识之士，自有丈夫巨眼。兰泉公藏书，颇具独特之处：不仅及早着眼于当时存世仍多的明清两代刻本，嗜好毛氏汲古阁刻本、武英殿本、闵氏套印本、开化纸本等独特版本，更要求所藏之书的完整性、美观性，这些都成为藏家大宗。其装帧之精，无论从笺纸、布函、包角、钉线，都有着自己专门之定规。所藏之书既丰且美，为必要的校勘和刻印提供了充分条件。

由藏书转入雕版印书，更彰显出兰泉公另一层的为人妙意。雕版再印首要校书，他交友广阔，多有近代历史上之风云人物，其中更多大家名士，如缪荃孙、傅增湘、章钰等人,学识深湛自不必说,均是藏书甚丰之同好。彼此互出珍藏,商讨校对,令其所刻之书,不仅能补前代之不足,更能集众书之所长,订正错谬,考察得失。如校刻《营造法式》,使此前纷乱如麻、莫辨真伪的"营造学"从此明晰,"陶本《营造法式》"成为后世"营造"之母本,深远影响直至今日,其功自不可没。

此外,其所刻之书,无论影刻宋元本或抄本等,或以诸法套印,或精写精印,皆是纸阔、色白、墨漆、装订之整洁,入目之赏心,皆为不惜工本之作,故世有"陶本"之誉。

所谓芝兰生于泉侧,爱其水之清澈甘甜也。兰泉公称其藏书之处为"涉园"。《易经》需卦所言"光亨贞吉,利涉大川",徒行历水为"涉",渡也;园者,可解为身心之家园,此二字颇具儒者历世之妙意。遥想兰泉公立身于乱世,汇集点滴承载中华文化源泉之古籍,也许便是其时君子稍可寄托身心的家园吧!入于典籍家园,若涉红尘之中,既有自谦之意,亦显洁身自好之美。

据兰泉公好友之家人所言,公一生所行秉承儒家君子之规,为人慷慨尊礼。亲朋无论贫富,若来则必拱手相迎于门前,再拱手相送于阶下。如来者家贫可能需要接济,则往往不必来宾开口,银两早已封好相赠。

1939年,兰泉公七十岁寿辰,听闻子女欲为其祝寿,叹息曰:"余何人,老拙无能,古稀曷贵,何足言寿;今何时,烟尘遍地,国难未纾,更何心言寿。虽然人子思娱其亲,恒情也。余平生志趣,唯书是嗜,初则收书,继则刻书。承当代通人不弃,小有因缘。不无可念。"同年8月23日,上海《申报》刊载了兰泉公于七十寿辰之际,以亲友寿礼悉数折资,移赠建设上海灾童教养所事宜。

"万卷书册一身藏,散落人间宣芬芳",此可谓兰泉公藏书一生之志。民国肇建,然军阀割据混战,世事维艰。兰泉公63岁辞去兼职,闭户家居,专理刻书之事。为支撑重刻雕版再印,被迫出售珍本藏书,七八年间好书售罄。涉园凋落于国破之时,典籍流散于乱世其间。万事东流,二十年光阴、三十万巨册,聚散不过朝夕。所幸其书并未全部毁损,据悉尚余二十余万册于日本及中国台湾等地。更有幸者,其苦心辑注再版的《天工开物》《营造法式》等书籍,如今在各种营造研究单位开花散叶,服务大众。

国人君子,常有融入骨血中的使命感。在其人生历世过程中,总会绽放出自身的神韵光辉:在己,为"天行健,君子自强不息"之奋斗;于民族,彰显"君子不屈于力,在于不弱其心"之坚韧。

唐代洞山良价禅师有一首诗偈云:"净洗浓妆为阿谁?子规声里劝人归。百花落尽啼无尽,更向乱峰深处啼。"兰泉公一生处于时局变化、命运难测的时代激流之中，身边的一切似乎都是进退两难的现实。但在时局的枯荣生灭与个人的盛衰起落之间，其所行让后辈感觉到的却是一副“日月依旧朗照”的画面。究其根源，是其依君子之道，于乱世中对民族文化传承的努力和贡献。

俯仰天地，乱峰深处无他，是无尽藏！

2019年2月25日

注：本篇序言系陶湘之子陶祖莱口述，陶湘之孙陶昕整理。陶祖莱教授（1938年3月—2021年5月）1962年毕业于南京航空学院空气动力学专业，在中科院力学研究所从事超音速进气道研究。1964年参与研发中国第一代单兵防空导弹，后从事流体力学领域研究。1977年开始从事生物力学、生物医学工程等跨领域、跨学科研究。自1979年，师从国际生物力学创始人冯元桢先生，与黄家驷、顾方舟、俞梦孙等先生一起开创了我国生物力学、生物医学工程的新纪元。其所创建细胞力学和连续流式电泳流体力学实验系统达国际先进水平，在可变形管流动稳定和突变、大血管特征流型、流体动力与细胞生长关系等方面均作出重大科学贡献；在空间生物技术研究方面，其成果为我国成功完成载人航天这一壮举作出了重要贡献。三十年来，在钱学森先生多次亲笔信件的指引与鼓励下，陶祖莱教授提出发展整体系统观与生物力学相结合的学术观点，致力于用系统控制论思想发展生物医学工程，与俞梦孙先生一道建设符合钱学森先生思想的“健康医学工程”，并在包括“医工结合”内的相关领域支持、培养了我国生物医学工程领域众多年轻学者、专家。2015年，陶祖莱教授荣获中国生物医学工程学会终身贡献奖。2020年，他以八十二岁高龄再获中国生物医学工程学会学会工作杰出贡献奖。

目 录

上 编

中 编

下 编

附 编

·上　编·

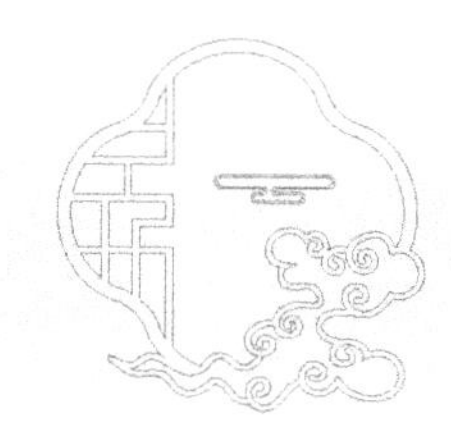

武进陶湘字兰泉号涉园七十年记略

同治九年庚午,一岁。七月十七日酉时,生于浙江慈溪县典史署中。同日戌时,弟璐生,字宝如。后改名瑢,字鉴泉,实孪生也。九月初五日,先祖母张夫人在里病故,即日随同先父母奔丧回里。

十年辛未,二岁。

十一年壬申,三岁。妹全贞生,后殇。

十二年癸酉,四岁。

十三年甲戌,五岁。十二月,四弟珩生,字璞如。是年,先伯父服阕,回山东省,补授山东莱芜县知县,十一月,到任。

光绪元年乙亥,六岁。四月,伯父饬人迎养全眷到莱芜任所。

二年丙子,七岁。十月,五弟镕生,字文泉,弥月后即嗣伯父,盖伯父铨生公长子泗(字圣泉)已嗣大伯父菊存公(讳锡蕃)也。

三年丁丑,八岁。是年先父服阕后,改选浙江德清县典史,八月,随任之德清。

四年戊寅,九岁。正月,伯父调任山东恩县。二月,先父以病请解德清县典史任回里。三月,六弟洙(字心如)生。

五年己卯,十岁。八月,先兄圣泉病故,伯父因大房、二房人丁稀少,又以湘为嗣。九月,随任之山东恩县读书。十二月,庶母孙太夫人来归。

六年庚辰,十一岁。

七年辛巳,十二岁。弟思澄(字芷泉)生,庶母孙出。于是圣泉公行一,予行二,文泉行三,芷泉行四,男女并行焉。

八年壬午,十三岁。随任之山东泰安县。

九年癸未,十四岁。随任之山东历城县。

十年甲申,十五岁。随任之山东即墨县。五月,又随任之山东胶州。

十一年乙酉,十六岁。二月,五妹德贞生,后适大兴县祝惺元(字砚溪)。

十二年丙戌,十七岁。本生胞兄珙(字裔如)游阳湖县庠。

十三年丁亥,十八岁。六弟淦生,字醴泉。

十四年戊子,十九岁。随任之山东临清直隶州。八月,七妹丽贞生,后适同里李宝猷(字莼宜)。

十五年己丑，二十岁。先是族兄郢声（讳钧）为湘之业师。族兄之先人有寄籍顺天大兴者，族兄因南闱屡试不售，改赴寄籍应院试。予相偕赴顺天应试，游大兴县庠。

十六年庚寅，二十一岁。八弟沅（字云泉）生。是岁，大兴县学以鸿胪寺序班保予递送顺天学政，验准送部咨寺到官。是岁，本生胞弟瑢游阳湖县庠。

十七年辛卯，二十二岁。娶同里恽氏君实公（讳宝桢）女，伯芳公（讳鸿仪）孙女也。

十八年壬辰，二十三岁。由鸿胪寺序班捐五品职衔，指项同知实职，加足三班分省试用，投效山东黄河工次，随同堵筑山东济阳县灰坝及惠民县白茅坟等处漫口合龙，异常出力。经前山东巡抚蒙古福公润随折奏保，十二月初一日奉上谕：陶湘着免补本班，以知府分省补用，并加三品衔，钦此。

十九年癸巳，二十四岁。四月，九妹顺贞生，后适同里程祖绶（字少鹤）。族兄钧，中式本科顺天乡试举人。

二十年甲午，二十五岁。正月，长女祖瑸生。

二十一年乙未，二十六岁。三月，次男祖椿生。同月，十妹全贞后殇。六月，嗣父因案左迁通判，随侍旋里。

二十二年丙申，二十七岁。七月，大伯母金夫人卒。八月，丁本父忧。十一月，三男祖棠生。

二十三年丁酉，二十八岁。正月，十一妹福贞生，后适同邑李德基（字勋臣）。八月，本生父忧，服阕，以知府办理指省浙江，引见到省。

二十四年戊戌，二十九岁。七月，丁本生母周夫人忧。十二月，四女祖嘉生，后适浙江德清刘曾元（字焕文）。

二十五年乙亥，三十岁。九月，本生母忧服阕，回浙江省。十月，嗣父选授湖南宝庆府通判，因先曾捐指近省，改选安徽池州府通判。

二十六年庚子，三十一岁。春，十二妹闰贞生，后殇。夏，拳匪事起。经前闽浙总督许、浙江巡抚刘会委办理闽浙勤王卫军后路转运，驻清江浦。九月，五男祖松生。

二十七年辛丑，三十二岁。夏，闽浙卫军撤防回浙，以转运微劳，经前署浙江巡抚余奏保，补缺后以道员用。九月，嗣父由池州府通判遵例捐复原官原衔，仍以道员指山东原省补用。时以昭信股票银两上兑诸事妥帖，引见有期，忽患中风病故。部友于先父病重时，代父呈请以昭信股票银两移奖子弟，奉部核准在案。十月，扶嗣父柩回里安葬。

二十八年壬寅，三十三岁。据移奖案，以道员用浙江候补知府，呈请加足三班过道员,改指直隶,经部核准。七月,经前铁路督办大臣盛、前直隶总督袁会委京汉铁路北路养路处机器厂总办并弹压地方事宜,十月到差。

二十九年癸卯,三十四岁。二月,两宫祇谒西陵,随办火车驻跸事宜。六月,调办京汉铁路北路行车事宜。十一月,丁嗣母庄夫人忧。

三十年甲辰,三十五岁。正月,六男祖桐生。二月,扶庄夫人柩回里,与光禄公合葬,事毕耑返京汉北路差次。

三十一年乙巳,三十六岁。秋,京汉黄河桥工竣。十二月,京汉铁路全路告成,经前京汉铁路督办盛、直隶总督袁、两湖总督张会奏,保奖二品衔。九月,七弟醴泉病故,其聘室同邑吕氏过门守节,旌表节孝,以芷泉次子祖彰为嗣。十一月,七男祖模生。

三十二年丙午,三十七岁。办理河南彰德合操运输主任,改派京汉铁路全路行车副监督。

三十三年丁未,三十八岁。母忧服阕,以道员引见到省直隶,又办理达赖喇嘛进京、出京护送事宜。八月,女祖定生,后殇。是年十月,经前东三省总督徐调办蒙务局坐办。十二月,经邮传部咨调回部,奏派赴江西九江、安徽芜湖等处查办铁路事宜。

三十四年戊申,三十九岁。经铁路总局梁派驻上海,筹办火车运输商货事宜。

宣统元年己酉,四十岁。二月,经前邮传部右堂兼商约大臣盛委办上海三新纱厂总办。九月,醴泉弟媳吕氏病故,与弟醴泉合葬白家桥先茔之侧。

二年庚戌,四十一岁。正月,九男祖柟生。是年,常州陶氏由明万历中自溧阳迁居常州支谱告成,计自丁酉年创修起,距今十有四年矣。孟昭常序曰:陶氏于溧阳为蕃族,自明万历之末,福建邵武府知府人群居常州,遂为常州陶氏之始,今所称始迁祖匏宇公者也。迁常至今垂三百余年,传世十二,卒皆葬常州。平时与溧阳不相问闻,惟祭祀或间岁一与,形迹既疏阔而未尝别为谱,谱与溧阳合,支派蕃衍,体例益杂,其远祖世系,旁延远揽,颇涉诞漫,语在远祖世系表记。及是,溧阳人复以修谱来征,匏宇公十世孙湘字兰泉者,始建议别为谱,断自匏宇公始。余闻而韪之,因属余为之序。余谓:君子之爱其亲也,根乎性,发乎情,非摄之以名分,而迫之以不得不然者也。至亲莫如父,推父之恩以及其祖,又递推之以及其高祖,至于高祖则亲尽。圣人之制,亲尽则无服,以为亲亲之恩,上杀之。高祖,旁杀之。从高祖之伯叔兄弟及兄弟之子,下杀。至谓我为高祖者,则情意不属,情意不属而强为之服,则虽俨然衰绖,决不能动其哀慕之思,是率天下而出于伪也。摄之以名分,而使出于伪,圣人不为也。昔者苏明允氏作族谱,断自高祖以下,其意甚精。今世俗通行之谱乃殊不然，而君子不欲厚非者，亲亲之杀至于高祖而已极。尊祖之意，则远至数十世而不衰，故自命大夫以上，皆有别子为祖、继别为宗之义，此皆仁孝诚敬之至，圣人弗能已也。惟自高祖以上，任几何世，其昭穆位序，或有一豪不慊于心，则不如其已。非其祖而祖之，吾心既有不安，非祖之所自出而强命吾祖祖之，又重得罪于其祖。然且承讹袭谬，传之子县，百世不易。一若摄于名分而无自脱者，此何说耶。兰泉之言曰：常州陶氏自匏宇公以下皆可考悉，其上则或可信或不可信，茫无断限。今断自匏宇公始，求吾心之所安而已。抑吾闻之，敬宗莫大乎收族。陶氏居常州十余世，已有疏远不复相过往者。若夫溧阳相钜数十世，远隔数百里，生死契阔，渺乎其不相接而强之合为一谱，徒滋汗漫，无复存亲厚之心，责之收族岂不难哉？摄之以名分而使出于伪，虽溧阳人亦何取乎！书此，以为常州陶氏支谱序并以谂溧阳人焉。

夏，又印《昭代名人尺牍续集》二十四卷，另有小传附于卷首。告成，阳湖恽彦彬、吕景瑞，武进李宝淦，江阴金武祥，钱塘程祖福，均先后有序。自跋曰：道光初年，海盐吴氏有《昭代名人尺牍》之刻，以墨迹双钩勒石，名家手泽赖以不湮，洵为艺林杰制。近时坊间出有续编，不满百家，挂漏草率，殊非完帙。杭州西泠印社，本有续刻之举，因搜罗未备，镌石维艰，久而未就。江南某故家，其先久佐曾文正公幕府，集成函牍最夥，身后大半散佚，剔其丛残，犹存百数十通，乃辗转以厚值得之。近人如慈溪严氏，乌程庞氏，钱塘程氏、施氏，收藏名人手札最称美富，加以吾郡江阴金氏，武进徐氏、庄氏、沈氏、方氏，阳湖史氏、刘氏、汪氏，诸旧家所藏不下千数百家。西泠印社石刻既已中辍，爰商选其已得者，并向诸鉴藏家一一借选，都凡名人五百八十七家，六百九十七通，区为二十四卷，虽未能尽诸家之长，窥手迹之全，而精神学力，文采所寄，于是乎在况因文见道，知人论世，尤足以裨益智识，发皇翰藻耶？吴刻垂百年矣，继者寂寂，安敢不勉，以付影印，公诸同嗜，不贤殿小或亦方家大雅所无讥乎。是集之成，助函牍者，慈溪严子均义彬，乌程庞莱臣元济，钱塘程听彝祖福、施子英则敬，仁和张谓亭继曾，建德胡幼嘉念修，海盐张绍莲思仁，归安吴著唐曰晁，贵筑杨寿同通，桐城方重审德琏，江阴金溎生武祥，无锡廉惠卿泉，宜兴任毓华之骅，武进徐桂宝寿基、黄旭初山寿、庄思缄蕴宽、沈友卿同芳、刘显卿德孙、方燮尹宾穆、翁佩甫振铭，阳湖恽樗园彦彬、汪渊若洵、赵竹君凤昌、史新铭耜孙、冯晓卿嘉锡、刘述文毅以及西泠印社诸君子。订正者，阳湖吕蛰龕景端。商榷者，阳湖庄心庵赓良，武进李泾翳宝淦，吴县王大炘冰铁及樗园、溎生、听彝、渊若、竹君、思缄、友卿、燮尹诸先生。校录者，阳湖史巽圃宝年。缮写小传者，武进杨怀仁励安也。他山之助赞成斯役备书之，以志勿谖焉。金武祥序曰：书牍之精起于晋贤，唐宋元明以来，代多名笔，皆散见诸家丛贴中。国朝海盐吴氏，刻《昭代名人尺牍》，始专以尺牍名，岂非以碑铭传册，意涉矜持，不若尺牍之随意抒写，天真流露耶。吴刻在道光初冬，去今近百年，其间名公巨卿、文学之士联翩继起，间有续刻。赓嗣吴氏之志者，或体例未善，或搜集未备，真赝莫辨，学者每以为憾。且石刻名匠罕觏，钩勒稍未致精，即有貌合神离之弊。近日发明石影秘法，为古人传真，惟妙惟肖，转胜石刻。吾乡涉园主人博习古今，多识海内旧家名辈，遍征所藏编为续集，影印流布。余家藏昔贤手札亦为征集，都凡五百八十余家二十有四卷，既以补吴刻所未备，而中兴以来，采获尤多。夫世变日亟，名公巨卿、文学之士所由，以功业学问著称于世者，视昔不同而其足资后人之取法也弥切。其间微言轶事，兼可为拾遗补阙之资。况观于中兴诸公，当戎马倥偬间而笔阵整暇如此，尤可以增长道力。则兹编之辑正不徒以游艺供鉴赏而已。孟子言，诵诗读书，论世知人，其此之谓乎？至于网罗之富、甄择之精、印刷之美，印以书苑论亦不刊之本也。印成属序于予，谨缀简端，以质当世大雅闳达之彦焉。

宣统三年辛亥，四十二岁。元和吴印丞氏昌绶，创办影刻历代名人全集中之词，计四十种。且为四十种提要，一卷名曰《叙录》，刻至十七种，资绌中止，将已刻之木板及未刻之稿本售归于予，并以所刻之《叙录》归名于予。予不忍将吴氏成绩湮没，迨甲子年，四十种刻毕，前十七种为吴氏所刻者，仍吴名《双照楼》。予续刻之二十三种，始名《涉园续刻词录》，其目如左。

《双照楼》十七种目次曰：吉州本《欧阳文忠公近体乐府》三卷，宋本《闲斋琴趣外篇》六卷，宋本《晁氏琴趣外篇》六卷，宋本《酒边集》一卷，宋本《芦川词》二卷，宋本《于湖居士乐府》四卷，宋本《渭南词》二卷，宋本《鹤山先生长短句》三卷，宋本《可斋词》七卷，宋本《石屏长短句》一卷，宋本《梅屋诗余》一卷，元延祐本《知常先生云山集》一卷，明正德仿宋本《花间集》七卷，明洪武遵正书屋本《草堂诗余前集》二卷，又《后集》二卷，元至大本《中州乐府》一卷，元本凤林书院《草堂诗余》三卷，以上十七种为吴氏《双照楼》刻。宋本《东山词》一卷，宋本《山谷琴趣外篇》三卷，宋本《详注周美成词》十卷，宋本《稼轩词》甲乙丙集三卷，小草斋钞本《辛稼轩长短句》十二卷，宋本《于湖先生长短句》五卷，《拾遗》一卷，宋本《虚斋乐府》二卷，元人抄本《竹山词》二卷，宋本《后村居士诗余》二卷，元本《方秋崖词》四卷，金本《燔溪词》一卷，元本《遯庵乐府》一卷，又《菊轩乐府》一卷，明弘治高丽本《遗山乐府》三卷，元本《松雪乐府》一卷，元本《静修乐府》一卷，元本《道园乐府》一卷，元本《此山乐府》一卷，元本《汉泉乐府》一卷，明洪武本《程雪楼乐府》一卷，元本《王秋涧乐府》四卷，宋本《中兴以来绝妙词选》十卷，汲古阁抄本《天下同文》一卷，以上二十七种均涉园续刻。又名四十种词，又江阴缪艺风氏荃孙，影刻毛抄宋本宋金词七种，原系湖北陶子麟锓木，亦因资绌中止，售板归余。一曰《和石湖词》，二曰《菊轩乐府》，三曰《东浦词》，四曰《渭川居士词》，五曰《初寮词》，六曰《空洞词》，七曰《知稼翁词》，遂与前刻四十种词合而为，一以印行焉。

民国元年壬子，四十三岁。公推予为招商轮船局及汉冶萍煤矿等处董事。

民国二年癸丑，四十四岁。十二月，十男祖梁生。是年，江阴缪艺风氏有明嘉靖间王良栋抄宋本《儒学警悟》七集，实为丛书之始，至今绝少流行，洵孤帙也。所谓七集者，宋汪应辰《石林燕语辨》十卷，程大昌《演繁露》六卷，马大年《懒真子录》五卷，程大昌《考古编》十卷，陈善《扪虱新语》上下集各四卷，俞成《萤雪丛说》二卷，共七集也。原为宗室盛意园所藏，转藏于缪氏，今由缪氏归予，且详校撰序，授湘付梓。叙曰：唐以来有类书，宋以来有丛书，朱氏《绀珠》、曾氏《类说》已汇数十种而刻之，然皆删节不全，至取各书之全者并序跋，不遗前人，以左圭《百川学海》为丛书之祖，顾《学海》刻于咸淳癸酉，先七十余年，已有《儒学警悟》一书，俞鼎孙、俞经编，计七集四十卷。首为《石林燕语辨》十卷，玉山汪应辰撰，有石林山人原序，俞闻中跋语。按《石林燕语》十卷，宋叶梦得撰，其子栋程模编，明正德元年御史杨武重刊，万历间商维濬刻于《稗海》中。《四库总目》云，梦得为绍圣旧人，徽宗时尝司纶诰于朝章国典，夙所究心。故是书纂述旧闻，皆有关当时掌故，于官制科目言之尤详。又云，陈振孙《书录解题》谓其书成于宣和五年，然其中论馆伴辽使一条称建炎三年，又论宰相一条谓自元祐五年，至今绍兴六年，则书成于南渡之后，振孙之书未核矣。惟梦得当南北宋间，戈甲倥偬，图籍散失，或有记忆失真、考据未详之处，故汪应辰作《石林燕语辨》，而成都宇文绍弈亦作《考异》，以纠之应辰之书。振孙已称未见。盖宋末传本即稀，仅《儒学警悟》间引数条，与绍弈《考异》同散见《永乐大典》中。然寥寥无几，难以成编。惟绍弈之书尚可裒集，谨蒐采《考异》各附梦得书本条之下云云。咸丰间，仁和胡心耘在京师，诣清秘堂亲检《大典》，第一万四千八百卷，悟字韵中钞得汪氏辨目二百有二条，有目无书，归与叶廷琯调生撰《集辨》一书，初印于《琳瑯密室丛书》第五集，后又于印本覆校，加数十签，荃孙见于周荇农师处，曾假副本将各藏编入。光绪壬辰，有书贾自山西得《儒学警悟》全编六册，内有嘉靖壬辰吉庵王良栋录藏题识一行，明钞明装持来求售，则《汪辨》十卷在焉，议价未成，即为宗室伯羲祭酒购去。向伯羲借观，伯羲钞畀一帙，而未许见原书。荃孙转付长沙叶奂彬,并《燕语》及《考异》各校本刻之,固未知其钞未全也。近数年来,伯羲所藏散出,以重价购得此书,始知俞成序为嘉泰元年辛酉正,前乎《百川学海》七十二年也。荃孙勘《汪辨》全书二百有二条,与《大典》目合。其中有目无文者止三条,再按绍弈《考异》五十八条,谨当《汪辨》四之一。而此五十八条中与《汪辨》同者有四十八条之多,略异者八条,不同者只二条。卷臣通判剑州,即圣锡所荐,宾僚晋接,互相切磋,大旨固然相同,而何以二书展转吻合如出一手,岂传钞者于名目讹误耶？馆臣以《汪辨》寥寥无几,难以成编,而《考异》尚可裒集,今《汪辨》二百二条全书具在,而《考异》之不同于汪者仅二条,宁不异欤？《儒学警悟》既为丛书之鼻祖,又为海内之孤帙,其中《燕语辨》一集更为《直斋》未见、《大典》未录之书,一旦复出,不可谓非人生之幸事也。次为《演繁露》六卷,新安程大昌撰。淳熙七年庚子自序,八年辛丑陈应行跋,俞成再跋。按《说郛》本删节不全,嘉靖己酉程文简裔孙煦刻十六卷。此本六卷,即煦刻卷第十一至卷第十六也。此本条目卷第一止六事,煦刻卷第十一有三十事,其二、三、四卷与煦刻十二、三、四卷同,其五卷内较煦刻卷第十五内多“唐世疆境”一事。六卷内较煦刻卷第十六内多“压角”一事,此抄本在嘉靖壬辰,而煦刻在嘉靖巳酉,相距止十八年,不可谓非同时而卷帙参差,未知孰是。又按,此本目内注明“《别录》十卷续刊于乙集”,是原书固亦十六卷,外有续集六卷,张海鹏重刊于《学津讨原》中。三为《懒真子》五卷,广陵马永卿撰。按《说郛》本亦删节不全,维濬刻入《稗海》作五卷,天一阁钞本同此本亦五卷,有篇名目录足,正商本之舛错。四为《考古编》十卷,亦程大昌撰,淳熙八年辛丑自序。按目内《考古编》下注共十卷,续编十五卷,再刊于丙集,今李调元《函海》、张海鹏《学津讨原》均刻十卷,与此本同。五为《扪虱新话》八卷,三山陈善撰。上集绍兴十九年乙巳自跋,淳熙元年甲子陈益序。下集绍兴廿七年丁丑自跋。淳熙五年戊戌,槜李张谏跋。按《说郛》本删节不全,钱曾藏本有二:一宋钞本,不分卷数帙,末有陈善跋;一影摹宋刻本,标题为《朝溪先生扪虱新话》,厘为十卷,不列子兼名氏,陈继儒刻入《宝颜堂秘笈》,作四卷,毛晋刻入《津逮秘书》,作十五卷。按事分类,虽卷次不同,而条目相等,然皆不足二百条。此本上下两集,有目录、序跋二百,则全目内注明析为八卷,与《宋史志》合在《敏求记》。之上为最快事。六为《萤雪丛说》二卷,即俞成自撰,附于其后,有序。已开后人以己撰编入丛书之例。按目内《萤雪丛说》下注共二卷,余八卷再刊于丁集。左氏刊于《百川学海》,商氏《稗海》继之,均作二卷,与此本同。惟此本上卷内声律及诗题两条,《学海》《稗海》均列于下卷之末,此外亦无出入。《说郛》删节不足论矣。共书六种,总四十卷,是为完书。前四书即甲乙丙丁部,《扪虱新话》为续,《萤雪丛说》为附。而云七集四十一卷者,《扪虱新话》一种,分上下两集,《萤雪丛说》两卷,并为第四十卷,而又分上下也。至目内所谓续刊于乙丙丁集者,殆有志未逮欤。在荃孙架首尾五年,汪氏《石林燕语辨》是孤本,《演繁露》《懒真子录》《考古编》《扪虱新话》《萤雪丛说》均以各本参互考订,归陶君兰泉付之梓人,固与影刻《百川学海》同有功于艺林矣。是书荃孙始表章之,而兰泉传古之功为不可没。缺叶多、讹字亦多,明钞本往往如是,多读书者自能辨之。岁在屠维协洽中秋,江阴缪荃孙序。

按,缪艺风先生卒于己未十一月初一日,年七十有六。是书校毕在戊午冬间,己未中秋前三日,并撰序一篇,手授于湘以付梓,时先生已病卧两月。今岁工竣,先生归道山已三载矣,为之泫然。壬戌湘记。

三年甲寅,四十五岁。影刻宋咸淳本左氏《百川学海》真本百种十集,庚午年告成,其目次如左:

甲集:《钟辂前定录并续》《马氏古今注》《庚溪诗话》《陈箓善诱文》《释常谈》《思陵翰墨志》《杨彦瞻九经补韵》《吕居仁官箴》《赵元素鸡肋》《石湖梅谱》。

乙集:《李国纪厚德录》《河东先生龙城录》《竹坡诗话》《王文正公遗事》《胡太初昼帘绪论》《曹陶斋法帖谱系》《李肇翰林志》《陆鸿渐茶经》《窦子野酒谱》。

丙集:《东坡志林》《晁氏客语》《许彦周诗话》《胡国器耕禄稿》《李国纪圣门事》《业图》《孙过庭书谱》《载氏鼠璞》《欧工试笔》《开天传信记》《石湖菊谱》。

丁集:《燕翼诒谋录》《子俞子萤雪丛说》《后山诗话》《孙君孚谈圃》《朱彧可谈尧章续书谱》《谢伋四六谈麈》《欧公牡丹记》《洪刍香谱》《史老圃菊谱》。

戊集:《济南师友谈记》《刘宾客因论》《温公诗话》《李东谷所见》《宋敏求退朝录》《黄伯思法帖刊误》《储华谷祛疑说》《李涪刊误》《东溪试茶录》《刘蒙菊谱》。

己集:《周益公玉堂杂记》《蔡邕独断》《珊瑚钩诗话》《王文正公笔录》《王君玉国老谈苑》《元章书史》《张又新煎茶水记》《陈仁玉菌谱》《赞宁笋谱》《本心蔬食谱》。

庚集:《苏黄门龙川略志》《王公四六话》《贡父诗话》《梅屋献丑集》《颜师古隋遗录》《书断》《洞天福地记》《元章砚史》《陶隐居刀剑录》《陈思海棠谱》。

辛集:《疏寮子略》《宋景文公笔记》《东莱诗话》《康节渔樵对问》《疏寮选诗句图》《宝章待访录》《南方草木状》《怪山蟹谱》《洪景伯歙砚谱》《蔡君谟茶录》。

壬集:《疏寮骚略》《韩忠献公遗事》《石林诗话》《诚斋挥麈录》《文房四友除授集》《法帖译文》《师旷禽经》《韩彦直橘录》《端砚谱》《牡丹荣辱志》。

癸集:《学斋占毕》《栾城遗言》《六一诗话》《西畴常言》《道山清话》《海岳名言》《丁晋公谈录》《蔡君谟荔支谱》《王观芍药谱》《砚谱》。

涉园序曰:自宋俞鼎孙《儒学警悟》一书出意园遗笈,江阴缪艺风诧为丛书之祖,郑重付湘,既校刊行世矣。平心论之,俞氏虽综辑诸书,究系专收时代近接、学派相同之作,且另编目录统排卷次,并非各还各书,乃宋儒《鸣道集》合编濂溪、涑水、横渠诸书之比(此书有传本,详《艺风堂文续集》),与后来丛书不分派别,不限年代者犹有不同(《宋志》列于类事类书,得其实)。若求其蒐采渊宏、体例完备,于学术得融贯之益,于原书无割裂之嫌,合四部以成编,如百川之归海,名实相副,巨细无遗,开后来汇刻之风,为后世丛书之祖者,惟左氏《百川学海》庶几足以当之。惜乎原书流行绝少,藏者都非宋本。咸淳以后翻刻有三:一弘治无锡华氏本,一嘉靖莆田郑氏本,一坊本。坊本擅易原书,不足讨论。郑本原书仍旧,而并十集为廿卷,目次、行格亦均不同。归安陆氏曾析为百目,散入《皕宋楼藏书志》,其第一种《九经补韵》行格悉与郑合,是陆氏不但未见宋本,且未见华本,华本目次虽更,行格未改。以陆氏收藏之富甲于东南,及所得不过郑本,即侈然以为宋本,其他更何足论。而真宋本久如星凤,亦从可知矣。庚申冬月,忽闻盘山行宫旧藏宋本流落厂肆,一时悬金争购。卒为析津张君鸿卿先得。鸿卿与湘夙契,始得假览其楮墨之古茂,字画之精严,锋铦如新、气息醇穆,实使人不忍释手。观其印记,知为文氏停云馆旧藏,后入泰兴季氏、昆山徐氏。玉简斋刻《传是楼宋元板书目》内载,宙氏二格宋本《百川学海》三十册,追即此书。不知何时佚去四册,现存九十一种,无论并世诸家,即百年来藏书先哲亦多未见,洵可谓艺林瑰宝。鸿卿鉴湘笃嗜,慨然割爱。湘收书垂四十年,甘苦深尝,晚乃获此,既感良友见惠之雅,自庆垂老墨缘之厚,因与江安傅君沅叔商榷景刻,终以未得左氏原本之序目为憾。已巳夏,沅叔东游于宫内省图书寮,得睹咸淳真本,内缺五册,计十余种,均以华本钞补,而首帙犹完,序目俱在,模刊补入,且摄影留真以徵文献。所缺《学斋占毕》,则借德化李氏(有昆山徐氏印记,即此书内佚出者),余则仿咸淳本字体录华本以足之。长洲章君式之、禾中唐君立厂代任校雠。湘寝馈不辍,六易寒暑。戊辰三月于役济南,携宋本及刻样以自随。适南北交哄,东邻突起,火攻猛烈,城市几墟,羁旅艰危,生命如发。一身之外，惟于此书，昼则屏息检校，夜则束以代枕。如是浃旬，始免于难。旋津之日，式之举冯己苍洋荡避兵，手写《汗简》以为比，而流离颠沛盖有过之。今者剞劂告成，古鄞山人之流风遗韵赖以不坠。湘之幸获此书，与诸君子之奖掖黾勉助成之者，为不虚矣。全书为黄冈饶星舫一手影模。星舫曩客艺风，多识古籍，与湘游亦十稔，所刻诸书皆出其手。写《儒学警悟》亦其一也，而于此用力尤勤。不图杀青未竟，遽归永夜，仅录姓氏于兹，冀与善模宋刻之许翰屏并传，此则湘于欣幸之余，又不能不感喟系之也。

三年甲寅，四十五岁。财政部荐任上海中国银行监理官。

四年乙卯，四十六岁。

五年丙辰，四十七岁。调办天津招商局，十一月，调办天津中国银行经理。

六年丁巳，四十八岁。调办重庆中国银行经理，辞职未赴。

七年戊午，四十九岁。调办上海交通银行经理，十一月，委赴东三省查办交通银行事宜。十二月，调办北京交通总行副理。

八年己未，五十岁。冬，祖棠媳李氏来归。

九年庚申，五十一岁。春奉直战事起，代理北京交通总行经理。十一月，长孙宗巽生(棠出)。

十年辛酉，五十二岁。中交挤兑，经三个月开兑，商业如旧，辞代理经理职，改派交通银行总管理处，清理旧账事宜。

十一年壬戌，五十三岁。

十二年癸亥，五十四岁。公举山东峄县中兴煤矿公司董事。是年仿宋崇宁本校刊，宋代李明仲《营造法式》三十八卷乙丑告成。予撰识语曰：右《营造法式》三十六卷，宋将作少监李诫奉敕编，初修于熙宁中，元祐六年成书。再修于绍圣四年，元符三年成书。崇宁二年镂板颁行，是为崇宁本。绍兴十五年，知平江府王　得绍圣旧本校勘重刊，是为绍兴本。晁载之《续谈助》、庄季裕《鸡肋编》各摘钞《法式》若干条，一在崇宁五年，一在绍兴三年。当时已互相传钞，足徵是书之珍重。陈振孙《书录解题》称李诫(诫作诫，陆友仁《研北杂志》同《四库总目》已证明其误)编修《营造法式》三十四卷，《看详》一卷，未及《目录》。晁公武《郡斋读书志》作三十四卷，未及《目录》。《看详》，陶宗仪《说郛》摘钞《法式看详》诸条而题李诫《木经》。唐顺之《稗编》摘钞《看详》条目，末有屋楹数一条，为今书所无，岂熙宁初修本欤？钱氏述古堂藏《法式》二十八卷，《图样》六卷，《看详》一卷，《目录》一卷，总三十六卷。前有李诫进书表序，崇宁二年镂版颁行。劄子后有绍兴十五年王唤校刊衔名，每叶二十行，行二十二字。书中如桓字注曰犯渊圣御名，构字注曰犯御名，即绍兴本也。钱曾跋称，是书牧翁得之天水长公，己丑春从牧翁购归，牧翁又藏梁溪，故家镂本庚寅不戒于火，独此本流传人间。孙原湘跋称，述古堂谓赵元度得《营造法式》，缺十余卷。先后搜访借钞，竭二十余年之力，始为完书，图样界画，费钱五万。道光辛巳，琴川张芙川氏蓉镜手钞跋曰：《营造法式》自宋椠既轶，世间传本绝稀相传。钱氏述古堂有影宋钞本，求之不得。庚辰岁，家月霄得影写述古本于郡城陶氏五柳居。假归，手自影写，图样界画则毕仲恺高弟王君某任其事。光绪丁未戊申间，浭阳匋斋氏端方总督两江，建图书馆，收钱塘丁氏嘉惠堂藏书，有钞本《营造法式》，称为张芙川影宋。民国八年己未，紫江朱桂辛氏启钤过江南，获见是书，缩印行世，上海商务印书馆踵之，尺寸照钞本原式，惟以孙黄诸跋证之，知丁本系重钞张氏者，亥豕鲁鱼触目皆是。吴兴蒋氏蜜韵楼藏有钞本，字雅图工、首尾完整，可补丁氏脱误数十条，惟仍非张氏原书。常熟瞿氏铁琴铜剑楼所藏旧钞亦绍兴本，《四库全书》内《法式》系据浙江范氏天一阁进呈影宋钞本录入，缺第三十一卷。馆臣以《永乐大典》本补全，明《文渊阁书目》《法式》有五部，未详卷数。撰名《内阁书目》有《法式》二册，又五册均不全，注曰：宋崇宁间李诫等奉敕编，凡三十四卷，阙十二卷以下。清季，迁内阁大库书于国子监南学。民国初年，由南学再迁于午门楼，旋又迁于京师图书馆（即南学旧址）。《法式》残本七册因之荡然。江安傅沅叔氏，曾于散出废纸堆中捡得《法式》第八卷首叶之前半（李诫衔名具在，诫字之误更不待辨），又八卷内第五全叶，宋椠宋印，每叶二十二行，行二十二字，小字双行字数同，殆即崇宁本欤？桂辛氏以前影印丁本，未臻完善，属湘蒐集诸家传本，详校付梓。（湘）按：馆本据天一阁钞宋本录入，范氏当有明中叶依宋椠过录，在述古之先，复经馆臣以大典本补正，尤较诸家传钞为可据。惟《四库》书分庋七阁，文源、文宗、文汇已遭兵燹。杭州文澜亦毁其半。文渊藏大内，盛京之文溯储保和殿，热河之文津储京师图书馆，今均完整。以文渊、文溯、文津三本互勘，复以晁庄陶唐摘刊本、蒋氏所藏旧钞本对校，丁本之缺者补之，误者正之，讹字纵不能无，脱简庶几可免（《四库总目》云，《看详》称总三十六卷，今本《制度》门较原目少二卷，仅三十四卷。核其篇目又无脱漏，疑为后人并省，非也。晁载之《续谈助》称卷十六至二十五并土木作等功限，卷二十六至二十八并诸作料钉胶料用例，卷二十九至三十四并制度图样，核以卷一、卷二为《总释》《总例》，卷三至卷十五并诸作制度，是制度止十三卷，而云十五，五实三字之笔误。瞿氏言之审矣。今书总三十六卷，篇目三百五十八，与《看详》所载相符，并无残缺并省）。间有文义难通，明知讹误而各本相同，不敢臆改，则仍之而存疑焉。至于行款字体，均仿崇宁刊本，精缮锓木，书中篇目仿大观本草体例，照刊阴文以清眉目。图样依绍兴本重绘，因界画不易分明，镂版难于纤密，则将版框照原本放大两倍绘成影石，缩印如原式。又因图样传写无可校勘，如石作、雕作、小木作诸制度图样，均可因时制宜。大木作制度图样为工师绳墨比例所依据，毫厘之差，凿枘立见。今北京宫殿，建于明永乐年间，地为金元故址，而规模实宋代遗制。八百年来，工用相传，名式不无变更，稽诸会典事例、工部档案均有源流可溯，惟图式缺如，无凭实验，爰倩京都承办官工之老匠师贺新赓等，就现今之图样，按《法式》第三十、三十一两卷大木作制度名目，详绘增附并注今名于上，俾与原图对勘，觇其同异，观其会通，既可作依仿之模型，且以证名词之沿革。又《法式》第三十三、三十四两卷为彩画，作制度图样，原书仅注色名深浅向背，学者瞢焉。今按注填色，五彩套印，少者四五版，多者十余板。定兴郭世五氏，夙娴艺术于颜料纸质，覃精极思，尤有心得。董督斯役，殆尽能事（近年来，彩印工艺精益求精，而合色之外，端赖纸料。我国产纸之区，泾、宣最著。然棉连夹贡，屡受机轴之砑压，则伸缩参差，套色不能整齐。频经石印之浸润，则纤维黏脱，再版即将破碎。所以彩印图本，鲜有我国纸者。是书选闽纸中改良珍版，质坚理密，印次愈多，纸质转练，着色不浮，洵我国美术精进之一端，为郭君初次发明者，特附识之）。崇宁本残叶及绍兴重刻之题名，均影印附后，以存宋本之真。诸家记载、题跋、有关考订者亦附录之。昔周栎园亮工谓近人著述，凡博古赏鉴、饮食器具之类均有成书，独无言及营造者。宋李诫《营造法式》皆徽庙宫室制度。闻海虞毛子晋家有此书，式皆有图，界画精工，有刘松年等笔法。字画得欧虞之体，纸板黑白分明，近世所不能及。子晋翻刻宋人秘本甚多，惜不使此书一流布也云云（见书影卷一）。今距栎园时又将三百年矣，宋椠固不可得，述古初影亦不能得，再写于张氏又不能得，仅得张氏一再传写之本。校字绘图，增式彩印，时阅七年，稿经十易，视钱氏所称费钱五万者，奚啻什百惜不得栎园一见之也。书成，爰叙颠末，参校者为江安傅沅叔氏增湘、上虞罗叔言氏振玉、大兴祝读楼氏书元、定兴郭世五氏葆昌、合肥阚鹤初氏铎、仁和吴印丞氏昌绶、昆明吕寿生氏铸、元和章式之氏钰，家裔如兄珙、星如弟洙、仲眉侄毅。他山之助，用志不忘，匡谬正讹，更俟来者。中华民国十有四年岁次乙丑。湘识。

十三年甲子，五十五岁。交通银行总管理处清理旧账事宜毕，辞职，出交通银行。二月，次孙男宗咸生（棠出）。

十四年乙丑，五十六岁。推举经理天津裕元纱厂。九月，祖椿媳朱氏来归。十月，本生胞弟鉴泉名瑢病故。

十五年丙寅，五十七岁。四月，三孙男宗鼎生（棠出）。

十六年丁卯，五十八岁。夏，祖桐媳屠氏来归。秋，公推山东鲁丰纱厂常务董事。十一月，长孙女宗玲生（棠出）。同月，祖模媳吴县金氏来归。

十七年戊辰，五十九岁。七月，四孙男宗震生（椿出）。同月，次孙女宗舒生（模出）。同月，五孙男宗谦生（桐出）。十月，祖松媳冯氏来归。

十八年己巳，六十岁。八月，恽夫人病故。同月，六孙男宗豫生（桐出）。十二月，三孙女宗羲生（松出）。是年七月，长洲章式之钰赠《古风长歌》，为六十寿歌曰：校书亦已勤，语出陶靖节。贱子景行之，万事付不说。旧交双照楼，传古心事热。影刻宋元词，字字为勘阅。涉园继之起，放眼收玉屑。爰成甲乙编，今环昔则玦。君心与古会，君力过人绝。苟属断种本，一一要精锲。古鄮编学海，丛书踞高列。敢与鼎孙书，儒肆立圭臬。又学黄士礼，代斫谢旁掣。开成石壁经，夐与鸿都埒。金薤富琳琅，毛举或有轶。慧命千古延，坠绪一手挈。昔岁游历下，烽火俄填咽。蛰伏土窟中，丹铅曾不辍。敝庐介军锋，塞门自研说。同作洋荡翁，重逢一咋舌。我原钦英风，君亦赓前烈。莫以九成拟，说郛诮割裂。眉寿今六旬，群为祝鲠噎。书福兼墨缘，从此到耄耋。传古即传己，早得长生诀。以介师毛编，莫笑我诗拙。兰泉道兄周甲眉寿，敬赋五古为祝，即希粲正。己巳孟秋之月谷旦，长洲愚弟章钰。

十九年庚午，六十一岁。代月如兄影刻元版《辍耕录》，又洪武本书史会要。

二十年辛未，六十二岁。代月如兄刻旧抄本《太平乐府》附校记。

二十一年壬申，六十三岁。二月，本生胞兄裔如病故。六月，三弟文泉病故。十一月，四孙女宗佩生（松出）。十一月，八孙男宗履生（棠出）。冬，辞山东鲁丰纱厂常董及天津北洋纱厂经理各职，闭户家居，专理刻书之事。是年，玻璃板影印宋本《八经》白文告成。江安傅沅叔增湘跋曰：宋巾箱本诸经正文今存者《八经》，凡《周易》二十二叶，《尚书》二十八叶，《毛诗》四十叶，《礼记》九十三叶，《周礼》五十五叶，《孝经》三叶，《论语》一十六叶，《孟子》三十四叶，盖九经三传之厪存者耳。每半叶二十行，每行二十七字，细黑口，左右双阑，板心下方记刊工姓名，一、二、三字不等，补板则标明系刊换某某板字。宋讳贞、恒、桓、慎、惇皆缺末笔，廓字不缺，宁宗以前刻板也。世传宋巾箱本诸经正文，各家目录多载之，其行格正与此同。所谓行密如穑，字细如发者，然简端加阑上注字音，与此本异，且笔画板滞，以视此本精丽方峭，真如婢学夫人矣。昔人指为明靖江王府翻刻，殆非无见也。忆十年前述古堂于估得此书于山左旧家，余偶得瞥见，诧其板式有异，即知为《延令书目》冠首之帙，嗣为寒云公子所收，辟八经室以储之，于时董君授经、张君庾楼、徐君森玉特为欣赏，展转假得，留此影本、缄之箧中。忽忽数年，世事迁移，风飞雨散，原书流失，渺不可追。爰属陶君兰泉覆板行世，而诿余记其颠末，得已见书，如逢故人，益不胜中郎虎贲之感矣！考《景定建康志》书籍门载《五经》正文有四：曰监本、曰建本、曰蜀本、曰婺本。归安陆氏刚甫得世行小帙，即断为婺州刊本，谓与《婺本重言重意尚书》《周礼》相似，今此本结体方峭、笔锋犀锐，是闽工本色，决为建本无疑。明靖江本即据以覆木而加上阑焉，故行格同、尺寸同，避讳之字亦无不同。至秦氏刻《九经》则改为半叶十八行，而面目迥异矣。此巾箱本诸经正文相传递擅之大略，愿与海内识者共证之。

二十二年癸酉，六十四岁。三月，五孙女宗祥生（松出）。秋，祖柟媳元和孙氏来归。先是山东掖县义威上将军张效坤氏宗昌嘱，代摸刻唐《开成石经》全部，至是告成。予为凡例曰：

——汉熹平四年，诏诸儒正《五经》文字，刻石立太学门外，是为《石经》之始。厥后若魏、若唐、若蜀、若宋，嘉祐，绍兴各立石经，其字体则古文、篆、隶、正书，虽递有变迁，而楷法源流于兹可溯。今汉、魏、蜀、宋诸石经均已残毁，惟唐开成石壁十二经及五经文字、九经字样岿然独存。严氏可均称为天地间经本之最完、最旧，纵不能复古，可以之匡今者，洵笃论也。然历年既久，剥蚀已多，不亟谋流传久远之方，恐石本就湮，学者益无所取证。爰取石刻本依原拓字体影摹锓木，以存老成典型之意，非敢谓昌明经学有裨于世道人心，亦以传播旧刻，冀免古籍沦亡云尔。

——唐石《礼记》以明皇删定李林甫等所注月令为第一。宋景祐二年，从贾昌朝之请以郑司农所注月令，复入《礼记》为第五。其删定者自为唐月令别行，相传至今未变。日本松崎氏缩刻唐《石经》，即改用郑注月令列为第五是矣，然失唐石之真，兹仍唐石之旧以删定月令冠首，其泐损处即按《汲冢》《周书》《淮南子》原文补之。其李林甫等序文缺二十六字，严可均谓朱氏《经义考》载全文，凡改二十九字皆谬，则仍原缺不补。

——《开成石经》。明嘉靖地震以前，全文拓本今已绝不可得，万历间，西安府学训导薛继愚、生员王尧典等曾刻石补缺，顾炎武据以作《九经误字》，严可均谓其有诬《石经》，明人补缺遂为世所诟病。实则明人补缺别为一石，不与原石相淆，后人每以旧拓完善相尚率取，补缺文字，剪配裱册，偶不加察，致受其诬耳。与其矜旧拓以诬《石经》，毋宁征近拓以存真相。皕忍堂主人取新拓整张经文，与仁和魏稼孙《开成石经》图考相符者，依样钩摹，按其横列次第，以十二行为一叶，界以直线，每行十字或九字，或十一字，及旁增小字，悉依之题首隶书并仍其旧。字有残缺，按仪征阮元覆刻宋椠十行本注疏之经文，双钩补入，以示区别。惟补文既非石刻原字，遇唐讳不复缺笔。

——《五经文字》三卷,《九经字样》一卷。休宁戴震曰:朱锡鬯以《五经文字》独无雕本为一缺事,然周顺德二年,尚书左丞兼判国子监事田敏献印板书《五经文字》《九经字样》各二部,奏称:臣等自长兴三年校勘雕印九经书籍,是此书雕版在印板书甫创之初已有之,而绝不传闻,盖此学废弃久矣。今按:康熙五十四年,歙县项絪玉渊堂依碑文锓木,格式虽改,缺文不补。乾隆五年,祁门马曰璐丛书楼刻本自称得宋拓本,依样摹刊,格式相同,颇能纠正明人补缺之纰缪。然以现存之原石校之,有字画犹存而马刻改易者,严可均讥之。乾隆二十三年,曲阜孔继涵以现存石经原样,与明人补缺及马刻本三者并勘,作《五经文字疑》《九经字样疑》刻入《微波榭丛书》中,较为精审,兹按石本原缺摹刻,其磨泐处缺文不补,以信来者。

——《孟子》七篇唐时尚侪诸子,故石壁止十二经。清康熙间,贾三复始补刻于石壁之末,今仍之。

——宛平严氏可均《唐石经校文》十卷,考订精确,集诸家之大成。兹将原书重刻附后,庶于经文之异同、字体之磨改、朱梁之补刻、原石之残损以及明人补缺之失,沿革厘然,用资校证。

又代刻《武经七书》成。予为之撰缘起曰:按宋晁公武《郡斋读书志》,元丰中以《六韬》《孙子》《吴子》《司马法》《黄石公三略》《尉缭子》《李卫公问对》颁武学,曰《七书》,用以试士,元明因之,有清亦因之。

摹刻唐石经告成。感夫欧风东渐以来,战术日精,身列戎行者,或忘我古昔整军经武之自有良法也,爰并刻一帙,以示方来。

——《七书》真伪详于《四库总目》,今照录提要,弁于首册,以资考证。

——《七书》旧刻罕见,明代虽有体注大全,会解诸本,私心窜改,不足凭信。今刻《六韬》则以国学图书馆所藏宋本校,《孙子》《吴子》《司马法》三种以平津馆所刻宋本校,《三略》《尉缭子》《李卫公问对》三种均以明代善本校,庶于兵家言,免缪种流传之诮。

——此书以适用为主,故敦请通儒加以句读,阅者幸勿以古无此式訾之。

是年在故宫图书馆编纂殿板书库,现存目三卷成其书,由故宫印行。自撰弁言曰:书籍刊板始于唐,通行于五代,盛行于宋元。官本之外,私本、坊本而已。明代经厂本实为有清殿本之权舆,惟明以司礼监专其事,选择未精校雠不善者往往有之。清代以右文为治,萃全国之人才,树一朝之风气,内府书籍如编(《实录圣训》等)、制(《御制诗文》等)、纂(《七经》《字典》等)、修(《会典》《方略》等)、钦定(《四库全书》等)、校刊(十三经、二十四史等),

各类缮写、校对，遴选词臣从事（各书之首均有纂修、校对职名，分缮记名则有文选），其出写官者，亦必规定格式，如方体则称宋字，楷体则称软字（均载《会典》），虽杂出众手，必斠若画一。康雍之际，所刊如《字典》《韵府》《朱批谕旨》《宗镜大纲》等纯系宋字，《七经》则软字，《图书集成》以铜活字摆印（以上世称内府本，按《清会典》书籍碑刻均隶内务府故名），《全唐诗》等纯系软字（丙淮盐政承办，世称扬州诗局本）。乾隆四年，诏刻《十三经》《廿四史》于武英殿设刊书处，并简大臣管理（如工部侍郎金简奏准用聚珍板），于是殿板之名大著，其实康熙年间已设修书处于武英殿后，凡校对官员、书作工匠均集焉，并设库作以储之（均见《会典》）。是殿本之由来已久，至乾隆而其名始著耳。书籍储藏亦有规则，如实录、圣训、方略、国史均有专储殿馆，《四库全书》有宫阁专名，并刻总目简明目录行世。宋元明旧椠则有《天禄琳琅书目》前后编。新刻诸书除于内廷处陈列外，均储武英殿，其目则于《宫史》内另立书籍门以详载之，惟《宫史续编》止于嘉庆十年。自嘉庆十一年迄宣统三年，书籍代有编纂，《宫史》既未再续，书册又多迁移。同治八年已巳夏，武英殿灾，库贮余书均遭火厄。光绪二十六年庚子冬，仪銮殿灾。民国十二年癸亥夏，中正殿灾。散亡益多，往往市廛有之，内廷转缺，求一完备书目，殆非旦夕所能。民国十五年丙寅，整理故宫文物，设图书馆于寿安宫旧址，聚内廷所有书籍而储之。其宋元明旧本或旧钞者为善本书库，明以下普通各书则分藏经、史、子、集各库（其书目均另编）。至御制钦定以及呈览诸书，凡刻本、写本、钞本、铜板聚珍、石印、铅印等（石印铅印除官书外，均以奏准为限），但与内廷有关者，均归之为殿本书库，即武英殿库之遗意也。编兹书目一以殿本书库之有无为断，名曰故宫殿本书库，现存目以备览者参稽，尚有石刻图像，图刻、图绘，按续宫史应列书籍门，今存文献馆，或存古物馆，或存古物陈列所，或尚散置各处，迄今尚未查明补缺拾遗，俟诸来者焉。中华民国二十有二年五月武进陶湘识。

凡例

一，本库以殿本为名，书则不论刻本、印本，印本均以内府有关为主，与普通书籍稍异，今依《宫史》书籍门编类，源流较为明晰。爰录《宫史》书籍门所分类目如下（实录、圣方、典则、经学、史学、仪象、志乘、字学、御制、训略、类纂、总集、目录、类书、校刊、石刻）综十六类。《续宫史》所分类目如下（实录、圣训、御题、鉴藏、钦定、方略、典则、经学、史学、志乘、圣制、御制、字学、类纂、校刊、石刻、图像、图刻、图绘）综十九类，内自增省者因时酌定也。

二，本目门类依据《宫史》《续宫史》参酌，次序如下：圣制并入御制，钦定只文渊阁《四库全书》、摛藻堂《四库荟要》，而校刊经史，多标钦定，兹以校刊次钦定之后，以免纷杂。石刻虽未查明，《石经》已拓装成册，列校刊《五经》《四书》之后。字学次经学，志乘次史学，《宫史》有仪象、目录、类书、总集四类，《续宫史》省入类纂。今从《续宫史》仍按四类分录类纂之后，以醒眉目。嘉庆年后，各衙门则例，虽经奏准重纂，均非殿刻，增官书类，次典则之后，以示区别。进呈写本未经发刊者，均随类编入。其内廷发缮臣工录进，以备乙览者。又，臣工自著呈请钦定而批留览者，增进呈类，次类纂之后，以昭详备。清汉文合璧诸书，均随类编入，其无汉文者，增清文书目类，次进呈之后，校刊梵经《续宫史》例不载录，《秘殿珠林》载目不载序文。然圣祖高宗校刊刻《梵经序文》，均载御制集中，世宗校刻《梵经序文》御制集中，亦复不载。今检内府校刻梵经甚多，且就已经移贮本库者，编目并录序文以俟续订，增校刊梵经类次清文书目之后。殿本写刻精工，人所共知，而内府发缮袖珍本，横径三寸，中双行小字四十行，直与机器缩法媲美，为前代所无。以后机器法盛行，恐人工不愿习此，难乎为继。又，罕见之本，已成孤帙，或仅残篇，均选择精印书影，昭示来兹。本库无书而有关系者，于每书之后，低两格以识之，其有关掌故文字，尚未成书而已存本库者，增附录类以备参考。

三，《宫史》《续宫史》与《四库总目》先后同时成书，而门类颇有出入，如《四库荟要》列《经史讲义》于《明诗综》后，《续宫史》列《皇朝通志》于《大清一统志》后，皆仍旧未改。

四，凡论旨、序记、引跋、题辞已见《宫史》《续宫史》者不录，惟补刻《通志堂经解》及重刻《明史本纪》等，外间罕知修改内容仍录之，其为宫史所不及载者，均备录焉。残书不录，如无其书，虽残亦录，注明现存卷册，以俟搜补。

五，《宫史》《续宫史》专载内府书籍，乃有应载、失载者，兹立“清内府撰纂校刊书籍总表”于后，以朱墨符号分识有无，以便检查而资续考。

目录卷上

实录，圣训，御制，钦定（文渊阁《四库全书》、摛藻堂《四库荟要》），校刊（武英殿聚珍板书十三经，仿相台五经，四书五经，石经，通志堂经解，廿四史，三通，古香斋袖珍本。校刊著书）

目录卷中

方略，典则，官书，经学，字学，史学，志乘，类纂，仪象，目录，类书，总集，进呈（内廷发缮臣工录进以备乙览者，臣工自著呈请钦定而批留览者）。

目录卷下

清文书目，校刻梵经（二十八经同函）书影，内府书籍总表，附录。

以上例目大略如斯，遗漏之处俟诸续订。封邱段君琼林校字，惟排板讹错更不能免,附表刊误翻检为难,加盖红戳以便阅者,八月印毕。湘又识。

傅增湘题辞:

此《内库书目》三卷,武进陶君兰泉所撰编也。卷上之目曰实录、圣训、御制、钦定、校刊五门;卷中之目曰方略、典则、官书、经学、字学、史学、志乘、类纂、仪象、目录、类书、总集、进呈十三门;卷下之目曰清文书目、校刊梵经二门,附以书影、书表,而以附录终焉。其类别均参酌《宫史》为之。余于乙丑岁领故宫图书馆事时,时方画定寿安宫为馆址,尽移宫中藏书处,其中楼上、下四十八楹,标甲、乙、丙、丁四库,而殿本之书别萃一室。余以君雅善鉴藏,因修函延君任以编订之事。嗣是继主馆职者锐志经营,积月累年,连车叠箧,手胼足胝。自文渊阁、摛藻堂而外,举三殿、六宫、御园、书房珍藏陈设之书,锦帙牙签以千万计,咸聚此连栋之中,而规模因之大备。君方旅居津沽,或累月一至,或一月再三至。至则提囊载笔,犯风雪,冒炎歊,徒步走神武门,经西长街坐寿安北殿中,手披目玩,凌晨而届,日昳而出,时而饥疲,或挟饼饵与小史走卒杂坐食饮,而不以为苦。盖历精焠掌,阅五六寒暑,乃条别而类居之,卒底于成,可谓艰矣。君生平酷嗜图籍,涉园藏书为卷以三十万计,而官本精椠居其泰半,喜其楮墨精雅,足以娱目悦心,古人所谓爱好之性出于天然者也。今一旦身入承明,凡历代天府之储,举世人所羡,为神山福地而梦想不至者,乃得游息其中,旦夕恣其蒐猎,其荣遇视黄阁之元臣、玉堂之群彦,为幸已多。此其所由发愤从事,既以快慰平生之愿,亦以副余汲引之心,其勇毅良足嘉也。余尝谓有清一代,文治之盛,远迈前古,即以刻书言之,亦迥非明代所能几及。明代内廷经厂板,由司礼监职掌,管理督造皆阉竖为之,其人粗识文字,毫无学识,刊行典籍,大率供内书房所用,及小阉诵习之资。板本不善,雠勘多疏,故其书绝不为学流所重(其中惟《文献通考》《历代名臣奏议》二书较为精整,人至今珍之)。清初,世祖御纂《孝经衍义》《内则衍义》《资政要览》诸书,亦经内殿刊行。第版式疏拙,大字宽阑,尚袭经厂之旧,颇不雅观(其书犹钤"广运之宝"大印)。至圣祖御极,秉天亶之神聪,开旷古之文化,研精性理,博综词章,旁涉天文、历算、格致、物理,靡不贯通。凡纂修编订之役,妙选儒臣,专领其是,一时鸿才硕彦,若李光地、徐乾学、王鸿绪、熊赐履诸人,各用其所学勒成简编,而缮手剞工亦精妙独绝。迄于高宗,承平累祺,物力丰盈,人才蔚起,于是奋其雄略,大恢天网,含罗今古,整齐百家,以继往开来为己任,遂乃下开馆修书之诏,访求天下遗书,搜辑《永乐大典》,刊定经史诸书,及编定朝廷典章制度垂为典范。六十年间,如《四库全书》《太学石经》《十三经注疏》《二十四史》《九通》《聚珍版丛书》《大清一统志》等鸿编巨制次第颁行。文物之茂,卷帙之丰,古未尝有。

呜呼！可谓盛矣！尝考内库书籍，其大别有三。一曰写本。如《四库全书》《四库荟要》，历朝《实录》《圣训》《方略》，御制诗文，鉴藏书画器玩之类，皆朱阑玉楷，字画精研，万帙千篇，斠若画一。其精者特敕词臣恭录，袖珍小册，蝇头细书，精妙如出鬼工，设非天威所临，殆难人力可办。一曰活字本。康雍朝有铜活字印《图书集成》万卷，外如律吕、历算诸书多用之（陈梦雷《松鹤山房文集》亦即此铜活字排印，当是在诚王邸中时所印也）。乾隆朝创木活字，印成《聚珍版丛书》二千三百八十九卷外，如《八旬盛典》《西巡盛典》《千叟宴诗》《畿辅安澜志》《平苗记略》诸书多用之，遂为近日排版之权舆。一曰刊本。其事亦可分三类：一为武英殿刻，多用宋字，方体疏行，大字宜老；一为扬州诗局刻，多用软字，密行端楷，酷肖宋镌（宋肇刻圣祖《御制诗集》于苏州亦用软字）；一为袖珍本，合刻《古香斋十种》外，别有《周易本义》《四书集注》《国朝诗别裁集》三书，其书咸端严雅丽，研妙辉光，纸幅选制尤称精湛，开化纸洁如玉版，太史连色疑金粟，色香既古，装褙尤精。其他如摹雕宋元本古籍，则有《朱子易注》《四书章句》《相台五经》，校勘精严，雕镌古雅，已开后世黄、顾之风，特为士林所珍异。综论清代刻书之事，其源实肇于康熙，至乾隆而遂臻于极盛。虽时挟雄猜之见，肆其抑扬褒贬，以钤制人心，于后代不无遗议。然其规制之崇闳，志力之伟异，未始非数百年来文学昌隆之极轨也。嘉道以后海内多故，虽有好文之主，无复留情典籍。即间有编刊之举，而工伎粗疏、材物窳薄，视前朝判若天渊，是即此区区简册之流传，而风习之淳漓、国力之丰耗，可微窥而得其升降焉。嗟乎！抑岂细故哉！方君之属稿时，遇有积疑，必走相质证。余为解析未足，必遍徵诸群籍以明之。偶有所纠正，亦必肆力稽考，期于正确可行而始定，决不欲轻议昔人以取快，其虚衷审慎如此。今观其书，所附考证各条，往往有举，世以为疑，得君数言而涣若冰解。兹举其著言之，如《聚珍板丛书》，其先后增刊，部帙多寡，迄今聚讼不休。以君考之，则内府见存者，实为一百三十八种，盖合原单一百二十六种，加以后辑《尚书详解》等四种，新编之《诗经》《乐谱》等八种而言，然后知闽、粤两本之一百四十八种，其妄增《河朔访古记》诸书，纯为向壁而虚造也。又如《大清一统志》，《四库》著录为五百卷，顾举世未见其书。以君考之，则阁写、殿刊二本，咸为四百二十四卷。其书于乾隆五十五年刊成，即第二次修本也，今宫中虽有三次增修之五百六十卷本，而事在道光季年，不应乾隆修《四库》书预知其数而登之，然后知确为馆臣之误载。而近时坊本，妄析外蒙诸部，强增卷第，以符五百卷之数，其无知妄作为尤足哂也。昔人谓，百闻不如一见，设非躬涉库储，又乌能持其说，以关人人之口耶？然君编辑之余，更有欣然自谓创获者二事。盖君昔年曾获明人《绘象本草品汇精要》

一书，及康熙重绘本十三册，图绘精妙，采色秾鲜，泾纸朱丝，与《大典》本相埒。中外儒流，动色诧叹，频议刊布，以惠民生。第其书源流未由考见，今于库中忽觏其书，方知弘治原本之藏内府。圣祖曾敕医官王道纯、江兆元重加校正，增《续集》十卷，附《脉诀举要》四卷，并有进书表文，惟书存而图佚，其所佚正昔年所获，不独得此本末可以备知，即残缺亦借补正，此一快也。李诫《营造法式》一书，曾为紫阳朱氏刊传，然影宋全帙穷搜不获，仅据余残叶仿其衔题勒为版式。今于进呈目中忽见旧钞，且正为遵王所藏，因知绍兴覆本，行格元抚崇宁，既足证丁钞之伪造，尤可订库本之讹夺。不意积年怀思，乃有此奇遇，此又一快也。是数者，君恒为余称说，不绝于口，盖披观大略，所得如此。设进而邃窥广览，则政教嬗化之机，学术消长之原，亦将由是而探其枢括焉，其为获不益闳乎。余早登词馆，忝厕史官，引望《天禄》《石渠》，殆如天上。第未及读书中秘，追迹刘荀，洎乎桑海，洊更之后，领秘书省一年，因之探宛委之藏，揽嫏嬛之秘。顾簿录未周，宫羽又换，《四部七略》迄未有成，睹君此编，欣叹之余，忽不禁凄怆，感喟于无穷矣！抑余更有进者，此编意在绍述宫史，故分析部次与通例有殊。或一书而写刻攸分，先后重出，使检寻易生迷惘，而义例亦未免混淆。似宜重为甲乙，凡书籍统以类分，而以部帙、板本、殿阁、臣工以及编著，呈进先后同异，胪列其下，庶披卷可得，朗若列眉。又，殿本之外，如文渊、摛藻《四库》两编，咸登掌录，意以职守所系，故破例存之。《宛委别藏》正、续二编虽属善本，然阮氏奏进于前，复经嘉庆御定，赫奕百函，同归典守。他日重编或附诸荟要之后，尺管寸莛，固知狭陋，然闻见所及，不欲自私，勉进流壤之微，聊资海山之益云尔！至其记述详赅，参稽明审，使一朝九帝之制作，扃闭于文楼秘阁之中者，一旦挈领提纲，呈露于人人之耳目，其为功至伟，其致力甚勤，又无俟余之扬赞也。癸酉立秋日藏园傅增湘书于静宜园之无量殿。

二十三年甲戌，六十五岁。影刻洪武本元《程雪楼全集》成，章式之钰校勘跋曰：阳湖涉园陶氏以传播旧椠为当代艳称，曩又得善化王氏所藏洪武乙亥刻《程雪楼集》三十卷，念五百年来更无第二刻也。益遴选高手，影写精刊，属钰覆勘一过。案各家书目大都以传钞本著录，洪武原刊至为可贵。皕宋楼载有景元本，其实揭文安编成之四十五卷，当时仅有写本，语见彭从吉序。皕宋标明三十卷，仍是传钞明本耳。岁之二月，键所辟乱，得悉心校读，知洪武原本剞劂诚精，讹夺尚夥，签出待改。旋见文津阁传印本，十证八九。阁本系两淮马裕家藏，采入《四库》，不言为钞为刻。既全删元明人序及附录，年谱，本传，目录，后跋于卷三，又缺文四篇。卷四缺十九篇，卷五缺一篇，卷六缺一篇，卷二十五缺三篇，共二十八篇。卷二十六缺诗七首，卷二十七缺九首，共十六首。因何失录，提要未经举出，惟洪武本空缺之字，阁本大都不缺。卷二之三叶“睠念”八字，卷三之八叶“翊运”四字等，总全书得百余字，皆文理正碻，决非后人窜补。又，卷八之七叶“心而赞格君”五字之误倒，卷二十七之八叶“清誉播海”下之脱“隅”字，阁本皆不倒、不脱，颇疑洪武刻成后，有后来修正之本，阁本或从修正本出也。至阁本误字，以洪武本校之，多不胜举。其尤甚者，洪武本卷十之十六叶“即目”二字与下文“官倒金银”之“倒”字必系元代官文书通用语。阁本误“目”为“日”误“倒”为“库”。卷十七之十六叶卷二十二之六叶“太末”地名，两见阁本均误作“大宋”。疑似之间，有关要旨。此外，两本同误，如瓦“砾”误“铄”，面“壁”误“璧”，李“璮”误“坛”，井大“春”误“椿”之类。两本皆误，如洪武本卷七之十一叶“乜怯”误“也法”，阁本则误“也怯”。同卷之十五叶“其道乃”下一字作“信”，“信”字不可解，与上文“靡”字不韵。阁本作“夷”，“夷”字亦不当读，下文“伪既靡遁，真亦克保”二语，知“信”字、“夷”字皆伪字之误之类，或彼或此，有是有非。

——再研寻，有不应承误袭缪者，老辈校勘之学略分两例。

——在存古，如覆雕经典古本，稍涉异同则别撰札记以备考证。

——在求是，如唐宋以下著述，根据旧本，既灼知其脱误之处，获有佐证亦不敢依样壶卢，为全书复留疮痏。吾乡顾涧蘋先生，以存古晓学者，至校吕衡州等集，则尝参用各家，折衷一是，盖为将来留一善本计。择善而从，谊固应尔。既卒业，为述其概要者如此。涉园老于此事，知必印可吾言也。

二十四年乙亥，六十六岁。九月，九孙男宗晋生（松出），同月，六孙女宗婧生（柟出）。是年，《托跋廛影刻丛书》告成。其目曰：宋吕本中《童蒙训》三卷，宋马永卿编《元城语录》三卷，宋王十朋《会稽三赋注》一卷，元陶宗仪《草莽私乘》一卷，明黄成《髹饰录》二卷，唐吕从庆《丰溪存稿》一卷，宋蒋堂《春卿遗稿》一卷，宋张若琼《女史兰雪集》二卷，宋陈孚《刚中诗集》三卷，明华悰韡《虑得集》四卷，附录二卷，共八种。又影刻毛抄宋本《松陵集》告成。傅沅叔增湘序曰：《松陵集》世行本以刘济民弘治壬戌刊本为最旧，都元敬为之序，未言出于何本也。汲古阁本据子晋《识语》，言特购宋刻而副诸枣，第亦未言宋本为何氏也。且文字舛讹，时复不免，故后学之士恒以未得亲睹宋刻为憾焉。昨岁，北平官库新收顾千里手校本，笔墨精细，凡字体点画，悉为刊正。顾氏所临为毛黼季所校宋本，且有初刻与补版二帙。然三百年来，兵戈水火，文籍散亡，其原本已无可追寻矣。忆辛壬之交，曾觏影宋本于艺风老人斋中，摹写妙丽，钤有子晋小印，知为黼季所校原本。第当日仅粗记其梗概于《藏园瞥录》中，未遑致力丹铅，怀思至今，辄为怅惘。顷陶君兰泉自津门走访，以新刊《松陵集》相赠，欣然展诵，考询源流，乃知所翻雕影宋者即艺风旧物，从董授经大理展转而得之者也。余夙喜诵唐人诗集，席刻百家，悉已校定，因亟取毛本，从事斠读，并假顾校参阅，于是此书荆榛尘秽，为之廓然一清，因叹黼季、涧蘋先后致力之勤，其自诩为校修精细，固有由然矣。兹举其佳胜之字言之，如卷一，"相望如斥候"不误"斤堠"（陆寄皮五百言），"谁可征弄栋"不误作"梁栋"（陆和皮五百言）。卷二，"王乐成虚言"不误"三乐"（陆和幽独居），"如神语钧天"不误"钩天"（新竹）。卷三，"由天柱抵霍岳"不误"天社"，"千者十数候""千"不误"师"（太湖诗序），"凝碧融人睛"不误"人情"（入林屋洞）。卷四，"年置一神守之"不脱"年"字（渔具诗序注），"君看杖制者"不误"荷制"（蓑衣诗），"一一轮膏粱"不误"膏梁"（茶灶诗）。卷五，"远帆投何处"不误"远棹"（陆和忆洞庭）。卷六，"不待群芳应有意"不误"不得"（陆和辛夷花）。卷七，"茸各有名茸"不误"石"（陆和吴中书事注），"湖目石莲子也"不误"茸莲子"（皮夏景冲澹诗注）。卷八，"日斜还有白衣来"不误"日残"（陆走笔酬皮）。卷九，"为劝常娥作意栽"不误"嫦娥"（陆白菊诗），"义帝城中望戟支"不误"戟枝"（陆送羊振文）。卷十，"臣言阴灵欺"不误"阴云"（陆平去声诗）。词意咸以宋本为长，其中如"弄栋"出《说文》，"王乐"出《庄子》，顾氏皆历举确证以明之。他若雅言、古训为俗刻所沿失，尤不可殚述。然则宋本之足贵，岂徒惟版刻精雅之足尚乎？余尝谓毛氏刻书，富逾万叶，然其校勘咸未精审，且有家藏宋板，而付梓多沿俗本者，殊难索解。今以此书考之，子晋即云购得宋刻，黼季又亲校宋本，而核其文字谬失，乃与刘济民本曾无以过，更不得谓锓木在先，获宋本在后，为毛氏左袒也。兰泉嗜古耽奇，收藏鸿富，传刻之书流行遍海内外，世皆以汲古阁推之，第其督校精勤，实有突过毛氏者，谓余不信，试举涉园此本与古书比案而观，当知余言之非妄许矣。又玻璃版印《喜咏轩丛书》甲、乙、丙、丁、戊五编告成，其目如下：

甲编：《天工开物》三卷，有图，明宋应星。《授衣广训》二卷，有图，嘉庆十三年敕编。《曹州牡丹谱》一卷，余鹏年、翁方纲题刻本。《宝砚堂砚辨》一卷，何备瑶、戴熙序刻本。《丁氏绣谱》一卷，陈丁佩女史。《雪宧绣谱》一卷，沈雪宧女史。《笔畴》一卷，失名，明刻本。《忏摩录》一卷，彭兆荪。《牧牛图颂》一卷，释普明。《问山亭遗诗》三卷，明王象春。《月壶题画诗》一卷，瞿应绍。《挦撦集》一卷，万绳栻集李义山诗句。《红香馆诗草》一卷，恽珍浦女史。《双清阁诗》一卷，方季娴女史。《芸香阁诗》二卷，那逊兰保女史。《吟红馆诗》一卷，路春波女史。

乙编：《秦楼月》二卷，有图，明原刻本。《红梨记》四卷，有图，附元剧一卷，闵氏刻本。《绣襦记》四卷，有图，闵氏刻本。《幽闺记》四卷，有图，闵氏刻本。《鸳鸯绦》二卷，有图，明原刻本。

丙编:《宣德鼎彝谱》八卷，四库本。《宣德彝器图谱》二十卷，有图，旧钞本。《宣德彝器谱》三卷，旧钞本。《宣炉小志》一卷，旧钞本。《萧尺木离骚图经》一卷，有图，汤刻本。《陈老莲离骚图》一卷，明刻本。《明刻传奇图像十种》《琵琶记》《红拂传》《董西厢记》《西厢记》《明珠记》《牡丹亭》《邯郸梦》《南柯记》《紫钗记》《燕子笺》

丁编:《凌烟阁功臣图像》一卷，刘源绘朱圭刻。《无双谱》一卷，金古良绘、朱圭刻。《康熙耕织图诗》二卷，焦秉贞绘、朱圭刻。《康熙避暑山庄图咏》满文二卷，沈喻绘、朱圭刻。《乾隆恭和避暑山庄图咏》二卷。《云台二十八将图像》一卷，张士保绘。《金坛于文襄公总裁四库全书手札》一卷，金坛于敏中。

戊编:《四库馆补萧氏离骚图》三卷。《计氏园冶》三卷，有图。《洪氏菜根谭》一卷。《仙佛奇踪》八卷，有图。共三十九种。

又，玻璃版印《涉园墨萃》成，其目如下:《墨谱法式》三卷，宋李孝美。《墨经》一卷，宋晁补之。《墨史》三卷，元陆友仁。《墨法集要》一卷，明沈继孙。《中山狼图》一卷，明程大约。《利玛窦题宝像图》一卷，明程大约。《墨海》十卷，附录一卷，明方瑞生。《墨表》四卷，万受祺。《鉴古斋墨薮》四卷，附录一卷，汪近圣。《中舟藏墨录》三卷，袁励准。《内务府墨作则例》一卷。《南斋制墨札记》一卷，谢嵩岱。共十二种。袁励准序曰:吾友陶子涉园精目录之学，比者端居多暇，刻丛书以自娱，辑《墨萃》一书都十二种，取余所著《中舟藏墨录》为之殿，并属序于余。窃惟制墨昉于轩辕，著于韦诞，越七百年，李超父子继起，廑延六叶，流风所暨，作家代兴。至言墨之书为四库所收者，以宋李孝美《墨谱法式》为最古，晁贯之《墨经》次之，元陆友《墨史》、明沈继孙《墨法辑要》又次之。李孝美法式并重，晁贯之、沈继孙专重法。制墨者资焉，陆友仁于古今墨家，各具小史。藏墨者资焉，别有《四库》未收而又世所希觏者，则为方瑞生《墨海内辑》三卷，摭拾墨说甚富。外辑七卷，自汉魏迄金元，下逮有明诸家及瑞生自制，悉具图式，缀以题赞，觥觥巨制，容积之量渊然如海，洵无愧色。更辑程大约附刻之《中山狼图》以博其趣，《利玛窦题宝像图》以炫其奇，爰及国朝万寿祺《墨表》，第其朝代，列其家数，详其款识，条理秩如，允推作者汪近圣《墨薮》，略如程方《墨苑》《墨谱》之例，特以乾嘉御墨胥出其手，故雕镂之精迥异常制。余嗜墨成癖，有明妙品，搜求匪懈，竭十余年之力，综得百有八九，厘为三品，成《中舟藏墨录》三卷，付诸精拓，佐以论说，务尽墨之情状而止。昔鲍廷博得万寿祺《墨表》，欲列入《知不足斋丛书》未果。今余书甫成，涉园不为谫陋，侪诸古作者之林，何多幸也！举世棼棼，旁行之书且遍天下，涉园故不识时务，一意孤往，为墨卿发光气，蕲大襮于世，作此无益之事，以悦有涯之生，抑亦重可唏已！涉园序曰：合墨法始见后魏贾思勰《齐民要术》，凡散见唐前人书，大率赞扬其功用，于制法则阙如也。宋李孝美始有《法式》之作，具详颠末，专成一书。晁贯之《墨经》体例相类，间有发明。沈继孙则以身历其事，别著《墨法集要》，遂为后来造墨者一定之程序。陆友仁《墨史》、万年少《墨表》，或详作者，或分品类，皆支流余裔也。程君房《墨苑》、方于鲁《墨谱》先后有作，艺林艳称，《四库》讥其专长雕镂，列于存目。方澹玄《墨海》为书三卷，图七卷，法详式备，语有统宗，虽间有附会之处，不得不谓集大成者，惜流传甚希，《四库》未录。有清顺康之际，曹素功最著，所刻《墨林》仅录题赞。及至雍乾，汪近圣踵之，刻《鉴古斋墨薮》四世相传，迄于嘉道。自兹以下，鲜作齿数矣。大都赵宋以来，凡内廷所供、士林所用，均取给于歙产，文房清玩，互相投赠，鉴赏者众，工料自精。康熙中内府鸠工自制(《会典》有墨作则例)。乾隆初，又调取墨工，尽采其法(近圣子惟高应调)贡御，既悉出上方，士大夫亦鲜风雅好事，遂使精美之品流入商贾一途。用者不求甚解，造者惟利是射，百年来墨品日坏，此其大原因也。《提要》又曰：自明代油烟盛行，松烟之制几绝。而清代至道咸以后，应殿廷试者又竞尚松烟，盖由其初不以楷法取士，携砚而入足备对飏。洎专以点画求工，于策卷之以连史纸制者，非松烟不能适用，藏家留存旧制既浪用一空，厂肆一得阁墨汁乃乘时而起。谢祐生且以《制墨札记》闻，盖易锭为汁，其变迁又如此。从古制墨之家，皆以取烟为始，事工既多而费亦巨。人心日偷，近且有以煤炭之烟搀入。奚李以来，相传之古法澌灭殆尽，固不仅墨水笔、天然墨之日出无穷，染翰之流皆取便目前，不为久远计之，可慨也。不佞此书窃欲绵墨法于一线，既汇印上列各书，并取程氏《中山狼图》《利玛窦题宝像图》之可资谭助者，附入编中，以期赅备。又以从前谱录虽极精妙，不睹真形，宛平袁君中舟著有《墨录》三卷，系将所藏明以来各家精品先拓后照，见者与把玩原物无异。因乞以玻璃版印法流传，庶几印证旧闻，益为有据，定名曰《涉园墨萃》，聊以志区区心力之所聚而已。班孟坚之言曰：商修族世之所鬻，工用高曾之规矩，制墨仅一艺耳，其不堪追溯者已如此。世有讲考工之旧典，发思古之幽情者，其或有取于斯。又，玻璃版印明钱罄室手抄《陶九成游志续编》告成。黄丕烈跋曰，此钱罄室手钞《游志续编》真迹，去冬陶五柳携以示余，云是吴枚庵家所散出者。余爱之甚，因索直二十金，因循未即交易。至今春始，以家刻《国策》十部相易，盖价亦约略可抵也。相易后，适鲍以文绿饮闻之，欲以所刻《知不足斋丛书》二十部向五柳相易，五柳告以与余交易，故思欲属抄副本，以元刻《道园遗稿》相易，余惮烦未之允。余叩五都绿饮何以必欲相易，故五柳云：此书原为绿饮物，后为枚庵借去。枚庵客楚久而未归，此书杳无踪迹。今知散出，故欲易归耳。适又收得枚庵传录本，作书致绿饮，绿饮如前约相易而去。余谓此书收藏源流不可没其实，缘表而出之。至于《游志续编》《补元史艺文志》未载，惟《绛云楼书目》有之。钱罄室手钞者，陆其清《佳趣堂书目》载其书，必此本矣。卷中图章“钱府之印”，初不知其人，后访诸友人，云即允治旧名，见于《明诗综》。冯字一印下刻兽形，未知谁何，疑是冯武之印，然无确据也。甲子冬至前一日，微雪初霁，窗明几净，重检书此。荛翁黄丕烈识。

又跋曰：嘉庆丙寅冬，病者五旬，死者二次，自问一切书籍，此后非尘封蚁蚀，即覆酱瓿入面肆耳。今幸获安，渐可至房外闲坐，文字之缘不忍释手，启橱偶检及此，聊当卧游，以消永昼。复翁。先兄珙跋曰：钱罄室手钞《游志续编》收藏源流已详，黄荛翁自记，沧桑历劫，神物护持。甲子再周，幸为余弟兰泉所有，海内孤本不敢自闭，爰付石印以饷同好，使惊人秘笈流传数百本于天壤间，宁非艺林快事。惟原本纸黄墨黯，影石不能，无豪发之憾，摸写锓梓，俟诸异日。乙丑夏日珙记。

二十三年甲戌，六十五岁。玻璃版影《百川书屋丛书》正、续编，附魏志成，其目如下：

《影宋嘉定本古今注》《郑世子瑟谱》《周端孝血疏真迹》《晚笑堂画传》《杨忠愍公传家宝训》《瓶笙馆修箫谱》，以上六种为正编。《程氏心法三种》《褚遂良阴符经墨迹》《清代宝谱》《清内府藏古玉印》《全轮精舍藏古玉印》，以上七种为续编。《司马元兴志》《司马景和昞志》《司马景和妻孟敬训志》《司马升志》，以上为四马志，定海方药雨氏若藏原拓。《崔敬邕志》为上虞罗叔言氏振玉藏原拓。又排印《毗陵周氏家集》五种成，其目如下：《周溱鸥亭诗钞》《周情海上篇》《周仪暐夫椒山馆诗集》《周腾虎餐芍华馆诗集》《周世澂春瀑山馆诗存》。

二十四年乙亥，六十六岁。续修《迁常支谱》成，予撰《凡例》曰：

——吾族谱牒旧与溧阳合修，卷帙浩繁，颇嫌淆杂。今定议分修，断自迁常，以下名曰“溧阳陶氏”，迁常支谱仍按旧谱，另列《远祖世系表》一篇冠诸卷首，以明溧阳旧谱为吾谱之所自出。

——篇第首列序例及远祖世系表，原始也。恩纶第一，凡宸翰、诰敕皆敬谨登载，尊王也。世德第二，凡家训、礼制及忠义、节孝、节烈、选举、仕宦之类，皆入之，法祖也。世系第三，陈纲也。世表第四，丽目也。文传第五，凡官书、志传、志铭、赞状皆入之，扬先德也，并附杂志以终焉。

——封赠阶帙，谨遵《会典》其例，得请封而未受诰敕者不书（按诰敕均截至宣统年止，入民国后如卿大夫、嘉禾文虎等徽章均非定制，未录）。

——世表书法各人名下，详载字、号、科第、官职、生卒年月日时、配氏、子女、葬所。（旧例止载科第仕途，今科学振兴，士农工商四民并重，自第十一世起，在某学校肄业或毕业，以及其所业，均择要录之。）妻书，配继室、再继室均书。继配既聘而卒者书。聘妾有子女及守节者书。侧室（非是者即不录）子女均注明某氏出。女子未嫁书字，已嫁书适，未字书待字。（今自第十一世起，女皆书名、书生年，婿书名号。其有终身居室者，并书其卒年、葬所。或有女职务者亦书之。）男女年逾六十者书寿，不及者书年。年逾十五者，备书生卒、葬所，注明无嗣，不及者书殇，以示区别。

——世表并载外姻名讳、爵里，于适我者及我所适者，皆纪其家世，重之也。然只载其本身三代履历，旁支概不援引，以归简当。

——表内立嗣，书以某人第几子为嗣，兼嗣者则书以某人兼嗣，而于本支下则仅书出嗣某人，不复载履历。其有始出嗣而后又归宗者，可于修谱时声明更正。

——族人有出嗣外姓者、从释道者、从外者或随嫁母迁徙他乡者，均于本名下分别注明，庶归宗时可以考核。

——异姓为嗣不当入谱，吾族迁常至今已四百年，中更丧乱，势难一一厘剔，现均从旧，自此以后，有以异姓为后者，概屏不录。

——王化始于闺门，彰瘅不可不谨，其有未经旌表而确系以身殉夫者，书烈。守节三十年者，书节。未及年而亡者，亦书节。若因故被出及夫死改嫁者，均仅书其氏而注明之。

——吾族四百余年间辗转迁徙，久不通问，及死于灾难无从稽考者，此次修谱虽经分别注明，遗漏在所不免，仍冀各支后裔随时补报，以示敬宗收族而得继绝存亡。

——族人大节有亏，陷于匪类者，则削除其名。其情节较轻者，谱中虽削其名，仍留行次，志以黑圈。如能改过仍予登载，以启愧悔之心，而导自新之路，如例应削名而其人适已物故，免议。

——此次创修迁常支谱，凡本族中名字有与祖宗相同者，一律敬避或以同音字代之，嗣后查谱命名，慎勿再犯。

——谱用石印分订若干部，编列号数，领谱者注明某分、某人、领某号，仍令备价取领，各宜珍藏，慎勿遗失损坏，以昭郑重。

按，吾族创修支谱，起于光绪丁酉，成于宣统庚戌。辛亥，付印未毕，即逢世变，易代之际固有因革。今则国体制度、人情风俗一律维新，迄今已二十四年，文物典章尚未大定，而月日转移、老少递易，若不及时记载，恐遇骨肉而将等于路人。兹合族公议，续修支谱，凡例均仍其旧，稍有增益，分注例中，先成五卷，装订四册，俾族人领守，附录杂志亦嗣出焉。丙子，湘记。

二十五年丙子，六十七岁。八月，纳侧室同里徐氏。是年，重刻上海徐氏旧抄本元顾氏《草堂雅集》告成。徐紫珊跋曰：元顾氏《玉山草堂雅集》《四库总目》云十三卷，自陈基至释自恢，凡七十人。又云，是书世罕传本，王士禛《居易录》记朱彝尊于吴门医士陆其清家仅一见之。此本自柯九思至释楚石，凡八十人。其一、二卷均有后卷，实则十八卷也。咸丰四年十月九日，徐渭仁。

涉园跋曰：按，《刘氏玉海堂影刻》元椠十三卷，核其卷中有分前后者，总数亦十八卷。刘氏跋称是集无定目，各家所藏皆抄本，有首柯九思终释自恢，便是佳本。流传通行者，大半首陈基终释自恢，即世所谓“俗本”。《四库》所收尚是首陈基终释自恢之本。缪艺风丈曾合各本互相考订，列为一表。若别本有多至百十首者，恐是后人所增添，非原本也云云。刘氏以元椠为真本，诚然。惟元椠多有题异而诗复者，又有甲诗误入于乙者，徐本无之。元椠起柯九思终释自恢，徐本相同，而于自恢后多释楚石一人。又，元椠无束宗癸，有束宗庚，而庚误为康。此外，各诗元椠及徐本互有多寡，综计元椠凡七十四人，徐本凡八十人，元椠诗凡二千九百四十五首，徐本诗凡三千三百六十九首。刘跋谓多至百十首者，恐系后人增添而非原本，岂其然乎？况徐本又为刘未及见者耶。今以徐藏旧抄本为据，而以刘影元椠及元诗选合校之，《四库》本固不如元本也。每卷编详目，诗章冠首，并据徐本姓氏编录。总目列于前，更以顾氏本传及刘刻本各题跋并表附于后，以资考订。刻成，爰志颠末。

二十六年丁丑，六十八岁。玻璃版《宋板书影》第一二辑告成。十一月，七孙女宗琰生（松出）。

二十七年戊寅，六十九岁。三月，十一男祖莱生。五月，八孙女宗演生（桐出）。是年，明吴兴《闵齐伋遇五氏五色套板书目》成。傅沅叔序曰：明季吴兴闵齐伋，创朱墨及五色套版。凌蒙初汇辑诸名家诗文，评阅批点而印行之。宋体方正，朱墨套印，或兼用黛、紫、黄各色。白纸精印，行疏幅广，光采炫烂。书面签题率用细绢朱书标名，颇为悦目。其书则群经、诸子、史钞、文钞、总集、别集，下逮词曲，旁及兵、占、杂艺。凡士流所习用者，大率咸具。其格式则阑上录批评，行间加圈点、标掷，务令词义显豁，段落分明。皆采撷宋元诸名家之说而萃之一编。欲使学者得此可以识途径、便诵习，所以为初学计者，用心周至，非徒为美观而已。数百年流布人间，称为“闵板”。顾其书无总目，亦无汇订之帙，所设卷册、部数不得而详。然闻之前辈，言多可指名者，大都一百三四十部之间，今涉园竭三十年之力荟集百有十部，可谓富矣。考闵、凌二氏，皆吴兴巨族，齐伋兄梦得，位至枢辅，“志”称为崇祯宰辅中完人。齐伋以诸生家居，不营仕进，耽心著述，有《六书通》盛行于世。凌蒙初为迪知之子，崇祯中以副贡授上海丞，署海防事，擢判徐州。以治河居房村，入何腾蛟幕，御贼淮上，以功授楚中监军佥事，不赴。甲申春，闯贼薄境，誓守房村，力瘁而死。村人建祠祀之，事迹皆载邑志。是二人者，一为贵介而能积学以著书，一为下僚而能忠烈以报国，高风大节，炳著当时，流芳后世，固不徒以癖古嗜书供人玩赏已也。近世侈谭版刻，闵氏之书，或以为近于批尾之习，为大雅所不屑。顾谛观之，其标点脉络分明，使后学披览有引人入胜之妙。其版刻精丽，足娱老眼，而唐贤诸集尤多，源出善本，固贤于麻沙坊估远甚。况目涉简编，因以延企，慕其高风大节，异代之后，尤令人摩挲慨慕而不能置也耶。涉园其世宝之，勿轻循流俗之见而自贬其声价可耳。壬申九月，江安藏园老人傅增湘。

涉园叙曰：尝考颜色套印书，始于明季吴兴闵齐伋遇五氏（见《乌程县志》及《书林清话》）。由朱、墨，递加黛、紫、黄，五色俱备。其版格特色，周围一框，中无直线，框内八行或九行，行行疏朗，便于套印。板心尺寸亦鲜参差。纸张洁白，采色斑斓，能使读者精神为之一振。然一书而用数书之费，非有巨资不克成功。闵氏为吴兴望族，力能任之。当时如凌迪知、茅鹿门、钟惺伯、李卓吾辈，竞尚论文，遇五性亦耽此。迪知子蒙初玄房氏，与遇五生同时，长同邑，性复同嗜。而闵氏中如齐华、昭明等，凌氏中如瀛初、汝亨等，两家父兄子弟汇辑各名家之评论批点，分别颜色，均以套板印行。盖编纂未必闵氏，而印行必属闵雕，此闵板之名风行海内也。迨崇祯甲申，玄房氏没于徐州军次。顺治丙申，遇五氏存年已八十有二，所著《六书通》雕刻无力。迨海盐毕既明刊以传世，而板已不精。噫！一艺之微，惟人是系。尤须同好者多，遭遇得时，有其财力，事乃竟成。此后世读一姓所刻书而追想其人，所以低回不置者也。曩年，江阴缪艺风先生语湘曰：闵板上起《周易》，下讫《传奇》，约百三四十部，或附音释，或增笺解，发挥疑滞，开人神悟，颇便学者。顾或谓经、传、词、曲，概以批尾之术施之，有伤品类，则前人读经有蠡测之编、简端之录，议史有论断之笔、管见之文，例以绳之，何莫非批尾之类？若诗文评，则目录家早列专门，更无论矣。彼钟伯敬、李卓吾辈评点各书，诚有可议者。若闵板所采，皆宋、元、明以来名家绪论，乌可一概抹煞？方今文运否蹇，稗贩新学说者，动言凡百古籍皆当拉杂烧之。而海邦人士通晓中国文字者，则又不惜悬重金以求，捆载而去，殊可痛也。然世运盛衰如循环，然乾坤不灭，诗书之教终不磨也。予老矣，恐不及待。君爱书若性命，故于论闵版，而发吾所慨如此。此辛壬间事也。厥后收书辄留心闵版，积久得百十部都百三十二种，遇重出而印本较前尤精美者，展转抽易，至再至三，极意线装，耗金无算。惜先生已归道山，不及相与欣赏，并致问种类尚缺几何也。夫闵版诸书，今之藏家尚未以善本视之。然自明末上溯至宋末约四百年，至元末约三百年，彼时购求宋元版书价，以汲古阁毛氏卖书议值证之，犹不为昂。固由银贵，亦传本尚多耳。自今日上溯至明万历之末，如闵版书相距亦三百年，而其值比之当时购宋元版书高至数十倍，且不能得其全。若以传奇数种，比之今日求宋元版书，其难已几几相埒。亦传奇日罕而日珍也。乌能以其非宋元板、又非嘉靖前刻而遂不重视之耶？爰为分别部居，汇编总目，并略记其评点、编辑、序跋、校勘、绘图之人以见梗概。其有耳闻而非目睹者，附目待访。书囊无底，必有所遗。世有博览，补而充之，所乐闻也。癸酉长至，武进涉园居士陶湘识。

附录：闵氏等志传

闵齐伋，字及五，号寓五，又号遇五。明诸生，不求进取，耽著述。世所传朱墨字板，五色字板，谓之“闵板”，多为其所刻。著有《六书通》盛行于世。(《乌程县志》)

按，齐伋为梦得季弟，见所刻《草韵辨体》梦得题跋中。梦得(邑志有传)称为崇祯宰辅中第一完人。齐华分校《左传》，又有《文选瀹注》，亦梦得弟(志亦有传)。

凌蒙初，字玄房，号初成，迪知子。崇祯甲戌，以副贡授上海丞，署海防事，清盐场积弊。擢判徐州，居房村治河。时何腾蛟备兵淮徐御流寇，慕其才名，征入幕。献剿寇十策，又单骑诣贼营，谕以祸福，贼众来降。腾蛟曰，此凌别驾之力也。上其功于朝，授楚中监军签事，不赴，仍留房村。甲申正月，李士成薄徐境，誓与百姓死守。曰：生不能保障，死当为厉鬼杀贼！言与血俱，大呼“毋伤百姓”者三而卒。众皆恸哭，自死以殉者十余人，房村建祠祀之。兄湛初字玄夏，润初字玄雨，并以古文词名于时，下笔千言，兄弟相雄长，皆早卒。(《乌程县志》)

人名录

闵齐伋(遇五)　梦得　齐华(赤如)　象泰　于忱(松筠馆)　昭明(伯弢)　映张(文长)　光愉(蕴儒)　如霖(师望)　元衢(康侯)　無颇(以平)　振业(士隆)　迈德(日新)　洪德(子容)　映壁(文仲)　一栻　邃杲　凌蒙初(玄房、初成、即空居士)　瀛初(玄洲)　澄初(侯彻)　正初(茂成)　汝标(见霞、五老山人)　汝亨　弘宪(叔度、天池居士)　启康(安国、旦庵主人）　敏楠（殿卿、觉于道人）　杜若（若衡）　约言（季默）　云（宣之、云秋山人）　元爙（广成子）　元灿（灿分、垚光山人）　性德（成之）　惇德（季先、天目山人）　瑞森　南荣。

明毛氏《汲古阁刻书目录》成。序曰：明常熟毛晋，字子晋（原名凤苞，字子久），校刻书籍，起万历之季，迄顺治之初，垂四十年，刻成六百种有零（道光间顾湘有《毛氏校刻书目》一卷、补遗一卷。鲍芳谷有《汲古阁刊板存亡考》一卷）。其名誉最著而流行最广者，《十三经》《十七史》《文选李善注》《六十种曲》，刷印既繁，模糊自易。顺治初年，子晋修补损缺，已至变易田产（详子晋顺治丙申年丙申月丙申日丙申时《刻书缘起》中）。康熙间，板已四散，经、史两部归苏州席氏扫叶山房，始而剜补，继则重雕。亥豕鲁鱼，触目皆是，读者病之。窃维毛氏雕工精审，无书不校，既校必跋。纸张洁炼，装式宏雅，如唐宋人诗词及丛书杂俎等刊，均可证明其良善，岂有煌煌经史，反如斯之恶劣耶（毛氏自刻均有"汲古阁"三字，代刻则无，或并其斋名亦代刊）？于是刻意搜求，得《十三经注疏》原板初印（每经之后均有篆文或隶书印记，为通行本所无）。《十七史》为开化纸印，内府有之（莫郘亭珍藏，是海内仅见）。经史之钱谦益序，均未抽毁。《文选》字口如新，与通行汲古本迥判霄壤，而毛刻之含冤蒙垢，遂昭然大白。予积卅余载之力，得五百四十种零（按之顾刻目录，已得十之九）。先编此目，嗣有得者，再继录焉。

《明内府经厂书目》成。序曰：按，明代经厂书向无目录，惟明宦刘若愚《酌中志》内略志梗概。崇祯鼎革之际，其书籍版片均存内府中。顺治一朝刻书式样大体尚与经厂本相等。康熙朝以经厂所刻《文献通考》脱简讹舛甚多，饬词臣重校补刻，圣祖加御制序印行于世，嗣后即选词臣主其事，复位格式并纸张印刷莫不竭尽能事，皆取决之。有清殿板精美之权舆，实导源于明代经厂本也。现在经厂本书籍内府已无，间有《五伦书》《五经大全》《通鉴纲目》《文献通考》《大学衍义》《事文类聚》《大明集礼》等书流行于世，希如星凤。爰检《酌中志》所纪大略附志于此，以示明清间内府书籍之统系不绝云尔。

《清代殿板书始末记》成。序曰：清代殿板书实权舆于明代经厂本，惟明以司礼监专司，清则选词臣从事。顺治一朝纂刻书籍，均经厂原有工匠承办，故其格式与经厂本小异而大同。康熙一朝刻书极工，自十二年敕廷臣补刊经厂本《文献通考》脱简，冠以御序。此后刻书凡方体均称宋字，楷书均称软字（见《大清会典》）。虽杂出众手，必斠若画一，于武英殿设修书处，校对官员、雕刻工匠咸集于兹。又敕刻铜字（非铸）活板摆印（初印历算等书，继印《图书集成》）。其书均称内府本，两淮盐政曹寅以盐羡刻《全唐诗》，软字精美，世称"扬州诗局刻本"，以奉敕亦称内府本。雍正一朝精刻《内典》别规格式，字体力求方整，刀法力求匀净。乾隆一朝，四年诏刻《十三经》《廿一史》(《内典》停刻)，于武英殿设刻书处，特简王大臣总裁其事，刻板之名遂大著(凡前称内府本，后亦统称殿本)。十二年初，刻《大清一统志》，次刻《三通》，再次刻《旧唐书》。凡在十二年前刊印者，其写刻之工致、纸张之遴选、印刷之色泽、装订之大雅，莫不尽善尽美，斯为极盛时代。十三年，开三礼馆刻《三礼义疏》，与《易》《诗》《书》《春秋》传说汇纂合装，总名《御纂七经》。而《三礼义疏》即逊于《四经汇纂》。扬州诗局于曹寅故后工亦中辍，铜活字于乾隆九年敕毁铸钱。迨《永乐大典》辑出古书敕付梓人(初刻《易纬》《汉官旧仪》《魏郑公谏续录》《帝范》等四种)，工部侍郎金简司其事(金故朝鲜人，隶内府旗籍)，以雕刻繁费，奏用木活字摆印。高宗喜其事倍功半，赐名"聚珍"，深悔铜活字之毁(见《御制诗集》中)，而武英殿刻书仍如旧也。然自此以后，敕纂各书之写、刻、印、装每况愈下，试举三十年后所刻之《六通》、四十年后所刻之《旧五代史》、五十年后所刻之《续纂大清一统志》与十二年前所刊诸书，校其优劣，判若霄壤。嘉庆一朝，四年刻《续纂八旗通志》，工料愈逊。九年，敕纂《熙朝雅颂集》，特谕阮元刊进，亦不如乾隆初年诸殿本。十九年，敕纂《全唐文》仍由扬州诗局承办，然亦不如《全唐诗》。道光、咸丰两朝，天下多故，稽古右文，万几无暇。同治一朝，大乱甫定，天子冲龄，此事遂废。八年夏，武英殿灾，凡康熙二百年来之藏书储板一炬荡然，幸大内宫廷殿阁、奉天陪都、热河行宫陈设书籍尚有存者(间有所缺，相传灾之起，内库储书久被盗窃，典守者假火逃罪。后来坊肆流行殿本，有内府转付缺如者，其言非无因也)。武英殿既灾，纂修、协修之官名犹在，写、刻、印、装之工匠亦未撤，而刊书之事终同治一朝阒寂无闻，此为极衰时代矣。光绪一朝，初敕纂《七省方略》，为省费计，由总理各国通商事务衙门以西法铅铸活字排印成书(此为西欧印刷术东渐之始)，继排印《历代圣训》(天命至咸丰止)《历朝御制集》(圣祖至文宗止)，复次排印各衙门则例，暨同文馆译书。七年，因铅字漫漶由商办撷华印书局承领，用四号字排印《九朝东华录》(由天命至咸丰止)，仿巾箱本式，每部售股票京平松江银十二两(股票印书自此始)。自武英殿修复，有刻书之议，刻成仿宋真德秀《心》《政》二经，仿明焦竑《养正图解》(殿本向无封面，此则宋体大字，后有"光绪二十二年岁次丙申武英殿校刊"长方木记，亦宋体字)，时武英雕手已劣，选用厂肆刻殿试朝考卷之能手充之，亦颇可观。卒以造办处工料则例，尚嘉庆时代改订，不合于时，难乎为继，旋复中止。先是十一年，上海商人集股铅印《图书集成》，讹脱不堪卒读。户部侍郎张荫桓充总署大臣，拟用石印法，于十六年由总署奏准石印《古今图书集成》百部(原奏略称，本年六月间，臣等面奉谕旨着照殿本式样石印《图书集成》。臣等思，石印书籍以上海商人办理最为熟悉，当即电知上海道聂缉槼，就近饬商估计详细声复，以凭办理。迭据电复，价格以印书之多寡、纸张之大小为断，现与同文书局核实，估计议用料半三开纸照殿板原式印一百部，每部价规平银三千五百余两。惟料半纸出于安徽，常年制造为数无多，此书卷帙浩繁必须添造，约计须以三年为期方能供用。议即立限三年，令其印齐，先行购买殿板原书一部，以为描润照印底本，另给价银一万三千两。事竣，仍将原书呈缴，并于一百部之外报效黄绫本一部，不给价值。臣等公同商酌，尚属妥协。拟请旨饬下两江总督督饬该道办理，并由该督遴选正途出身、精细勤慎之员前往驻局，按篇详校，以臻完善。所需印书百部价银，共计规元三十五万一千余，暂由出使经费内提付。书成之后，由臣等奏明请旨，留用若干部，令其运京。此外若干部令该道暂行存储，由两江督臣知照内外各衙门，如有学宫、书院拟购此书，即由该处按照每部三千五百余两，备价银解缴江海关道库，归还原款，并随时报知臣衙门存案。如此办理，成书不致过迟，用款不致多费，较之木刻摆印实属事半功倍云云）。二十年，上海同文书局承印告成，由两江总督于每部首册后副叶钤盖关防。先取五十部解京，其描润铜版原书同时缴还总署（原书于民国三年由外交部移赠清华大学，清华藏书目载，称光绪初年写本。予赴清华详阅之，知即描润底本，粉笔细描蛀处裱补痕迹显然）。石印书以底本描润，其爽朗视原书为美观，且增入《考证》二十卷。全书注明缺十三叶，考铜版原印，凡六十六部（见乾隆三十四年军机处档案），所缺各叶未必每部皆同，求之藏书旧家不难补足，惜乎计未出此也。未几，同文书局被火，所存五十部焚毁以尽。二十五年，《光绪会典》告成。三十一年，《钦定书经图说》写讫，均由总署发交上海商家石印。书成储之，总署以经费所自出也。宣统一朝，摄政当国，未及三年，逊位于民国，愈无足述。呜呼，清社屋矣。而康乾两朝百二十年间殿板之书，匪微卑视元明，抑且跨越两宋。今而后吾炎黄子孙如竟不读中国之书，斯亦已矣。苟非然者，吾敢断此殿板诸书直将逾百千年而不敝也。殿板书以开化纸印本为尤精美，予生平酷嗜之。吾友吴君眉孙尝戏予曰：周鼎、商彝世多赝造，若开化纸自乾隆以后不复制而其技亦亡，后有巧工无能为役，藏书家宜永宝之。此虽谐言，中有至理。予述殿板而必及于铅印、石印之递嬗，固以备始末，亦以见国力之孱弱而文物相与以俱衰也。予购求殿板书，起光绪十五年己丑，讫民国十八年己巳，得百数十种，按代为次编目以存。其非购得而内府尚存者，又内府写本书之未发刻者，均各编一目以附。又内府不存而南北书贾求售而得，以及各书馆照影石印者，低一格录入以示别。若聚珍板书、袖珍板书均殿板之一，别有端绪，略记始末，并编目次备考焉。丙子冬大雪武进陶湘记。

《武英殿聚珍板书目》一百三十八种定目书成。序曰：乾隆三十八年五月，诏儒臣辑《永乐大典》散见之书及世所罕觏秘帙录目呈览，镌板通行。初次进单共辑一百二十六种（朱格写本），先刻《易纬》《汉官旧仪》《魏郑公谏续录》《帝范》四种（每页二十行，行二十一字）。是年十月，金简管武英殿刻书事务，奏准以木活字摆印，借省刻工繁费。高宗赐名“聚珍”并题诗十韵（诗中深悔销毁铜活字板）。于是按目摆印得一百二十六种（每页十八行，行二十一字），每种之首有高宗题诗十韵，每首页首行之下有“武英殿聚珍板”六字。《续宫史》书籍门有聚珍板书一百二十六种之详目，即其明证（木刻四种仍旧编入，并未改摆）。《续宫史》又称尚有印者，厥后又加（《夏氏尚书详解》《西汉会要》《唐会要》《农书》，此四种为后辑者；《诗经乐谱》附《乐律正俗》《明臣奏议》《淳化阁帖释文》《四库全书考证》《武英殿聚珍板程式》《悦心集》《十全老人集》《万寿衢歌乐章》，此八种为新辑者），行款相同，是一百三十八种为确定之数。此外又以聚珍板摆印之单行本书如《乾隆八旬万寿盛典》《千叟宴诗》《平苗记略》《续琉球国志》《吕东莱大事记》《畿辅安澜志》《西巡盛典》等书，或每页二十二行，或十六行，或十四行。虽有御题冠首，而每书首页首行之下并无“武英殿聚珍板”六字，行款不同，绝不能与一百三十八种相混（魏氏《骈雅训纂》称一百三十八种。张氏《书目答问》亦称一百三十八种。缪氏艺风堂搜得聚珍板原书一百三十八种，另录详目订于卷首）。是皆可以证明者，乃光绪乙未年，广雅书局所刻聚珍板书有一百四十八种，转疑内府一百三十八种为非全帙。再考乾隆四十一年九月，颁发聚珍板于东南各省并准所在锓木通行，一时承命开雕者，江宁刻八种、浙江刻三十八种（均袖珍式），江西刻五十四种、福建刻一百二十三种（均原式）。福本跋云，乾隆丁酉，刻一百二十三种，道光戊子、丁未，同治戊辰、辛未，光绪壬辰，先后修板增刻二十五种，合一百四十八种。广雅书局据以重刻，并附校勘，风行海内而不知其误也。兹将福本增刊十种之误点（并以朱氏《汇刻书目》参考之），摘录如下：《春秋传说纂例》（朱目无，福本云按《孙氏祠堂书目》补刊），《河朔访古记》（朱目云，大典本少见。福本因有此语，即据钱氏守山阁所刻，文澜阁四库全书本而补刊之），《白虎通义》《新唐书纠缪》《唐史论断》《小畜集》（以上四种朱目均无，福本据《书目答问》补。按，缪艺风曾入张文襄公幕参校《书目答问》事，而又自辑原书一百三十八种者，丁巳、戊午之间同客申江面询缘由，缪称注语恐有笔误），《帝王经世图谱》（朱目云，大典本少见。福本因朱目有而补刻之，并云采《总目提要》之文弁诸简端以归画一），《幸鲁盛典》（朱目无，按此书为康熙年孔毓圻奉敕编进，原刻俱在,与聚珍渺不相涉。福本重刻之,且云原缺二卷,尤不可解),《四库全书总目》(朱目无,此乃武英殿刻本,非聚珍也,行款相同,福本殆为考证所误),《畿辅安澜志》(朱目无,福本殆误于单行本之御题冠首也)。又朱氏《汇刻书目》以《旧五代史》为聚珍板印(嘉庆间苏州席氏扫叶山房重刻《旧五代史》,于第一页第一行下刻"武英殿聚珍版"六字,不知何据)。朱氏殆为席刻所误,福本居然未刻,是广雅书局重刻福本,所以有一百四十八种也。今大内殿阁储书尽出,实为一百三十八种。诚恐世以广雅所刻为多,转疑内府所藏有缺,特详识之。

《武英殿袖珍板书目》成。序曰:高宗以校镌经史卷帙浩繁,梨枣解材不令遗弃,仿古人巾箱之式,刻袖珍版书。原刻只古香斋十种,曰:《四书》五卷,《五经》八卷,《史记》一百三十卷,《御撰通鉴纲目三编》二十卷,《御纂朱子全书》六十六卷,《春明梦余录》七十卷,《初学记》三十卷,《御定渊鉴类函》四百五十卷,《御选古文渊鉴》六十四卷,《施注苏诗》四十二卷,补遗二卷,以上十种(乾隆十三年刻)。又,《周易本义》四卷(乾隆年刻),《四书章句集注》十九卷(乾隆年刻),《钦定国朝诗别裁》三十卷。识曰:高宗有谕旨,原书为沈德潜编进,三十六卷。高宗以其有钱谦益、钱名世等,又慎郡王不书爵号,均为不合,敕翰林诸臣审定去留,重订次序为三十卷,乾隆二十六年重刊。

《钦定校正补刻通志堂经解目录》成。序曰:高宗有谕旨,原书徐乾学编辑,纳兰成德镌版。乾隆五十年版归内府,敕馆臣订正讹谬,补刊完善。《续宫史》列入钦定门,共一百三十九种,一千七百九十五卷。高宗谕曰:朕阅成德所作序书,系康熙十二年。计其时,成德年方幼稚,何以即能淹通经术?向即闻徐乾学有代成德刊刻《通志堂经解》之事,兹令军机大臣详查成德出身本末,乃知成德于康熙十一年壬子科中式举人,十二年癸丑科中式进士,年甫十六岁。徐乾学系壬子科顺天乡试副考官,成德由其取中。夫明珠在康熙年间,柄用有年,势焰薰灼,招致一时名流如徐乾学等互相交结,植党营私。是以伊子成德年未弱冠,夤缘得取科名,自由关节,乃刊刻《通志堂经解》以见其学问渊博。古称"皓首穷经",虽在通儒,非义理精熟、毕生讲贯者,尚不能覃心阐扬、发明先儒之精蕴,而成德以幼年薄植,即能广搜博采集经学之大成,有是理乎?更可证为徐乾学所裒辑,令成德出名刊刻,俾借此市名邀誉,为逢迎权要之具耳。夫徐乾学、成德二人品行本无足取,而是书荟萃诸家,典赡赅博,实足以表章《六经》。朕不以人废言,故命馆臣将版片之漫漶断阙者补刊齐全,订正讹谬以臻完善,嘉惠儒林。但徐乾学之阿附权门,成德之滥窃文誉,则不可不抉其隐微、剖悉原委,俾定论昭然,以示天下后世，着将此旨录载书首。

《钦定石经目录》成。序曰：乾隆五十六年，敕检懋勤殿贮蒋衡所书《十三经》，命儒臣校勘刻石，列太学彝伦堂中。凡一百九十碑，五十七年镌。

昭仁殿《天禄琳琅前编目录》成。序曰：谨案，往代延阁广内之书，徒侈缥缃闳富，从未有如清代列皇鉴古精深，多文求旧。一时琅嬛充牣、咸应昌会而备甄藏者。溯自乾隆甲子岁，敕检内府书善本进呈览定，列架庋置昭仁殿，御题“天禄琳琅”为额。越乙未，重加整比，删除赝刻，特命著为《天禄琳琅书目前编》，详其年代、刊印、流传、藏弆、鉴赏、采择之由。书成凡十卷，缮录陈设，后入《钦定四库全书》者是也。总计原贮宋版书七十一部，金版书一部，影宋钞书二十部，元版书八十五部，明版书二百五十二部。其中最善本，如《前汉书》《资治通鉴》《九家注杜诗》三种，皆特邀宸赏，且命写圣容于卷端。御题识语或诗章，均虔志当日天颜有喜之慕。其诸书中，以椠本尤佳，曾荷褒题钤玺者，一体恭载。余仿史家经籍志例，以经、史、子、集为纲，以宋、金、元、明刊版朝代为序，胪举书目卷数，以见前编旧帙部分具存。今书虽焚毁，目录尚存，摘要录之，以免湮没。高宗题宋金元明旧版书三十八部亦录目入焉。

昭仁殿《天禄琳琅续编目录》成。序曰：嘉庆二年丁巳十月，敕尚书彭元瑞等仿《前编》体例，重辑《天禄琳琅续编》。维时遍理珠囊，详验楮墨，旁稽互证，各有源流。而其规模析而弥精，恢而愈富。凡前人评跋、名家印记，俱确有可征，绝无翻雕驳文为坊肆书贾及好事家伪托者，盖以《前编》之目。仰禀高宗纯皇帝辨订精醇，儒臣得所依据，而自钦定《四库全书》以来，渊海储藏，尤足以广闻见、参详之助。是以前编书目十卷，后编则二十卷。前编书四百二十二部，后编则六百五十九部，万有二千二百五十八册，视《四库全书》逾三之一。前编宋、元、明版外仅金刻一种，后编则宋、辽、金、元、明五朝梓本俱全，合前后二编，观之不啻与绿字丹文辉映万古。谨依例恭录圣制题篇，并分胪卷帙，以备几余澄鉴，以昭我皇上崇文念典之同揆云尔。今书已焚毁，录目以免湮没。

五经萃室藏宋版《五经》一部目录成。序曰：谨案，昭仁殿后庑，“慎俭德”三楹，分右一楹，汇贮宋岳珂校刻《五经全编》，凡九十卷，御题“五经萃室”为额。圣制记文识集成之幸，而推广于位置政务之咸宜。大哉，诚因学喻政之彝训也。每经分咏一诗，亲洒宸翰，冠诸册首。而于岳氏忠良有后，能以经训绍闻，特荷褒荣，尤足以为世道人心之劝。至于影模仿刻，并许横经下士万本流传，仰见恩洽同文情公好古，又岂仅以相台旧帙古墨流香，徒作希珍之玩已耶。

钦定文渊阁《四库全书总目》成。序曰:按,《四库全书》共缮七部,文源在圆明园,文宗在镇江,文汇在扬州,均遭兵燹。文溯在奉天,文津原存热河,今存北平国立图书馆。文澜在杭州,文渊仍在故宫。爰照《续宫史》例,仅录门类、卷数,以资稽考。

摛藻堂《四库全书荟要目录》成。序曰:乾隆三十八年,于敏中、王际华等奉敕于《四库全书》中撷其菁华,缮为《荟要》,篇式一如全书之例。四十五年,缮成二部:一贮御花园摛藻堂,一贮长春园味腴书室。咸丰十年,联军焚圆明园,味腴书室同时俱烬。今摛藕堂一部独存,完善无阙,世无第二本,爰录其目,以备稽考。

《内府写本书目录》成。序曰:按,内府写本书,如《实录》、如《本纪》、如《玉牒》,向不发刊。此外,如御制、敕编、敕纂、钦定诸书,刻本之外均有写本,所谓进呈本也。其式均系朱丝直格,楷法工整,胜于《永乐大典》,亦有乌丝格者。至其钞本,有与写本工用相同者,一并记目,以资稽考。

武英殿造办处写、刻、刷、印工价并颜料、纸张定例成。

《涉园鉴藏明板书目》成。傅增湘跋曰:武进陶君兰泉编定所藏明本书籍,凡为部者,一千有奇,为册者,一万四千四百有奇,都为一目。自洪武以迄崇祯,号为佳椠者,大略咸具,而元刻及明钞亦间一二焉。余受而读之,终篇矍然。惊曰:“盛矣哉!泱泱乎大国也!”余与兰泉订交于三十年前,时方壮盛,即锐意以收书为事。其后南北驱驰,范围乃益廓,所收以明本、殿本、清初精刻为大宗,而尤喜官私初印开化纸之书。缘其纸洁如玉、墨凝如漆,怡目悦心,为有清一代所擅美,厂市贾人遂锡以陶开化之名。其收书之法,一书辄兼数本,一本之中又选其纸幅之宽展、摹印之清朗,以及序目题跋必遴其完善无缺,签题封面必求其旧式尚存。往往一书而再易三易,以蕲惬意而后快。入库之前,复躬自检理,重付装潢,被以磁青之笺,袭以靛布之函,包角用宣州之绫,靪册用双丝之线,务为整齐华焕,新若未触。有时装订之钱,或过于购求之费而毫不知吝,故持书入市,一望而识为陶装。昔人评,竹垞、渔洋之诗以为朱贪多,王爱好,若兰泉收书之癖殆兼斯二者矣。

通观全目所载,充溢四部,罗列万签,若胪举之,脱腕不暇记,更仆不能终,兹遴其精善者于后而评骘焉。

经部中如《周礼》《仪礼》《礼记》皆为徐氏刻本,《春秋集解》为覆岳刻本,严氏《诗缉》为赵府味经堂本,《韩诗外传》为通津草堂野竹斋二本(野竹即就通津版改题)。史部中为《史记》,为丰城游氏、金台汪谅、震泽王氏三本,两《汉书》为汪文盛翻盐茶司本,《晋书》为西爽堂吴氏本,《旧唐书》为闻人诠本,五代《史记》为汪文盛本,前、后《汉纪》为黄姬水本,《路史》为洪楩本,《国语》为金李本,《国策》为龚雷本,《晏子春秋》为正嘉间巾箱本(孙渊如获吴刻底本),《吴越春秋》为覆大德本,《越绝书》为宛陵梅守德本,《华阳国志》为张佳胤本(抱经楼藏极罕觏,顾千里未及见),《洛阳伽蓝记》为如隐堂本(极少见),《唐六典》为正德本,《南雍志》为嘉靖李默本(完整无缺叶极少见),《雍大记》为周宗化本,《三朝北盟会编》为明钞本,其余如《泳化类编》《金声玉振集》、嘉靖《山东通志》(杨维聪修)、嘉靖《浙江通志》(薛应旗修)、《国朝武功纪胜通考》(顾季亨辑),皆号为难致者也。子部中如《新序》《说苑》为汾州杨美益本(题为刘氏二书),《申鉴》为文始堂本,《中论》为黄华卿本,《孙子十家注》为谈恺本,《虎钤经》《商子》为天一阁本,《齐民要术》为嘉靖马氏本(少见),《素问》《灵枢》为顾氏赵府居敬堂二本,《脉经》为覆宋及吴勉学二本(吴氏亦翻宋本),《千金要方》为乔世定小丘山房本,《经史证类本草》为大德宗文书院本,《太玄经》为万玉堂郝梁二本,《墨子》为陆稳本,《鹖冠子》为碧云馆活字本(海内孤本,乾隆御题),《吕览》为李瀚本,《东观余论》为项笃寿本,《西溪丛语》为鵜鸣馆本,《鹤林玉露》为小字本,《困学纪闻》为元泰定庆元路本,《论衡》为通津草堂本,《世说新语》为袁褧本,《辍耕录》为狭行细字本(杨惺吾谓为元刊),《夷坚志》为清平山堂本。此外,类书如《艺文类聚》《白孔六帖》(六帖补为明抄)、《锦绣万花谷》《事文类聚》《山堂考古索》《古今合璧事类》(二本其一为活字)皆元明佳椠,完整可玩者也。集部中如《楚词章句》为黄省曾本,《楚词集注》为何乔新本,《蔡中郎集》为嘉靖宗文堂本(为十二卷异本也),《曹子建集》为徐虬伯本,《庾开府集》为嘉靖朱曰藩本,《陈拾遗集》为杨椿本,《张燕公集》为伍氏龙池草堂本(钱叔宝手跋朱笔为伍氏所手校),《张子寿集》为丘濬本,《元次山集》为明初湛甘泉二本(明初本题浸叟文集最罕见),《颜鲁公集》为锡山安氏本(活字本外更刊此本,殊不多观),《昌黎先生集》为继雅堂本(行款与东雅堂本同,极精湛,奇书也),《李文公集》为成化何宜本,《李昌谷集》为弘治张淮本(少见),《元白长庆集》为嘉靖小字本,《寇忠愍集》为弘治本,《欧阳文忠集》为天顺本,《司马传家集》为成化本,《二范集》为翻天历本,《安阳集》为正德本,《宛陵集》为正统袁旭本(极初印精美),《文潞公集》为嘉靖吕柟本,《栾城集》为蜀藩活字本,《山谷集》为徐岱本,《陈后山集》为弘治马墩本,《水心集》为正德黎谅本,《王鲁斋集》为正统刘同本,《沧浪集》为正德胡汝器本,《文文山集》为嘉靖壬子鄢懋卿本,《方蛟峰集》为弘治癸亥本,《太仓〔梯〕稊米集》《魏鹤山大全集》皆旧钞本,《元遗山集》为李瀚本,《道园学古录》为景泰本,《松雪斋集》为元花溪沈氏本,《陈刚中集》为天顺本(少见),《黄文献集》为元刊小字本,《柳待制集》为元刻本,《书塘小稿》为成化许容本,《蜕庵集》《蒲庵集》均为洪武本,《翠屏集》为成化本。此外,如渊明、右丞、太白、工部(李、杜均玉几山人刊,最少见)、昌黎、河东、南丰、嘉祐、临川、东坡、淮海、龟山、屏山、晦庵、止斋、梅溪、洛水亦皆正嘉以前所刊,其源多出于宋元古刻者也。而明人专集一百四十余家,更无烦备述矣。《总集》中载《文选》凡六部,以飞鸾阁本为创见,而《玉台新咏》为嘉靖、崇祯二本,《唐文粹》为徐文焴本,《唐人万首绝句》为翻绍熙本,《花草粹编》为万历本,《文心雕龙》为汪一元本,《诗话总龟》为月窗道人本,咸斠订精谨,足资玩诵,又不仅楮墨雅丽为足贵也。至如汇刻、诸编则有李元阳之《十三经注疏》,毕效钦之《五雅》,北监刻之《二十一史》,世德堂顾氏《樊川别业》,许氏之《六子》,张登瀛之《中立四子》,胡维新之《两京遗编》,周子义之《子汇》,冯梦祯之绵眇阁《周秦诸子合编》,广西官本之《武经七书》,华氏、郑氏之《百川学海》(莆田郑氏刻于嘉靖十五年,皕宋楼题为宋刊,即此本也),嘉靖本《历代画史汇录》(嘉靖覆宋刊凡十余种),薛应旂之《魏晋六朝诗集》,顾氏之《文房小说后集》,徐献忠之《唐诗品百家》,陶珽之《说郛》,咸属巨编,多存古本,苞奇蕴采,亦足称焉。

或谓北监史籍远逊南雍,缘其万历重雕,古意浸失,恒不为世重,何独取而著之?不知今世所传,摹印已晚,粗率断烂,颇不耐观。今涉园所收,独为精绝。原书佚去十许帙,主人妙选良工,购求旧楮,摹写足成,纤毫毕肖,糜费至千金以上。余往时尝把观竟日,妍美明湛,精采照人,笔法刀工,殆难骤辨,未尝不欢喜赞叹,思汲古之流风复见于今日也。或又谓《说郛》一书,号为习见,取以为殿,无乃滥竽乎?不知并世流行多为李际期本。余阅肆垂老,欲求崇祯原刻,迄未一觏。兹目所录,正为陶珽初刊,其目录次第检视李本,判然不同,是此通行之书亦为罕见之品,目中所载类此正多,姑举兹为例可耳。

原目明刊外又析汲古阁本、闵氏朱墨本,别为一类。毛氏刊书目录见于《小石山房丛书》者,晚近殆难悉睹,而涉园所收得九十七种,视原书所载,只阙百分之四五耳。自清初迄于今,越二百七八十年,而网罗散佚,什袭珍储,几复旧规,子晋有知,宜深异代相知之感矣。《十七史》精印罕逢,余二十年前见诸独山莫氏,乃为开化纸,精妙之品,摩挲爱玩,手不忍释。今观涉园箧藏即是书也,闵氏群书取便诵读,传播既广,为世所轻,然彩色精妍,评点清晰,要为几案间俊物,且裒集百帙,萃成大观。其中《西厢》《琵琶》《邯郸》《红拂》皆词曲妙品,图画人物,镂缋绝佳,足觇艺术之精奇,未宜以耳目近玩轻之矣。

兰泉收书始于光宣之交,其时余亦雅嗜缥缃,日游坊市。初喜明人集部及胜代野史之属，嗣乃旁及钞校，上溢宋元，与君分道杨镳，殆不相谋。今披览终帙，清芬古墨，触目琳琅，鉴别之精，蒐采之富，有推倒一时豪杰之概。始怳然于前，此相知之未至，而所见之未闳也。或谓宋元旧刊，藏家所尚，沿及近日，计叶论钱，珍同球璧。固贵其探源之古，亦由于传世之稀。若夫有明一代，雕椠不尽精良，斠校半皆疏陋，且锓本流行，要非珍秘。是以清初毛、钱诸家咸屏而弗取，洎乎中叶乃见甄收，亦何取而盛诩之耶？余谓此乃知二五而不知一十者也。夫毛、钱诸家之重宋元是矣，然自清初而上溯之，距南宋之初约五百年，距元之中叶约三百年，试更由今日以上溯之，距嘉靖初元为四百十年，距万历末造为三百二十年，是则今日之求嘉靖本，可当清初之求宋端平本矣。今日之求万历本，可当清初之求元定泰本矣，况又等而上之。今日之洪武、永乐本，视毛、钱诸家藏大观、政和之本岂有异乎？大抵历世既久，经变愈多，焚毁摧残之祸乃演而益烈。今涉园明刊千部，为册者以一万五千计，为卷者以四万二千计，此皆历三四百年中兵戈、水火、虫鼠之劫而仅存十一于千百者也。宁非书城之巨封、文苑之宝藏耶！且明世去古未远，翻雕经籍尚多循旧式，试观所举各品，殆已百余。凡四部之古书，多出宋、元之善本。吾辈今日求宋、元本不可尽见，得覆本而校订之，犹之宋、元本也。然则嘉靖以上诸书，虽谓与宋、元本同，其珍秘岂为过论欤？吾尝语，兰泉公好明本，若总萃嘉靖本百帙，当以百嘉斋题牓相贻兹。按，视簿籍固已倍百而有赢，然后知君数十年来节衣缩食，往还于苕舟燕市之间，辛勤掇拾以偿兹闳愿，蔚为巨观者，夫岂偶然而致哉？百川室内（君藏宋刊《百川学海》因以名斋），香溢琅函，托跋廛中（君藏北魏墓志多珍品），华镌石墨。吾知丁字沽前必有人觇虹月之宵，腾而登群玉之居，拜嫏嬛之府者，神物护持，清芬世守。展卷之余，不禁为君馨香百拜，乞灵于长恩之永佑矣。辛未四月既望，书于藏园之长春室。

以上十五种目录，均历年随时录要记载编辑。至此告成，统以铅字摆板印行焉。

二十八年己卯，七十岁。校印武进盛愚斋存稿初刊百卷毕。

七月朔日涉园居士记略

附一　陶湘捐赠寿礼

陶湘率众子捐赠寿礼启：

敬启者。旧历七月十七日，家严七十生日。祖椿兄弟谋奉觞上寿，一博老人之欢。家严闻之，垂谕曰，余何人，老拙无能，古稀曷贵，何足言寿。今何时，烟尘遍地，国难未纾，更何心言寿。虽然人子思娱其亲，恒情也。余平生志趣，惟书是嗜，初则收书，继则刻书，承当代通人不弃，小有姻缘，不无可念，顷手编涉园年略，凡心力之耗于书者，悉详载之，用记朋交，抑以自慰，汝等持此乞长者一言，或者其见许乎。祖椿兄弟承命不敢违，谨奉上涉园年略一册，乞赐省览。倘荷宠以文词，俾小子歌以侑觞，曷胜荣幸。

陶祖椿、陶祖松、陶祖桐、陶祖楠、陶祖模、陶祖梁、陶祖莱顿首百拜

1939 年 8 月 25 日—31 日上海申报刊载

陶兰泉先生亲友惠鉴：

敬启者。国历八月三十一日，兰泉先生七十寿辰，公子辈仰体亲心，将诞资移赠上海灾童教养所，为辅助建筑居而典路房屋之费。同人闻之，至深钦佩。爰商诸先生将亲友祝寿礼物一并折资移赠，先生也欣然乐闻，用特敬告先生各地至亲好友，除诗文外，乞将寿礼之现金，寄交灾童教养所，以免折资而多叨，恕路途阻隔，邮递艰难，虽过寿期，均当拜领，届时由该所籍具收条，连同陶氏谢简一并寄呈。谨先代全体灾童望风泥首。虞洽卿、庞莱臣、闻兰亭、施省之、周作民、黄涵之、钱新之、关絅之、冒鹤亭、张詠亮、吴眉孙、丁雪农、王伯衡、李祖夔、李秋君等拜启。

收礼处：上海江西路金城银行大楼太平保险公司

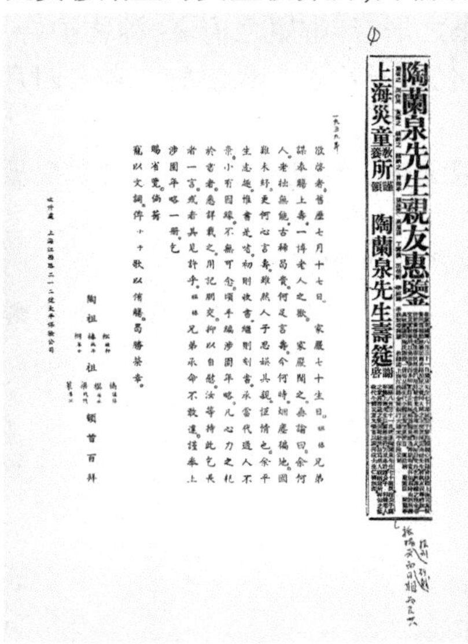
陶蘭泉先生親友惠鑒

上海災童教養所謹啓

陶蘭泉先生壽筵

一九三九年

敬啓者。舊歷七月十七日。家嚴七十生日。祖椿兄弟謀奉觴上壽。一博老人之歡。家嚴聞之。垂諭曰。余何人。老拙無能。古稀曷貴。何足言壽。今何時。烟塵遍地。國難未紓。更何心言壽。雖然人子思娛其親。恒情也。余平生志趣。惟書是嗜。初則收書。繼則刻書。承當代通人不棄。小有因緣。不無可念。頃手編涉園年略。凡心力之耗於書者。悉詳載之。用記朋交。抑以自慰。汝等持此乞長者一言。或者其見許乎。祖椿兄弟承命不敢違。謹奉上涉園年略一冊。乞賜省覽。倘荷寵以文詞。俾小子歌以侑觴。曷勝榮幸。

陶祖椿　祖松　祖桐　祖楠　祖模　祖梁　祖萊　頓首百拜

上海灾童收养所谨领。

陶兰泉先生寿诞谢启：

国历八月三十一日，武进陶兰泉先生七十诞辰，诸公子谋奉觞上寿，先生以国难未纾，力戒弗许。诸公子仰体老人之意，将寿诞之资捐赠蔽所，籍为老人祝福。蔽所拜领之余，敬代全体灾童九顿首以谢，并祝先生仁寿无涯。

附二　陶湘遗嘱

祝年留览。听轩、琴士、荫承、让梓、戟门均此同览。

人生必死，况吾年六十有九。谚曰人生七十古来稀，年届古稀，死亦何憾。如斯达观，遗嘱亦复多事，但有以后及目前不能不相告谆嘱者。予精神甚健，固可延年，然如祖父在京中风，仓猝而逝，无一语遗留，岂不痛哉！趁此康健之时，不可忘年高之日，爰录数条，以交祝年，率诸弟以遵行之。倘有随时应有斟酌者，亦可随时请商于我，似乎遗嘱实快事也。爰列如左：

一曰殡殓。孟子曰：惟送死足以当大事。世人因此，父母殡殓必力求从丰，稍有悭吝，即谓不孝之名。如棺木一项，必求四块头金丝楠或阴沉木，价自千金至数千金不等。人子以此为孝，售者以此为利，岂不愚哉！吾家世居常州，常州为诗礼之乡，代有显者，代有闻人。棺木一项，多以香沙木为主（所谓三盖三底，两旁各二名十段头），前后木料已短，称是而已。其价至多贰百两或三百元，加以漆工，四百元足矣。衣衾称是，总计不过五百元。予之身后，棺用香沙木，衣衾自然新制。礼服用前清制度（如蟒衣袍套，家有现成者可以用之），朝帽朝靴临时购办，总计五百元，亦已宽绰。礼云“附棺附身，勿致有悔”，切不可夸多靡费，惟以用钱为孝。我无遗产，汝等糊口四方，亦无余财，决不至与俗风相竞，所以来明者，将来即有余资，亦不为俗论所惑也。丧中不必用僧道，与死者无益，于生者妄费，又可不必。此其一也。

二曰殡葬。世俗有费至万金，出殡如出庙会，不学可笑。往岁天津严范孙学士遗嘱，一切殡仪俗套，一律摒除，白衣执绋，正合宁戚宁俭之训，一时群相效法。汝母之丧，即仿行之，除殓后至亲好友讣告外，不再广讣，即登报亦临时酌行，我之殡葬宜乎是。此其二也。

三曰风水。不可不知，亦何可弥信，更不可拘泥。尝闻先辈言，风水理微，难以窥测。大抵出向要净而远，土质要干而活，远者免拦向，活者草木茂，如出竹梢则地气将竭，万不可用。良善塘穆穴本为临清公应葬之穴，因出竹梢与淳安公兄弟同用主穴之东，改乙山辛向（主穴为癸山丁）。今日竹梢无形消灭，亦可异也。三报桥汝母之坟地，为丁辅生所择，据说坟前沟洫直达大河，气脉通茅山，必能源远流长。不可以目前而论。后经徐遂初详看，则称气局偏浅，力劝听轩告我赶办迁葬，引证凿凿，殊觉动人。予力持云，其时汝母已弥葬四五年，汝等弟兄虽未见如何发达，丁尚旺，财亦有，何必因生者求福，致死者不安，况吉壤可遇不可求。又曰欲广福田，须凭心地，切不可轻易迁葬。万不得已，待我故后，如能觅得吉壤，再将汝母迁而合葬，始行中止。今世变而公墓作，风水之说亦经摒除。我想汝母弥葬至今，已历九年，既然平和，不必再议迁葬。丁辅生又云，三报桥可葬寅午戌三命，当时因我为午命，七妹戌命，九妹寅命，七、九妹均愿与我同葬一处。我思汝等以后随世风为转移，七、九妹既然同意，将来即葬三报桥可也。不过时历多年，临时必须再与七、九妹研究，不可有丝毫勉强。此其三也。

四曰祠墓。陶氏由溧阳迁常，已四百余年，直至我手创修迁常支谱，创立迁常支祠，亦因宗祠于常州甚隔阂也。支祠基地即用大南门内霁堂公住宅（发逆之变，房屋尽毁）建筑支祠，即原宅向道，后经风鉴审视，该处紧靠大南门，有更楼居上首，于宅不利，宜改坐南朝北，用丁山癸向，未及照行。世多变幻，空屋均为兵丁借住，蹂躏不堪，坍塌一半，亦复无从修理。按支祠建筑之费，系有祖遗芙蓉圩低田五十亩。光宣之季，租收不足人，民国后，竟至租收不着，岁赔钱漕数十元，遂托杨文昭代为售出，得价一千五百元。文承三妹与我各凑七百元，计飨堂一进五间，腰门一进，大门一进五间。另有从屋五间，四面围墙均备，共费三千元弱。又有收回原有地址费六百余元在内。（按，此宅系霁堂公所置，祖父孟嘉公、小洲公分晰各执联单之半）发逆之乱，我家逃难外出，联单号头未失，回里即在同治年间补注，止一亩余，尚有一亩余，孟嘉公殉难城中，联单等物靡有孑遗。民国初年，查悉均为图正毛姓冒注，竭力清厘，始得归还陶氏。于是围墙始能建筑，此款六百余元，亦在其内。汝等兄弟中如有力量，于事平之后，修理祠堂，当改丁山癸向房屋，敷用即可，不可稍多。飨堂一进五间中，三明间供神位。东西两边间，为子孙祭祠将事之所。东边间为合族寄存木主之所。西边间为收藏祭器之所。于是东西两走廊至前腰门一席至前即大门一进五间。东西各两间，东为厨灶，西为看祠人住足矣。门匾联对（出新可用）。牌位散失无从稽考，我意中间神龛供始迁常州第一世祖人群公、第二世元佑公、第三世自悦公（为东分之祖），自愫公（为西分之祖）而已。东西间两壁以刻法帖之石，嵌于墙中，神牌即镌于石上，以免木牌散失。围墙仍需整齐。第一房屋要结实，朴而不华，大约届时不知三千元够否。此其四也。

五曰为人。孟子曰：君子之泽，五世而斩，小人之泽，五世而斩。亦谓四时树木，年必一雕，人能继续栽培，始能久远。历来大家，能发至三代已觉为难，如我家十世，历四百余年，并无显者，封诰未断，不可谓非源远流长矣。是不外忠厚传家久，诗书继泽长。至于为人，居心宜忠厚，万不可自炫聪明，转流刻薄。俗云:此人不过五分钟热度,然有此五分即可与为善。如恐人心不古,先以小人之心度人,在自己防卫固密矣。然有此防卫,即可与为恶,此中毫厘千里,全在自己之学问阅历矣。易曰:“勿以小善而不为,勿以小恶而为之”,此乃为人之秘诀,谨慎守之,即系准绳也!我无遗产,汝等决不至以财产相争,但兄弟中不可以财物之事而生芥蒂。无他,以孝友为本,斯可矣。再,子孙虽贫,字不可不识,倘能识字,虽降为与台,苟有运会,即可复其人格。倘不识字,则永入下流,即有运会,无从超跋。此最为可痛而不可要者,特再重言以申明之。此其五也。

六曰坟墓。吾家迁常始祖人群公,仍葬溧阳石塘湾,有墓田若干,向归溧阳仁本堂宗祠,选族人管理。墓田之租即归其收用,已数百年如斯。第二世元佑公,第三世自悦公均在陈渡桥陶园之外。第三世自愫公(为我本支嫡派之祖),在西门外石塔庵。第四世亮武公在南门外三桥头。第五世月成公,第六世瑞亭公,第七世霁堂公均在东门外仓湾。第八世小洲公,第九世菊存公,又铨生公,又晋普公,均在白家桥马家村良善塘。隔河为第十世圣泉公,又礼泉公,又第十世细贞、全贞、闰贞三妹之墓。又第八世祖姑母金孺人,及姑丈金之鼎公墓。又第九世姑母封恭人及姑丈封九伯公,并芬氏祖孙衣冠葬墓。又第九世姑母方恭人暨姑丈方雨苍公,并表兄方星聚公暨配祜宜人、董宜人,并刘宜人寿域。又康侯公暨朱孺人,又星聚公子方汶龙配程孺人寿墓(汶龙之柩尚寄存济南府也)。北门外枪头桥,绍侃公及善昌公墓。小南门外茅庵前,俊英公一家之墓。尚有祖达及定宝、临宝三墓。听孙原配恽氏,琴士聘室董氏,不宜久厝,应在护坟田中临葬,孙享为私家之公坟。以上为族中之无后者,均为我家春秋二季祭归祖墓时顺带祭扫者。再次则三报桥汝母之坟矣(另有详单,各宜抄录谨存)。每年祭扫费及少资需百数十元,若不筹出经常费贰千元存放用息,不能久远,然往往选族人经管,反因有经常费而滋生弊端,实无完全之策。然亦不能因咽废食,是宜由汝兄弟自行轮管,随时斟酌,妥善以办之。至于经费,我有李姓欠款一千元,已由琴士持函相索,如能收到,尚短千元,由汝弟兄足之。如始终收不到,则由汝及兄弟等或年捐、或量力凑足两千元为止。此其六也。

七曰遗物。我生平不是生产,虽曾为银行经理,对于贸易既非所长,亦多不利,故绝意不问,专喜书籍。宋版不敢问津,明版、殿版以及精本,十余年购集几及二十万元,中外颇有藏书家之虚名。后来又专嗜刻书,且讲影宋刻,所费又复累万。壬戌以后,闲居无事,日用浩繁,不必说银行透支,利息滚计,愈拖愈重,猛醒已迟,追悔不及。幸其时书价尚优,赶紧出售,尚不至亏折。七八年间,好书罄尽,利债已复还清。予尝谓不为子孙留产可矣,岂可为子孙遗累。今幸无债一身轻，产虽无，而债亦无。犹幸年虽老，而精神尚健，近年尚能以笔耕略有收入，得以今日尚能独撑门户。计尚存余书精本不止万余册，又加碑帖若干，共装十二大橱。另有详册，寄存天津交通银行。并非抵押，亦未做如何手续，估计约值贰万元。惟书市一落千丈，出售为难。上年闻交通欲设图书馆，与行中至交谈论，拟将十二橱书籍碑帖赠送交通银行，希望交行还我半礼，则两有裨益，未知以后成功与否，然不可不如此以尽人事也。又，所刻木板亦费五、六万，往岁许修直先生为内务次长，经于右任察院向许公介绍，谓仿古木板私家保存不易，应归公家保存。经许公向保存古物馆会议核准，发还半价（约贰万数千元），由中央图书馆筹备处蒋君复聪估值办理（蒋与云逵好友系在德同学），适逢世变而中缀（有于君往还信扎，另附祖粱知之）。倘事平之后，如尚能继续进行，则有两万元以上之收入，此亦一厢情愿之计划也。以上两事办成则有收入，办不成则宜公藏世守，不能不详告耳。此外之木器、文玩及精罕之书，虽不甚多，均非无值，望汝弟兄珍视分存，或竟有价即售之，万勿可使之废置遗弃，殊可惜也。此其七也。

十二橱书籍以及仿古所刻木板均存天津交行，琴士经手，所谓贰万元以上之收入者。内中尚有四伯父所刻之《缀耕录》《太平乐府》《书史汇要》三种木板约实值四千元，应交仲谋，但仲谋木板不来，亦即扣除此三种可矣。故云贰万以上。

以上皆为我身后之事，尚有目前最紧要者，汝等脑中应皆有之，尤宜随时注意者如下：

第一，我年届古稀，此身必须有一交代。现在汝等兄弟六人，无一人侍侧，颇觉孤苦，近且祖棠妇及子女来沪合居，不惟不能享闲清之福，兼负开门七件之责任，一旦收入短绌，立即搁浅，此等宜即日注意，而于我康健与否尚无关也。我尝云，好汉不做老太爷，亦谓我曾有财产，而消耗已尽，不能留与子孙，老来妙手空空，专恃儿子奉养。倘儿子景况宽裕犹可，以复艰窘，又将奈何，内愧于心，不愿做老太爷也。如果手有余资，颇愿有子侍侧，虽月津若干亦可，所恐儿子不肯承受，然则侍养则否似亦非宜。我意上海则与听轩合居，天津则与祝年合居。如所入依然，固不必说，万一有缺，非如此不可，此汝等脑中宜刻刻注意。至于妾徐氏幼子祖莱，或保险、或储蓄，已为筹备，以后诸兄应尽教之劳，勿虑养之责，一切以大局为前提。祝年此次所议甚为体贴正大，予弥慰于心焉。此其一也。

第二，祖棠逝世实出意外，祝年力顾大局，独自担当，自卒至葬，所费三千元以上。手无现款，抵押而来，月息三十元，亦复自认，不忍使老父筹划，不忍掷于诸弟，此等孝友之处，求之今日，为更难得者。予年老而心尚未老，尤岂能漠然哉,况祝年以祖棠恤金专存为三侄一女之学费,近年息入尚有余,以后即不足,而不足之处,亦被任之。且以祖棠长子宗巽带津上学,衣履一切皆管之,所谓教养兼负完全责任,仁至义尽。而三少奶奶月用,初拟定月壹百元,所谓房馆六十元,零星二十元,各小孩衣履月摊二十元,共计百元。听轩二十元,尚有八十元,而欲祝年再认,太不公道,亦复无此情理,所以我将三媳李氏率子女四人来沪与我合居,所有月用,除听轩月付二十元外,尚有八十元,均归我付。琴士房租转赁退还津贴三十元,荫承从八月起退还津贴二十元,让梓从四月起退还津贴十元,予所实付止二十元,是各弟亦可谓帮忙矣。不过,诸弟退津贴则易,另挖腰包,办不到也。是我之接三少奶奶乃为祝年轻担,祝年有我出受此担负,自然八十元卸肩,非食言也。此要三少奶奶明白,浮言即息。祝年固可置而不闻,不过我要收入缺如,则又大难矣。我思三少奶奶一家不能独立门户,用度犹为次焉者,大约在津则与戟门同居,在沪则与让梓同居。门户既有人,月用一切随时论事,固不必再摊祝年。此其二也。

第三,戟门婚娶,至少需千四百元,我筹备一千元交与祝年代为存放,子金已归入正项。如有不足,祝年与诸弟兄量力以凑足之,俾得完婚可耳。此其三也。

戊寅九月十一日兰泉亲笔

陶湘遗嘱手迹

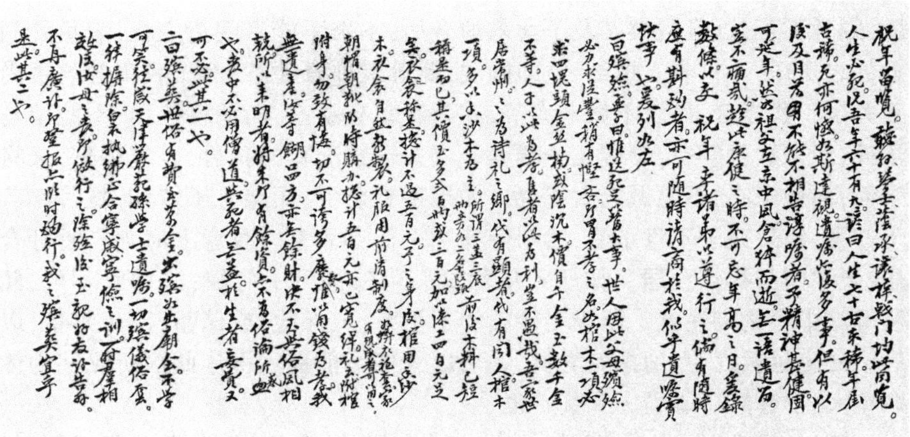

三曰風水。奇不知，亦何可深信，更不可拘泥。嘗聞先
輩言：風水理微，難以窺測，大抵出向要淨而遠。
土質要乾而活，遠者見擱，向活者竹木茂，如出竹梢
如地氣特竭，萬不可用。良善塘穆穴，本為從前質公
在葬之穴，丹出竹梢，共謀安葬兄弟，同用主穴之東。
改乙山辛向（主穴為癸山丁）。今日竹梢無形，情勢亦可并也。三
報楊汝母之墳地，為丁補生所擇，按說墳前清溢
直達大河，氣脈通，奔山不能源遠流長，不可省前
面論，後經錄遊前詳看，則秋氣局褊淺，力勸穩
妥者，我題亦遷葬，引證鑿鑿，殊覺動人，予力
持未允，付汝母已停葬四五年，汝等弟兄雖未見
如何發達，丁尚旺，財亦有，何必因生者求福，致死
者不安，況吉壤可遇不可求，亦不曰啟廣福田，須憑心
地，切不可輕議遷葬，萬不得已，待我故後，必能覓得
吉壤，丹將汝母遷而合葬，始符中止之意，世蔑而云
墓作。風水之說，亦任擇除，我與汝母所葬至今。
已歷九年，既無平和，不必再議遷葬，丁補生之云。
三松樹可再殯，三穴為當時國我為午命，六棺成
命，九棺穴為七、九棺均厭，與我同葬，一再為我思汝
等以後隨世風為轉移，七、九棺既並同意，將來即葬
三穴樹可也，不過時歷多年，雖可不須再與七、九
棺研究，不可有，並究勉強，此其三也。
四曰祠墓。陶氏由溧陽遷常，已四百餘年，直至我手創
修遷常支祠，立以謹創。遷常支祠，以原宗祠於常州某隅
閤也。支祠基地，即用大南門內務本堂公住宅，發近之要。
（房屋畫撥）建築支祠，即原宅而置，造時經風鑑審視。
該處緊靠大南門，有高樓居，上首於宅不利，宜
改坐南朝北，用丁山癸向，未及照行，世多變幻，空
屋均為兵丁借住，蹂躪不堪，坍塌一半，亦後
無從修理，按支祠建築之費，係有祖遺某善

三
折低四五十萬，光宣之季，祖收不足一文，民國後竟至
祖收不着，歲賠錢糧數十元，遂托楊丈昭代為
售出，得價一千五百元，另索五林共幾氣淡七百元。
計餘堂一進五間，腰門一進，大門一進五間。另有
住房五間，四面圍牆均有。共賣三千元，歸入有
如四原有地址，賣六百餘元，立內。（按此宅從前曾設置孟嘉系洲太公斷，為鬱遂之亂，救我逃難，我亦有所置）
頭末失四里，即立同治年間補住，止一敘錄，為有
一敘錄，並嘉公殉難城中，殘軍等物，應有
子遺。民國初年，查考約為團丁主控，豐注竭力
清釐，旅得返陶氏，於是圍牆旅修，建祭祀，教六
百餘元，立其人，內做善兄弟中亦有力量，於事
手之後，修理祠堂，當汝丁（山）癸向，房屋敷用而下。
不可補，多繳堂一進五間，中三明間供神位，東西
構邊間為子孫祭祀將事之所，東邊間為合族寄
存木主之所，西邊間為收藏祭器之所。於是東西
走廊並為腰門一座，大門一進五間，東
西為兩間，東為廚灶，西為看祠人住，是矣。門
匾、對，出前可牌位，散失無存，我意中間神
龕，供始遷常州第一世祖人屋公、第二世元祐
公、第三世自悅公（為東分之祖）、自愫公（為西分之祖）而已。東西間兩
壁可刻法帖之石，嵌於神牌，即鐫於石上，以免
木牌散失，圍牆仍須整齊，第一房屋要結實，
樸而不華，大約屆時不知五千元能否，此其要也。
吾為人吾子曰：君子之澤，五世而斬，小人之澤，五世而斬，
亦謂四時樹木，年必一彫，人能繼續栽培，始能久遠，
歷來大家，修養至衣，覺為難，我家十世，
歷四百餘年，並無顯者，封誥未斷，不可謂非源
遠流長矣，是不材，忠厚傳家，久詩書，繼澤長。
至於為人，居心宜忠厚，萬不可自衒聰明，致流

四
於輕薄，俗云：此人不過五分鐘熱度，此有些五分即可
共為善，如恐人心不古，先以小人度人，在自己防衛固
密矣，然面有此防衛，亦可共為惡，此中充盈千
里，全在自己之學問究歷矣。易曰：勿以小善而不
為，勿以小惡而為之，此乃為人之秘訣，謹慎守之，即
保平安也。我無遺產，汝等決不至以財產相
爭，但兄弟中不可以財物之事而生芥蒂。
無他，以孝友為本，斯可矣。再予雖貧，字不可
不識，術能識字，雖降為農工，尚有進化，亦可後
其人能術不識字，則永入下流，即有運會，竟難超
拔，此最為可痛，而亦可不安者，特再言以申明之。
此其五也。
六曰墳墓。吾家遷常始祖人屋公，仍葬溧陽石塘
灣，有墓田若干，向歸溧陽本支宗祠，遷族人管理。
墓田之租，即歸其收用，已數百年，如斯第二世元
祐公、第三世自悅公，均立陳渡橋陶園之仲，第三世
自愫公（為我本支之祖）立西門外石塔菴，第四世亮
武公立南門外之三橋頭，第五世月成公、第六世瑞
亭公、第七世雲臺公均在東門外倉灣。第八世附公。
（西有祖）中九世菊存公、又銓生公、又晉甫公均立白家橋馬
達及定之家村良善塘、陽河，為第十世馨泉公、又理泉公。
（保臨保之墓地）又第十世佃貞、全貞、閨貞三姊之墓。又第八世祖
（妣原配）姑母金孺人及姑丈之鼎公墓。又第九世姑母
（悴氏琴）封翁人及姑丈封九伯公並吉良祖孫在冠英墓。
（士聘公華氏不）又第九世姑母方楽人蘧姑丈方雨蒼公並妻丸
（宜久磨，亦立護）方星聚公暨配姑宜人董宜人並劉宜人郭城康
（坟田中出葬）（侯）（吴）履朱孺人，又星聚公子方汶龍、紀程孺人
（初青公）公墓。汶龍之祖若寄香膦南府也。北門外館頭橋善昌公墓。
（秋家之）小南门外茅蓬營係葬又又二房之墓，以上為
公坟。族中之無後者，均為我家春秋二季祭掃祖墓

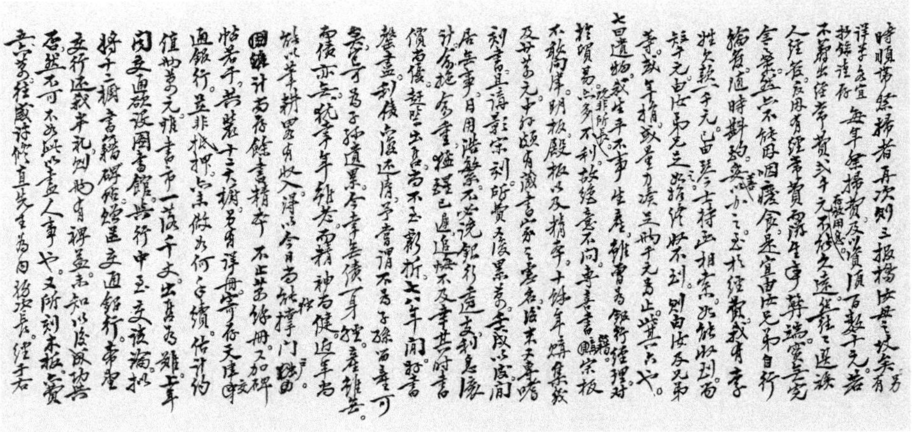

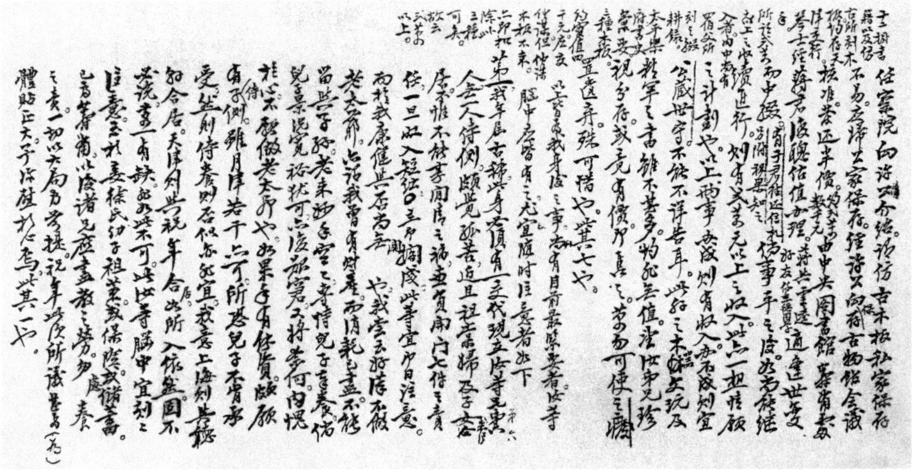

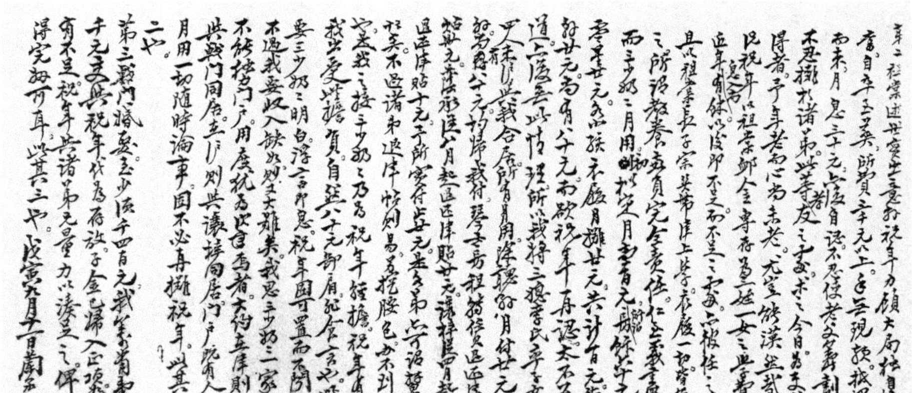

附三　陶公兰泉行述记略

府君讳湘，字兰泉，号涉园，姓陶氏。

明万历间，福建邵武府知府匏宇公，由溧阳县义笪村迁常，自是世居武进，六传而至清太学生梦麒公，是为府君之高祖。曾祖讳登瀛，清嘉庆戊午科举人，安徽天长县知县。祖讳世赞，字小洲，候选州同，妣庄张。考讳锡祺，字铨生，历官山东莱芜等县知县，临清直隶州知州，以治河功，保升府道，诰赠荣禄大夫，详于府君所为先祖考行述中，妣庄孙。

荣禄公有兄弟三人，长讳锡蕃，字菊存，官浙江瑞安县知县。次荣禄公。三讳恩泽，字晋甫，官浙江淳安县知县，兼袭云骑尉，即府君之生考，生妣氏周。先是荣禄公生，先伯父圣泉公以瑞安公无子，例应入嗣，又早卒，淳安公欲慰兄嫂心，乃并以府君及先叔父文泉公嗣焉。淳安公生丈夫子六，府君居次，与先叔父鉴泉公为孪生兄弟。

府君既禀天赋之明，德承先世之清芬，笃厚温恭，百行修备，凡事亲友于以及治学从政，靡不中其道要。幼随淳安公读书德清尉任所，涉目成诵，颖悟过人。稍长，复随荣禄公任之山东恩县，读书考览六经，探综群讳，剖谬判疑，即斐然有纂述之志。年二十，补大兴籍博士弟子员，有声庠序间。翌年大兴县学以鸿胪寺序班保准咨寺到官，是为府君筮仕之始。二十三岁由鸿胪寺序班改官同知，指省山东，以河工异常出力。蒙巡抚福公奏保，以知府补用，有旨报可，后改浙江知府，荐升道员，在浙直两省候补。历奉奏办京汉铁路北段机厂及行车事宜，彰德秋操运输事宜，查办安徽芜湖、江西九江铁路事宜。

光绪三十二年，邮传部成立，尚书兼商约大臣武进盛杏孙宫保于府君深相契重，倚畀尤殷，调部委任京汉铁路全路副监督。后复委办上海三新纱厂总办，府君规划振顿，百废俱兴。民元后，实业金融渐为世重，当局以府君湛深计学精覈廉能，交相推荐，先后膺聘任者，有招商轮船局及汉冶萍煤铁矿董事、山东峄县中兴煤矿公司董事、天津裕元纱厂经理。荐任者有上海中国银行监理官，天津中国银行、重庆中国银行、上海交通银行、北京交通总行经理，及交通银行总管理处清理旧账事宜等职。府君一准利用厚生之旨，厘定章则，斟酌盈虚，操觚算赢，亿能悉中，而羔羊食退，廉介自持，故所至之处，无不纲举目张,成效大著。尤以民十北京中交行挤兑现金,持券者汹涌于途,府君从容筹划,经三月开兑,商业复安,其应变缜密,至今银行界称道弗衰。

府君仕求非荣禄,不为己。于二十一年谢职家居,一意完成早年纂述之志,既博洽群籍,尤邃于刘氏父子目录之学,生平于缥缃外无他嗜。自光宣交,广事搜罗初喜明人集部及胜代野史之属。嗣乃旁及钞校,上溢宋元,遇孤椠善本,恒不计其值,历时既多,充溢厨架。傅源叔先生谓,昔人评竹垞渔阳之诗,以为朱贪多,王爱好,府君收书之癖,殆兼斯二者,可为实录。暇辄览阅校勘,丹铅殆遍,遇疑义错谬,必冥心剖判,或与江阴缪艺风、江安傅源叔、上虞罗叔言、长洲章式之诸先生,互出所藏,商讨雠校,邮书往复无虚日。先伯父裔如公,暨心如九叔父,亦有同好,晴窗雨阁,展卷摩挲,友于怡怡,实有至乐。先是杭州吴氏昌绶,刻历代名人词都四十卷,刻至十七卷,费绌终止,以书板及稿册售归府君,补苴剞劂,腾播艺林,今坊肆所称《双照楼词》及《涉园续刻词》者是也。嗣刊缪藏抄本《儒学警悟》,并影刻宋咸淳本《百川学海》,真本百称十集。又仿宋崇宁本,校刊宋代李明仲《营造法式》三十八卷,暨玻璃板影印宋板八经,均人间罕见之书,一旦天壤流传,士林珍为瑰宝。

二十三年在故宫图书馆编纂殿版书库,现成目三卷,自为序言,弁其首,并作凡例。盖自膺故宫图书馆编订之任,历精焠掌,五六寒暑,始卒业。傅源叔先生题辞,有记述详赅,参稽明审,使一朝九帝之制作,扃闭于文楼秘阁之中者,一旦挈领提纲,呈露于人人之耳目,其为功至伟,其致力甚勤,非溢誉也。此外缀辑广刻者,有《武经七书》《托跋廛影刻丛书》《喜咏轩丛书》《涉园墨萃》《影印百川书屋丛书》,正续篇,附魏志,《顾氏草堂雅集》《宋版书影》第一二辑,明《闵齐伋五色套版书目》、明《毛氏汲古阁书目》、明《内府经厂书目》、清代《殿版书始末记》《武英殿聚珍版书目一百三十八种定目书》《武英殿袖珍版书目钦定石经目录》《昭仁殿天禄琳琅前续编目录》《五经萃室藏宋版五经一部目录》《钦定文渊阁四库全书总目》《内府写本书目录》《涉园鉴藏明版书目》,睢睢盱盱将及五六百卷。其中尤以改订武英殿聚珍版书目种数,纠正广雅书局转载福本一百四十八种之误,俾世之怀疑于内府所藏有缺者,惑志顿空,尤为功在儒林。府君于卷帙外,尤笃嗜金石之学,远探欧赵,下轶翁王,于托跋魏志收藏独富,复印如四司马崔敬邕等志,摹刻如《开成石经》全部,其最巨者也。

府君履道含龢,体气素健。先一岁,曾患风痹,经医治稍愈,虽扶掖需人,然精气渐充,著作不辍。除将历年收集的石印和玻璃板印行的有关金石图籍字画墨迹等躬自检理，重付装潢，汇集辑录完成拾帙，全帙共计收集一二五一种，二八三函，一七一六册，六二一幅图画，名之曰涉园收集影印金石图籍字画墨迹丛书拾帙，洵属大观。去岁，犹校印武进盛愚斋存稿初刊百卷。七十寿时，复撰记略一册，分贻契好，盖即自定义之年谱。不孝等以为神明不衰，康健可复，旧历除夕，不孝等鞠䠋称觞，府君饮啖言笑尚如平日，戌刻忽痰涌气逆，风象复作，延至亥刻，竟弃不孝等而长逝矣。呜呼痛哉！

伏念府君惇惠精勤，出于天性，其于荣禄公也一以继志，述事为心，亲在之日，未尝一日不致力于功业。二十岁，复叠遭生嗣考妣淳安公、周太夫人及荣禄公、庄太夫人之丧哀，毁骨立杖，而复能起。荣禄公弃养，诸叔姑均在幼年，府君友爱备至，然有过又教督不稍贷，稍长为之及时婚嫁，未尝愆期。尤笃于敬宗收族之义，先后两修迁常支谱，昭穆明，而亲疎别，益厚族人，亲亲追远之思。读书务求其脉络之所在，故一经涉目，义蕴毕宜。其刊书也，尤为一生精力之所粹，自锓板以至校雠，无不躬执其役，风雨晦明，未尝或辍。尝诏不孝等曰，非敬无举事之体，非恒无以集事之成，吾平生刻书略有成就者，赖此二字之力耳。综此懿行，宜登期考，遽以末疾遂损天年。不孝等此后复何所荫庇乎？爰日不留升号无自，昊天不吊，遘此鞠凶，不孝等将永为无父之人矣。呜呼痛哉！

府君生于逊清同治九年七月十七日酉时，卒于民国二十八年禹历十二月三十日亥时，享寿七十岁。配恽太夫人，同邑同治庚午科举人，户部河南司员外郎，安徽候补知府，讳宝桢公女，先府君卒。男八，长不孝祖椿，娶六合朱氏。次不孝祖棠，娶李氏。三不孝祖松，娶恽氏，继娶冯氏。四不孝祖桐聘董氏，娶屠氏，均同过。五不孝祖模娶吴县金氏。六不孝祖楠娶吴县孙氏。七不孝祖梁，未聘，均妣恽太夫人出。八不孝祖莱，庶母徐氏出。女四，长殇，次在室，三适德清刘曾元，四早卒。孙男九，宗震，不孝祖椿出。宗巽、宗咸、宗鼎、宗履均不孝祖棠出。宗晋不孝祖松出。宗谦、宗豫、宗乾均不孝祖桐出。

不孝等愚陋荒瞀，未足仰侧府君德行学术于万一，仅就闻见所及，粗陈厓略，惟是府君道谊同志遍海内，必有能知之深，道之详者，傥哀而锡之铭诔，发阐幽微，则不孝等世世子孙感且不朽。

拜填讳

·中　编·

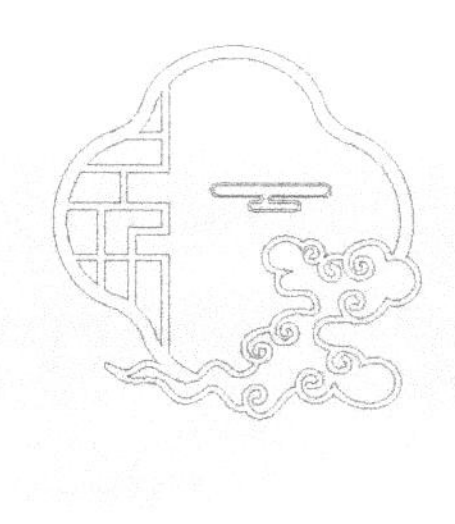

溧阳陶氏迁常支谱

溧阳陶氏迁常支谱内封

溧阳陶氏迁常支谱序

陶氏于溧阳为蕃族，自明万历之末，福建邵武府知府人群居常州，遂为常州陶氏之始，今所称始迁祖匏宇公者也。迁常至今垂三百年，传世十二，卒皆葬常州。平时与溧阳不相闻问,惟祭祀或间岁一与,形迹即疏阔,而未尝别为谱,谱与溧阳合,支派蕃衍,体例益杂。其远祖世系,旁延远揽,颇涉诞漫,语在《远祖世系表记》。及是溧阳人复以修谱来征,匏宇公十世孙湘字兰泉者,始建议别为谱,断自匏宇公始。余闻而韪之,因属余为之序。

余谓君子之爱其亲也,根乎性,发乎情,非摄之以名分而迫之以不得不然者也。至亲莫如父,推父之恩以及其祖,又递推之以及其高祖,至于高祖则亲尽。圣人之制,亲尽则无服,以为亲亲之恩上杀至高祖,旁杀至从高祖之伯叔兄弟及兄弟之子,下杀至谓我为高祖者则情意不属,情意不属而强为之服,则虽俨然衰绖,决不能动其哀慕之思,是率天下而出于伪也。摄之以名分而使出于伪,圣人不为也。

昔者苏明允氏作《族谱》,断自高祖以下,其意甚精。今世俗通行之谱。乃殊不然,而君子不欲厚非者,亲亲之杀至于高祖而已极,尊祖之意则远至数十世而不衰。故自命大夫以上,皆有别子为祖,继别为宗之义。此皆仁孝诚敬之至,圣人弗能已也。惟自高祖以上,任几何世,其昭穆位序或有一豪不慊于心。则不如其已。非其祖而祖之,吾心既有不安,非祖之所自出而强令吾祖祖之,又重得罪于其祖然。且承讹袭谬,传之子孙,百世不易。一若摄于名分而无自脱者,此何说耶?

兰泉之言曰:“常州陶氏自匏宇公以下皆可考悉,其上则或可信或不可信,茫无断限,今断自匏宇公,始求吾心之所安而已。”抑吾闻之,敬宗莫大乎收族,陶氏居常州十余世,已有疏远不复相过往者,若夫溧阳相距数十世,远隔数百里,生死契阔,渺乎其不相接,而强之合为一谱,徒滋汗漫,无复存亲厚之心。责之收族,岂不难哉?摄之以名分而使出于伪,虽溧阳人,亦何取乎?书此以为常州陶氏支谱序,并以谂溧阳人焉。

光绪三十年十二月下浣阳湖孟昭常撰

凡 例

——吾族谱牒旧与溧阳合修,卷帙浩漫,颇嫌淆杂。今定议分修,断自迁常,以下名曰“溧阳陶氏”。迁常支谱仍按旧谱,另列《远祖世系表》一篇冠诸卷首,以明溧阳谱为吾谱之所自出。

——篇第首列序例及远祖世系表,原始也。恩纶第一,凡宸翰诰敕,皆敬谨登载,尊王也。世德第二,凡家训礼制及忠义、节孝、节烈、选举、仕宦之类皆入之,法祖也。世系第三,陈纲也。世表第四,丽目也。文传第五,凡官书、志传、志铭、赞状皆入之,扬先德也,并附杂志以终焉。

——封赠阶秩谨遵《会典》,其例得请封而未受诰敕者不书(按诰敕均载至宣统年止,入民国后如卿大夫、嘉禾、文虎等徽章,均非定制,未录)。

——世表书法各人名下,详载字、号、科第、官职、生卒年月日时、配氏、子女、葬所(旧例止载科第仕途,今科学振兴,士农工商四民并重,自第十一世起,如在某学校肄业或毕业以及其所业,均择要录之)。妻书,配继室、再继室均书,继配、既聘而卒者书,聘妾有子女及守节者书,侧室(非是者即不录)子女均注明某氏出。女子未嫁书字,已嫁书,适未字书待字(今自第十一世起,女皆书名、书生年、婿书名号,其有终身居室者并书,其卒年葬所,或有女职务者,亦书之)。男女年逾六十者书寿,不及者书年。年逾十五岁者,备书生卒葬所。注明无嗣不及者,书殇以示区别。

——世表并载外姻、名讳、爵里,于适我者及我所适者,皆纪其家世,重之也。然只载其本身三代履历,旁支概不援引,以归简当。

——表内立嗣,书以某人第几子为嗣,兼嗣者则书以某人兼嗣,而于本支下则仅书出嗣某人,不复复载履历。其有始出嗣,而后又归宗者,可于修谱时声明更正。

——族人有出嗣外姓者,从释、道者,随嫁母迁徙他乡者,均于本名下分别注明,庶归宗时可以考核。

——异姓为嗣不当入谱,吾族迁常至今已四百年,中更丧乱,势难一一厘剔,现均从旧,自此以后,有以异姓为后者,概屏不录。

——王化始于闺门,彰瘅不可不谨,其有未经旌表而确系以身殉夫者,书烈。守节三十年者,书节。未及年而亡者,亦书节。若因故被出及夫死改嫁者,均仅录其氏而注明之。

——吾族四百余年间辗转迁徙,久不通问,及死于灾难无从稽考者,此次修谱虽经分别注明,遗漏在所不免。仍冀各支后裔随时补报,以示敬宗收族,而得继绝存亡。

——族人大节有亏,陷于匪类者,则削除其名,其情节较轻者,谱中虽削其名,仍留行次,志以黑圈,如能改过仍予登载,以启愧悔之心,而导自新之路。如例应削名,而其人适已物故者免议。

——此次创修迁常支谱,凡本族中名字有与祖宗相同者,一律敬避或以同音字代之,嗣后查谱命名,慎勿再犯。

——谱用石印分订八十部,编列号数,领谱者注明某分、某人、领某号,仍令备价取领,各宜珍藏,慎勿遗失损坏,以昭郑重。

吾族创修支谱,起于光绪丁酉,成于宣统庚戌,辛亥付印。未毕即逢世变易代之际。固有因革,今则国体制度、人情风俗一律维新,迄今已二十四年，文物典章尚未大定，而日月转移，老少递易，若不及时记载，恐遇骨肉而将等路人。兹合族公议，续修支谱，凡例均仍其旧，稍有增益，分注例中。先成五卷装订三册，俾族人领守，附录杂志亦嗣出焉。

远祖世系（谨录溧阳宗谱原文）

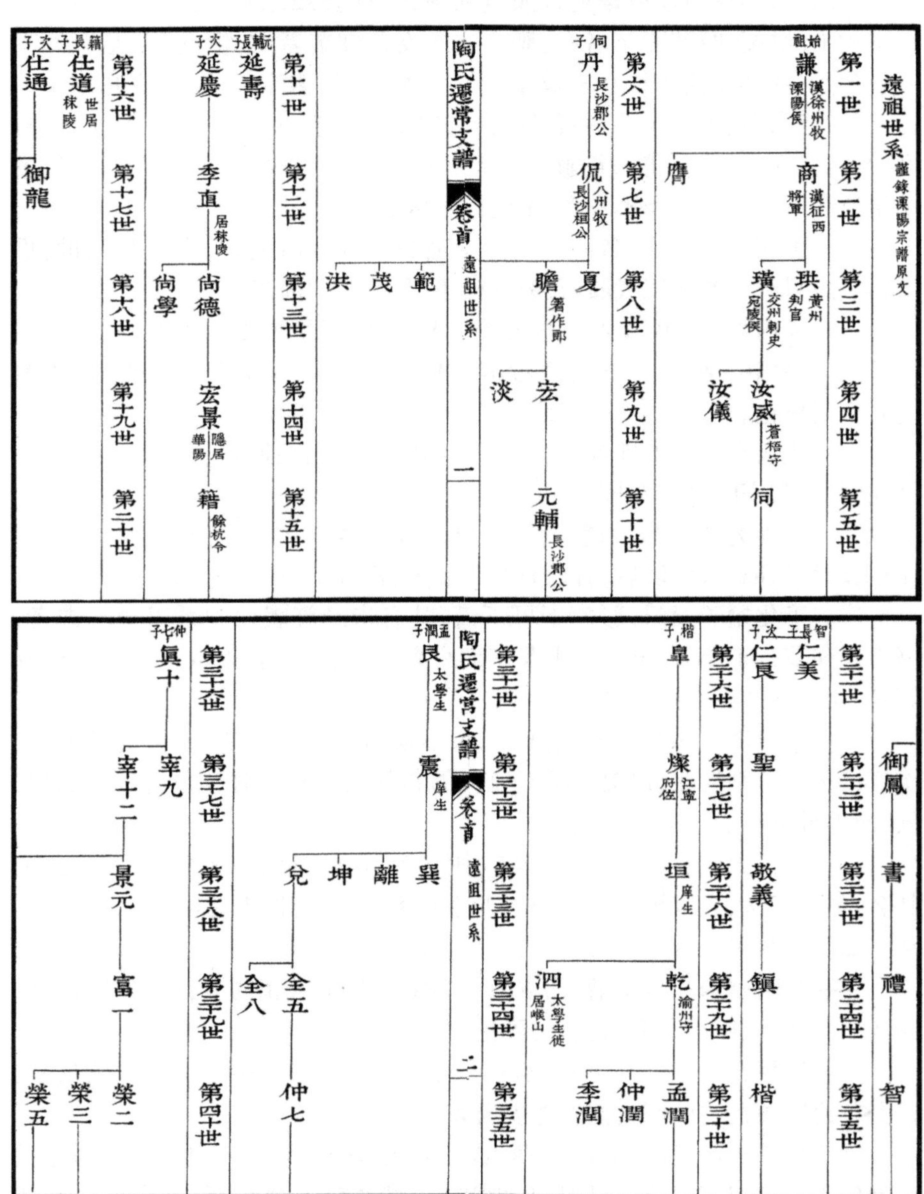

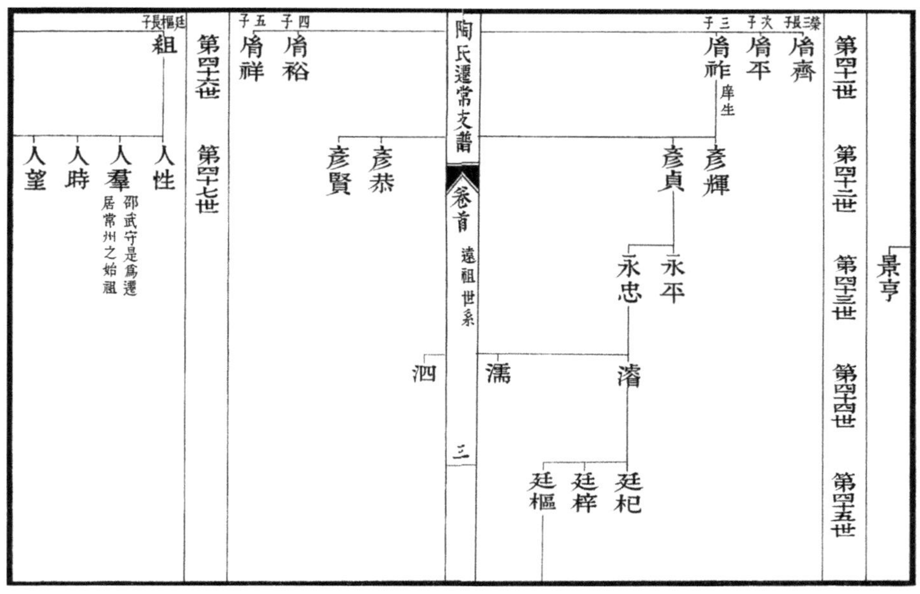
陶氏遷常支譜
卷首 遠祖世系
三
第四十一世
第四十二世
第四十三世
第四十四世
第四十五世
景亨
長子 肩齊
次子 肩平
三子 肩祚 庠生
彥輝
彥貞
永平
永忠
濬
濡
廷杞
廷梓
廷樞
四子 肩裕
五子 肩祥
彥恭
彥賢
泗
第四十六世
第四十七世
廷樞長子 組
人性
人羣 遷居常州之始祖
人時
人望

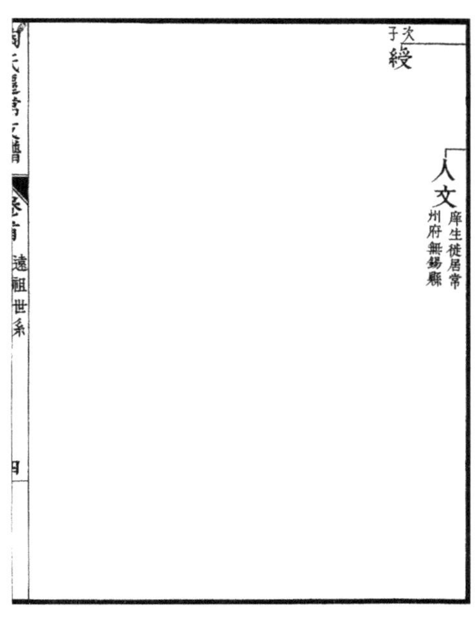
陶氏遷常支譜
卷首 遠祖世系
四
次子 綬
人文 庠生徙居常州府無錫縣

远祖世表（谨录溧阳宗谱原文）

遠祖世表 謹錄溧陽宗譜原文

第一世

始祖 **謙**

字恭祖漢大司徒獻帝朝以討黃巾黨功授徐州牧封溧陽侯行實載國史生未詳興平元年甲戌薨

配甘氏蒼梧敬公女封溧陽侯夫人生卒未詳俱葬大石山之麓今名陶侯岕

子二 商 膺

第二世

商

字元暉麾征西將軍任江西太守贈封宛陵侯冠軍將軍生卒未詳

配劉氏

繼配周氏生卒俱失考封江西夫人贈封宛陵侯冠軍將軍夫人俱葬大石山之麓

子二 珙 璜

第三世

璜

字仲玉吳進持節將軍任交州牧晉封宛陵侯持節將軍生卒葬失考

配吳氏封宛陵侯夫人生卒葬失考

子二 汝威 汝儀

第四世

汝威

字子行號省五任蒼梧太守生卒葬失考

配徐氏封蒼梧郡夫人生卒葬失考

子一 伺

第五世

伺

字思察號繼吾生卒失考

配顏氏生卒失考俱葬姑孰南陽山之麓

子一 丹

伺子

第六世

丹

字景朱揚武將軍封柴桑侯贈侍中太尉長沙郡公

配湛氏贈長沙郡夫人

繼配許氏贈柴桑侯夫人生卒葬俱未詳行實見賢節集墓在南康府都昌石壁精舍側

子一　侃 湛出

第七世

侃

字士行晋武昌太守以討杜弢功加大將軍又以平蘇峻功加太尉封長沙郡公增邑二千戸兼都督八州諸軍事行實載國史世祖泰始七年三月生建元二年甲午夏六月薨享年六十有四葬武昌府江夏縣封贈大司馬謚曰桓今南康府都昌有

第八世

瞻

字道眞一字季安以文學應試舉爲中書提擢著作郎直史館行詳國史惠帝大安元年癸丑生孝武帝太元十五年丙寅卒壽登七十四

配周氏鄱陽太守魴公女封長沙郡公夫人生卒失考俱葬武昌江夏縣地

子二　宏　淡

第九世

宏

一字葵生卒葬失考廕長沙郡公

配某氏失考

子一　元輔

第十世

元輔

字睦宗號緯之廕長沙郡公生卒葬失考

配奚氏失考廕長沙郡公夫人

子二　延壽　延慶

陶桓公廟配龔氏晉世祖泰始九年生卒失考葬同公墓封贈長沙郡桓公夫人

子五　夏　瞻　範　茂　洪

女適未詳

第十一世　第十二世　第十三世　第十四世　第十五世

元輔次子

延慶

廕長沙郡公生卒失考

配某氏生卒未詳合葬潯陽南高地

子一　季直

季直

字任才南齊建康太守梁大中大夫生卒葬失考

配邱氏生卒葬失考

尙德

字性一字性之生卒失考

配郝氏生卒失考俱葬陶里莊

子一　宏景

宏景

山中宰相號華陽山人年十歲讀書萬卷卽好葛洪仙術隱居句曲山梁武帝時每有軍國事

籍

字文海仕齊爲餘杭令化教如神仕梁爲參軍世居秣陵因父墓茅山置墅於了髻山陽以守

第十六世

第十七世

子二 尚德 尚學

第十八世

第十九世

必使人諮訪焉行實見國史生卒未詳配氏生卒未詳俱葬三茅山

子一 籍

第二十世

墓即今陶莊是也配氏生卒俱失考俱葬了髻山陽

子二 仕道 仕通業居陶莊

第二十一世

籍次子

仕通

字惟翻陳文帝天嘉二年生卒未詳配氏生卒葬俱失考

子二 御龍 御鳳

第二十二世

御鳳

字瑞竹唐高祖武德三年庚辰生中宗已丑年卒配彭氏生卒失考俱葬祖塋

子一 書

第二十三世

書

字文升高宗上元元年甲戌生玄宗癸亥年卒配王氏生卒未詳俱葬陶莊了髻山南

子一 禮

第二十四世

禮

字洛中玄宗開元元年癸丑生代宗廣德二年甲辰卒配陸氏生卒俱失考俱葬曾村高坡

子一 智

第二十五世

智

字慧生玄宗開元二十九年辛巳生卒失考配呂氏生卒失考俱葬了髻山陽

子二 仁美 仁艮

智次子

仁艮
字仲興德宗建中二年生宣宗大中元年丁卯卒
配王氏生卒未詳俱葬祖塋
子一　聖

聖
字允俊憲宗元和四年己丑生懿宗咸通三年卒
配姚氏生卒失考俱葬了髻山陶魯村南
子一　敬義

敬義
字敬之文宗太和三年己酉生僖宗光啓元年乙巳卒
配闞氏生卒未詳俱葬陶里莊西坂
子一　鎮

鎮
字小忱宣宗大中十二年戊寅生梁均王龍德二年卒
配邱氏生卒失考俱葬陶莊北坂
子二　楷　楨

楷
字皆大僖宗光啓三年生後晋高祖天福元年九月卒
配邱氏生卒失考俱葬陶莊南坂
子一　皐

第二十六世　第二十七世　第二十八世　第二十九世　第三十世

楷子

皐
字近益後梁太祖開平二年生宋太祖乾德元年癸亥卒
配氏生卒未詳
俱葬陶莊南坂

燦
一名知柔少游膠庠仕江甯府佐後晋高祖天福三年戊戌生北宋眞宗咸平元年戊戌卒

垣
字可固邑庠生周世宗顯德六年生宋仁宗天聖二年卒
配樊氏生卒失考俱葬祖塋

乾
字大成渝州守北宋太祖開寶七年甲戌生仁宗明道二年癸酉卒
配氏生卒失考

孟潤
字開來宋天禧三年己未生卒失考
配氏生卒失考
俱葬了髻山麓
子一　艮

子一 燦

配何氏生卒失考俱葬陶莊
子一 垣

子二 乾 泗
女適陸亘陸

俱葬陶莊南坂
子三 孟潤 仲潤 季潤

第三十一世 第三十二世 第三十三世 第三十四世 第三十五世

孟潤子

艮

字象山國學生宋仁宗景佑元年甲戌生神宗熙甯四年辛亥卒
配氏生卒失考俱葬了髻山南麓
子一 震

震

字德孟邑庠生宋神宗熙甯元年戊申生卒未詳
配氏生卒失考俱葬了髻山麓
子四 巽 離 坤 兌
女適陸

兌

字計長鄉飲大賓宋徽宗崇甯五年丙戌生孝宗四年丁酉十月卒是爲義亘始遷祖
配義亘陳氏生卒失考俱葬松園墳
子二 仝五 仝八
女二 長適謝

仝五

南宋高宗紹興三年癸丑生孝宗湻熙十五年卒
配氏生卒失考俱葬祖墳
子一 仲七

仲七

湻熙六年十月十八日午時生湻祐九年卒
配陸氏湻祐八年九月十二日申時生嘉熙元年卒俱葬新亭墳
子一 眞十
女適潘

第三十六世	第三十七世	第三十八世	第三十九世	第四十世
仲七子		次適芮		
眞十 宋甯宗泰和二 年二月生度宗 咸湻六年卒 配氏生卒未詳 俱葬祖塋 子二　宰九 宰十二	宰十二 宋理宗開慶元 年生元文宗至 順四年卒 配卜氏生卒失 考俱葬祖墳 子二　景元 景亨	景元 字立程號茂之 至元十二年生 卒失考 配李氏生卒失 考俱葬祖塋 子一　富一	富一 字一源號孝齋 國學生皇慶九 年二月十六日 子時生洪武十 二年卒 配費氏皇慶十 年九月初四日 寅時生洪武十 八年卒俱葬村 南桃園塹 子三　榮二 榮三　榮五	榮三 字啓后洪武元 年九月十二日 生正統十二年 十月卒 配闕氏生卒未 詳合葬鯉魚地 子五　胤齊 胤平　胤祚 胤裕　胤祥

第四十一世
第四十二世
第四十三世
第四十四世
第四十五世

榮三三子

胤祚

字茂五邑庠生建文三年三月十二日生成化二年九月卒

配氏生卒失考俱葬鯉魚地

子四 彥輝 彥貞 彥恭 彥賢

女二 長適馬 次適荆溪濮陽任

彥貞

字宗正號樂山登仕郎永樂二十一年生宏治十八年卒壽八十三

配陳氏永樂二十二年三月生宏治六年十月卒壽七十俱葬鯉魚地

子二 永平 永忠

永忠

字裔良景泰三年八月生嘉靖十三年九月卒壽七十八

配伏氏天順三年三月生嘉靖八年八月卒壽七十俱葬大墳

子三 濬 濡 泗

濬

字濬哲成化十年六月初一日生嘉靖二十一年十月二十日卒壽六十八

配沈氏成化十二年七月生嘉靖二十五年十一月卒俱葬大墳

子三 廷杞 廷梓 廷樞

廷樞

字洪三宏治十七年正月十二日生隆慶六年九月十六日卒享壽六十九葬大墳

配宋氏宏治十九年二月初五日生萬歷五年三月十五日卒享壽七十四葬沙地

子二 組 綬

女二 長適新昌蔣 次適戴

第四十六世　第四十七世

萬曆二十年十月十一日卒，壽六十五岁

廷樞長子

組

字世美號貽安
萬歷三十五年
敕贈文林郎四十
年
誥贈中憲大夫嘉
靖七年八月初
八日生隆慶五
年卒紀年四十
四葬大墳
配新昌蔣氏
勅贈孺人
誥贈恭人享壽八
十一生卒失考
葬筀竹料
子五　人性
　人羣　人時
　人望　人文
女一適劉家鷟

人羣

是爲遷常第一
世始祖

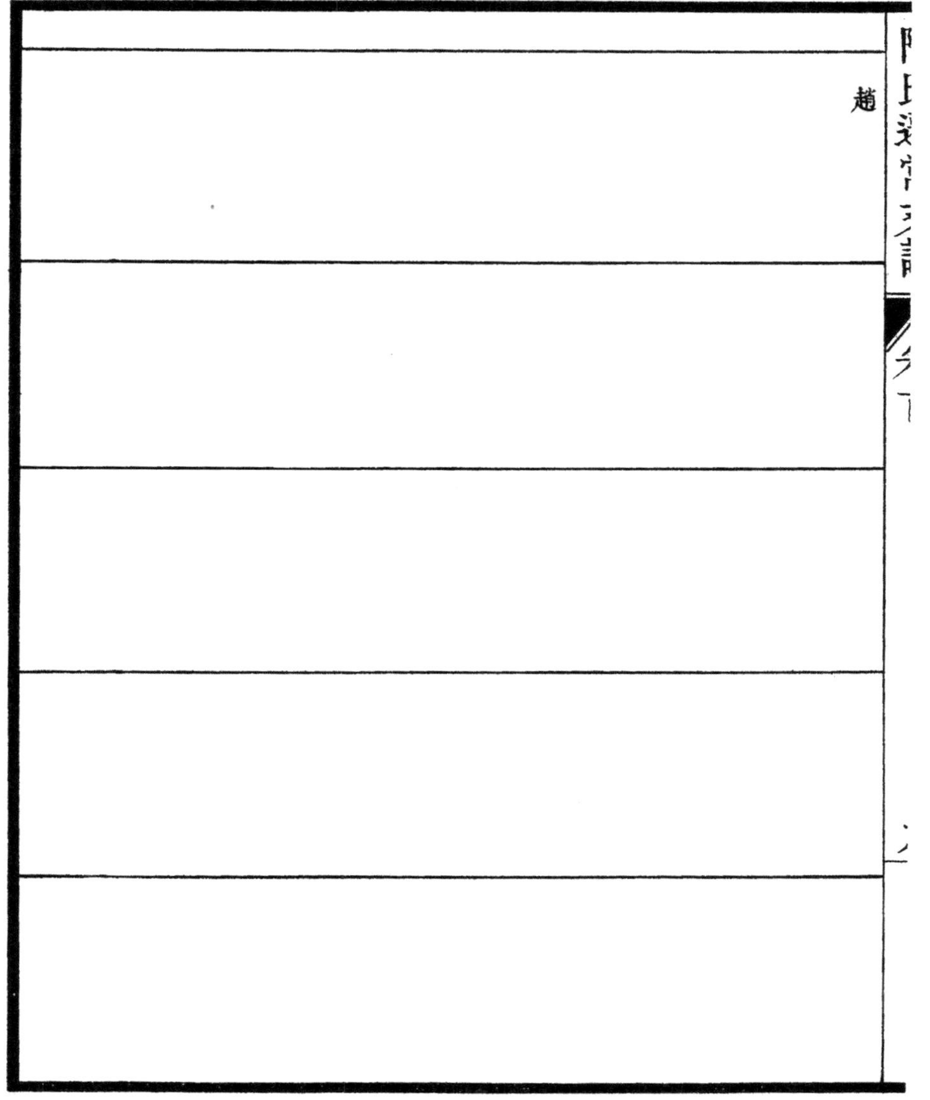

右系表一仍溧阳谱之旧，按表载汉溧阳侯徐州牧谦卒，葬溧阳，是为溧阳陶氏始祖。

据《大清一统志》及孙氏《续古文苑》注引《建康志》，侯墓实在溧阳，溧阳之陶自侯始，此可信者，族叔祖赞唐公咸丰丙辰重修族谱序言之详矣。然自侯以下，统系庞杂，世次错糅，证诸史传往往不合。溧阳谱始辑于宋熙宁五年，当熙宁时考魏晋六朝事当得实，乃与正史相乖迕，多出情理之外 此何说也？考《三国志》谦传注《吴书》，谦二子商、应皆不仕，表乃称商为征西将军，可疑一。《晋书·陶璜传》载父基吴交州刺史，《陶回传》载祖基交州刺史，父抗太子中庶子。是璜、抗为兄弟，回为璜兄弟子也。表无基名，乃称商生珙、璜，珙生汝达，汝达生侗，侗生回，是直以回为璜曾孙辈矣，可疑二。《陶侃传》载侃本鄱阳人，后徙浔阳。父名丹，丹之先无闻，璜传则曰丹阳秣陵人，回传则曰丹阳人。是侃与璜、回未必族属也。侃子十七人，惟洪、瞻、夏、琦、旗、斌、称、范、岱、名见旧史。表乃以丹为璜曾孙，而称侃子五，夏、瞻、范、茂、洪。数与名皆不合，可疑三。《南史·陶季直传》载，祖愍祖，宋广州刺史；父景仁，中散大夫。《陶宏景传》载祖隆，王府参军，父贞，孝昌令，皆有明文。表乃称侃生瞻，瞻生宏，宏生元辅，元辅生延庆，延庆生季直，季直生尚德，尚德生宏景，而愍祖、景仁、隆、贞，名皆不见，强令季直为宏景之祖，可疑四。又况史载季直以梁天监十年卒，年七十五，宏景以大同二年卒，年八十五，相距二十五年。季直卒时宏景年六十矣，祖七十五而孙六十，此尤理所必不可通也。惟史称宏景不娶无子，殁后以兄子松乔嗣，表称宏景生籍为余杭，令见于明凌迪知《万姓统谱》，迪知之说不知何据。而其余则又不尽合于统谱也。其间所载事实、职官之谬，年月、地望之舛，不可胜著，著其乖迕尤甚者。夫谱贵质核，忌冗杂。今乃意为迁合，诡立名、字，强令某为某之祖父，某为某之子孙，为之后者，心何以安。自溧阳侯以下，至我始迁祖匏宇公，中间惝恍迷惑，不知确凿可据者凡几世，今已无可复分矣。故断自匏宇公始，而首列此表，以明吾谱所由，分全录旧文，不事增损。惟将叙次颠倒处厘正之，自诬之咎，庶几免焉。

谨按《匏宇公墓志》，称兴朝八传曰守安翁讳廷枢，自为公王父。又曰公之父贻安公讳组，先卒。守安翁恸子情切，亦相继殁世。再按《匏宇公事略》则云少孤，中年困于诸生。是组公之早逝及殁于廷枢公之前，明明可考也。今查溧阳光绪丁亥年所修宗谱，于廷枢公表内载卒于隆庆六年，而组公表内载卒于万历二十年，其误一。又考《钦定续文献通考·职官类》，明制，诸府知府秩正四品，阶有三，初授中顺大夫，升授中宪大夫，加授中议大夫评事。秩正七品，阶有二，初授承事郎，升授文林郎。今组公表内载万历三十五年敕命，敕授文林郎福建邵武府知府，是“文林郎”下不能称“邵武府知府”，其误二。前称旧文不事增损，惟组公为匏宇公所自出，且所误又斑斑可考，若不改正，无足以示后世，谨据《匏宇公墓志》及《事略》，贻安公应卒于隆庆五年，其封赠则照常州支谱旧钞本改正焉。

迁常第十世孙（珙、湘）谨记

武进陶氏支谱卷一　恩伦

宸　翰

圣祖仁皇帝御制诗
憩小凌河

河水流不息，昼夜去涓涓。昔为征战地，今是豫游年。驻马孤峰外，移舟古岸前。残阳下新柳，约略见春妍。康熙四十二年，巡幸山西，赐山西泽州知州（臣）陶自悦。

诰　敕

人群正七品　敕命轴

奉天承运皇帝敕曰：朕惟大理寺掌折狱，定刑名，决诸疑谳，民命攸关，从古帝王咸兹是慎。顾其事虽总于廷尉，而协赞之力实惟尔士属攸资，自非克审之才，不以授此。尔南京大理寺右评事陶人群，自起制科，即登法署，践扬滋久，茂着休闻，政尚矜详，民罔冤告，最书来上，殊慰朕心，兹特授尔阶为文林郎，锡之敕命。尔尚敕法棐彝，永弼盛治，朕将嗣有明陟，岂吝尔私。

敕曰：古之君子入无宴安之习，出无委蛇之风，岂匪以其伉俪之贤交相爰助耶？恩不并及，非所谓称也，尔南京大理寺右评事陶人群之妻刘氏，克以儆戒，用赞官箴，内修阃仪，外裨有位，其贤可征已。兹特封尔为孺人，茂膺纶綍之荣，益励苹蘩之职。

万历三十五年十二月

人群正四品　诰命轴

奉天承运皇帝制曰：政先领郡，虎符寄千里之权。职重专城，熊轼表万民之牧。尔福建邵武府知府陶人群，才猷卓荦，性质宽和，易俗移风，广德心而登治理，整躬率属，谨亮节以树风声，巨典式逢，鸿章宜锡。兹特授尔阶为中宪大夫，锡之诰命。於戏！天章宠贲，懋膺车服之荣。民俗敷和，益展阜成之效。勉图后绩，允荷恩光！

制曰：朝廷敷锡群臣，爰及厥配，惟内助之良有相成之道焉。尔福建邵武府知府陶人群之妻刘氏，笃修妇道，善相其夫，夫既显荣，尔宜偕贵。兹特赠尔为恭人，祇服休命，永着壶仪。

万历四十年十二月

元祐从五品　诰命轴

奉天承运皇帝制曰：求治在亲民之吏，端重循良。教忠励资敬之忱，聿隆褒奖。尔陶元祐，乃山西泽州知州陶自悦之父，禔躬淳厚，垂训端严。业可开先，式穀乃宣猷之本。泽堪启后，贻谋裕作牧之方。善积于身，祥开厥后。兹以覃恩，赠尔为奉直大夫，锡之诰命。於戏！赐天府之徽章，殊荣下逮。际人伦之盛美，茂典钦承。

制曰：壶教凝祥，懋嘉猷于朝宁。国常布惠，扬休命于庭帏。尔唐氏，乃山西泽州知州陶自悦之前母，勤慎宜家，贤明训后。相夫以顺，含内美于珩璜。鞠子有成，树良材于桢干。适逢庆典，祇锡纶音。兹以覃恩，赠尔为宜人。於戏！昭兹令善之声，荣施弗替。食尔劬劳之报，遗范长垂。

制曰：鞠育恩深，母道无殊先后。劬劳念切，子心并重瞻依。尔董氏，乃山西泽州知州陶自悦之母，毓自茂族，嫔于德门。婉嫕为仪，克继承筐之孅。贤明示训，尤彰式穀之风。克踵前徽，用昭嗣美。兹以覃恩，赠尔为宜人，於戏！传雅训于鸤鸠，均平著范。慰私情于乌鸟，宠渥丕承。

制曰：继母有教育之德，不异劬劳。朝廷有褒锡之恩，必均荣贵。尔胡氏，乃山西泽州知州陶自悦之继母，夙禀懿资，晚归良士。粤有令子，属在髫年。食息起居，恒切抚摩之爱；诗书礼义，尤严训诲之方。懿矩攸彰，恩施宜逮。兹以覃恩，赠尔为宜人，推报德之情，举褒崇之典。庶其未泯之灵，歆此至优之典。

康熙四十二年十二月

自悦从五品　诰命轴

奉天承运皇帝制曰：作牧重于专城，遂委一州之任，亲民莫如长吏，远逾百里之荣。尔山西泽州知州陶自悦，才谞夙优，精勤尤著。厘剔吏胥之弊，人惮严明。勾稽案牍之烦，政无留滞。欣逢庆典，宜焕褒章。兹以覃恩，特授尔阶为奉直大夫，锡之诰命。於戏！饬乃官方，既效能以奏绩。劳于王事，宜锡宠以酬庸。

制曰：靖共尔位，良臣既效其勤。黾勉同心，淑女宜从其贵。尔董氏，乃山西泽州知州陶自悦之妻，系出名门，于归望族。克娴内则，能贞顺以宜家。载考国常，应褒嘉以锡宠。珩璜比德，纶綍钦承。兹以覃恩，赠尔为宜人。於戏！敬为德聚，实加儆戒以相成。恩与义均，岂以存亡而异视。

制曰：嘉猷匡国，在良臣匪懈厥躬。懋爵酬庸，既继室应沾圣典。尔蒋氏，乃山西泽州知州陶自悦之继妻，温润为心，言容可则。嗣徽中馈，并着相夫之勤。令德如琴，允膺申锡之命。恩承凤诰，采焕鱼轩。兹以覃恩，封尔为宜人。於戏！克著令仪，宜恩纶之并宠。式彰壶范，尚翟茀之钦承。

康熙四十二年十二月

自愫从五品　诰命轴

奉天承运皇帝制曰：考绩报循良之最，用褒臣子之劳。推恩溯积累之遗，益展曾孙之孝。尔廪生陶自愫，乃湖北兴国州知州陶绍侃之曾祖父，敦修无斁，垂教有方。种德开先，堂构益恢于来绪。贻谋裕后，箕裘克绍于前休。阐发幽光，宜膺旷典。兹以覃恩，貤赠尔为奉直大夫，锡之诰命。於戏！四世其昌，久聚德星之庆。九原可作，永承褒命之荣。

制曰：鸿恩锡类，聿彰诒穀之休，令范宜家，益著含饴之媺。尔孙氏，乃湖北兴国州知州陶绍侃之曾祖母，秉心渊塞，举案相庄。树德训于后昆，爰着钟祥之德。传素风于奕叶，式彰诒穀之谋。启佑有源，褒嘉宜锡。兹以覃恩，貤赠尔为宜人，於戏！云礽济美，洊邀丹诰之荣。露湛钦承，益焕朱幩之色。

嘉庆二十四年十二月

亮武正五品　诰命轴

奉天承运皇帝制曰：嘉谟垂奕叶，允昭世德之求。殊宠锡公朝，益展曾孙之孝。祇承新渥，用著休声。尔陶亮武，乃同知衔安徽泾县知县陶登瀛之曾祖父，敦修无斁，垂教有方。种德开先，堂构益恢于来绪。贻谋裕后，箕裘克绍于前徽。懿矩攸彰，俾扬令闻。兹以覃恩，貤赠尔为奉政大夫，锡之诰命。於戏！四世其昌，久聚德星之庆。九原可作，允承褒命之荣。

制曰：绥柔佐治，宠既备于外僚。贞顺昭休，恩聿推于内德。尔邹氏，乃同知衔安徽泾县知县陶登瀛之曾祖母，肃雍可范，令善堪模。树慈训于后昆，爰着钟祥之德。传素风于奕叶，式昭诒穀之谋。特贲徽章，频昭国典。兹以覃恩，貤赠尔为宜人。於戏！九重锡庆，洊邀丹诰之褒。四世承恩，益涣朱幩之色。

嘉庆二十四年十二月

雄武正五品　诰命轴

奉天承运皇帝制曰：策勋疆圉，溯大父之恩勤。锡类孙伦，表皇朝之沛泽。尔陶雄武，乃江南邳宿运河营守备陶绍安之祖父，敬以持躬，忠能启后。

威宣阃外，家传韬略之书。泽沛天边，国有旗常之典。惠留祖德，愿慰臣私。兹以覃恩，貤赠尔为武德骑尉，锡之诰命。於戏！我武维扬，特起孙枝之秀，赏延于世，益征遗绪之长。

制曰：树丰功于行阵，业著闻孙。锡介福于庭闱，恩推太母。尔恽氏，乃江南邳宿运河营守备陶绍安之祖母，壸仪足式，令闻攸昭。振剑佩之家声，光辉奕世。播孙伦之国典，庆衍再传。秀擢桐枝，宠颁芝检。兹以覃恩，貤赠尔为宜人。於戏！翟茀用光，膺宏休于天阙。龙章载焕，锡大惠于重泉。

乾隆四十五年十二月

洪正五品　诰命轴

奉天承运皇帝制曰：考绩报循良之最，用奖臣劳。推恩溯积累之遗，载扬祖泽。尔国学生陶洪，乃同知衔安徽泾县知县陶登瀛之祖父，锡光有庆，树德务滋。嗣清白之芳声，泽留再世。衍弓裘之令绪，祐笃一堂。永裕孙谋，克彰祖武。兹以覃恩，貤赠尔为奉政大夫，锡之诰命。於戏！聿修念祖，膺茂典而益励新猷。有穀贻孙，发幽光而丕彰潜德。

制曰：册府酬庸，聿著人臣之懋绩。德门辑祉，式昭大母之芳徽。尔徐氏，乃同知衔安徽泾县知县陶登瀛之祖母，箴诫扬芬，珩璜表德。职勤内助，宜家久著其贤声。泽裕后昆，锡类式承乎嘉命。慈徽永播，异数宜邀。兹以覃恩，貤赠尔为宜人。於戏！谋诒燕翼，推恩及大母之尊。庆溢鸾书，锡类拜天家之宠。

嘉庆十四年十二月

焱正五品　诰命轴

奉天承运皇帝制曰：宠绥国爵，式嘉阀阅之劳。蔚起门风，用表庭帏之训。尔陶焱，乃江南邳宿运河营守备陶绍安之父，义方启后，穀似光前。积善在躬，树良型于弓冶。克家有子，拓令绪于韬钤。旷典欣逢，幽光宜发。兹以覃恩，赠尔为武德骑尉，锡之诰命。於戏！策内府之徽章，洊承恩泽。荷天家之休命，长耀门闾。

制曰：怙恃同恩，人子勤斯于将母。赳桓著绩，王朝锡类以荣亲。尔董氏，乃江南邳宿运河营守备陶绍安之母，七诫娴明，三迁勤笃。令仪不忒，早流珩瑀之声。慈教有成，果见干城之器。适逢庆典，祗锡纶音。兹以覃恩，赠尔为宜人。於戏！贲芝纶而焕采，用答劬劳。颁鸾诰以追崇，永光泉泽。

乾隆四十五年十二月

梦麒正五品　诰命轴

奉天承运皇帝制曰：求治在亲民之吏，端重循良。教忠励资敬之忱，聿隆褒奖。尔国学生陶梦麒，乃同知衔安徽泾县知县陶登瀛之父，禔躬淳厚，垂训端严，业可开先，式榖乃宣猷之本。泽堪启后，贻谋裕作牧之方。善积于身，祥开厥后。兹以覃恩，赠尔为奉政大夫，锡之诰命。於戏！克承清白之风，嘉兹报最。用慰显扬之志，昭乃遗谟。

制曰：锡类扬休，恩不殊于中外。循陔追慕，情无间于后先。尔储氏，乃同知衔安徽泾县知县陶登瀛之前母，家风肃穆，内则娴明。瑀佩犹存，睠芳型之未远。桮棬如故，欣庆典之方膺。懿矩攸彰，恩施宜逮。兹以覃恩，赠尔为宜人。於戏！图史有闻，欲报寸心于宿草；彝章丕焕，用宏后泽于新编。

制曰：朝廷重民社之司，功推循吏，臣子凛冰渊之操，教本慈帏。尔谢氏，乃同知衔安徽泾县知县陶登瀛之母，淑慎其仪，柔嘉惟则。宣训词于朝夕，不忘育子之勤。集庆泽于门间，式被自天之宠。用昭嗣美，克踵前徽。兹以覃恩，封尔为太宜人。於戏！仰酬顾复之恩，勉思抚字。载焕丝纶之色，用慰劬劳。

嘉庆十四年十二月

梦麒从二品　诰命轴

奉天承运皇帝制曰：祥钟世德，垂燕誉于前徽。庆笃曾孙，荷龙光于奕叶。特颁涣汗，用阐幽潜。尔陶梦麒乃花翎布政使衔在任候补道加三级山东临清直隶州知州陶锡祺之曾祖父，升椒启绪，绵瓞扬休。作述相承，诵先芬而诒厥。渊源有自，咏式榖以绳其。规矩斯存，宠荣直逮。兹以覃恩，贻赠尔为通奉大夫，锡之诰命。於戏！十行申锡，弥陈堂构之辉。四世其昌，益衍弓裘之泽。昭兹来许，式克钦承。

制曰：朝章锡类，宏孝治于中闺。壶教垂型，贲荣施于累代。丝纶特沛，阀阅弥光，尔储谢氏，乃花翎布政使衔在任候补道加三级山东临清直隶州知州陶锡祺之曾祖母，淑慎宜家，贤明训后。芳流苹藻，重闱允著夫兰仪。韵协珩璜，后叶共传其蕙问。彤书有炜，紫检宜颁。兹以覃恩，貤赠尔为夫人。於戏！翟茀朱幩，荷国恩而罔替。鸾章紫诰，胪家庆以增华。祗服诰词，式昭庆典。

光绪二十年十二月

绍安正五品　诰命轴

奉天承运皇帝制曰：皇仁罔外，酬庸彰朝宁之恩。嘉绩难忘，锡羡遂臣工之志。尔陶绍安,乃江南邳宿运河营守备,宣力河防,殚心王室。增卑培薄,能审堤障之宜。彻壅通陻,克尽疏浚之力。欣逢旷典,宜焕褒章。兹以覃恩,授尔为武德骑尉,锡之诰命。於戏!懋官懋赏,期恺泽之覃敷。有壬有林,用恩膏之渥沛。

制曰:绥柔佐治,宠既被于寅僚。贞顺垂庥,恩聿推于内德。尔季氏,乃江南邳宿运河营守备陶绍安之妻,高门毓秀,世德垂型。翟茀光昭,赖同心于内助。丝纶彩绚,表异数于中闺。懿德弥彰,庥名勿替。兹以覃恩,封尔为宜人。於戏!其仪淑慎,昌华阀于方来。降福孔嘉,焕璆章于无斁。

乾隆五十五年十二月

绍侃正四品　诰命轴

奉天承运皇帝制曰:朕惟赐恤褒忠,国家之大典,致身尽职,臣子之常经。尔原任湖北兴国州知州陶绍侃,才猷卓荦,抚字精勤,常深疾痛在已之心,不忘顾复斯民之责,乃以巡江缉盗,遂致身殒重渊。追念勤劳,殊堪悯恻兹。特赠尔以道衔,授尔阶为中宪大夫,锡之诰命。呜呼!龙章宠贲,马鬣封高。给内帑以营丧,增光泉壤。沛恩纶而赐荫,允劭天庥。

制曰:恪共奉职,良臣既殚厥心。贞顺宜家,淑女爰从其贵。尔龚吕氏,乃原任湖北兴国州知州恤赠道衔陶绍侃之妻,终温且惠,既静而专。綦缟从夫,克赞素丝之节。苹蘩主馈,爰流彤管之辉。特沛殊恩,克彰妇职。兹以尔夫没于王事,赠尔为恭人。於戏!龙章载焕,用褒敬戒之勤。翟茀钦承,益励柔嘉之则。

道光二年十二月

绍侃再继妻正七品　敕命轴

奉天承运皇帝敕曰:群工师济,既懋绩之克昭。母氏劬劳,涣明纶而必及。尔顾氏,乃原任湖北兴国州知州陶绍侃之再继妻,今任云南江川县知县陶善昌之亲母,妇职无亏,母仪并着。助内协无非之度,课子成有用之才。庆典适逢,纶音祗锡。兹以覃恩,封尔为太孺人。於戏!加壶内之殊荣,用酬顾复。沐天家之旷典,永播休声。

道光十一年十二月

俊从九品　敕命轴

奉天承运皇帝敕曰:锡类乃朝廷之大典,奉公为臣子之常经。尔安徽六安州马头汛巡检陶俊,赋质纯良,持身恪谨,即服官而奏绩,乃报国以抒忱。

兹以覃恩,授尔为登仕佐郎,锡之敕命。于戏!宏敷章服之荣,用励靖共之谊。

道光十一年十二月

锦云正八品　敕命轴

奉天承运皇帝敕曰:锡类乃朝廷之大典,奉公为臣子之常经。尔山东惠民县县丞陶锦云,赋质纯良,持躬谨恪,既服官而奏绩行,报国以抒忱。兹以覃恩,授尔为征仕郎,锡之敕命。於戏!宏敷章服之荣,用励靖共之谊。

道光元年十二月

登瀛从二品　诰命轴

奉天承运皇帝制曰:沛酬庸之庆典,茂对皇庥。宏锡类之殊荣,曲成臣孝。遗型勿替,宠诰斯颁。尔原任安徽天长县知县陶登瀛,乃花翎布政使衔在任候补道加三级山东临清直隶州知州陶锡祺之祖父,盛世耆英,浔阳贤系。胸罗列宿,德辉焕星月之光。腹笥五经,藻思擷江山之秀。裘箕绪远,诗礼声宏。贻厥孙谋,树芳规于珂里。绳其祖武,奏懋绩于彤庭。兹以覃恩,赠尔为通奉大夫,锡之诰命。於戏!开堂构以宏基,德钟家庆。沛丝纶而锡命,泽渥泉台。祇服诰词,永光誉闻。

制曰:德门衍庆,渊源早裕夫孙谋。盛世扬庥,纶綍用新夫壶德。适逢上庆,特锡殊荣。尔周氏,乃花翎布政使衔在任候补道加三级山东临清直隶州知州陶锡祺之祖母,系出名门,于归望族。珩璜叶度,图史训娴。三千之礼不违,孝承宗祀。九十之仪无愿,惠睦闺门。衣浣濯而黼黻是勤,勖义方而箕裘代嬗。爰褒隐德,永播遗徽。兹以覃恩,赠尔为夫人。於戏!播兰陔之芳泽,宠被重闱。扬芝检之德音,光流华胄,荣章洊逮,懿范常昭。

光绪二十年十二月

登瀛从一品　诰命轴

奉天承运皇帝制曰:燕翼绵长,溯贻谋于四世。鸾章褒美,贲翰藻于九重。爰沛恩纶,用光世德。尔赠通奉大夫原任安徽天长县知县陶登瀛,乃二品衔在任候选道加五级两淮海州分司运判陶思澄之曾祖父,盛世清才,浔阳望族。擷南邦之秀,观北关之光。忠厚承先桑梓,钦其硕德。诗书启后芝兰,播其奇馨。衍余庆于曾孙,谷丰有后。永家声于德泽,祖武其绳。溯厥遗徽,宜施光宠。兹以尔曾孙好义亟公,晋赠尔为荣禄大夫,锡之诰命。於戏!诰写芝泥,追荣尔王父之父。恩施枫陛,实嘉乃劳臣之劳。肇造宏规,永膺休命。

制曰：天家锡类，凤藻褒及于重闱。庆典欣逢，鸿施递推于三代。恩膏远贲，壶范攸昭。尔赠夫人周氏，乃二品衔在任候选道加五级两淮海州分司运判陶思澄之曾祖母，履顺宜家，凝庥昌后。巽顺作中闺楷则，坤贞垂累禩芳型。苹藻流馨，克襄祖德，珩璜式度，介福孙曾。涤彤管而书箴，训诫递传于四世。宣紫泥而作诰，宠荣爰锡以十行。允作母仪，昭兹国典。兹以尔曾孙好义亟公，晋赠尔为一品夫人。於戏！后昆衍庆，荷金标玉轴之华。慈幄扬庥，焕翟茀朱幩之色。荣流重妣，孝慰臣私。

宣统三年六月

凌霄正四品　诰命轴

奉天承运皇帝制曰：考绩报循良之最，用奖臣劳。推恩溯积累之遗，载扬祖泽。尔国学生陶凌霄，乃四品衔升缺升用浙江淳安县知县兼袭云骑尉世职陶恩泽之祖父，锡光有庆，树德务滋。传清白之芳声，泽流再世。衍弓裘之令绪，祜笃一堂。用着休声，祗承新渥。兹以覃恩，貤赠尔为中宪大夫，锡之诰命。于戏！聿修念祖，膺茂典而益励新猷。有穀贻孙，发幽光而丕彰潜德。

制曰：册府酬庸，聿着人臣之懋绩。德门辑庆，式昭大母之芳徽。尔朱氏，乃四品衔升缺升用浙江淳安县知县兼袭云骑尉世职陶恩泽之祖母，箴诫扬芬，珩璜表德。职勤内助，宜家久着其贤声。泽裕后昆，锡类式承乎嘉命。特敷惠泽，彰尔贤名。兹以覃恩，貤赠尔为恭人。於戏！播徽音于彤管，壶范弥光。膺异数于紫泥，天庥允劭。

光绪二十年十二月

善昌正七品　敕命轴

奉天承运皇帝敕曰：分符百里，必遴出宰之才。报最三年，爰重懋官之典。尔云南江川县知县陶善昌，雅擅才能，克宣慈惠。抚绥有要，常深疾痛在己之心。怀保无穷，不忘顾复斯民之责，兹以覃恩，授尔为宣议郎，锡之敕命。于戏！前劳已茂，用褒制锦之能。来轸方遒，益励饮冰之操。

敕曰：良臣宣力于外，效厥勤劳。贤媛襄职于中，膺兹宠锡。尔吕吴氏，乃云南江川县知县陶善昌之妻，终温且惠，既静而专。綦缟从夫，克赞素丝之节。苹蘩主馈，爰流彤管之辉。兹以覃恩，赠尔为孺人。於戏！敬尔有官，着肃雍而并美。职司其内，垂淑慎之遗徽。

道光十一年十二月

克家从七品　敕命轴

奉天承运皇帝敕曰：任使需才称职，志在官之美。驰驱奏效报功，膺锡类之仁。尔太学生陶克家，乃山东青城县典史加五级陶懋巩之父，雅尚素风，长迎善气。弓冶克勤于庭训，箕裘丕裕夫家声。旷典欣逢，幽光阐发。兹以覃恩，赠尔为征仕郎，锡之敕命。於戏！肇显扬之盛事，国典非私。酬燕翼之深情，臣心弥励。

敕曰：奉职无愆，懋着勤劳之绩。致身有自，宜酬鞠育之恩。尔张氏，乃山东青城典史加五级陶懋巩之母，淑范宜家，令仪昌后。早相夫而教子，俾移孝以作忠。播尔贤明，特敷惠泽。兹以覃恩，赠尔为孺人。於戏！贲象服之端严，诞膺巨典。锡龙光之涣汗，永播徽音。

光绪十五年十二月

润从七品　敕命轴

奉天承运皇帝敕曰：任使需才称职，志在官之美。驰驱奏效报功，膺锡类之仁。尔太学生陶润，乃山东青城县典史加五级陶懋巩之本生父，雅尚素风，长迎善气。弓冶克勤于庭训，箕裘丕裕夫家声。旷典欣逢，幽光阐发。兹以覃恩，貤赠尔为征仕郎，锡之敕命。於戏！肇显扬之盛事，国典非私。酬燕翼之深情，臣心弥励。

敕曰：奉职无愆，懋着勤劳之绩。致身有自，宜酬鞠育之恩。尔杨氏，乃山东青城县典史加五级陶懋巩之本生母，淑范宜家，令仪昌后。早相夫而教子，俾移孝以作忠。播尔贤名，特敷惠泽。兹以覃恩，貤赠尔为孺人。於戏！贲象服之端严，诞膺巨典。锡龙光之涣汗，允播徽音。

光绪二十年十二月

世谟从三品　诰命轴

奉天承运皇帝制曰：谊笃靖共，入官必资于敬。功归诲迪，犹子亦教以忠。爰沛国恩，用扬家训。尔太学生候选县丞恤赠云骑尉世职陶世谟，乃盐运使衔在任候补知府山东临清直隶州知州陶锡祺之胞伯父，躬修士行，代启儒风。抱璞自珍，克发珪璋之秀。储材足用，聿彰杞梓之良。兹以覃恩，貤赠尔为中议大夫，锡之诰命。於戏！昭令闻于经籯，书贻刻鹄。佩微章于策府，宠贲回鸾。茂典丕承，荣名益劭。

制曰：家有孝慈之范，美以相济而成。国崇褒锡之文，恩以并推而厚。尔赵吴、赵氏，乃盐运使衔在任候补知府山东临清直隶州知州陶锡祺之胞伯母,德可相夫,教能启后。一堂环佩,和音克着其慈祥。五夜机丝,内治聿昭其柔顺。兹以覃恩,貤赠尔为淑人。於戏！普一体之荣施,鸾章贲采。表同心于训迪,象服分光。

光绪十五年十二月

世谟从二品　诰命轴

奉天承运皇帝制曰:沛酬庸之庆典,茂对皇庥。宏锡类之殊荣,曲成臣孝。遗型勿替,宠诰斯颁。尔赠中议大夫恤赠云骑尉世职太学生候选县丞陶世谟,乃在任候补同知加五级浙江遂昌县知县陶瑗之祖父,盛世耆英,浔阳贤系,胸罗列宿,德辉焕星月之光。腹笥五经,藻思撷江山之秀。裘箕绪远,诗礼声宏。贻厥孙谋,树芳规于珂里。绳其祖武,奏懋绩于彤庭。兹以尔孙好义亟公,恭遇覃恩,晋赠尔为通奉大夫,锡之诰命。於戏！开堂构以宏基,德钟家庆。沛丝纶而锡命,泽渥泉台。祇服诰词,永光誉闻。

制曰:德门衍庆,渊源早裕夫孙谋。盛世扬庥,纶綍用新夫壶德。适逢上庆,特锡殊荣。尔赠淑人赵吴、赵氏,乃在任候补同知加五级浙江遂昌县知县陶瑗之祖母,系出名门,于归望族,珩璜叶度,图史训娴。三千之礼不违,孝承宗祀。九十之仪无慝,惠睦闺门。衣浣濯而黼黻是勤,勖义方而箕裘代嬗。爰褒隐德,永播遗徽。兹以尔孙好义急公,恭遇覃恩,晋赠尔为夫人。於戏！播兰陔之芳泽,宠被重闱。扬芝检之德音,光流华胄。荣章洊逮,懿范常昭。

宣统元年十二月

世赞从二品　诰命轴

奉天承运皇帝制曰:史册流芳,表臣子汗青之美。宝田具在,溯卿家清白之遗。阐厥渊源,赉兹优渥。尔太学生候选州同陶世赞,乃花翎布政使衔在任候补道山东临清直隶州知州陶锡祺之父,幼而敦敏,长更温文。慨遍地之黄巾,磨盾作梓桑杆卫。荷自天之紫诰,衔冰振芹藻馨香。论才智则德且兼全,不数燕山之启后。论际遇而命难自造,遽同长吉之修文。是犹潜德之未彰,宜有嗣贤之特起。兹以覃恩,赠尔为通奉大夫,锡之诰命。於戏！子孳犹循父矩,鹤锦荣颁祖德。永裕孙谋,凤毛绳继。钦予时命,慰尔前修。

制曰:家声昌大,壶教贤明。鞠育恩深,母道无殊先后。劬劳念切,子心并重瞻依。尔庄张氏,乃花翎布政使衔在任候补道山东临清直隶州知州陶锡祺之母,毓自茂族,嫔于德门。敦习礼规,恪循箴训。寝门治业,著恒德于贞心。闺塾授经,树慈风于雅范。克继承筐之嫩,婉嫕为仪。尤彰式谷之风,贤明示训。兹以覃恩,赠尔为夫人。於戏！恩能育子,传雅训于鸤鸠。

善为称亲,慰私情于乌鸟。均平著范,宠渥丕承。

光绪二十年十二月

世赞从一品　诰命轴

奉天承运皇帝制曰:彤弓湛露,酬庸不靳于天家。经笥书林,数典难忘乎先世。孙枝有庆,祖泽载扬。尔赠通奉大夫陶世赞,乃二品衔候选道加五级两淮海州分司运判陶思澄之祖父,诗礼承先,簪缨启后。推盛族而勋隆阀阅,清芬绍彭泽遗风,缅德范而望着乡邦,令闻重溧阳后裔。锡光有庆,树德务滋。培秀气于子孙,共式凤麟雅度。绵庥祥于累襈,宏开驷马名门。永裕孙谋,克彰祖武。兹以尔孙好义亟公,晋赠尔为荣禄大夫,锡之诰命。於戏!手泽犹存,燕翼见诒谋之善。头衔叠晋,鸾章昭极品之荣。宠命丕承,嘉修永播。

制曰:懿德相承,令范争辉于家乘。纶音迭沛,重慈共沐乎恩朝。勿替思齐,迭施宠异。尔赠夫人庄张氏,乃二品衔候选道加五级两淮海州分司运判陶思澄之祖母,秉性柔嘉,持躬淑慎。鸡鸣戒旦,幼娴内则之篇。荆布传家,克守箴规之训。箕裘代嬗,凤卜遐昌。女宗交诵于长榆,彤管萃巾袿范则。慈荫永绵于奕叶,紫泥颁纶綍恩荣。启佑有源,后先媲美。兹以尔孙好义亟公,晋赠尔为一品夫人。於戏!宝轴瑶函,特畀宠绥之盛。鸾书凤帔,藉伸乌哺之私。为发幽光,永承嘉命。

宣统三年六月

浙江巡抚崧骏奏世赞乐善好施建坊批片

再浙江省光绪十五年被水成灾,赈繁款绌,当经设局劝捐,将捐银在千两以上者奏请建坊,续准部咨嗣后劝办棉袄裤一套者,方准作银一两等,因各在案。兹据筹赈,核奖局司道详,称山东临清州知州陶锡祺、浙江淳安县知县陶恩泽,江苏阳湖县人,遵故父陶世赞、故母陶庄氏陶张氏遗命,捐助棉衣裤一千套,合银一千两。均经解局分给灾区,散放赈济在案。兹据该员等援案禀请,转详给奖等情,具详请奏建坊前来与新章建坊之例相符。合无仰恳天恩,俯准陶锡祺等为其故父陶世赞、故母陶庄氏、陶张氏在原籍地方自行建坊,给予"乐善好施"字样,以昭激劝。理合附片陈请,伏乞圣鉴训示。谨奏。光绪十七年三月十六日专弁赉呈,四月十四日赉回原片。

奉朱批:着照所请,该部知道,钦此。

世绵正四品　诰命轴

奉天承运皇帝制曰:资父事君,臣子笃匪躬之谊。作忠以孝,国家宏锡类之恩。尔太学生候选从九品恤赠云骑尉世职陶世绵，乃四品衔升缺升用浙江淳安县知县陶恩泽之父，禔躬纯厚，垂训端严。业可开先，式穀乃宣猷之本。泽堪启后贻，谋裕作牧之方。善积于身，祥开厥后。兹以覃恩，赠尔为中宪大夫，锡之诰命。於戏！殊荣必逮于所亲，宠命用光夫有子。钦承优渥，长芘忠勤。

制曰：奉职在公，嘉教育之有自。推恩将母，宜锡典之攸隆。尔汪氏乃四品衔升缺升用浙江淳安县知县陶恩泽之母，家风肃穆，内则娴明。壶范宜家，夙协承筐之爔。母仪式穀，载昭画荻之芳。懿矩攸彰，恩施遂逮。兹以覃恩，赠尔为恭人。於戏！彰淑德于无瑕，式荣象服膺。宠命之有赫，益贲徽音。

光绪二十年十二月

世绵从二品　诰命轴

奉天承运皇帝制曰：沛酬庸之庆典，茂对皇庥。宏锡类之殊荣，曲成臣孝。遗型勿替，宠诰斯颁。尔赠中宪大夫恤赠云骑尉世职太学生候选从九品陶世绵，乃四品衔在任候补直隶州知州加五级河南沈邱县知县陶珙之祖父，盛世耆英，浔阳贤系。胸罗列宿，德辉焕星月之光。腹笥五经，藻思撷江山之秀。裘箕绪远，诗礼声宏。贻厥孙谋，树芳规于珂里。绳其祖武，奏懋绩于彤廷。兹以尔孙好义急公，恭遇覃恩，晋赠尔为通奉大夫，锡之诰命。於戏！开堂构以宏基德钟家庆。沛丝纶而锡命，泽渥泉台。祗服诰词，永光誉闻。

制曰：德门衍庆，渊源早裕夫孙谋，盛世扬庥，纶綍用新夫阃范。适逢上庆，特锡殊荣。尔赠恭人汪氏，乃四品衔在任候补直隶州知州加五级河南沈邱县知县陶珙之祖母，系出名门，于归望族，珩璜叶度，图史训娴。三千之礼不违，孝承宗祀。九十之仪无慝，惠睦闺门。衣浣濯而黼黻是勤，勖义方而箕裘代嬗。爰褒隐德，永播遗徽。兹以尔孙好义急公，恭遇覃恩，晋赠尔为夫人。于戏！播兰陔之芳泽，宠被重闱。扬芝检之德音，光流华胄。荣章洊逮，懿德常昭。

光绪三十年十二月

懋玑从七品　敕命轴

奉天承运皇帝敕曰：锡类推恩，朝廷之大典。奉公效职，臣子之常经。尔山东青城县典史加五级陶懋玑，赋质纯良，持身恪谨。既服官而奏绩，行报国以抒诚。襄事惟勤，新纶宜贲。兹以覃恩，授尔为征仕郎，锡之敕命。

於戏！宏敷章服之荣，用励靖共之谊。钦兹宠命，懋乃嘉猷。

敕曰：恪共奉职，良臣既殚厥心。贞顺宜家，淑女爰从其贵。尔钱氏，乃山东青城县典史加五级陶懋巩之前妻，既静而专，终温且惠。克娴内则，能贞顺以宜家。载考国常，应褒嘉以锡宠。兹以覃恩，赠尔为孺人。於戏！敬为德聚，实加儆戒以相成。恩与义均，岂以存亡而异视。

敕曰：嘉猷匡国，在良臣匪懈厥躬。懋爵酬庸，既继室应沾盛典。尔吴氏，乃山东青城县典史加五级陶懋巩之继妻，婉瘱为仪，柔嘉维则。嗣徽中馈，并着相夫之勤。令德如琴，允膺申锡之命。兹以覃恩，封尔为孺人。於戏！克著令仪，宜恩纶之并宠。式彰壶范，尚翟服之钦承。

光绪二十年十二月

锡璜正六品　敕命轴

奉天承运皇帝敕曰：锡类推恩，朝廷之大典。奉公效职，臣子之常经。尔六品衔福建侯官县典史陶锡璜，赋质纯良，持身恪谨。既服官而奏绩，行报国以抒诚。襄事维勤，新纶宜贲。兹以覃恩，授尔为承德郎，锡之敕命。於戏！宏敷章服之荣，用励靖共之谊。钦兹宠命，懋乃嘉猷。

敕曰：恪共奉职，良臣既殚厥心。贞顺宜家，淑女爰从其贵。尔陈氏，乃六品衔福建侯官县典史陶锡璜之前妻，克娴内则，能贞顺以宜家，载考国常，应褒嘉以锡宠。兹以覃恩，赠尔为安人。於戏！敬为德聚，实加儆戒以相成。恩与义均，岂以存亡而异视。

敕曰：嘉猷匡国，在良臣匪懈厥躬。懋爵酬庸，既继室应沾盛典。尔王氏，乃六品衔福建侯官县典史陶锡璜之继妻，嗣徽中馈，并著相夫之勤，令德如琴，允膺申锡之命。兹以覃恩，封尔为安人。於戏！克著令仪，宜恩纶之并宠。式彰壶范，尚翟服之钦承。

光绪十五年十二月

锡珪从六品　敕命轴

奉天承运皇帝敕曰：锡类推恩，朝廷之大典。奉公效职，臣子之常经。尔理问衔浙江永康县典史陶锡珪，赋质纯良，持身恪谨。既服官而奏绩，行报国以抒诚。襄事维勤，新纶宜贲。兹以覃恩，授尔为宣德郎，锡之敕命。於戏！宏敷章服之荣，用励靖共之谊。钦兹宠命，懋乃嘉猷。

敕曰：恪共奉职，良臣既殚厥心。贞顺宜家，淑女爰从其贵。尔端木氏，乃理问衔浙江永康县典史陶锡珪之妻，克娴内则，能贞顺以宜家，载考国常，应褒嘉以锡宠。兹以覃恩，封尔为安人。於戏！克著令仪，宜恩纶之并宠。

式彰壸范，尚翟服之钦承。

光绪十五年十二月

锡珪从二品　诰命轴

奉天承运皇帝制曰：宣猷服采中朝，抒报最之忱。锡类殊恩休命，示酬庸之典。遗型勿替，宠诏斯颁。尔原任浙江永康县典史陶锡珪，乃在任候补同知加五级浙江遂昌县知县陶瑗之父，浔阳贤系，江左隽才。擅萧何会计之能，具叔度渊澄之量。伤修文之遽召，未进崇阶。效陆氏之传经，仅除末秩。嗣贤特起，锦衣扬鹤采之辉。大贲宜旌，紫诰渥鸾书之宠。兹以尔子好义急公，恭遇覃恩，赠尔为通奉大夫，锡之诰命。於戏！发潜德之幽光，已肇于门日大。溯教忠之遗训，欣看虞陛膏酿。垂裕后昆，诞承景命。

制曰：露冕宣勤，善政犹资夫母教。云纶锡宠，荣亲特沛以君恩。播厥徽音，颁兹异数。尔端木氏，乃在任候补同知加五级浙江遂昌县知县陶瑗之母，贤明主馈，敬戒宜家。含美德于珩璜，相夫以顺。树良材于桢干，鞠子有成。脱珥捐金全民命，不徒鸣阴隲。捧舆迎养隆起居，不若励勋名。懿慈训之昭垂，尤令仪之共式。兹以尔子好义急公，恭遇覃恩，封尔为太夫人。於戏！昭兹令着之声，荣光勿替。食尔劬劳之报，庆典攸隆。特布徽音，式承嘉命。

宣统元年十二月

铨从八品　敕命轴

奉天承运皇帝敕曰：锡类推恩，朝廷之大典。奉公效职，臣子之常经。尔浙江松阳县典史加三级陶铨，赋质纯良，持身恪谨。既服官而奏绩，行报国以抒诚，襄事惟勤，新纶宜贲。兹以覃恩，授尔为修职佐郎，锡之敕命。於戏！宏敷章服之荣，用励靖共之谊。钦兹宠命，懋乃嘉猷。

光绪三十年十二月

锡蕃从二品　诰命轴

奉天承运皇帝制曰：委贽策名，荣既膺夫簪绂。克家缵绪，光必逮乎门闾。爰体下忱，特颁异数。尔同知衔原任浙江瑞安县知县陶锡蕃，乃花翎知府衔在任候补直隶州知州山东莱芜县知县加五级陶锡祺之胞兄，道足持躬，情殷训弟。克发圭璋之器，抱璞自珍。聿新杞梓之良，储材足用。经传诗礼，青缃扬雁序之辉。庆笃芝兰，丹綍焕龙章之丽。芳徽允懋，新典宜颁。兹以尔弟克襄王事，貤赠尔为通奉大夫，锡之诰命。於戏！被章服以增荣，聿显友恭之义。承丝论而无忝，弥彰善庆之风。祗服诰词，永光誉闻。

制曰：教佐义方，内则允彰。夫懿德荣敷闺闼，朝恩宜体乎私情。勿替思齐，迭施宠异。尔金氏，乃花翎知府衔在任候补直隶州知州，山东莱芜县知县加五级陶锡祺之胞嫂，贞淑性成，徽柔道协。一堂环佩，和音克着其坤贞。五夜机丝，内治益昭其巽顺。身娴母训，聿储卓荦之材。志禀慈徽，用衍炽昌之绪。丕昭淑慎，特贲丝纶。兹以尔弟克襄王事，貤封尔为夫人。於戏！龙章式焕，令仪着美于当时。象服钦承，名德益彰于奕叶。载颁紫綍，弥焕朱幩。

同治十三年十月

锡祺从一品　诰命轴

奉天承运皇帝制曰：事君资于事父，训美趋庭。教孝既以教忠，声宏著代。念兹堂构，宜锡宠光。尔布政使衔候补道原任山东临清直隶州知州陶锡祺，乃二品衔候选道加五级两淮海州分司运判陶思澄之父，簪缨右族，桢干良才。握豸节以搴帷，车随甘雨。绾麟符而叱驭，路指福星。德种祥刑，家承余庆。培玉树而蔚为国器，锦衣扬鹤采之辉。拜瑶芝而叠迓宸章，紫诰渥鸾书之宠。嗣贤特起，大赍宜旌。兹以尔子好义亟公，赠尔为荣禄大夫，锡之诰命。於戏！龙藻云回，蕃祉庆光前之烈。凤毛宠荫，宏庥昌启后之详。爵鬯香升，天庥敬迓。

制曰：庆笃金萱，望堂北而根源益茂。荣敷玉树，咏陔南而侍奉弥隆。训式义方，祥开来叶。尔庄氏，乃二品衔候选道加五级两淮海州分司运判陶思澄之嫡母，慈惠为怀，温恭其度。勤修妇职，奉起居而孝顺姑嫜。行表女宗，习礼义而睦和妾媵。柔嘉维则，淑慎是持。溯初生于瓜瓞一篇，赓歌螽羽。衍别传于桐枝百尺，昌大龙门。育子既勤，自天有宠。兹以尔子好义急公，赠尔为一品夫人。於戏！贲象服之端严，诞膺巨典。锡龙章之焕汗，用表荣施。显命被承，徽音永播。

制曰：关雎起化，和平特奏于房中。江汜知恩，夙夜并承夫内则。芝兰茁秀，纶綍推恩。尔孙氏，乃二品衔候选道加五级两淮海州分司运判陶思澄之生母，产自名区，嫔于望族。贤襄大妇，一庭扬和霭之庥。位列小星，四德协端庄之度。脱珥以周贫乏，封鲊垂廉。捐金以济饥黎，歼鸿苏困。伸禄养而起居八座，荷荣褒则眷宠九宸。纶綍翔华，珩璜协度。兹以尔子好义急公，封尔为一品太夫人。於戏！颁凤轴而恩推鞠育，支属云礽。添鹤筹而寿卜期颐，纯嘏天锡。芬扬彤管，采焕朱幩。

宣统三年六月

恩泽从二品　诰命轴

奉天承运皇帝制曰：求治在亲民之吏，端重循良。教忠励资敬之忱，聿隆褒奖。祗承新渥，用答懋猷。尔原任浙江淳安县知县陶恩泽，乃在任候补直隶州知州加五级河南沈邱县知县兼袭云骑尉世职陶珙之父，禔躬纯厚，垂训端严。业可开先，式穀乃宣猷之本。泽堪启后，贻谋裕作牧之方。锦衣扬鹤采之辉，紫诰渥鸾书之宠。嗣贤继起，大赉宜旌，福荫云礽，膏承露湛。兹以尔子好义急公，恭遇覃恩，赠尔为通奉大夫，锡之诰命。於戏！克承清白之风，嘉兹报政。用慰显扬之志，昭乃遗谋。阐发幽光，丕彰潜德。

制曰：朝廷重民社之司，功推良吏。臣子凛冰渊之操，教本慈帏。用播徽音，特敷惠泽。尔周氏，乃在任候补直隶州知州加五级河南沈邱县知县兼袭云骑尉世职陶珙之母，淑德其仪，柔嘉维则。镌秾华于苕玉，钖本善心。表懿则于珩璜，祥征视履。训宣朝夕，不忘育子之勤。庆益门闾，式被自天之宠。母仪益着，壶范弥光。兹以尔子好义亟公，恭遇覃恩，赠尔为夫人。於戏！仰酬顾复之恩，勉思抚字。载焕丝纶之色，允阐幽潜。特播徽音，钦承嘉命。

光绪三十年十二月

恩泽兼袭云骑尉敕书

奉天承运皇帝制曰：朕惟尚德崇功，国家之大典。输忠尽职，臣子之常经。古圣帝明王戡乱以武，致治以文。朕钦承往制，甄选贤能，特设文武勋阶以彰激劝。受兹任者必忠以立身，仁以抚众，智以察微，防奸御侮，机无暇时。能此则荣及前人，福延后嗣而身家永康矣，敬之勿怠。陶世绵，尔原系候选从九品，因在籍与贼巷战阵亡，赏给云骑尉。无嗣，与尔嗣子陶恩泽承袭，准再袭一次。

显曾正九品　敕命轴

奉天承运皇帝敕曰：锡类乃朝廷之大典，奉公为臣子之常经。尔浙江上虞县梁湖镇巡检加一级陶显曾，赋质纯良，持身恪谨。既服官而奏绩，乃报国以抒诚。兹以覃恩，授尔为登仕郎，锡之敕命。於戏！宏敷章服之荣，用励靖共之谊。

光绪三十年十二月

泗正三品　诰命轴

奉天承运皇帝制曰：委贽策名，荣既膺夫簪绂。克家缵绪，光必逮乎门闾。尔陶泗，乃三品衔候补直隶州前任云南邓川州知州陶镕之胞兄，道足持躬，情殷训弟。经传诸礼，青缃扬燕序之辉。庆笃芝兰，丹綍焕龙章之丽。芳辉允懋，新典宜颁。兹以覃恩，貤赠尔为通议大夫，锡之诰命。於戏！被章服以增荣，聿显友恭之义。承丝纶而无忝，弥彰善庆之风。

制曰：教佐义方，内则允彰。夫懿范荣敷闺阃，朝恩宜体乎私情。尔李氏，乃三品衔候补直隶州前任云南邓川州知州陶镕之胞嫂，淑贞性成，徽柔道协。身娴母训，聿储卓荦之才。志禀慈辉，用衍炽昌之绪。丕昭淑慎，特贲丝纶。兹以覃恩，貤赠尔为淑人。於戏！龙章式焕，令仪着美于当时。象服钦承，名德益彰于奕叶。

光绪三十年十二月

湘正二品　诰命轴

奉天承运皇帝制曰：有猷有守，劳臣抒报最之忱。懋赏懋功，盛世重酬庸之典。特隆紫诰，用表丹忱。尔二品衔直隶候补道陶湘，毗陵世胄，南国菁莪。莅事精勤，供职司而克靖。禔躬恪慎，励廉隅以自持。扬豸华则符节生辉，巡方懋绩。登鹗荐则輶轩备选，遐域驰名。筹笔猷隆，芝纶宠渥。兹以尔克襄王事，恭遇覃恩，授尔阶为资政大夫，锡之诰命。於戏！逢斯庆典，既纶綍之宠膺。勖尔新猷，惟悃忱之是迪。钦予时命，勉尔贤能。

制曰：奉职恪恭，懋着劳臣之绩。同心黾勉，载嘉德配之贤。壶范攸昭，国恩斯沛。尔恽氏，乃二品衔直隶候补道陶湘之妻，鸡鸣戒旦，象服凝辉。培嘉植于芝兰，咏麟趾则咸推盛族。流泌芬于苹藻，贲鸾纶则益着徽音。行义以肃闺门，勤修妇职。柔嘉以和娣似，行表女宗。琴瑟和赓，翟褕丕焕。兹以尔夫克襄王事，恭遇覃恩，封尔为夫人。於戏！光增珩瑀，既三从四德之堪称。色灿笄珈，宜百福千祥之懋集。坤辉永劭，巽命载承。

宣统元年十二月

珙兼袭云骑尉敕书

奉天承运皇帝制曰：朕惟尚德崇功，国家之大典。输忠尽职，臣子之常经。古圣帝明王勘乱以武，致治以文。朕钦承往制，甄进贤能，特设文武勋阶以彰激劝。受兹任者必忠以立身，仁以抚众，智以察微，防奸御侮，机无暇时，能此则荣及前人，福延后嗣而身家永康矣，敬之勿怠。尔陶世绵，原系候选从九品，因在籍与贼巷战阵亡，赏给云骑尉。无嗣，与尔继子陶恩泽承袭，后病故，尚有云骑尉，一次与原立官陶世绵继孙候选知县陶珙兼袭。

璐从四品　诰命轴

奉天承运皇帝制曰：分符百里，必遴出宰之材。报最三年，爰重懋官之典。尔知府衔河南临颍县知县陶璐，雅擅才能，克宣慈惠。抚绥有要，常深疾痛在己之心，怀保无穷，不忘顾复斯民之责。欣逢庆典，宜焕褒章。兹以覃恩，授尔为朝议大夫，锡之诰命。於戏！前劳已茂，用褒制锦之能。来轸方遒，益践饮冰之操。

制曰：良臣宣力于外，弹厥勤劳。贤媛襄职于中，膺兹宠锡。尔庄氏，乃知府衔河南临颍县知县陶璐之前妻，终温且惠，既静而专。綦缟从夫，克赞素丝之节。苹蘩主馈，爰流彤管之辉。懿榘攸彰，恩施遂逮。兹以覃恩，赠尔为恭人。于戏！敬尔有官，着肃雍而并美。职思其内，昭淑慎之遗徽。

制曰：在公必敬，臣心每待助于闺闱。齐体惟均，国典必推恩于继室。尔张氏，乃知府衔河南临颍县知县陶璐之继妻，以顺为正，无成有终。柔嘉克踵乎前徽，珩璜流誉。庆泽用昭其嗣美，翟袆增光。黾勉同心，含章协德。兹以覃恩，封尔为恭人。於戏！贲象服之端严，诞膺巨典。锡龙光之涣汗，广播徽音。

宣统元年十二月

陶氏迁常支谱卷二　世德

家　训

戒不孝

经云："五刑之属三千罪，莫大于不孝。"诚以父母之恩昊天罔极，虽竭尽其力，不能报于万一也。当子在襁褓，虑其饮食饥饱之失节、衣服寒暖之失时，致生灾厄，无时无处不为防护。及子稍长，每不计家之有无，为之延师致友，冀其琢磨成器。又虑其过于攻苦，默以为忧，偶有甘旨，不肯自奉，必留以食子，其子善饭加餐乃为色喜。迨子既长，为之经营婚娶，娶后又恐其多欲伤生，隐隐危惧，抑或不善宜家，夫妇乖异，再或不善治产，生计萧条，日夜为之郁结。至若德不加修，名不早立，尤中心辗转难释者，是父母自壮至老，无一刻不为子虑患思危也。吾子孙于父母存日，各须曲体亲心，耕者竭股肱以给赡养，读者攻书史以期显扬，昏定晨省，下气怡声。凡可以奉亲者，必多方致之务，得亲之欢心，毋致鸡豚勿逮，风木徒悲。及其殁也，擗踊哭泣，实尽其哀。凡附于身附于棺者，称家之有无，或丰或俭，一循乎礼，总期无憾而后即安。殁而祭也，春露秋霜，生死忌日，依期祭飨，必敬必诚，不可稍有缺失。倘生事不能竭力，死葬不能尽礼，致祭不能尽诚者，即当以不孝治罪矣。纵一时可以苟免，而根本自亏，能逃冥谴乎？吾子孙其各凛戒之。子有贫富，有贵贱，而事亲之道则一。富而贵者固当引为己任，贫且贱者亦不可让其事于他人，各竭其力焉，斯可矣。每见人子供膳之际，龈龈比较，某也如此，我亦只要如此，除轮流供给之外，即粒米杯水，亦不肯假借。至其身后，惟论分财，稍有不均，阋墙立见。衣衾棺椁，必其父母早自置办方可，否则面面相觑，彼此相待，虽陈尸至四五日弗恤也。又其甚者，其父母或有余赀作身后之费，而其子竟留其半，或且全行干没，反望友朋之来殡，至赙仪既得，又务从节啬，储其余以为己财。嗟乎，人心死矣，言之可伤，幸吾族中毋或如此。

〇赙襚之仪，虽古人所不废，然必待其自至，不可索之使来。倘自谓不足，强人佽助，是死其亲于道路也，为子孙者，将置身于何地乎？又况一索再索乎？是亦不可以已乎。

戒不悌

《周礼》以八刑纠万民，其三日不悌之刑。盖兄弟俱系父母所生，方其在膝下时，饮食教诲无有二视，无论贤愚多寡，有一人不给其求，不遂其欲，父母之心，便愀然不乐，况兄弟为手足，未有手足离而身体无恙者。《诗》云："此令兄弟，绰绰有裕"，又云"兄及弟矣，式相好矣，无相尤矣"。所谓兄弟睦家之肥者，即此也。余每见人心不古，兄弟之间全无友爱，往往偏听妇人之言，以细事致生嫌隙，甚至争夺家私，阋墙构讼，迨其后以祖父遗业荡然无余，为人耻笑，可胜悼叹。殊不知赀财易得而手足难全，幸而无故，正宜和乐且耽，不分彼此，始终如一。或妯娌之间偶有微隙，从中构斗者，以大义劝谕，切勿听信。间有仗诅宗福荫，骧首仕途者，尤应极力佽助，所云"岂无他人不如我同父"也。至于五服内外兄弟，虽非同父，俱吾祖宗枝叶，在祖宗视之，原无二等，亦宜相亲相爱，其贫乏不能自存者，设法周济之，不能婚娶者，设法资助之，纵力有不足亦须尽吾之心，以笃一本之谊。凡族中之人无不皆然，所谓"岂无他人，不如我同姓"也。如有兄不友于弟，弟不恭于兄，或倚富贵骄其族人，凌傲长上者，即当纠以不悌之刑矣。其可以刑不及而忍于骨肉相戕乎？

〇大抵兄弟之不睦者，其故约有数端，慈爱之不均也，货财之有无也，子女之贤不肖也。相形而见绌则怨，怨斯怒，怒斯争，争而不遂则益怒，于是日取其过恶则暴着之，以自明其不得不然，而凡所以致然者，皆出于彼之所自取。嗟乎，天下岂有日相暴以过恶，而可共处一室者乎？其势必不能平矣，为之妻者又从而是非曲直之，则益乖矣。且人之过恶，为朋友所及知者十之三四，为兄弟所及知者十常六七，以益乖之势，日窥伺指斥于庭阶觞豆之旁，必至日相睽，而不可复合矣。然则如之何而可？曰：导之使合于义者，上也。让焉而处之以可受，容焉而使之不有其名，次也。让焉容焉，而天下亦遂晓然于是非曲直之所在，下也。嗟乎！兄弟天合者也，而不可多求也，其善保之，毋使开乖戾之萌，则几矣。

戒不忠

尽已之心为忠。凡内而立身行事，外而待人接物，以至上而事君、下而临民，稍有不能尽已之心者，俱为不忠。故寻常日用之间，将纲常伦理一一体之于身，无不躬行实践，则忠尽于已矣。或时而为人谋算，如为自己谋算一般，或时而为人训诲子弟，即如自己子弟一样，勿稍有疏忽，抱惭知已，稍有懈怠，致愧素餐，则忠尽于人矣。至于事君，尤大伦大义，忠之一字，毫发不可自欺者也。即已委质为臣，既将身家置之度外，其在内也，毋论职之大小，视君事如家事，总期克尽厥职，勿至尸位素餐。其在外也，亦不计地之肥瘠，视民之疾苦一如已之疾苦，所欲与聚，所恶勿施，必使斯民各得其所，而后即安。所谓幼而学，壮而行也，清、慎、勤三字，尤宜刻刻存心。盖慎则严恭寅畏，虚心咨访，事无差谬。勤则案无留牍，事无阘茸。清虽不必沽名干誉，故为矫廉，而分内所不当取者，即为不义之物，断宜杜绝，宁使人笑予之迂拙，不使人议我之贪污也，诒子孙以清白，不诒子孙以货财，则忠尽于君与民矣。凡读书出仕者，尚其恪遵斯训。

训刑于

凡议婚姻，当先察其婿与女之性行及家法何如，勿徒慕其富贵。婿果贤矣，今虽贫贱，安知异日不富贵乎？苟或不肖，今虽富贵，安知异日不贫贱乎？妇者家之所由盛衰也。苟慕一时之富贵而娶之，彼挟其富贵，鲜有不轻其夫而傲其舅姑者，养成骄妒之性，异时为患，其有极乎？

〇嫁女必须胜吾家者，娶妇必须不若吾家者，嫁女胜吾家，则女之事人必钦必敬，娶归不若吾家，则事舅姑必执妇道。

〇灵璧先生曰：女之所以不柔顺者，一则父母骄养，纵其性情，顺其喜怒，积习之久化为暴戾。一则丈夫溺爱，听其言语，任其举动恣放之至，养成妒悍而不能制。谚云："教妇初来，教子幼孩"，亲不教女，夫不教妇，自贻伊戚，非大误乎？

○害莫大于婢子造言而妇人悦，亦莫甚于妇人附会而丈夫信。男正乎外，女正乎内，禁此二害，家政肃矣。

○古者妇人不以节著，至宋而大防始立，于是妇死其夫及守贞终世者不绝书。其死于孝、死于忠、死于友者常少，亦以见人之私其所昵，其用情之厚，必有大过于君、亲、兄弟而后为所私者之不能无以报也。其所以厚者何也？《仪礼》传曰："父子首足也，夫妇牉合也，兄弟四体也。"兄弟尚有分焉者，夫妇则不可以分也，慈爱之厚薄，货财之有无，子女之贤不肖，皆与共之，而且患难同之，生死同之，每至极不堪之处，君亲弟友所不能知，而惟夫妇身受之、心衔之者，其厚也宜也。特恐积久之际，妇以失望而怨讟，夫以骤贵而怜新，则夫妇之道乖耳。

训慎交

君子之交也，以道义合，以志气亲，淡如水也，故能久长。小人之交也，以势利结，以酒食亲，甘如醴也，故易怨尤。

○友先贫贱而后富贵，我当察其情，恐我欲亲而友欲疏也，友先富贵而后贫贱，我当致其敬，恐友防我疏而我遂处于疏也。

○交之初也多见其善，及其久也多见其过，未必其后之逊于前也，厌心生焉耳，人之生也但念其过，及其死也但念其善，未必其后之愈于前也，哀思动之耳。人能以待死者之心待生人，则其取才也必宽，人能以待初交之心待故旧，则其责备也必恕。

○与刚直人居，心有所畏惮，故言必择，行必谨，初若不相安，久而有益多矣。与善柔人居，意觉和易，然而言必予赞，过莫予警，日相亲好，积尤悔于身，而不自知损莫大焉。故美味多生疾，疢药石可以长年。

○朋友居五伦之一，曾子曰："君子以文会友，以友辅仁。"独学而无友，固无以切磋进德，然必与正人君子交，则观摩有助，砥砺有资，自熏其德而善良，《孝经》所云："士有争友则身不离于令名"也。若匪僻之友，有损无益。故与不孝不弟者友，则所言皆非孝弟。与不忠不信者友，则所言皆非忠信。与不仁不义者友，则所言皆非仁义。与赌博奸淫者友，则所言皆赌博奸淫。与酗酒拳勇者友，则所言皆酗酒拳勇。总之匪僻之人，言无法言，行无法行，一与之交，日被沾染而不觉，其不流于匪僻者几希矣。其要全在自己有知人之明，谨之于始，则庶无后悔。若自己无知人之明，则是非邪正俱不能辨，始而滥交，继欲远之而不能，日后受其大累，悔之无及，皆由于择之不慎也，尚其谨之。

训睦族

范文正公尝谓子弟曰：吾宗族在吴中者甚多，在吾虽有亲疏，然自吾祖宗视之均是子孙，且祖宗积德而吾得至大官，若独享富贵不恤宗族，他日何以见先人于地下乎？人有患难不能济，困苦不能诉，贫乏不能存，而其人朴讷怀惭不能自言于人者，吾虽无余，亦当随力周助。至于族党，尤宜加意也。

〇庆吊不通，与陌路何异？寿自六十以上，丧自五十以上，族中无论贫富皆宜与分，分金多寡，惟力自视。凡在期功者，男妇俱送殓。小功缌麻者，男送殓，妇则以三朝至，同宗则头七毕集。

〇父行以上呼子，行以下在五服内者皆名，服尽呼字加侄称。兄弟相呼以字，加兄弟称。五服内称兄，呼行不呼字。叔侄虽疏，不可并坐。祖孙虽假借对坐，席宜稍逊有偶坐意，凡卑幼见尊长，有揖拜，无拱手。正旦、冬至、生辰必拜，朔、望揖，数日不相见，见则揖。言事无文，侍饮毋至醉，侍食毋先，请去告违不待送，告行不待让。道遇必趋，在车马必下，车马非七十以上不入里门。凡六十以上，不可使负戴，见则责其子。凡书札，嫡侄称伯为世父，叔为季父，服内伯叔称伯父叔父，同宗称族父加号。

训和邻

邻里与他人不同，理宜和睦。邻里善者义当亲之，邻里横者礼当让之，必不可轻生嫌隙也。

〇士人居贫困时，乡人不知其后日尊贵，未加敬重，一日荣达则视乡人如仇雠，以为彼初轻慢我也。殊不知我之平日，乡人中亦有后日大尊贵者，我何尝知其尊贵而敬重之耶？今不知自反，止责望他人，何其谬也。

〇亲友见访，有欲言不言之意，此必有不得已事，欲求我而难于启齿者。吾当揣其意而先问之，力之所能，不可推诿。凡邻里相接，必须谦让和悦。至若以少事长，以卑承尊，尤宜逊顺，不得负势凌人，恃才傲物。

〇亲族邻里居址甚近，相舆甚久，凡牲畜之侵扰，僮仆之争，竞言语之相角，行事之错误，势难尽免。惟在以心体心，彼此相容，但求反己，不可责人，方能处久。若不忍小忿，遽生嗔怒，或丁多者恃其人众，家富者挟其多财，机巧者逞其智谋，致彼此俱不相下，则仇怨相寻，终无了日，其实所争无几也，当局有明理之人，务必急思退步，旁观有公正之士，尤宜极力调停，务使同归于好，斯所忍小而所全多矣。

〇勉斋黄氏曰：居必择乡，居之道也。熏陶渐染以成其德，赒恤保爱以全其生，岂细故哉。夫子称子贱而叹鲁多君子，以此也。

○《南史·吕僧珍传》,宋季雅罢南康郡,市宅居僧珍侧,僧珍问宅价,曰一千一百万,僧珍怪其贵,雅季曰:“一百万买宅,一千万买邻。”古人之重择邻如此。

戒赌博

赌之为害大矣!一着此魔,父母妻子俱所不顾,一切要事俱不暇为,纵有巨万家私,不数年而坐销,甚至忘寝忘餐,受饥受冷,不数年而自殒。故小而废时失事,大而败家亡身,一定之理。其始起于一念之贪,欲以空手夺人之财,卒之财不可夺,反耗己财,此不待智者而知其然也。不仅此也,父赌而子效之,叔赌而侄效之,兄赌而弟效之,相习成风,莫可禁止,迨至衣食不给,难以自存,则悖逆争斗,流为盗贼,其势必然也。所以国家于禁赌条格外綦严,私造赌具与放头窝赌,一体治罪,诚欲正本清源,使天下四民各安生业,无一不归良善也,吾辈不惟不可为,即见人赌博,亟宜远避,方为恪守家规,若有犯者,不但不孝,且为国法所不容,可不戒欤。

附:戒赌说十条

赌之害人甚于水火盗贼,无不破产倾家,乃官长示禁而不能止,父兄约束而不肯听,执迷不悟,甚为可悯。请再以情理劝之,愿知非改过者,及早回头,莫终沉沦也。

一坏心术。一入赌场,遂成利薮,百计打算,总是一片贪心,两相倾危,转生无穷恶念。虽至亲对局,必暗设戈矛,即好友同场,亦俨如仇敌。只顾自己赢钱,那管他人破产,心术岂不大坏。

二丧品行。凡人良贱高下,各自不同,赌博场中只问钱少钱多,那计谁贵谁贱。坐无伦次,厮役即是友朋,分无尊卑,奴仆居然兄弟。任情嘲笑,信口称呼,有何体统,成何品行。

三伤性命。赢了乘兴而往,不分昼夜,输了拚命再来,那计饥寒,从此耗精疲神,必致损生丧命,更或负债难偿,相对无面,含羞忍忿,遂致多病相牵,计屈势穷,且拚一生塞责,枉死城之去路,即赌博场之归着也,岂不可伤。

四玷祖宗。送了人的银钱还笑浪子发呆,破了你的家产转叹痴儿作孽,不能光祖耀宗,反至辱门败户,乡党皆归咎其先人,祖父必含恨于死后。

五失家教。赌博一事,引诱最易。家庭之内见闻极亲,寻常教训子弟,都说须学好榜样。当场窥看父兄,且云愿照现规模。父子博,兄弟博,奴仆博,戏法成何家法?白日赌,深夜赌,密室赌,牌风且酿淫风。家声大坏,可为寒心。

六荡家产。始而气豪则挥金如土，终而情急则弃产如遗，祖父一生辛苦，仅立门户，子孙片时挥霍，遂败家声。衣裳典尽只留身，亲朋谁惜，田宅鬻完犹负债，天涯何归。想到此间，岂不可怜。

七生事变。通宵出赌，彻夜开场，门户不关，盗贼每多乘间，灯烛不熄，室庐犹致被焚，甚至浪子夤缘而生计，匪人窥视以为奸，灭火敲门，主宾莫辨，绝缨解襦，男女踰闲，祸机所伏，不可不虑。

八离骨肉。士农工商各勤职业，父母妻子互相欢娱，此天伦之乐，亦人事之常，自入赌场，遂沉苦海，典质钗钏，妻子吞声而饮恨，变卖田宅，父母蒿目而攒眉。只计一人豪爽，不思举室怨嗟，抚心自问，其何以安。

九犯国法。赌博之禁，新例最严，轻则杖一百，枷两月，害切肌肤，重则流三千，徒三年，长别乡井。职绅照例斥革，如面目何，胥役加意刻剥，如身家何。与其事后而悔，何如先事而戒。

十遭天谴。历看开赌之家每多横祸，赢钱之辈偏至奇穷，总由噬人血肉，饱我肺肠，敛彼怨愁，供我欢笑。所以鬼神怀忿恨报复，不肯稍宽，天道好还，彼此同归于尽也，通场看来，更有何益。

戒奸淫

世之奸淫者，见人美色起心，私之千方百计以求遂其欲心，既遂之后如胶似漆，视结发之妻反如路人，而不知此身已近于杀。书云，万恶淫为首。阴律云，奸人妻得子孙淫佚报，奸人室女得绝嗣报。夫以一己淫欲致子孙淫佚，祖宗绝嗣，其祸何可胜言？且以人之妻女而我奸之，易地而观，于我之心何如也。吾愿子孙于平日，将阴律二语熟记于心，于欲念起时，想及自己子孙嗣续，勿以报应在后而恣肆目前，则此心自顿然遏灭。至于家中仆婢，不过迫于饥寒卖身投靠，为主者当抚以恩义，渠自出力，若倚势奸淫，其罪更甚。余每见人家仆妇因奸淫而威逼致死，以至破家者，不可胜数，不但此也。即夫妇之间亦宜节制，所云寡欲多男，断然不谬，昔人所刻《阴阳喜忌》，应购一册，不时阅看，可以保命延年，天道福善祸淫，淫之一字造物大忌，吾辈当切戒之。

附录：遏淫说

诸恶孽中，惟淫为最。盖淫念一萌，便思邪缘相凑，生幻妄心，设计引诱，生机械心，少有阻碍，生嗔恨心，忌人之有，生妒毒心，夺人之爱，生杀害心。种种善愿由此消，种种恶孽由此起，此森罗铁榜必以淫为万恶首也，然而庸夫俗子，显蹈明行，罔知顾忌，至学士文人，诵习圣贤，竟尔自号风流，侈谈情种，娇艳无心顾盼，辄视为有意之凝眸，深闺不无笑言，便揣作多情之勾引。或贿不足而以才诱，或直不遂而以巧媒，缱绻则托于夙缘，邂逅便神为天合，机关不止千般，流毒直兼数世。不思月下花间为乐有限，粉白黛绿转眼即空，而恶因日积，显则倾家荡产，平生之名利皆虚，阴则削禄减年，一世之荣华丧尽。大则亏体辱亲，乡闾共忿，小则辱身贱行，流落堪嗟，甚至败露触凶，而七尺之躯顷刻作刀头之鬼。奈世之溺于此者，动曰何伤。嗟乎，天下受何伤之毒者岂少哉？夫杀人者，杀其一身，淫人者，杀其三世。盖秽德必彰，恶声易播，上而杀其父母矣，中而杀其夫矣，下而杀其子女矣，耻悬眉额之间，痛缠心骨之内，无异挟白刃而刳三世之腹，而犹曰何伤，吾谁欺，欺天乎？况昔人亲见阴律云，奸人妻者得子孙淫佚报，奸人室女者得绝嗣报。试观好淫之家，不报于妻妾，即报于女媳，丑声籍籍，污人听闻，至若婢女仆妇尤易行奸，不知家政不肃，家道不和，大都由此。或妒妻鞭挞以伤生，或悍仆反噬以奸主，或父子不知而聚麀，或兄弟交游而荐寝，甚者以骨肉胞胎沦为贱媵，后人无知误行亵狎，名为主仆之分，阴有兄弟之戚，伤风败俗，所不忍言。或假随喜之行踪，诱空门之艳质，敢污佛地，致败清修，此与寻常淫恶定加三等，更有别种狂痴，渔猎男色，往往外借朋友之名，而阴图夫妇之好，彼既见鄙于众人，我亦不齿于正士。且若辈惟慕少年，顿忘齿谊，淫其幼者，何异于吾子吾孙，淫其稍长者，何异于吾弟吾侄，父事兄事之谓何，而沦污若此？少知礼义者，当必汗流浃背，翻然愧悔矣。等而下之，狎优童，昵俊仆，心因欲乱，内外不分，我既引水入墙，彼必因风纵火，其间盖有不可知者。他如寄兴青楼，自谓于德无损，不知淫娼贱质，百种温存，无非陷人钩饵，一入其中极，聪明人亦被迷惑，况遇尸痨之妇，疮毒之妓，性命莫保，形体臭烂，生子卒皆不育，嗟何及哉。顾巫云楚岫，幻梦方酣，谁为唤醒，惟在当境之初，动念之始，亟思降服，能惕然思曰，淫人妻女，妻女亦被人淫，若何视人之妻如己妻之恶人犯，视人之女如己女之恶人污，此为上也。其次眼光落面，妖态攒心，有慧剑一焉，曰忍而已矣。狠忍而已矣，饥不食虎餐，渴不饮鸩酒，忍之说也。蝮蛇螫手，壮士断腕，毒矢着身，英雄刮骨，狠忍之说也。要其得力，则又在平日父兄师友训迪渐染之功，务使胸中于礼法因果确信不疑，触境猛省，自能瞥地回光。历观古之贤达，片刻操持于己，何损而登大魁，致显位，享富寿，福子孙？较之半世黄卷青灯，与他途积德累仁者，遂事半功倍，人又何苦以俄顷之欢娱，博终身之荼毒，甘蹈下愚若此哉？第风月场中最易失足，半生沦堕顾影惭惶，求其守正不染者，其能有几？终日戒不淫，淫心特炽，逢人言寡欲，欲种更滋，欲情莫返，自取贯盈。诚始迷而终悔，即灾去而福随。上蔡先生云，天道祸淫，不加悔罪之人，斯言信矣，然又不但淫行当戒已也，每见读书才士，与一切伶俐俊少谈及淫污私情，必多方揣摩，一唱百和，每因言者津津，遂至听者跃跃。夫奸恶淫私，实系终身名节，一言偶失，殃累无穷，使其生则含羞，死犹遗臭，先人蒙垢，子孙怀惭，上干天怒，莫此为甚，况又含沙噀血，玷清白之芳名，吠影捕风，肆讥评而无忌者乎？若夫传奇小说，多属子虚，虽意取讥时，理含警世，而上智难概，中下为多，披览之余，动心夫性，则人人之孽皆其孽矣。普望自觉之余，更思觉世，吐舌上之青莲，挥案头之彩笔，表章感应，救拔淫迷。或广坐危言，或密室苦口，毋畏揶揄，毋谈迂腐，宛转劝导，必能使听者大发深省，于以回蛾眉伐性之狂澜，施锦阵回头之良药，岂非所谓爱人以德、自求多福者哉？至于贞淫果报不爽分毫，古人详矣，兹未及载。

戒好讼

讼之兴也，多由气不能忍，气之不忍，由于理之不明。夫理不明，则是非曲直，昧焉莫辨。明系己之非、己之曲，而坚执僻见，不肯认非认曲，彼此相争，致成狱讼。殊不知狱讼一成，势不能已，讼师差房茶点酒饭，所不必言，乃胜负未分，而夤缘贿嘱所费已不知凡几，即或得胜，而家私已耗，俗语所云“赢了官司输了钱也”。有一种健讼之人，在一乡之中惟吾独尊，莫敢谁何，无论事之大小，必欲自占便宜，人亦不敢與之较量，稍拂其意，即捏题诬控，必使人人畏服而后已。更有一种唆讼之人，见人小有嫌隙，即彼此构斗，愚昧之人听其指使，遂成讼狱，始而惟恐其不成，继恐其或息，总期从中取利，满其所欲而后已。此等人从未见有善终者，吾愿宗族惜自己之钱财，不必负一时之闲气，宁为无用之乡氓，不为逞强之讼棍也。

○《易》曰：“‘终凶’，讼不可成也。”讼者争辨其曲直也，本非善事不得已也，安可终极其事哉？终凶者，讼不可长，若终极其事则凶也，故曰不可成也，成者谓穷尽其事也。蔡氏清曰：讼不可成，以理言之扬人之恶也，烦上之听也，损己之德也，增俗之偷也，又人己之间俱废其业，虽得，不偿失也，此岂君子之所乐成者哉？谓之不可成，见其宜惕于中也。

戒为隶

《说文》云：“吏者，为人所使也。”隶者系属于趋走贱役也。官府之有吏，原欲其书写文稿案件，所以各署俱有书吏，奈一入其中，心术便坏，不耕不读，倚以为生，终日孳孳。只因婪利肥家，凡利之所在，即舞文弄法，罔上行私，种种弊端，不可胜纪。即至身罹重典，亦所不顾，偶或一时徼幸免祸而获利，然转瞬之间化为乌有，如此类者，比比皆然，由其所得之财俱属不义故也，如是而吏可为乎？至于皂隶原与奴仆无二，其下贱更甚于吏，其为人更狼籍不堪，吾族如有不守家规擅入公门而为隶役者，举宗皆可以不孝论罪，逐出祠堂，俾知警戒。

昔亚圣有云："人性无不善也。"又曰："逸居而无教，则近于禽兽。"然则人性本善，不以教维持之，将有害其性之本善矣。世人不察，往往于不肖子弟深恶痛绝，而委之曰天性使然，何不思之甚耶？大凡教必施于平日，尤必严于无形，必待不肖昭著始以教督之，有如病入膏肓，攻之不可矣，如此而委之曰性，不亦谬乎？谨按旧谱有家训数则，仅举大纲，爰考诸乡先达之记载语录中，择其与俗情之最恳切者，就旧有大网而推广之。不惮烦言，务使人人易晓，刊列卷中。愿吾族人于领谱后，时时讽诵而演说之，俾子弟知所趋向，或不至流于邪僻也，幸甚。

礼　制

尝考冠、婚、丧、祭之仪，载于礼经者綦详。三代以后，冠礼不修，固无可考。而晚近之世，日趋奢靡，于婚、祭、丧、葬，莫不僭妄踰制。虽搢绅阀阅之家，习染所移，亦罔识其非者。若夫丧服之制，律有明训，上下贵贱，无等差一也。而疑似之际，辄滋聚讼，穷乡僻壤，见闻多讹。苟遗累黍之失，则訾者踵之矣。爰稽吴氏《吾学录》所载《丧服图说》，纲目俱备，纤悉靡遗，洵堪法守。至于婚、祭、丧、葬，具有常经，亦随方俗，所谓称家有无，则丰俭中礼。谨集名儒诸语录为嘉礼、丧礼说各一篇。吴氏《丧服图制》，则全录原文，刊列卷中，使吾族子孙咸晓然于国之史，家之乘，垂兹令典，昭示后嗣。其无愆礼陨越之惧，不亦幸哉！刊既谨志数语。

嘉礼说

司马温公曰：古者男子三十而娶，女子二十而嫁。凡议婚姻，当先察其婿与妇之性行及家法何如，勿苟慕其富贵。婿苟贤矣，今虽贫贱，安知异时不富贵乎？苟为不肖，今虽富贵，安知异日不贫贱乎？妇者，家之所由盛衰也，苟慕其一时之富贵而娶之，彼挟其富贵，鲜有不轻其夫而傲其舅姑，养成骄妒之性，异日为患，庸有极乎？借使因妇财以致富，依妇势以取贵，苟有丈夫之志气，能无愧乎？又世俗好于襁褓童幼之时，轻许为婚。亦有指腹为婚者，及其既长，或不肖无赖，或身有恶疾，或家贫冻馁，或丧服相仍，或从宦远方，遂至弃信负约，连狱致讼者多矣。故男女必俟既长然后议婚，既成议不数月即成婚，则终身无此悔矣。

文中子曰：婚娶而论财，小人之道也。夫婚姻者，所以合二姓之好，上以事宗庙，下以继后世也。今世俗之贪鄙者，将娶妇，先问资装之厚薄，将嫁，女先问聘财之多少。至于立契约，云某物若干某物若干，以求售其女者。亦有既嫁而复欺绐负约者，是乃驵侩卖婢鬻奴之法，岂得谓之士大夫婚姻哉？其舅姑既被欺绐，则残虐其妇以摅其忿，由是爱其女者，务厚其资装以悦其舅姑。殊不知贪鄙之人不可盈厌，资装既竭，则安用汝女哉？于是质其女以责货于女氏，货有尽而责无穷，故婚姻之家，往往变为仇雠矣。是以世俗生男则喜，生女则悲，至有不举其女者，用此故也。然则议婚姻而及于财，皆勿与为婚可也。

邱氏浚曰：古有六礼，《朱子家礼》略去问名、纳吉、请期、止用纳采、纳币、亲迎、以从简省。今拟以问名并入纳采，而以纳吉请期并入纳币，以备六礼之目。

丧礼说

古人多讳言丧礼，谓父母在，人子不忍言执丧之礼也。后世读书者遇丧礼即不读。猝遇大故，皆茫然不知所以。呜呼！先王之制礼也，过之者俯而就之，不至焉者跂而及之，苟不读礼，何所适从哉？昔曾申尝问哭父母于曾子矣，孔子卒后，子游、子张欲师有若，曾子不可。而《礼》载子张死，曾子有母之丧，则《曾子问》所议丧礼，皆其亲在时讲究者，孔子未以为过也。然则亲在而读丧礼，亦非昔人之所訾。今录吴氏《服制图说》于后。

丧事称家有无，凡附身附棺者，竭吾心力而止，不可惜财至悔，亦不必倾财饰观。至于巫觋斋醮无益之费，断不可用。葬宜及期，不可惑于风水以致停棺暴露。

风水之妄不可信。上世不葬其亲，圣人制为棺椁送死之具，其时未闻有风水也。后世教化浸衰，人多私其子孙，仍委置而不葬。仁人悯焉，故为说以告天下，谓亲不可不葬，葬则福及子孙。夫然后人欲为子孙计，则不得不勉葬其亲矣。盖所以诱愚民，非所以教君子也。于是好事者遂附会为风水之说，谓有福则亦有祸，乃以某山水为吉，某山水为凶，其究五行，各家不同，生克到处易位，其说近于不经。吾人读书明理，奈何以君子自等于愚民，尊信其术以为祸福皆由于此？然则前之圣人教民趋避鬼神，卜筮无不备具，何不端立风水书，必俟晋郭璞始创哉？则知阴阳祸福皆好事者之为，非仁人立教初意也。甚或以左右龙虎分兄弟房分，往往互相忿争至终身不葬者有之，是地理一书反为惑世诬民之具，不仁甚矣。知此者可以言风水，然亦何必更言风水哉？余阅地理书十余年，然后求得古仁人之用心，因创为是说。卜地为葬之先务，故首及之，僧道之谬不可用，而于人初丧尤宜痛戒。盖人死魂升魄降，非孝子擗踊哭泣以达其哀慕之诚，则其神必散。故升屋以招之，礼所谓“皋某复”是也。今僧道用铃铎鼓钹以震散之。是吾欲招之使来，彼欲驱之使去也。人子忍乎？且其为说，必曰赦罪释狱。古人云，无地狱则已，有则小人入。为人子者何忍以小人待其亲哉？按律，丧中用僧道作佛事，主丧者杖八十。夫耗其赀财，毫无所益，适足以驱散其亲之神魂，又自取罪戾。如此，虽至愚者当亦憬然悟矣。但愚民相习，一家不作佛事，共目为不孝，举室谴责，遂不得已而随之。惟在士大夫主持名教，身体而力任之，庶可移易于万一耳。

礼，士大夫三月而葬，若托故经年不葬者，谓之暴露，律杖八十。盖以人身形体得土气而全，每见非命致死，仓卒理土，久而检视，面色如生，无他，得土故也。古人三日而殡，殡则用土葬而出之，非独虞水火，亦为是也。若年远则朽坏，与无子孙同，故曰暴露，可不戒欤。

合葬者死则同穴之义，不独正配然也，再娶三娶及妾皆得祔，所严者义绝与失节耳。夫妇敌体，古本有位次，但男左女右，世俗相沿知之，亦不便改耳。赵季明《叙葬图》曰，墓居茔之中有继室者，妻居左而继居右以下，则左右以次而祔。是同一合葬也，左右亦自无妨。非若父子祖孙，昭穆不可紊也。按孔子三岁父卒葬于防山，后二十余年母卒，殡五父之衢，郰人诲以父墓处，遂合葬焉。前此未必作双椁，势必另穿圹，但同穴在一块土耳。故曰“卫人之祔也离之，鲁人之祔也合之。”今人家合葬，或结双椁，或已结而先后葬，又谓阳可冲阴，阴忌冲阳，谬之甚矣。盍以孔子为证？

未葬奠而不祭，朝夕哭，四稽颡。大夫朔望奠，士朔奠。祭则用乐，奠则哭，尽哀而已。吾乡每于七七、百日，用牺牲鼓乐引赞读祝，恐文有余而哀不足，非礼也。至于出殡之前，则搭台结彩，陈设百戏，金银宝玉，夸富矜豪，或盛设筵席，演剧宴客，尤非所宜。倘非力所能办则必贷之戚友，谓之欺亲，即有力而办之仓卒，亦谓之暴殄。殡葬大事，岂可殚精神于无益之地，以破家为孝乎？况天子用太牢，诸侯卿大夫用少牢，自有定制。珍禽异兽不过饰观，何况皆越礼僭分耶？不若三牲五鼎，丰俭得宜，足以荣亲耳。是以未葬用奠，既葬三虞以安之，此祭之始也，斯谓“祭之以礼”。

丧服制度

（斩衰○齐衰杖期、不杖期○齐衰五月三月○大功○小功○缌麻）

斩衰（通礼）：服生麻布，旁及下际不缉。麻冠、绖、菅屦、竹杖。妇人麻屦，不杖，余同。

谨案：斩衰用竹，齐衰用桐，上圆下方，长齐心，本在下，此杖制也。《朱子家礼》谓杖围五寸余。邱氏浚《家礼仪节》谓斩衰之杖围九寸，齐衰之杖围五寸。余考之《士丧礼》云苴绖大鬲，《丧服传》云苴绖大搹。苴绖首绖也，以草绳为之。鬲与搹通，搹者搤也，大搹者，首绖之围大一搤也。朱子云，以拇指与第二指一围为一搤，以今工部尺度之，其围不及五寸。《丧服传》注云，搹，扼也，中人之扼九寸。开元、政和二《礼》皆云杖大如腰绖是已。其云首绖大九寸，则袭用汉儒释经之文也。汉儒用周尺释经，故云扼围九寸，周尺一尺，当今尺六寸，其九寸当今尺五寸强。唐宋之尺与今尺不甚相远，岂有以今尺九寸围圆之草绳一条环冠于首者乎？《丧服小记》云："绖杀五分而去一，杖大如绖。"礼经言杖围者仅此一语。所谓绖者，言腰绖也，"杀五分而去一"者，以大一搤之首绖，去其五分之一以为腰绖之围，则腰绖之大不过今尺四寸。"杖大如绖"者，谓杖之大如腰绖，亦不过今尺四寸。此斩衰之腰绖与杖制也。若齐衰之绖则递小矣。齐衰之首绖如斩衰之腰绖，其腰绖如大功之首绖，绖小则杖亦与之俱小。齐衰之腰绖，以首绖之围杀五分而去一，不过今尺二寸三分，杖亦如之。《家礼》云杖围五寸余，不分斩齐，已觉过大。邱氏浚仪谓斩衰之杖围九寸，又袭用开元、政和首绖之制。则更大矣。邱氏仪以指尺定丧服制度，则所谓杖围九寸者，亦指尺也。其法以本人之中指第二节为一寸，以中人论，亦与今尺不甚相远，岂有毁疾已甚之子，能拥围圆九寸之杖，而成礼于丧次者乎？其误盖本于考古而不定于尺故也。开元、政和二《礼》载首绖之制，固不当仍用古尺，邱氏更不当以周尺围九寸之首绖，而移载于杀五分而去一之杖围。既不准于古经，又不度于时用，明儒议礼往往如此，不可尽从也。

齐衰杖期、不杖期（通礼）：服熟麻布，旁及下际缉之，麻冠、绖、草屦、桐杖。妇人麻屦，余同。

齐衰五月、三月（通礼）：服熟桐麻布，冠绖如其服，草屦。妇人麻屦。

大功（通礼）：服粗白布，冠绖如其服，茧布缘屦。

小功（通礼）：服稍细白布，冠绖如其服，屦同上。

缌麻（通礼）：服细白布，绖带如其服，素屦无饰。

谨案：《通礼》所载冠服绖屦之制，皆与古制无异，第未详及尺寸缝制之法。行礼者亦惟考之经传，参以先儒之说，而酌乎时世之宜，庶不致泥古违今，亦不致弃礼从俗，斯得之矣。

服制圖

喪服總圖〇本宗九族五服正服之圖〇妻爲夫族服圖〇妾爲家長族服之圖〇出嫁女爲本宗降服之圖〇外親服圖〇妻親服圖〇三父八母服圖〇爲人後者爲本生親屬降服之圖

喪服總圖

斬衰	三年	用至麤麻布爲之不縫下邊
齊衰	五月、杖期、不杖期、三月	用稍麤麻布爲之縫下邊
大功	九月	用麤熟布爲之
小功	五月	用稍麤熟布爲之
緦麻	三月	用稍細熟布爲之

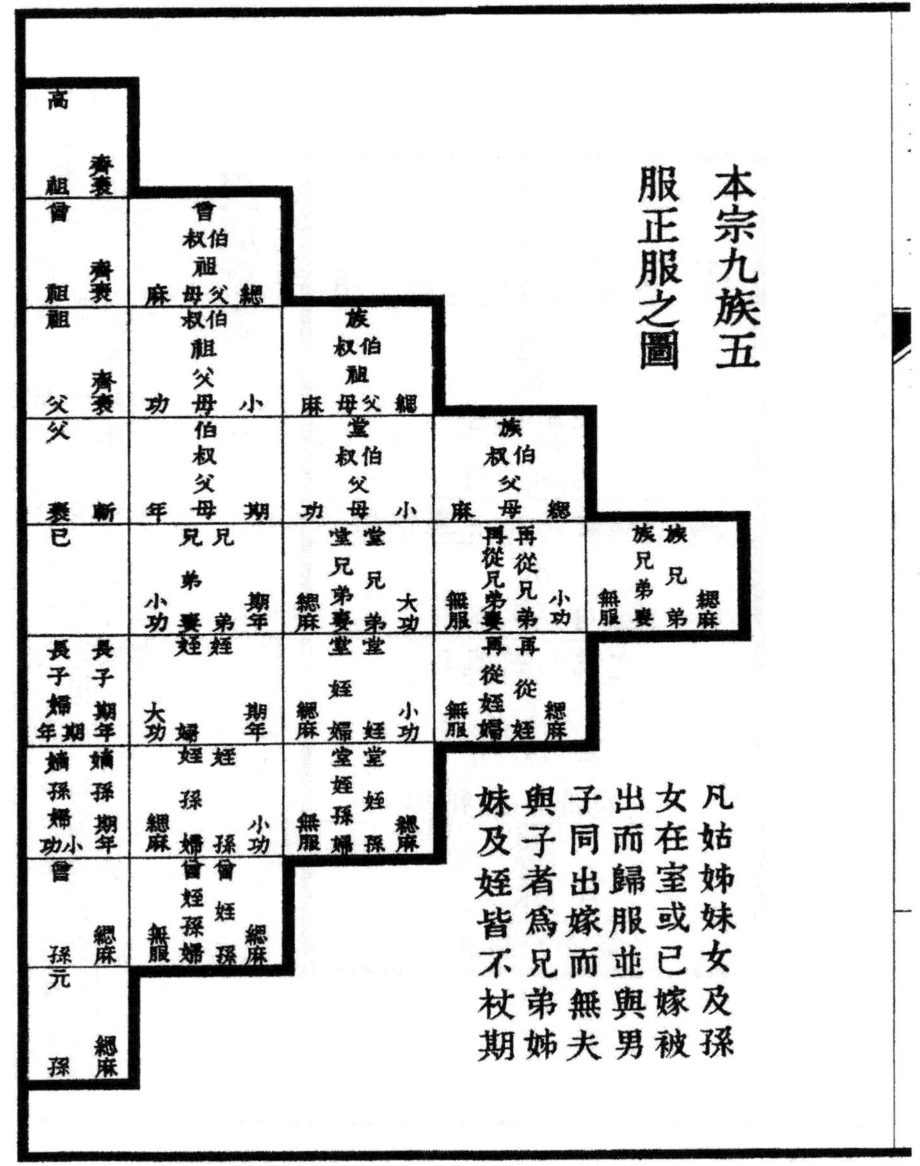
本宗九族五服正服之圖
高祖 齊衰
曾祖 齊衰
祖父 齊衰
父 斬衰
己
長子 期年
長子婦 期年
嫡孫 期年
嫡孫婦 小功
曾孫 緦麻
元孫 緦麻
曾伯叔祖父母 緦麻
伯叔祖父母 小功
伯叔父母 期年
兄弟 期年
兄弟妻 小功
姪 期年
姪婦 大功
姪孫 小功
姪孫婦 緦麻
曾姪孫 緦麻
曾姪孫婦 無服
族伯叔祖父母 緦麻
堂伯叔父母 小功
堂兄弟 大功
堂兄弟妻 緦麻
堂姪 小功
堂姪婦 緦麻
堂姪孫 緦麻
堂姪孫婦 無服
族伯叔父母 緦麻
再從兄弟 小功
再從兄弟妻 無服
再從姪 緦麻
再從姪婦 無服
族兄弟 緦麻
族兄弟妻 無服
凡姑姊妹女及孫女在室或已嫁被出而歸服並與男子同出嫁而無夫與子者爲兄弟姊妹及姪皆不杖期

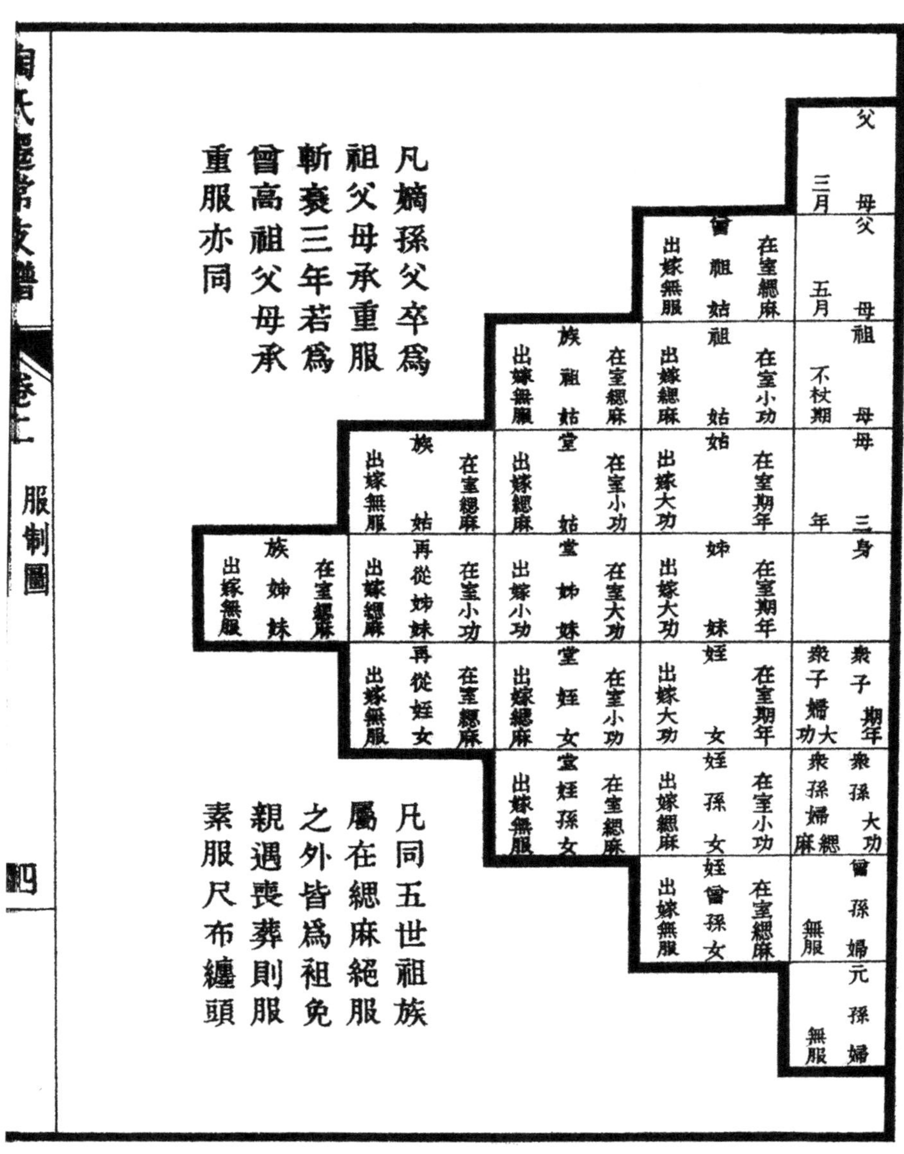
陶氏遷常支譜 卷二 服制圖
凡嫡孫父卒爲祖父母承重服斬衰三年若爲曾高祖父母承重服亦同
父 母 三月
父 母 五月
祖 母 不杖期
母 三年
身
衆子 期年
衆子婦 大功
衆孫 大功
衆孫婦 緦麻
曾孫婦 無服
元孫婦 無服
在室緦麻 曾祖姑 出嫁無服
在室小功 祖姑 出嫁緦麻
在室期年 姑 出嫁大功
在室期年 姊妹 出嫁大功
在室期年 姪女 出嫁大功
在室小功 姪孫女 出嫁緦麻
在室緦麻 姪曾孫女 出嫁無服
在室緦麻 族祖姑 出嫁無服
在室小功 堂姑 出嫁緦麻
在室大功 堂姊妹 出嫁小功
在室小功 堂姪女 出嫁緦麻
在室緦麻 堂姪孫女 出嫁無服
在室緦麻 族姑 出嫁無服
在室小功 再從姊妹 出嫁緦麻
在室緦麻 再從姪女 出嫁無服
在室緦麻 族姊妹 出嫁無服
凡同五世祖族屬在緦麻絕服之外皆爲袒免親遇喪葬則服素服尺布纏頭
四

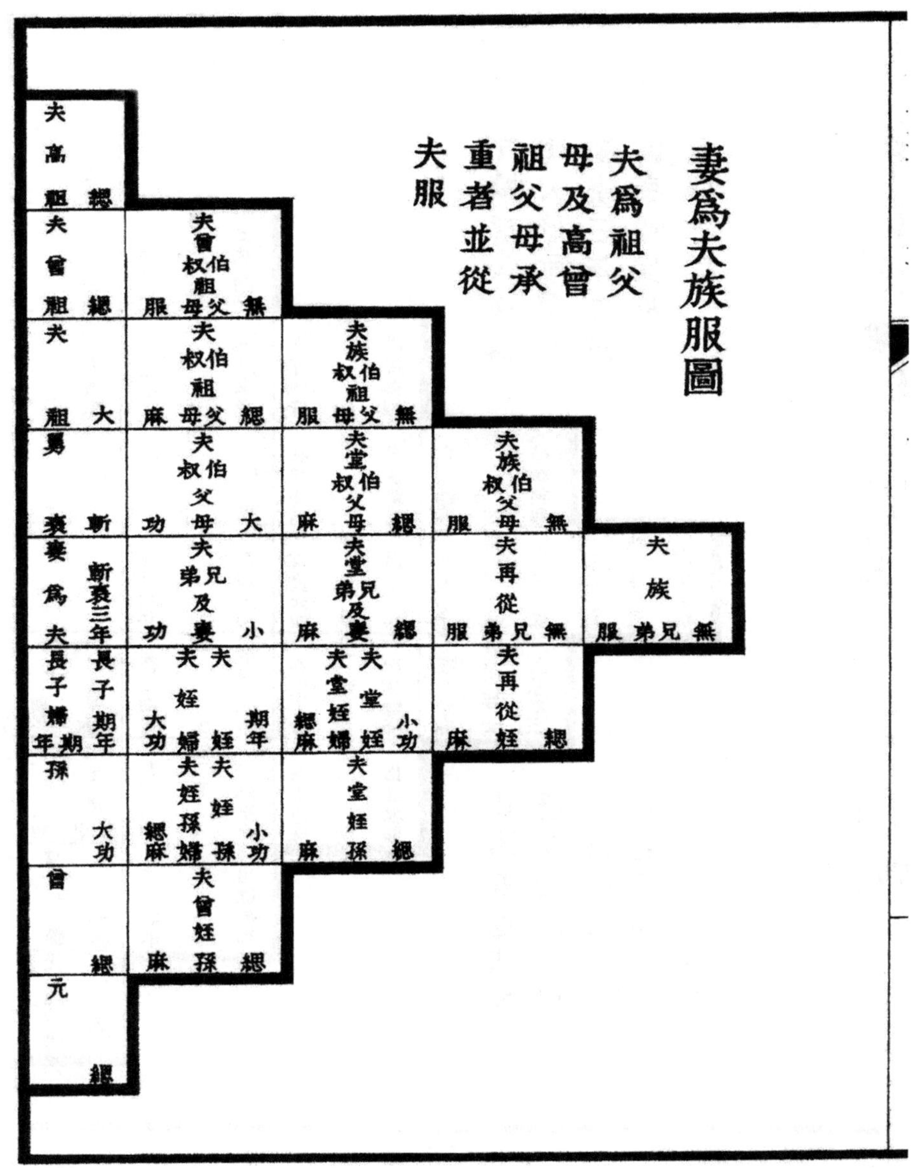
妻爲夫族服圖
夫爲祖父母及高曾祖父母承重者並從夫服
夫高祖 緦
夫曾祖 緦
夫曾祖伯叔父母 無服
夫祖 大
夫伯叔祖父母 緦麻
夫族伯叔祖父母 無服
舅姑 斬衰
夫伯叔父母 大功
夫堂伯叔父母 緦麻
夫族伯叔父母 無服
妻爲夫 斬衰三年
夫兄弟及妻 小功
夫堂兄弟及妻 緦麻
夫再從兄弟 無服
夫族兄弟 無服
長子 期年
長子婦 期年
夫姪 期年
夫姪婦 大功
夫堂姪 小功
夫堂姪婦 緦麻
夫再從姪 緦麻
孫 大功
夫姪孫 小功
夫姪孫婦 緦麻
夫堂姪孫 緦麻
曾 緦
夫曾姪孫 緦麻
元 緦

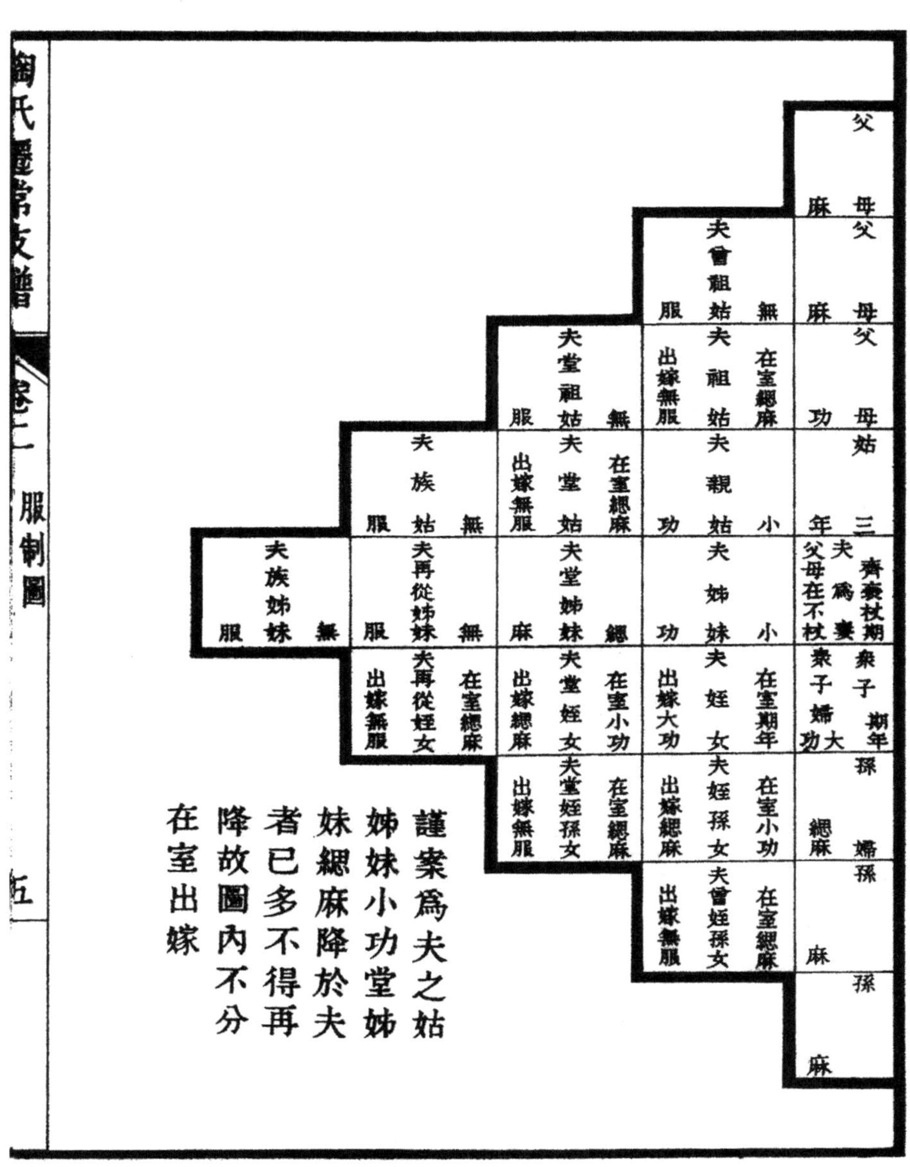
陶氏歷常支譜 卷二 服制圖 五
父母 麻
父母 麻
父母 功
姑 三年
夫 齊衰杖期 夫爲妻 父母在不杖
衆子 期年
衆子婦 大功
孫 緦麻
孫婦
孫 麻
孫 麻
夫曾祖姑 無服
夫祖姑 在室緦麻 出嫁無服
夫親姑 小功
夫姊妹 小功
夫姪女 在室期年 出嫁大功
夫姪孫女 在室小功 出嫁緦麻
夫曾姪孫女 在室緦麻 出嫁無服
夫堂祖姑 無服
夫堂姑 在室緦麻 出嫁無服
夫堂姊妹 緦麻
夫堂姪女 在室小功 出嫁緦麻
夫堂姪孫女 在室緦麻 出嫁無服
夫族姑 無服
夫再從姊妹 無服
夫再從姪女 在室緦麻 出嫁無服
夫族姊妹 無服
謹案爲夫之姑姊妹小功堂姊妹緦麻降於夫者已多不得再降故圖內不分在室出嫁

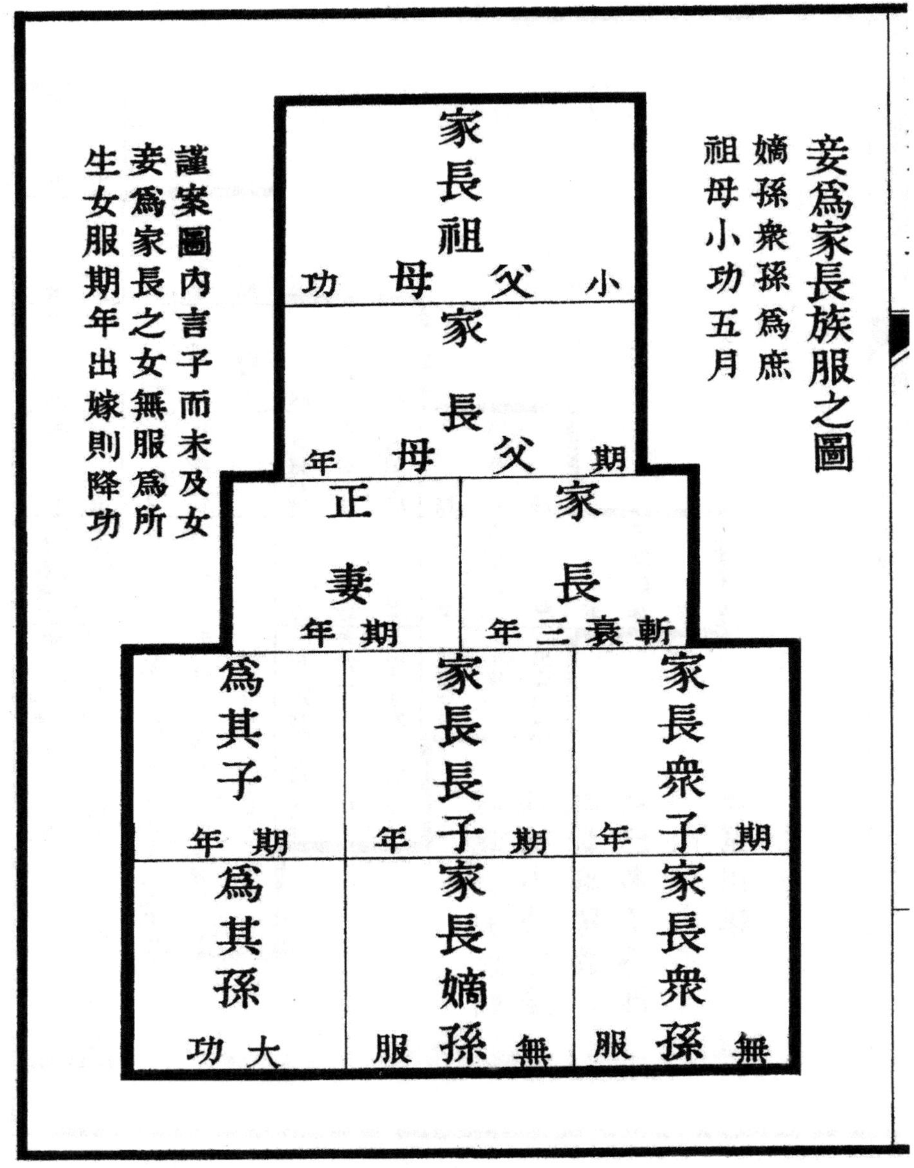
妾爲家長族服之圖
嫡孫衆孫爲庶祖母小功五月
家長祖父母
小功
家長父母
期年
家長
斬衰三年
正妻
期年
家長衆子
期年
家長長子
期年
爲其子
期年
家長衆孫
無服
家長嫡孫
無服
爲其孫
大功
謹案圖內言子而未及女妾爲家長之女無服爲所生女服期年出嫁則降功

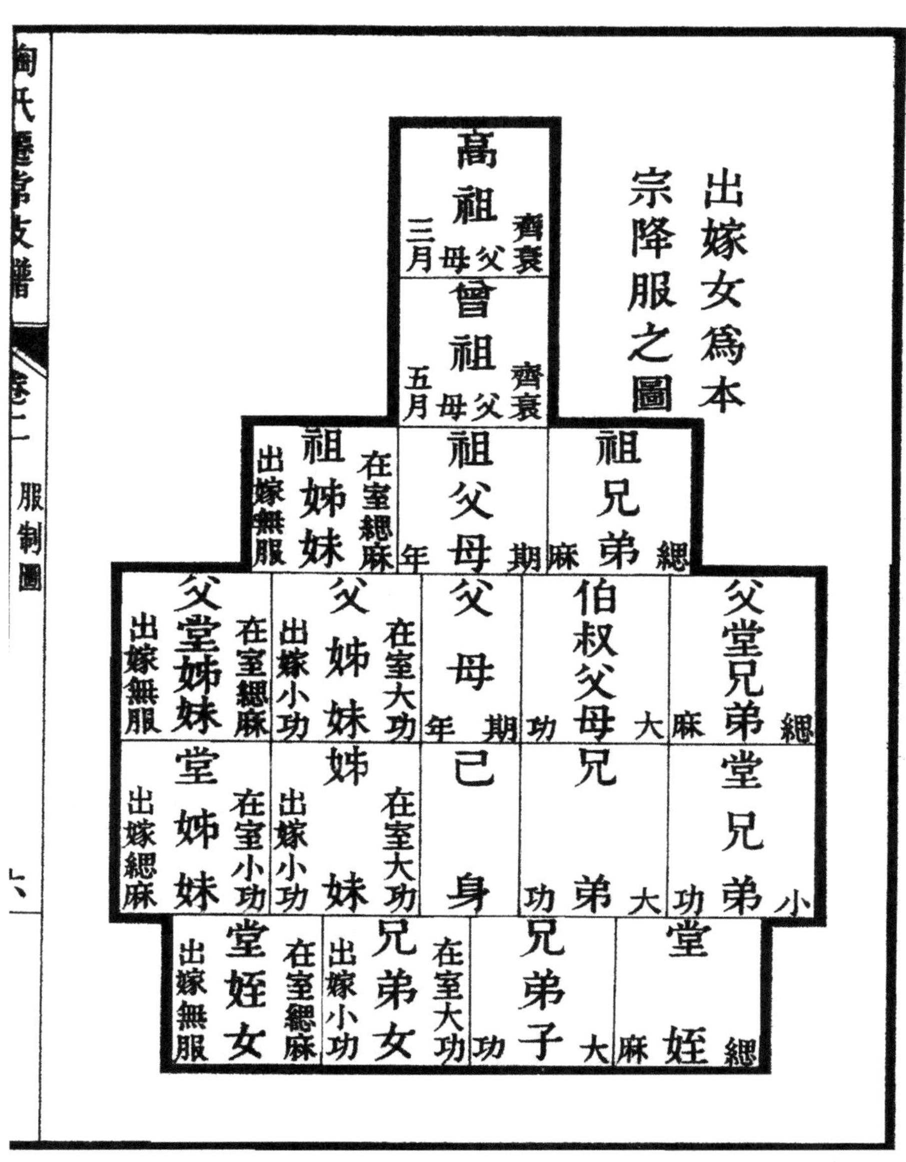
陶氏遷常支譜 卷二 服制圖 六
出嫁女爲本宗降服之圖
高祖父母 齊衰三月
曾祖父母 齊衰五月
祖兄弟 緦麻
祖父母 期年
祖姊妹 在室緦麻 出嫁無服
父堂兄弟 緦麻
伯叔父母 大功
父母 期年
父姊妹 在室大功 出嫁小功
父堂姊妹 在室緦麻 出嫁無服
堂兄弟 小功
兄弟 大功
己身
姊妹 在室大功 出嫁小功
堂姊妹 在室小功 出嫁緦麻
堂姪 緦麻
兄弟子 大功
兄弟女 在室大功 出嫁小功
堂姪女 在室緦麻 出嫁無服

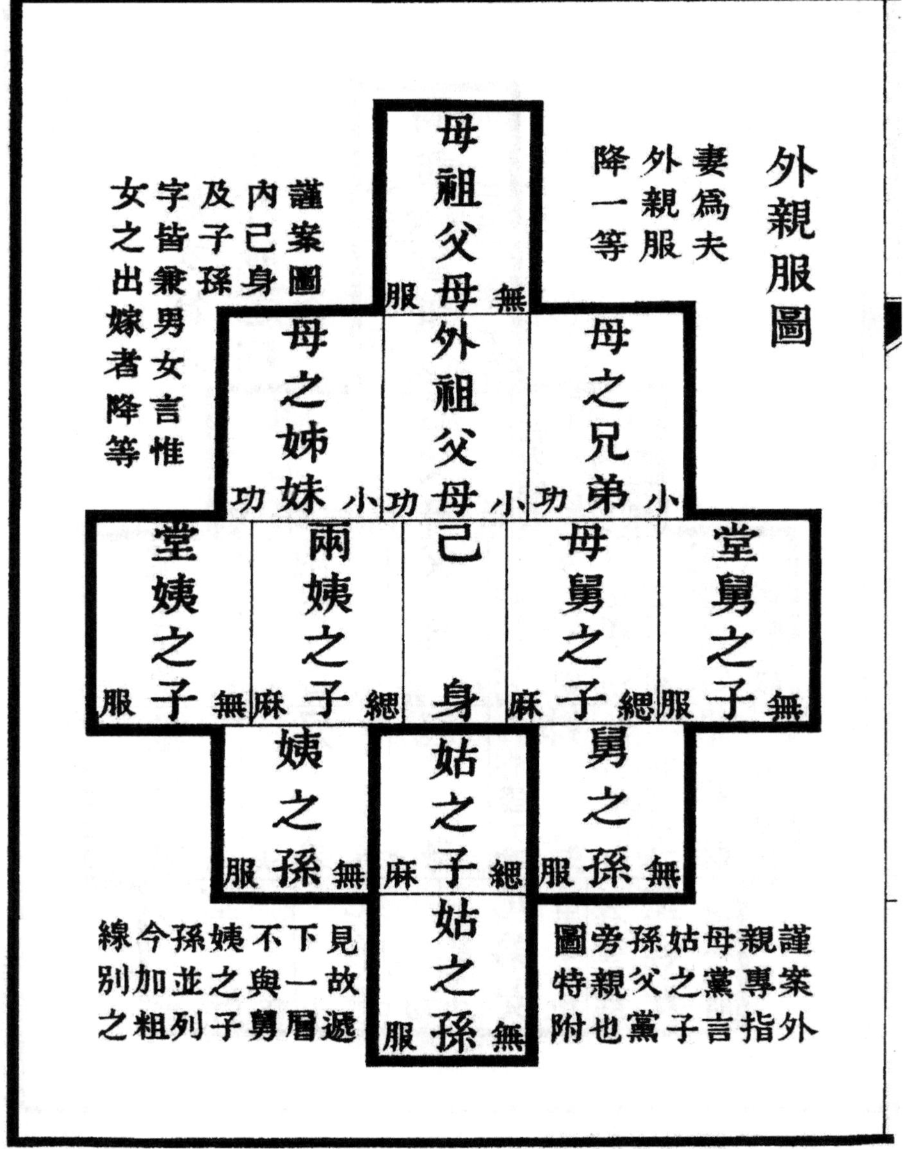
外親服圖
妻為夫外親服降一等
謹案圖內己身及子孫字皆兼男女言惟女之出嫁者降等
母祖父母 無服
母之姊妹 小功
外祖父母 小功
母之兄弟 小功
堂姨之子 無服
兩姨之子 緦麻
己身
母舅之子 緦麻
堂舅之子 無服
姨之孫 無服
姑之子 緦麻
舅之孫 無服
姑之孫 無服
謹案外親專指母黨言姑之子孫父黨旁親也圖特附
見故遞下一層不與舅姨之子孫並列今加粗線別之

妻親服圖

妻祖父母 無服

妻之姑 無服

妻父母 緦麻

妻伯叔 無服

妻之姊妹 無服

己身

妻兄弟及婦 無服

妻外祖父母 無服

為壻緦麻

妻姊妹子 無服

女之子 緦麻

妻兄弟子 無服

女之孫 無服

謹案妻外祖父母妻之餘親也女壻之子非妻親亦附及者今皆加粗線別之圖內女之子兼男女言

三父八母服圖

同居繼父
兩無大功親謂繼父無子孫己身亦無伯叔兄弟之類 期年
兩有大功親謂繼父有子孫己身亦有伯叔兄弟之類 齊衰三月

不同居繼父
先曾與繼父同居今不同居 齊衰三月
自來不曾隨母與繼父同居 無服

從繼母嫁
謂父死繼母再嫁他人隨去者 齊衰杖期

養母
謂自幼過房與人 斬衰三年

嫡母
謂妾生子女稱父之正妻 斬衰三年

繼母
謂父之後妻 斬衰三年

慈母
謂所生母死父令別妾撫育者 斬衰三年

嫁母
謂親母因父死再嫁他人 齊衰杖期

出母
謂親母被父出者 齊衰杖期

庶母
謂父有子女妾 嫡子衆子 齊衰杖期 所生子 斬衰三年

乳母
謂父妾乳哺者即奶母 緦麻

谨案：以上八图《会典》《通礼》皆未载，据《大清律例》绘入。其《三父八母》一图创于《元典章》，自明至今皆因之。徐氏乾学《读礼通考》疑其未备，谓既列嫡母、继母，则不当去亲父母、嗣父母、本生父母，为更定《五父十三母》之图。五父者，父也，所后父也，本生父也，同居继父也，不同居继父也。十三母者，母也，嫡母也，继母也，所后母也，本生母也，慈母也，生母也，养母也，庶母也，嫁母也，出母也，从继母嫁也，乳母也。其说甚辨。然此图既附律文，自当恪守。未便据一家之言轻为更易，但其中所列从继母嫁一条，原注齐衰杖期，《通礼》改为齐衰不杖期，律图仍前代之旧。《通礼》成于道光四年，当以今定者为据，养母一条始于宋《开宝礼》，注谓收养遗弃三岁儿服齐三年，明《孝慈录》改注云，谓自幼过房与人，服斩衰三年，今律图并《会典》皆仍其旧。《通礼》凡礼云，既与为人后者、为所后父母持服条混，且恐开乱宗之渐。奏交大学士九卿议定，改从宋《开宝礼》原注，定服齐衰期年，以符名义，并将抱养子从姓者为养父母持服一条附载。以上二条今仍用律图原注，而附着《通礼》改定之义于此。

为人后者，为本生亲属降服之图。

谨案：《律例》无为人后者服图，《通礼》于为人后者服制增载甚详，多历来礼书及《会典》所未备者。原定各图于出嫁女为本宗降服既有图，则此图自不可少。今据《通礼》增绘一图，附《律例》八图之后。

涉园缥缃

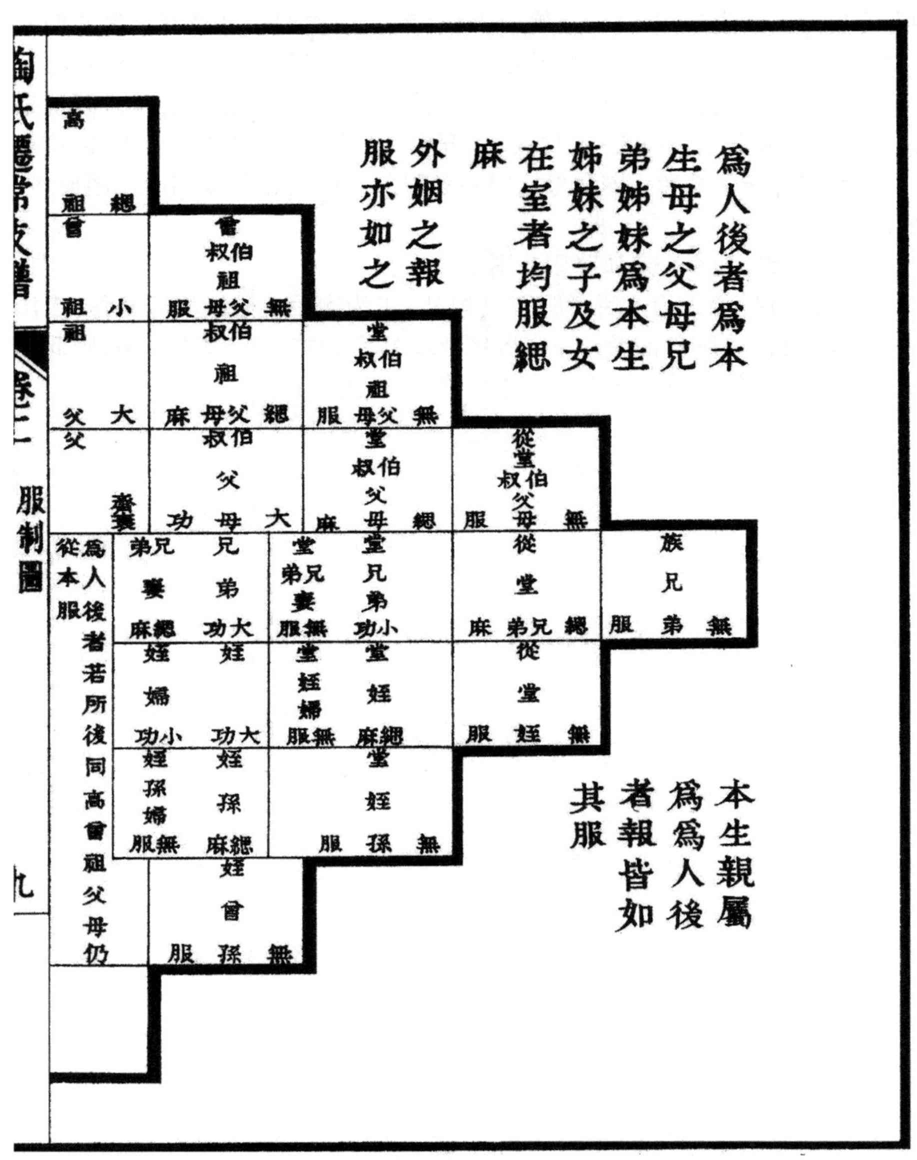

陶氏毘常支譜　卷二　服制圖　九

為人後者為本生母之父母兄弟姊妹為本生姊妹之子及女在室者均服緦麻

外姻之報服亦如之

高祖	緦
曾祖	小功
祖	大功
父	齊衰
曾伯叔祖父母	無服
伯叔祖父母	緦麻
伯叔父母	大功
堂伯叔祖父母	無服
堂伯叔父母	緦麻
從堂伯叔父母	無服
兄弟	大功
兄弟妻	緦麻
堂兄弟	小功
堂兄弟妻	無服
從堂兄弟	緦麻
族兄弟	無服
姪	大功
姪婦	小功
堂姪	緦麻
堂姪婦	無服
從堂姪	無服
姪孫	緦麻
姪孫婦	無服
堂姪孫	無服
姪曾孫	無服

為人後者若所後同高曾祖父母仍從本服

本生親屬為為人後者報皆如其服

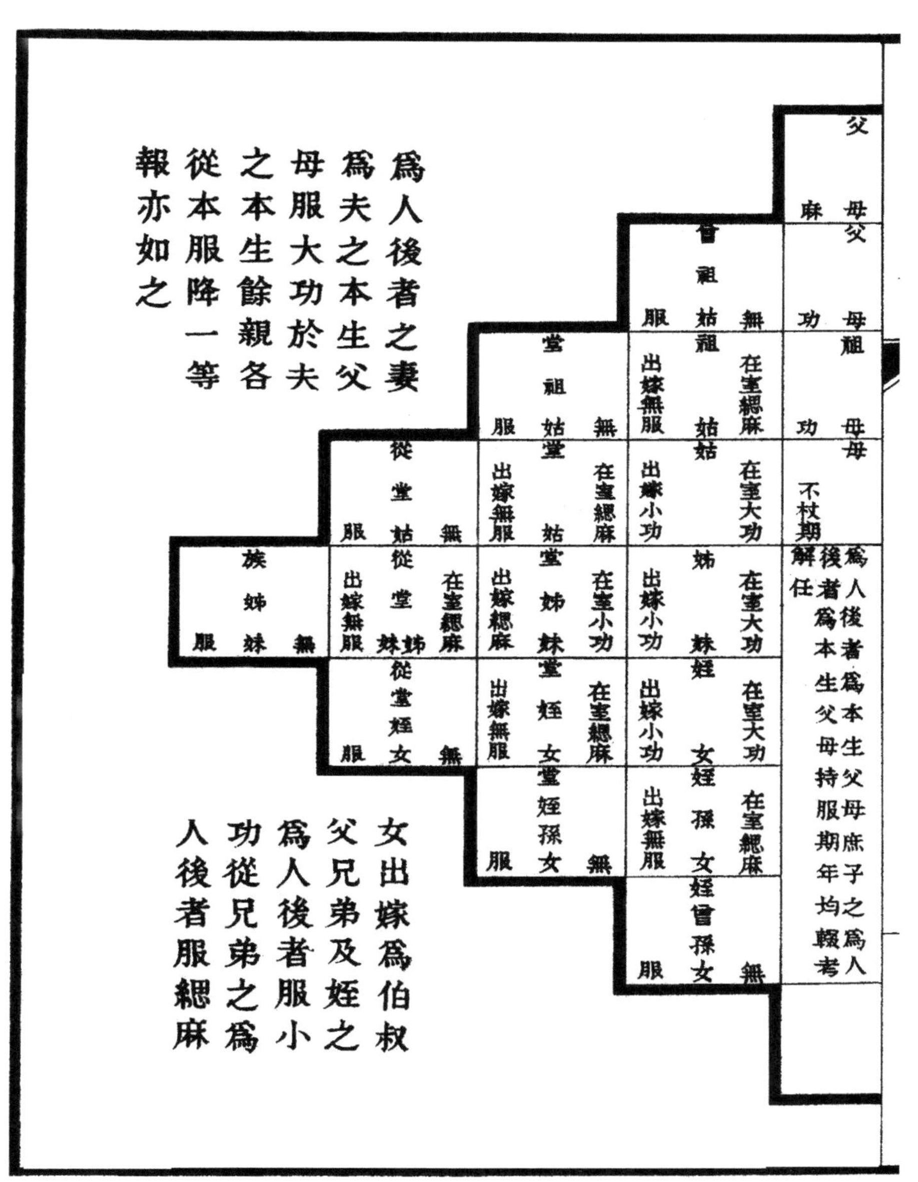

父母
麻
父祖母
功
祖母
功
母
不杖期
曾祖姑
無服
祖姑
在室緦麻
出嫁無服
姑
在室大功
出嫁小功
堂祖姑
無服
堂姑
在室緦麻
出嫁無服
從堂姑
無服
姊妹
在室大功
出嫁小功
堂姊妹
在室小功
出嫁緦麻
從堂姊妹
在室緦麻
出嫁無服
族姊妹
無服
姪女
在室大功
出嫁小功
堂姪女
在室緦麻
出嫁無服
從堂姪女
無服
姪孫女
在室緦麻
出嫁無服
堂姪孫女
無服
姪曾孫女
無服
爲人後者爲本生父母庶子之爲人
後者爲本生父母持服期年均輟考
解任
爲人後者之妻
爲夫之本生父
母服大功於夫
之本生餘親各
從本服降一等
報亦如之
女出嫁爲伯叔
父兄弟及姪之
爲人後者服小
功從兄弟之爲
人後者服緦麻

服制沿革

（斩衰三年○齐衰杖期○齐衰不杖期○齐衰五月○齐哀三月○大功九月○小功五月○缌麻三月）

斩衰三年（通礼）：子为父母。

谨案：为父古今同。凡云“古今同”者，谓《仪礼》、唐《开元礼》、宋《政和礼》、司马《书仪》、朱子《家礼》、明《会典》所载服制皆与《通礼》同也。为母，周制父在齐衰、杖期、父卒，齐衰三年。唐制，父在父卒皆齐衰三年。明升斩衰。

为继母。

谨案：周唐明制与母同。

子之妻同。

谨案：周制，妇为舅姑齐衰、不杖期。唐制，妇为舅斩衰，为姑齐衰三年。明改姑同于舅。

庶子为适母。

谨案：周制，父在齐衰、杖期，父卒齐衰三年。明升斩衰。

所生母。

谨案：周制，父在齐衰、杖期，父卒齐衰三年。宋制，父在父卒皆齐衰三年。明升斩衰。又案：庶子之为父后者，周制为其母缌麻，唐宋因之，明并入斩衰。

慈母（妾子无母，父命他妾养之者）。

谨案：周唐明制与母同。

庶子之妻同。

谨案：夫之适母统于姑所生母及慈母，明增。

为人后者，为所后父母。

谨案：为所后父，古今同。为母，周制齐衰三年，明升斩衰。又案：一子两祧，为国朝乾隆间特制之条，道光九年议准。独子之子分祧两房，各为其父母。适孙承重者，各为其祖父母。大宗子兼祧小宗，小宗子兼祧小宗，各为所生父母。小宗子兼祧大宗为兼祧父母，小宗子出继小宗尚未为所后父母持服丁忧，而所生父母无嗣，仍以一人兼祧者，为所生父母，均服斩衰三年。

为人后者之妻同。

谨案：妇从夫服。明增。

女在室及已嫁被出而反在室者，为父母。

谨案:为父古今同。为母,明初齐衰三年,后升斩衰。已许嫁者同。

适孙承重为祖父母。

谨案:为祖父古今同。为祖母,明增。适孙之妻同。

祖在为祖母服同。

谨案:周制齐衰、杖期,明升斩衰。

若祖、父俱亡,为高曾祖后者同。

谨案:为高曾祖父古今同。为高曾祖母,周制齐衰三年,今升斩衰。

为人后者,承重为所后祖父母。

谨案:为所后祖父古今同。为祖母,周制齐衰三年,明升斩衰。

承重者之妻同。

谨案:妇从夫服。今增。

妻为夫,妾为家长。

谨案:为夫、为家长,古今同。妾于家长古称君,明称主,今改称家长。

齐衰杖期(通礼):适子众子为庶母(谓父妾有子者),适子众子之妻同。

谨案:为庶母,周制缌麻,明升齐衰、杖期。其妻同,明增。

子为嫁母(亲生母父卒而改嫁者)、出母(亲生母为父所出者)。

谨案:为出母古今同。为嫁母,唐增。子之妻无服。

夫为妻(父母在为妻,不杖)。

谨案:周制,父卒为妻杖期,父在则不杖,历代因之。今父母在皆不杖。

谨案:古有齐衰三年之制,明代并入斩衰。惟母为适长子、妾为家长之长子二条,降为不杖期。

齐衰不杖期(通礼):为改嫁继母(谓父卒继母嫁而已从之者,若不从则无服)。

谨案:周制齐衰杖期,历代因之,今不杖。

为同居继父(谓父卒从母嫁两无大功以上亲,嫁母夫又为之立庙祀先者)。为伯叔父母及姑在室者。

谨案:此二条古今同。

为养母(抚同宗及三岁下遗弃子者,若三岁下遗弃子不知本宗,即从所养家姓氏应考出仕者为养父母之服同,并令辍考解任)。

谨案:宋制齐衰三年,明升斩衰三年。今降为齐衰,不杖期,养子之妻同。《会典》仍入斩衰,《通礼》改。

为兄弟及姊妹在室者。

谨案:为兄弟古今同,为姊妹在室者,宋增。

为兄弟之子及女在室者。

谨案：为兄弟之子古今同，为女在室者，宋增。

为子之为人后者。

谨案：此条古今同。

祖为适孙。

谨案：为适孙古今同，为曾孙，元孙之当为后者亦如之。

父母为适长子、众子及适长子之妻。

谨案：周制，父为适长子斩衰三年，母齐衰三年。明降为齐衰，不杖期。为众子古今同。为适长子之妻，周制大功九月，唐升为齐衰，不杖期。

为女在室者。

谨案：为在室之女古今同。女虽适人而无夫与子者，亦如之。

继母为长子、众子。

谨案：为长子，周制齐衰三年，今降为齐衰，不杖期。为众子，今增。

孙为祖父母，孙女在室、出嫁同。

谨案：孙及孙女为祖父母，古今同。孙女虽出嫁，不降。

庶孙为生祖母（若父先卒无与父同母之伯叔者，为生祖母持服同，并令辍考解任）。

谨案：此条始于宋《开宝礼》，明《集礼》、明《会典》皆无之，今《会典》始复其制。道光元年，礼臣议行斩衰三年，旋于四年复改正。《会典》云为慈养祖母同，《通礼》未载。

女出嫁为父母。

谨案：此条古今同。

为人后者为本生父母，庶子之为人后者为本生父母（均令辍考解任）。

谨案：为本生父母，古今同。庶子为本生父母，《会典》未载，统于子也。又案：独子之子分祧两房各为分祧父母，小宗子兼祧大宗为所生父母，大宗子兼祧小宗、小宗子兼祧小宗，各为兼祧父母，均服齐衰，不杖期，并令辍考解任。其余本生亲属，俱从正服降一等，其子孙则只论宗支服制。

女在室及虽适人而无夫与子者，为其兄弟姊妹及兄弟之子，与兄弟之女在室者。

谨案：为姊妹，古今同。为兄弟及兄弟之子，宋增。为兄弟之女在室者，明增。

女适人，为兄弟之为父后者。

谨案：此条古今同。

妇为夫兄弟之子及女在室者。

谨案：为夫兄弟之子，古今同。为女在室者，明增。

妾为家长之父母、家长之妻、家长之长子、众子与其所生子。

谨案：为家长之父母，明制。为家长之妻，古今同。为家长之长子，周制齐衰三年，明降为齐衰，不杖期。为家长之众子与其所生子，古今同。

谨案：齐衰不杖期服内，周制有妾为其父母条，宋制有嫁母出母为其子条，继母嫁为前夫之子从己者条，今皆省。

齐衰五月（通礼）：孙及女孙（在室、出嫁同），为曾祖父母。

谨案：孙及女孙在室者为曾祖父母，周制齐衰三月，唐升为齐衰五月。女孙出嫁者同，唐增。孙谓曾孙，女孙谓曾孙女。

谨案：古无齐衰五月之制，唐贞观间增，宋至今仍之。

齐衰三月（通礼）：为不同居继父（谓先同居后异居者，若未尝同居则无服），为同居。继父两有大功以上亲者。

谨案：为不同居继父，古今同。为同居而两有大功以上亲者，明增。

孙及女孙（在室、出嫁同），为高祖父母。

谨案：此条唐制。孙谓元孙，女孙谓元孙女。

大功九月（通礼）：为从兄弟及姊妹在室者。

谨案：为从兄弟，古今同。姊妹在室者，唐增。

为姑及姊妹适人者。

谨案：此条古今同。

为兄弟之为人后者，为兄弟之子为人后者，为父之兄弟为人后者，为人后者为本生祖父母（若所后同祖者仍从本服，余仿此）。为本生伯叔父母，为本生兄弟及姑姊妹在室者、兄弟之子及女在室者。

谨案：为本生兄弟，古今同。为姑姊妹在室者，唐增。为本生兄弟之子，宋制。余皆今增。

祖为众孙及孙女在室者。

谨案：为众孙，古今同。孙女在室者，唐增。

祖母为适孙、众孙及孙女在室者，为孙之为人后者，生祖母为庶孙同。

谨案：祖母报服各条今增。生祖母为庶孙女在室者，亦如之。《会典》云慈养祖母为庶孙同，《通礼》未载。

父母为众子妇及女之适人者。

谨案：为众子妇，周制小功五月，唐升为大功。为女适人者，古今同。《会典》云慈母养母为其子妇同，《通礼》未载。

伯叔父母为从子妇及兄弟之女适人者。

谨案：为从子妇，宋制。为兄弟之女适人者，古今同。

妇为夫祖父母、伯叔父母，为人后者之妻为夫之本生父母（其于本生余亲则各从本服,悉降一等,报亦如之)。

谨案:此二条古今同。

女出嫁,为本宗伯叔父母、本宗兄弟及兄弟之子、本宗姑姊妹及兄弟之女在室者(凡在室之女与男子同,后仿此)。

谨案:为兄弟,古今同。为伯叔父母及兄弟之子,唐增。为姑姊妹及兄弟之女在室者,宋增。

谨案:大功九月服内,唐制有出母为女之适人者条,宋制有女适人者为出母条,明省。又案:为人后者为本生亲属服内,为祖父母、为伯叔父母、为兄弟之子及女在室者三条,本生亲属报服内,为兄弟之为人后者、为父之兄弟为人后者、为孙之为人后者三条,《会典》未载,《通礼》增。

小功五月(通礼):为伯叔祖父母,为从伯叔父母及从姊妹适人者。

谨案:为伯叔祖父母,为从姊妹适人者,古今同。为从伯叔父母,唐增。

为再从兄弟及姊妹在室者。

谨案:为再从兄弟,古今同。为姊妹在室者,宋增。

为从兄弟之子及女在室者。

谨案:为从兄弟之子,宋制。为女在室者,明增。

为祖之姊妹在室者,为父从姊妹在室者。

谨案:此二条皆唐制。

为兄弟之妻。

谨案:古无嫂叔之服,此条唐增。

为兄弟之孙及兄弟之孙女在室者。

谨案:此条宋制。

为从兄弟之为人后者。

谨案:此条今增。

为外祖父母。

谨案:此条古今同。《会典》有为人后者,为其本生母之父母一条,《通礼》改入缌麻。

为母之兄弟及母之姊妹。

谨案:为母之姊妹,古今同。为母之兄弟,周制缌麻,唐升小功。又案:唐制有为舅母缌麻一条,宋以后无服。

为姊妹之子及女在室者。

谨案:为姊妹之子,周制缌麻,唐升小功。及女在室者今增。

适孙、众孙为庶祖母。

谨案:此条今增。

祖为适孙之妇。

谨案:此条唐制。为曾元孙,当为后者之妇同。

为人后者为本生曾祖父母(若所后同曾祖者仍从本服,余仿此)。为本生姑姊妹之适人者、从兄弟及从姊妹之在室者,为本生兄弟之子妇及兄弟之女适人者。

谨案:为本生姊妹适人者,周制。姑,唐增。为从兄弟,宋制。余皆今增。

妇为夫兄弟之孙及孙女在室者,为夫之姑姊妹兄弟及兄弟之妻,为夫从兄弟之子及女在室者,为夫之伯叔为人后者。

谨案:为夫兄弟之孙及孙女在室者,宋制。为夫之姑姊妹,古今同。为夫之兄弟,周制大功九月,唐降小功。为夫兄弟之妻,唐制。为夫从兄弟之子,宋制。为夫从兄弟之女在室者,明增。为夫之伯叔为人后者,今增。

女出嫁,为本宗姊妹之适人者,为本宗从兄弟及从姊妹之在室者,为本宗伯叔兄弟及兄弟之子为人后者。

谨案:为从兄弟,为兄弟之子,为人后者,皆宋制。余皆今增。为本宗伯叔兄弟,谓伯叔父及亲兄弟也。

曾祖父母为曾孙之为人后者,妾(生有子者)为家长之祖父母。

谨案:此二条今增。

谨案:小功五月服内,周制有为孙女适人者条,唐制有为继母适母之父母兄弟从母条、为同母异父之兄弟姊妹条,宋制有女在室及适人者为兄弟子之妻条,今省。又案:为人后者为本生亲属服内,为从兄弟及从姊妹之在室者、为本生兄弟之子妇及兄弟之女适人者二条,本生亲属报服内,为从兄弟之为人后者、为夫之伯叔为人后者、为曾孙之为人后者三条,《会典》未载,《通礼》增。

缌麻三月(通礼):为乳母。

谨案:此条古今同,谓父妾乳哺者。

为曾祖兄弟及曾祖兄弟之妻,为祖从兄弟及祖从兄弟之妻,为父再从兄弟及父再从兄弟之妻。

谨案:为曾祖兄弟,为祖从兄弟,为父再从兄弟,古今同。为其妻,皆唐增。

为三从兄弟及姊妹在室者,为曾祖之姊妹在室者,为祖之从姊妹在室者,为父之再从姊妹在室者。

谨案:为三从兄弟,古今同。余皆唐制。

为兄弟之曾孙及曾孙女之在室者,为兄弟之孙女适人者,为从兄弟之孙及孙女在室者，为再从兄弟之子及女在室者。

谨案：为再从兄弟之子，古今同。为兄弟之孙女适人者，为再从兄弟之女在室者，皆唐制。为兄弟之曾孙，为从兄弟之孙，皆宋制。为兄弟之曾孙女在室者，为从兄弟之孙女在室者，皆明增。

为祖之姊妹、父之从姊妹及已之再从姊妹适人者，为从兄弟之女适人者。

谨案：为祖之姊妹、父之从姊妹，古今同。为从兄弟之女适人者，宋制。为再从姊妹适人者，明增。

为从伯叔伯叔祖、再从兄弟为人后者，为兄弟之孙从兄弟之子为人后者，为母之兄弟为人后者，为姊妹之子为人后者。

谨案：本生亲属为为人后者，报律图系统载《通礼》，今增。

为父姊妹之子。

谨案：姑之子外兄弟也，古今同。

为母兄弟姊妹之子。

谨案：舅之子内兄弟也。母之姊妹为从母，从母之子两姨兄弟也，皆古今同。

为妻之父母，为女之夫女之子，若女为女之子为人后者。

谨案：为妻之父母，为女之夫女之子，古今同。为女之女，唐增。为女之子为人后者，今增。

为兄弟孙之妻，为从兄弟之妻，为从兄弟子之妻。

谨案：为从兄弟子之妻，唐制。为兄弟孙之妻及从兄弟之妻，皆宋制。

为人后者，为本生高祖父母（若所后同高祖者仍从本服，余仿此）。为本生伯叔祖父母祖姑之在室者、从伯叔父母、从姑之在室者、从姊妹之适人者、再从兄弟、再从姊妹之在室者，为本生兄弟之妻从兄弟之子及女在室者、兄弟之孙及孙女在室者，为本生母之父母及兄弟姊妹，为本生姊妹之子及女在室者。

谨案：为人后各条，皆今增。

祖为众孙妇，祖母为适孙、众孙妇，曾祖父母为曾孙曾孙女，高祖父母为元孙，元孙女，为元孙之为人后者。

谨案：祖为众孙妇，曾祖父母为曾孙，古今同。高祖父母为元孙，唐制。余皆今增。

妇为夫高曾祖父母，为夫之伯叔祖父母及夫祖姑在室者，为夫之从伯叔父母及夫从姑在室者，为夫之从兄弟姊妹（在室出嫁同）及从兄弟之妻，为夫再从兄弟之子及女在室者，为夫从兄弟之女适人者，为夫从兄弟之子妻、从兄弟之孙及孙女在室者,为夫兄弟孙之妻、兄弟之孙女适人者,为夫兄弟之曾孙及曾孙女之在室者,为夫之兄弟为人后者。

谨案:为夫之伯叔祖父母,为夫从兄弟之妻,古今同。为夫高曾祖父母从伯叔父母、夫之从姊妹再从兄弟之子、从兄弟子之妻,皆唐制。为夫祖姑及从姑在室者,为夫之从兄弟及从兄弟之孙,为夫兄弟孙之妻及兄弟之孙女适人者,为夫兄弟之曾孙,皆宋制。余皆今增。

女出嫁,为本宗伯叔祖父母及祖姑之在室者,为本宗从伯叔父母及从姑在室者,为本宗从兄弟之为人后者,为本宗从姊妹之适人者,为本宗从兄弟之子及女在室者。

谨案:为从伯叔父母,唐制。为伯叔祖父母为祖姑及从姑之在室者,为从兄弟之为人后者,为从兄弟之子,皆宋制。为从姊妹之适人者、从兄弟之女在室者,皆明增。

子为父母改葬(既葬除之妻,为夫孙、为祖后并同)。

谨案:改葬之服,周制也。宋《政和礼》、明《集礼》皆因之。

谨案:缌麻服内,周制有为夫之外祖父母从母、为外孙之妇二条,唐制有为夫之舅女、为姊妹子之妇、为甥之妇、为人后者为本生外祖父母女适人、为兄弟之孙五条,宋制有为同爨、为朋友二条,今皆省。又案:《仪礼》长中下三殇之服,有大功九月、七月、小功五月,缌麻三月之别,历代因之。自《朱子家礼》略之,附其例云凡为殇服者降一等。明初编《集礼》尚仍古制,至《孝慈录》、明《会典》乃尽省焉。今《通礼》及《会典》皆不载殇服,故不著其沿革。又案:为人后者、为本生亲属服及本生亲属报服各条,并改葬服,《会典》皆未载,《通礼》增。又案:服制各条,以《通礼》为准,列入古制者,仰见我朝因革精当,恐世俗尚沿前朝旧习,明其不可从也。

忠　义

第六世:绍侃

道光二年十二月,绍侃在湖北兴国州知州任内,沿江巡缉二十日夜,泊黄冈县之团风镇縢家窝,风急浪涌,陡岸崩塌,舟被压沉,绍侃殉焉。经两湖总督李公(鸿宾)、湖北巡抚杨公(懋恬)奏报,道光三年二月,奉旨照例议恤,赐祭葬,赠道衔,入祀本籍昭忠祠,荫一子,以知县用。

第七世:继昌、继和

第八世:启祥、锦祥、光祥、顺祥、如祥、懋祥、邦祥

第九世:桂生、桂林

溧阳县西三十里石塘山,迁常始祖匏宇公墓在焉,启祥与同祖伯叔兄弟

聚居墓侧，素以技击游猎雄山中。咸丰十年三月，发逆窜，溧公率族抵御不敌，同堂三代老幼男妇十七人皆殉难，无子遗嗣。经大府汇案奏报，奉旨旌恤。

第八世：泽

第九世：鼎文、桂馥

咸丰庚申，发逆陷常州，泽携家避难江北盐城县。泽子鼎文游幕福建，为漳州府记室。辛酉，泽携家复由盐城至上海，航海赴漳州就养。同治甲子，贼窜漳州，城陷，泽阖门七口，惟幼子桂森、长孙汝楫被掳后逸出，余皆殉焉。嗣经顺天府汇案奏报，同治七年十月二十八日奉旨旌恤。谨案，光绪《武进阳湖县合志》忠义录内，桂馥公名误作余庆。查余庆为汝楫之乳名，至今尚在，想当时采访局开单误写，亟宜更正。

第八世：均

第九世：锡藩

咸丰庚申，发逆窜常州，城未陷，四郊先扰，陈渡桥陶园距广化门止五里。四月初三日，均率子嘉宾随乡团至宣塘渡河，贼麕至，被掳不屈，遂遇害。嘉宾乘间逸出。方贼至陈渡桥，锡藩持械随团长叶金玉等从间道出，亦遇害。嗣经大府汇案，奏报，奉旨旌恤。

第八世：世谟、世绵

咸丰三年，洪逆踞金陵，常州虽密迩，民心尚固结。前浙江布政使汪公本铨，奉旨在籍办理团练，按城厢分段守御。世谟、世绵均世居河南厢，逼近德安门。世谟即为该厢之团长，世绵司城局支放。五年汪公积劳病故。十年春，贼警迭至，总督何桂清闻风先遁，绅民攀卧泣留不得。合城大扰，前常州营游击升调上海营参将封公耀祖，留常未去，仓卒督率城守。世谟随同登陴，世绵守局。初六日封公登陴，为间谍投烬火药中，受伤自戕，世谟殉焉。午刻城陷，世绵殉焉。同治元年，经前任江苏巡抚李文忠公鸿章汇案奏报，十二月初十日奉旨：候选县丞陶世谟、候选从九品陶世绵，均照四品以下阵亡例赐恤，钦此。旋经部议，世谟、世绵各给予云骑尉世职，入祀本籍昭忠祠。

第九世：锡庆

咸丰庚申四月初六日，城陷时锡庆在团防，随伍巷战死。嗣经大府汇案奏报，奉旨旌恤。

节　孝

第六世：

师谦妻陈氏，年二十二来归，师谦已疾，亟割臂进之，不效。敛毕自经，以救免。纺绩养舅姑，抚嗣子（映暄）成立，以承夫祀。守节五十五年，享寿七十有七。道光七年奉旨旌表。

曾若妻吴氏，年二十六，曾若卒。苦志守节，抚子（怀高）成立。享寿七十有一，守节四十五年。道光七年奉旨旌表。

附：曾若女字董昌学，未适而昌学卒，矢志守贞，后归董氏抚嗣成立。奉旨旌表。

曾敏妻徐氏，年二十九寡，抚子（绍高）成立。享寿八十有三，守节五十有五年。道光七年奉旨旌表。

曾庚妻吴氏，年二十六寡，抚子（述高）成立。守节三十年，纪年五十有六。道光七年奉旨旌表。

第七世：

师载妻张氏，年二十二寡，家赤贫，抚子（恃恩），习贾以给孙（介福），氏命复习儒业。守节五十有九年，享寿八十。道光七年奉旨旌表。

附：第七世映暄女，适张耀曾，年二十八寡，守节二十有二年。奉旨旌表。

附：第七世履中女，适钱执山，年二十八寡。光绪元年奉旨旌表，时氏存年五十有八，守节已三十年。

第八世：

介福（又名馨宜），妻蔡氏年二十九，介福以力学成瘵卒，抚子（桂峯）又卒。守节四十有二年，享寿七十有一。奉旨旌表。

附：第八世世谟次女，适武进沈福建上杭县巡检文藻。过门五十日，文藻病卒，氏年二十有三，矢志守节，抚族侄为嗣。咸丰十年庚申，发逆窜常州，氏即永居母家。民国五年丙辰卒，享寿八十有二，其嗣孙扶柩回沈门安葬。守节五十有九年（待旌）。

附：第八世世赞次女，适湖南封前任常州营游击耀祖次子江南卫千总度，咸丰五年乙卯七月度阵亡。是月，氏生一女，屡欲殉，以救免。抚夫兄子（常生）为嗣。咸丰十年庚申三月，发逆窜常州，耀祖誓杀贼，遣氏挈子女归母家，先期出城逃避。四月初一日，在乡间仓皇遇贼，氏与女遇救，而嗣子（常生）失散，不知所终。四月初六城陷，耀祖全家殉焉。氏痛夫家之靡有孑遗，携女就食母家苦守。女适武进余浙江候补知县鼎勋，即以鼎勋次子名

(余缵)继封。氏后光绪十三年九月十三日,氏卒年五十有九,守节三十有三年。十四年奉旨旌表。

附:第八世世赞四女,适阳湖方邑庠生汝霖,年二十七寡,抚子(奎)成立。光绪二十四年,奎任山东沂水知县,迎氏养任所三十年氏卒,享寿六十有八,守节四十有一年。三十三年奉旨旌表。

第十世:

淦卒年十九,其聘室吕氏年二十有一,矢志守节,抱牌来归,抚胞侄祖彰为嗣,宣统元年卒。宣统二年奉旨旌表。

节　烈

第七世:

继昌妻沈氏、继和妻潘氏。

第八世:

启祥妻张氏、锦祥妻王氏、邦祥妻史氏。

第九世:

桂生妻金氏。

以上均在溧阳县石塘山随启祥等同时殉难,奉旨旌恤。

附:第七世履亨女,适陈渡桥叶本玉。庚申三月,贼先扰城外,氏携幼女避贼入城,寓大街太史第次女夫家宣氏宅。城陷,母女三人阖户投环,同时殉难。同治七年奉旨旌恤。

第八世:

泽妻唐氏。

第九世:

桂昌妻张氏。

以上在福建漳州府随泽殉难,奉旨旌恤。

第八世:

唐继妻高氏,居小营前谢宅。庚申城陷,率前室子女投门前河水死。氏殉年三十有一,子宝祥殉年十岁,女静姑殉年十二。同治十三年奉旨旌恤。

附:第八世赓唐长女,适庄羲瑞。咸丰庚申从夫殉难。同治十三年奉旨旌恤。

第九世:

锡爵妻叶氏,江宁人,年二十三寡。咸丰庚申城陷,氏先期赴迎春桥太平巷母寓,投唐家湾河水死。守节已二十有三年。同治十三年奉旨旌恤。

懋巩妻钱氏,居迎春桥东周家衖潘宅。庚申之难城未破时,潘宅火起,同人外避，氏独投火中，不死，再投门前北水关河下死，时年二十有七，奉旨旌恤。

选　举

进　士

第一世：

人群（万历三十二年甲辰科）

第二世：

嘉祉（崇祯七年甲戌科第九名）

元祐（崇祯十六年癸未科）

第三世：

自悦（康熙二十七年戊辰科第十六名）谨按国子监题名碑，崇祯癸未科二甲七十三名进士陶元祐，今光绪二年《重修武阳合志》内载陶元祐，为传胪误。

举　人

第一世：

人群（万历三十一年癸卯科，溧阳籍）

第二世：

嘉祉（天启元年辛酉科）

元祐（崇祯十二年己卯科）

第三世：

自悦（康熙二十年辛酉科第三名，北榜）

第四世：

绳武（康熙五十九年庚子科，北榜）

第七世：

登瀛（嘉庆三年戊午科，榜名登云）

第十世：

钧（光绪十九年癸巳，恩科，北榜大兴籍）

誊　录

第六世：

绍侃（乾隆丁酉科）

第十世：
钧（光绪乙酉科）

廪增附生
（凡已登乡科者不录）

第二世：
元禧（溧阳廪生）
第三世：
应试（溧阳附生）
孚（溧阳附生）
克（溧阳廪生）
自怡（溧阳附生）
自愫（武进廪生）
第四世：
雍武（武进附生）
第五世：
宗正（常州府学附生）
第六世：
绍侃（顺天府学附生）
第七世：
履璇（武进附生）
履中（武进附生）
第八世：
赞唐（阳湖增生）
唐（阳湖廪生）
第九世：
鼎文（武进附生）
第十世：
珙（阳湖附生）
湘（顺天府学附生,改归阳湖原籍）
瑢（武进附生）

仕宦

第一世：

人群：进士，选授南京大理寺右评事，升授福建邵武府知府。

第二世：

嘉祉：进士，选授浙江平湖县知县，入名宦祠。

元祐：进士，选授云南知县，阻兵不行，改选浙江兰溪县知县，入名宦祠。

第三世：

自悦：进士，选授山西猗氏县知县，升补泽州（直隶布政司有属县）知州，充康熙丙子科山西乡试同考官，入名宦祠。

第四世：

祥武：太学生，议叙州同。

第六世：

绍安：江南邳宿运河营守备。

绍侃：附生，誊录武英殿，议叙州同，签分湖北署天门、钟祥等县县丞，安陆府经历，沔阳州州同，兴国、沔阳等州州判。借补襄阳县县丞署，宜都枝江房县、云梦等县知县。安陆、襄阳等府同知。军功保举应升之缺升用，升补南漳县知县，奉旨嘉奖，送部引见，奉旨以知州升用补随州知州。因公被议，经大吏奏请捐，复再补兴国州知州，巡江殉难。恤赠道衔，给荫予祭葬，入昭忠祠。

第七世：

俊：太学生，议叙巡检，选授安徽宁国府旌德县三溪司巡检，调任六安州马头讯巡检。

沄：供事，候选县丞。

锦云：太学生，议叙县丞，分发山东署惠民县县丞，清平茌平等县典史。

登瀛：举人，考取咸安宫教习，期满选授直隶井陉县知县。亲老告近，改选安徽泾县知县。调任天长县知县加同知衔。

善昌：太学生，四川候补县丞署理，资州直隶州州判。以父巡江殉难，恤荫知县，选授云南江川县知县。

第八世：

唐：廪贡生，候选训导。

世辅：太学生，候选巡检。

世谟：太学生，候选县丞。咸丰庚申，在籍守城殉难，恤赠云骑尉世职，入昭忠祠。

世赞：太学生，候选州同。

世绵：太学生，候选从九品。咸丰庚申，守城殉难，恤赠云骑尉世职，入昭忠祠。

第九世：

锦扬：吏员，选授安徽合肥县宫亭巡检，调署怀宁县三桥巡检，代理望江县典史署，华阳镇巡检。

锦熙：吏员，候选县丞。

锡璜：太学生，议叙典史，分发福建补嘉义县典史，调侯官县典史，加六品衔有云骑尉世职，未办兼袭。

锡珪：太学生，议叙典史，选授浙江永康县典史，加理问衔。

铨：太学生，议叙典史，分发浙江补松阳县典史署，永嘉江山等县典史，加三级。

懋玑：太学生，议叙典史，分发山东补青城县典史，加五级。

锡奎：太学生，议叙盐大使。

锡蕃：太学生，分发浙江候补知县，署瑞安县知县，军功保举同知衔，赏戴花翎。

锡祺：军功由诸生保举巡检候选，赏戴蓝翎，遵例以太学生县丞分发山东，代理峄县知县，随办陕西军务。历保知县，直隶州用加知府衔，并俟补直隶州。后以知府用，赏戴花翎，军功随带加五级，补山东莱芜县知县，调署恩县知县，调补阳谷县知县，调署泰安、历城、即墨等县知县，升补胶州知州，临清直隶州知州。河工保举归知府，后加盐运使衔。历年催趱漕运出力，累保免补知府以道员用，并俟归道员后加布政使衔。五次卓异引见，奉旨每次卓异加一级回任候升，保荐人才，奉旨交军机处存记。管理临清钞关，经征溢额，累加十五级，因案降补通判，选湖南宝庆府通判，捐入近省，改选安徽池州府通判，遵例捐复原官原衔，仍以道员分发山东候补。

恩泽：太学生，浙江淳安县知县兼袭云骑尉世职，历任浙江慈溪德清等县典史署，归安县县丞。海运出力，保举应升之缺升用，加四品衔。

汝砺：太学生，候选巡检。

第十世：

培：湖南候补未入流。

显曾：供事，议叙巡检，补浙江上虞县梁湖镇巡检，加一级有云骑尉世职，未辩兼袭。

瑗：太学生，山东候补县丞，河工出力，保知县同知，用选直隶乐亭县知县。亲老告近，改选浙江遂昌县知县，调永嘉县知县。民国成立后，代理江苏淮安关监督,简任扬由关监督,调任江海关监督,特任全国卷烟特税事务督办。

泗:太学生,候选郎中。

珙:附贡生,选授河南沈邱县知县,调补永城县知县。历署鹿邑浚县,祥符、河内等县知县,兼袭云骑尉世职。办赈出力,保举直隶州知州在任,候补加四品衔。民国成立后,简任河南政务厅厅长,调任山东全省烟酒事务局局长。

湘:附贡生,鸿胪寺序班郎中职衔,改分省同知,投效山东河工。壬辰随同堵筑济阳及惠民等处漫口合龙,尤为出力,保举知府加三品衔。癸已调海军衙门派内学堂办事官,充颐和园轮船委员。恭逢庆典,恩赏银两袍料。丁酉分发浙江奏办闽浙卫军营务处转运粮饷事务,奏调直隶辦理京汉铁路北路事务,随办西陵大差,纪录二次,京汉铁路全路告成,保举以道员留直隶补用并加二品衔。邮传部成立,调部委任京汉铁路副监督,奏派查勘九江芜湖等处铁路事宜。

瑢:附贡生,国史馆议叙知县,选授河南临颍县知县,加知府衔。

珩:太学生,山东候补知县。民国成立,荐任津浦铁路货捐局会办,文书课课长,总务处副处长。

镕:太学生,挑浚山东小清河工,保举知州候选并俟补缺。后以直隶州用加四品衔,选授云南邓川州知州,兼理云龙州知州。办赈出力,保归直隶州,后加三品衔,改指山东。历署兰山泰安等县知县,兖州府知府。民国成立后,署山东盐运使,简任安徽凤阳关监督,调任安徽财政厅厅长。

洙:太学生,会典馆议叙通判,签分浙江海运出力,保直隶州用咨调,直隶随办永定河工,保直隶州知州留直补用,并加三品衔。民国成立后,历任内务部签事,安徽芜湖关监督。

思澄:太学生,两淮候补盐运判署,通州分司运判,调海州分司运判,江皖灾赈,遵例报捐二品衔,候选道加五级三代,从一品封典。民国成立后,简任湖南国税厅厅长,湖南财政厅厅长特派,湖南交涉员特署,湖南巡按使监督,湖南警务财政司法行政特派,湖南官矿局督办。历任江苏淮安关监督,济南道道尹,胶东道道尹。

淦:太学生,议叙分省盐大使。

沅:太学生,分省试用府经历。

钧:举人,五品衔江西候补知县,充光绪丁酉科江西乡试同考官。

陶氏迁常支谱卷三　世系

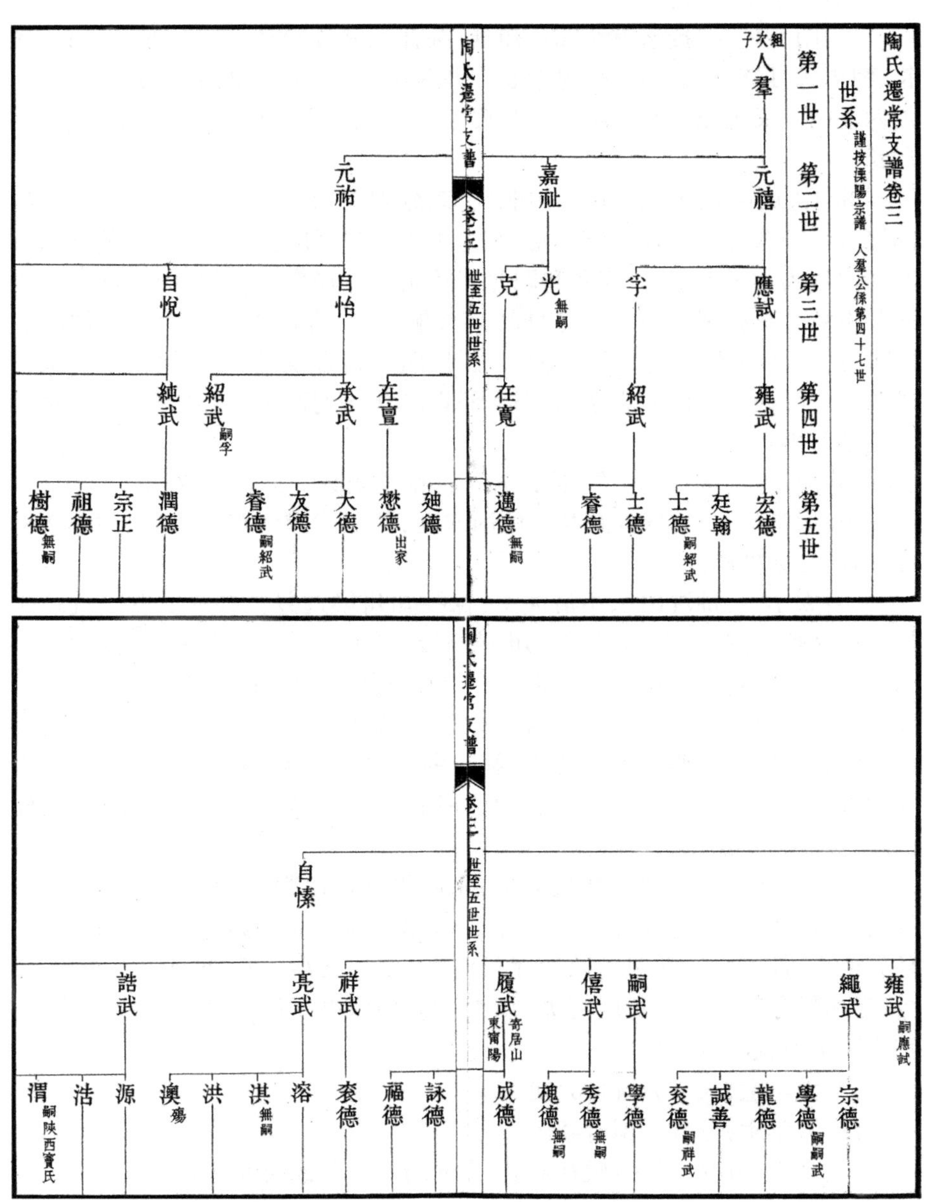

第六世　第七世　第八世　第九世　第十世

陶氏迁常支谱　卷二　一世至五世世系　三

陶氏迁常支谱　卷二　六世至十世世系　四

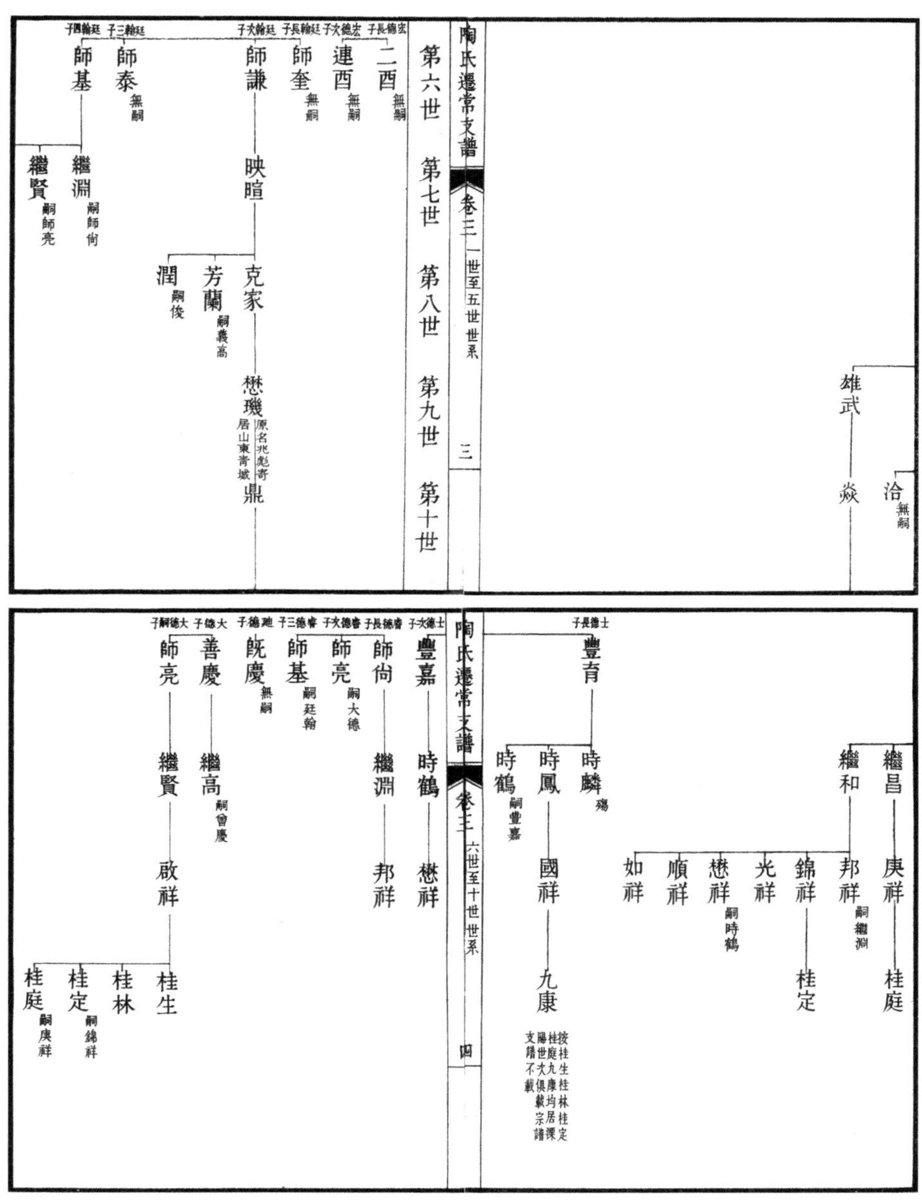

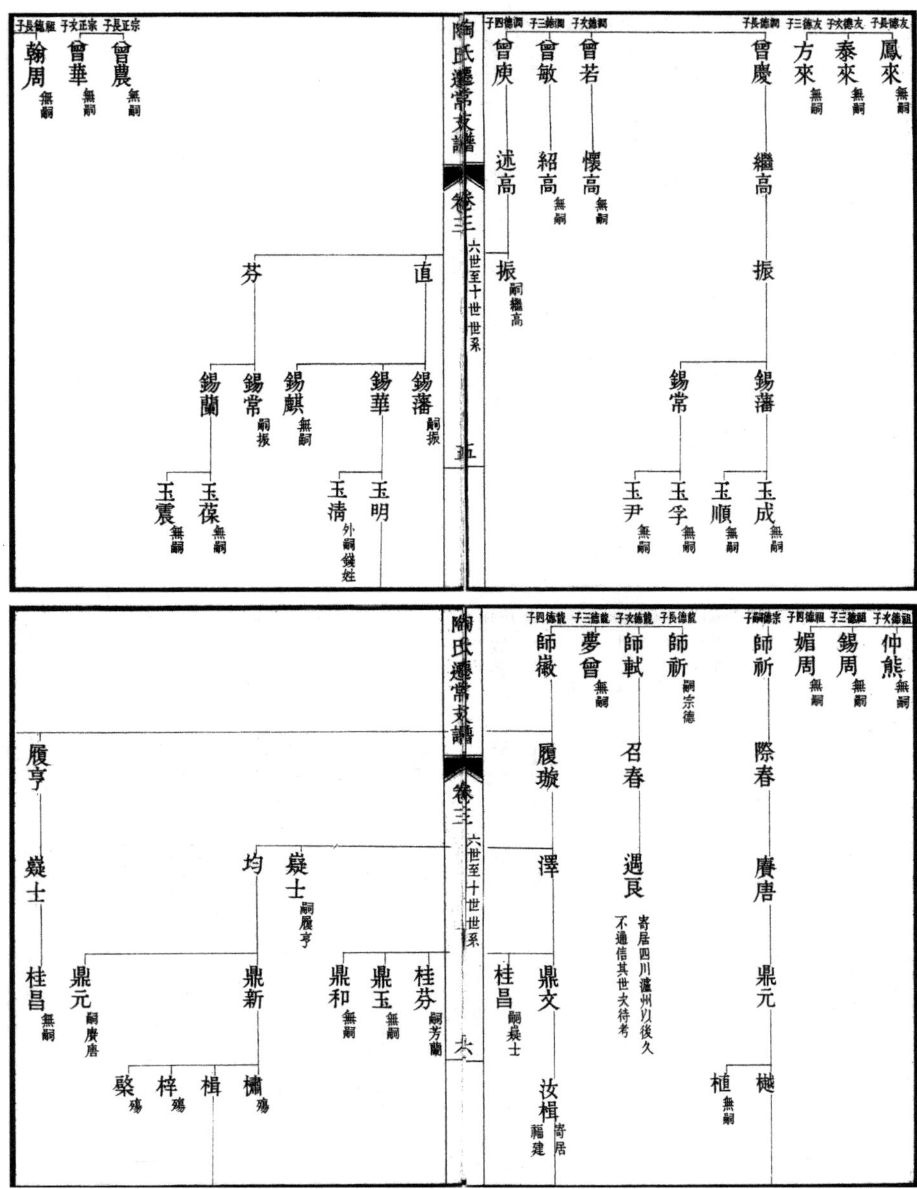

陶氏遷常支譜 卷三 六世至十世世系 十五

- 友德長子 鳳來 無嗣
- 友德次子 泰來 無嗣
- 友德三子 方來 無嗣
- 嗣德長子 曾慶 — 繼高 — 振 — 錫藩（玉成 無嗣、玉順 無嗣）、錫常（玉孚 無嗣、玉尹 無嗣）
- 嗣德次子 曾若 — 懷高 無嗣
- 嗣德三子 曾敏 — 紹高 無嗣
- 嗣德四子 曾庚 — 述高 — 振 嗣繼高
- 宗正長子 曾農 無嗣
- 宗正次子 曾華 無嗣
- 祖德長子 翰周 無嗣
- 直 — 錫藩 嗣振、錫華（玉明、玉淸 外嗣錢姓）、錫麒 無嗣
- 芬 — 錫常 嗣振、錫蘭（玉葆 無嗣、玉震 無嗣）

陶氏遷常支譜 卷三 六世至十世世系 十六

- 祖德次子 仲熊 無嗣
- 祖德三子 錫周 無嗣
- 祖德四子 媚周 無嗣
- 宗德嗣子 師祈 — 際春 — 賡唐 — 鼎元 — 樾、植 無嗣
- 龍德長子 師祈 嗣宗德
- 龍德次子 師軾 — 召春 — 遇良 寄居四川瀘州以後久不通信其世次待考
- 龍德三子 夢曾 無嗣
- 龍德四子 師徽 — 履璇 — 澤 — 鼎文（汝楫 寄居福建）、桂昌 嗣嶷士
- 嶷士 嗣履亨
- 均 — 桂芬 嗣芳蘭、鼎玉 無嗣、鼎和 無嗣、鼎新（櫨 殤、楫、梓 殤、檠 殤）、鼎元 嗣賡唐
- 履亨 — 嶷士 — 桂昌 無嗣

陶氏遷常支譜　卷三　六世至十世世系　七

陶氏遷常支譜　卷三　六世至十世世系　八

履豐　傳士〔無嗣〕

履中　賢唐〔原名際唐〕

贊唐　寶禾　彬

廣唐〔嗣際春〕　寶樹〔無嗣〕

唐〔原名贊堯〕　寶封〔殤〕

寶祥〔無嗣〕

寶全〔殤〕

寶棟　械

允吉〔無嗣〕

師載　恃恩　慶福〔外嗣錢姓〕

師殛　瑞春　原士〔無嗣〕　介福　桂峰〔無嗣〕

師琦　義高　兆春　仲士〔嗣兆春〕　芳蘭　桂芬〔無嗣〕

師曾　智高〔嗣師曾〕

智高〔無嗣〕

師明

東發〔嗣詠德〕

東華〔嗣錫德〕

東三〔德成〕　東三〔德成〕

師灝〔無嗣〕

師度　俊　映暄〔嗣師謙〕　潤　樷瓈〔原名兆虎〕　兆熬〔無嗣〕

映春　沛　兆駿〔嗣潤〕

東華　桓　映春　兆鶴〔無嗣〕

東發　泰　兆麟〔無嗣〕

按成德詠德霧德均於康熙年
間即隨武公寄居山東甯陽
難卒於甯陽村卒東明及泰桓
以下均不遵音間其世次待考

夢麇　勳　克恭　錫慶〔嗣世培〕

錫祉〔嗣世務〕　士杰〔無嗣〕

錫章

錦煥

錦熙　垣

錦揚　增　坤　塤　培

甄　錦揚

溪〔寄居江夏〕

按溪夏間遷居以下一
譜入昌久府澗北江
其世次不江北

135

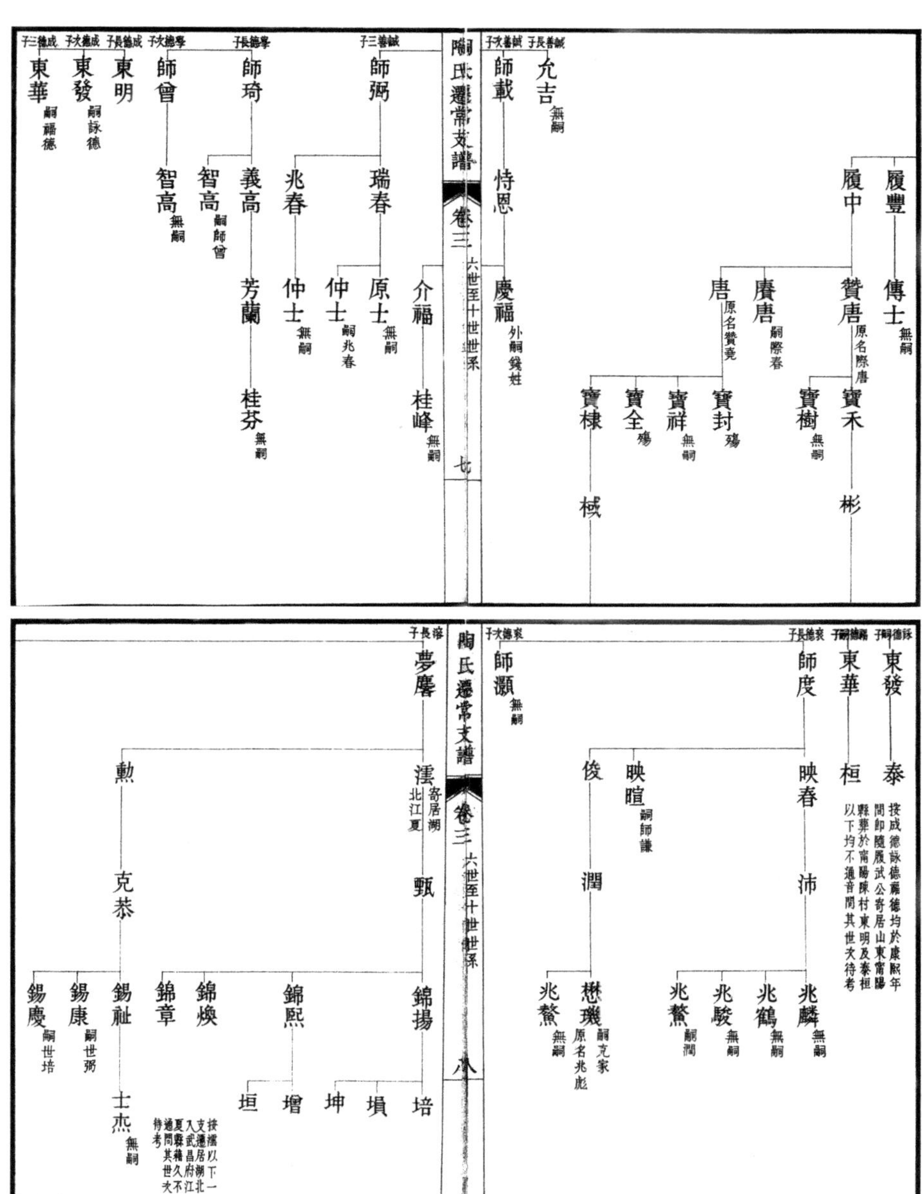

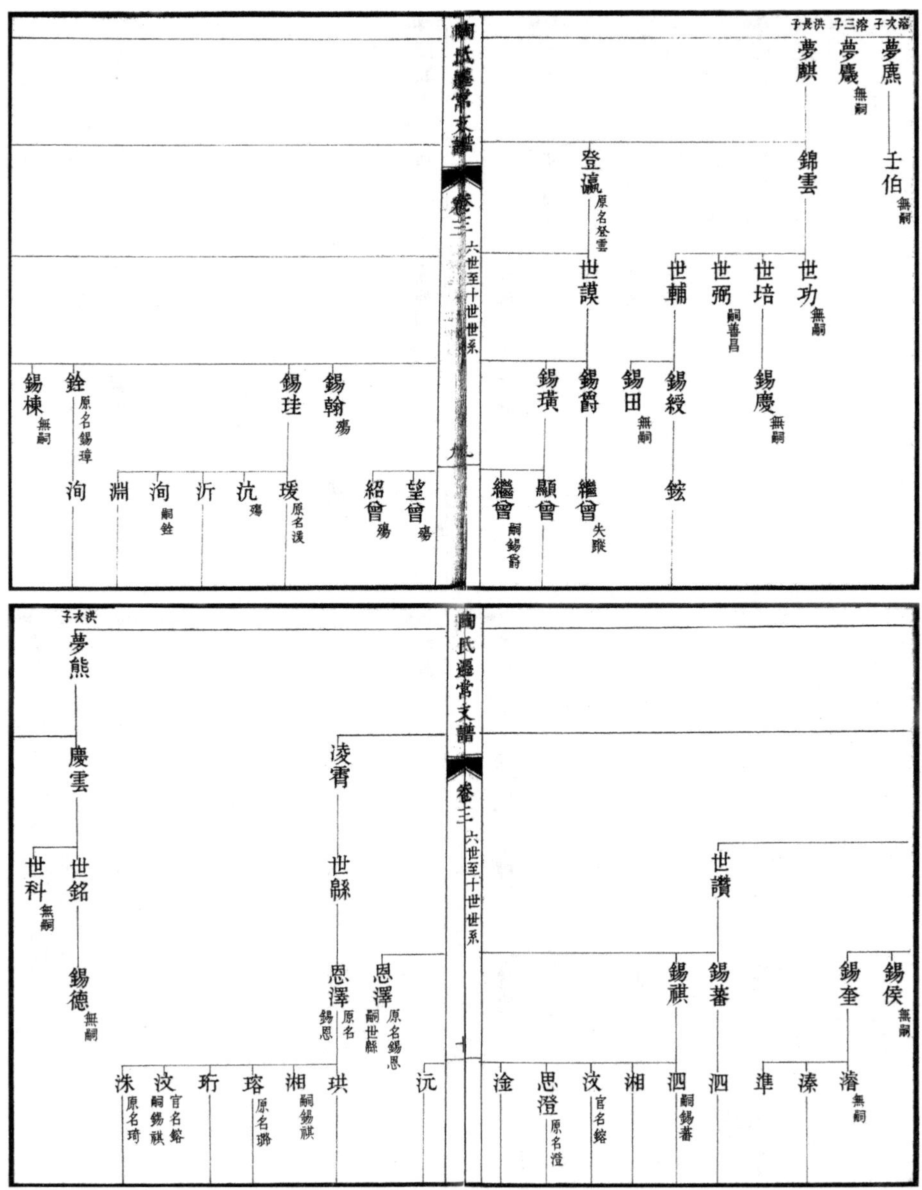

陶氏毘陵常支譜 卷三 六世至十世世系 九

溶次子 夢麃
壬伯 無嗣
溶三子 夢巖 無嗣
洪長子 夢麒
錦雲
世功 無嗣
世培
錫慶 無嗣
世弼 嗣善昌
世輔
錫綬
鉉
錫田 無嗣
登瀛 原名登雲
世謨
錫爵
繼曾 失聯
錫璜
顯曾
繼曾 嗣錫爵
錫翰 殤
望曾 殤
紹曾 殤
錫珪
瑗 原名溴
沆 殤
沂
洵 嗣銓
淵
銓 原名錫璋
洵
錫楝 無嗣

陶氏毘陵常支譜 卷三 六世至十世世系 十

錫俟 無嗣
錫奎
濬 無嗣
溱
準
世讚
錫蕃
泗
錫祺
泗 嗣錫蕃
湘
汶 官名鎔
思澄 原名澄
淦
淩霄
恩澤 原名錫恩 嗣世緜
沅
世緜
恩澤 原名錫恩
珙
湘 嗣錫祺
瑢 原名璐
珩
汶 官名鎔 嗣錫祺
洙 原名琦
洪次子 夢熊
慶雲
世銘
錫德 無嗣
世科 無嗣

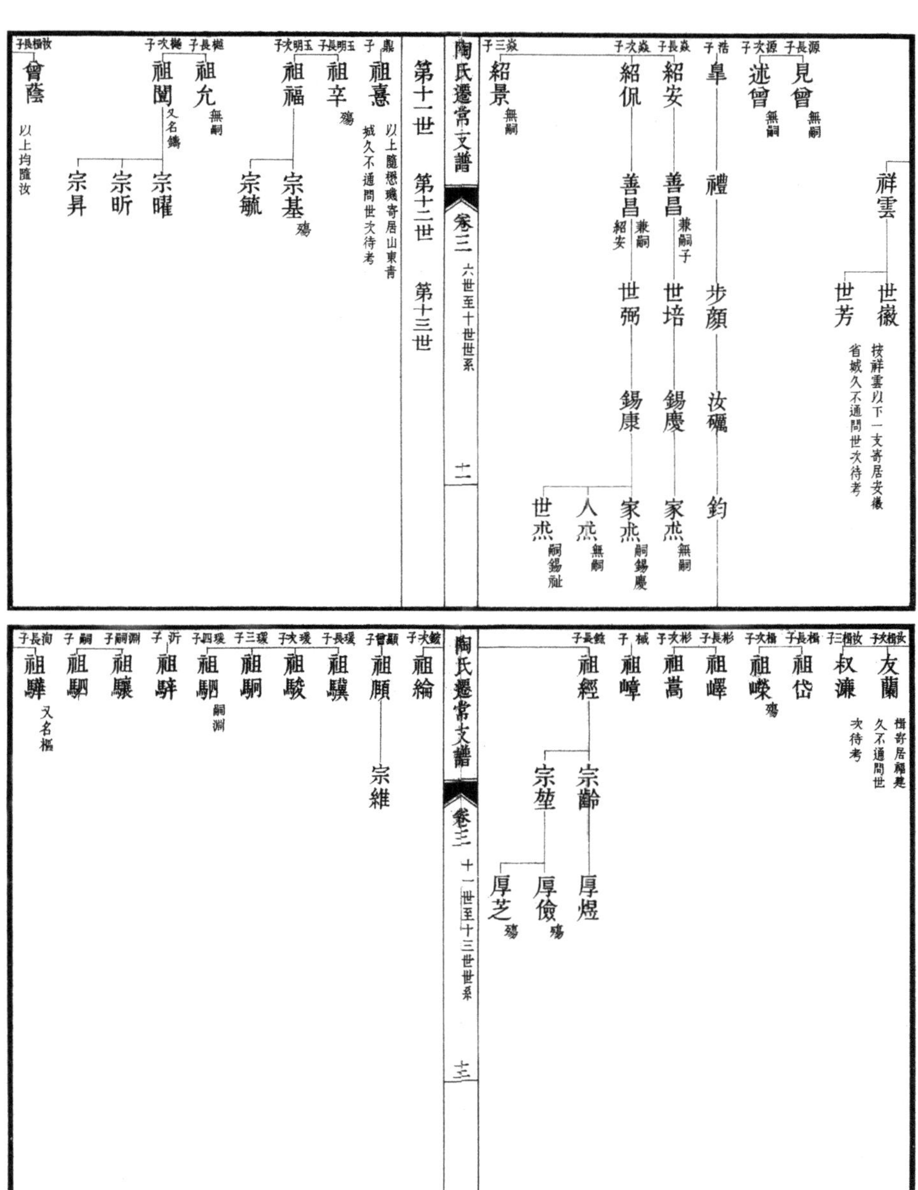

陶氏遷常支譜 卷三 六世至十世世系 十二

祥雲 → 世徽、世芳
按祥雲以下一支寄居安徽省城久不通問世次待考

源長子 見曾 無嗣

源次子 逑曾 無嗣

浩子 阜 → 禮 → 步顏 → 汝礪 → 鈞

焱長子 紹安 → 善昌 兼嗣子 → 世培 → 錫慶 → 家杰 無嗣

焱次子 紹侃 → 善昌 兼嗣紹安 → 世弼 → 錫康 → 家杰 嗣錫慶；人杰 無嗣；世杰 嗣錫祉

焱三子 紹景 無嗣

第十一世 第十二世 第十三世

鼎子 祖憙 以上隨懋璣寄居山東青城久不通問世次待考

玉明長子 祖辛 殤

玉明次子 祖福 → 宗基 殤；宗毓

樾長子 祖允 無嗣

樾次子 祖閭 又名鑄 → 宗曜、宗昕、宗昇

汝楫長子 曾蔭 以上均隨汝

陶氏遷常支譜 卷三 十一世至十三世世系 十三

汝楫次子 友蘭

汝楫三子 叔濂

楫寄居福建久不通問世次待考

楫長子 祖岱

楫次子 祖嶸 殤

彬長子 祖嶧

彬次子 祖嵩

械子 祖嶂

鉉長子 祖經 → 宗齡 → 厚煜；宗堃 → 厚儉 殤、厚芝 殤

鉉次子 祖綸

顯曾子 祖順 → 宗維

瑗長子 祖驥

瑗次子 祖駿

瑗三子 祖駉

瑗四子 祖駟 嗣淵

沂子 祖騂

淵嗣子 祖驤

嗣子 祖駟

洵長子 祖驊 又名樞

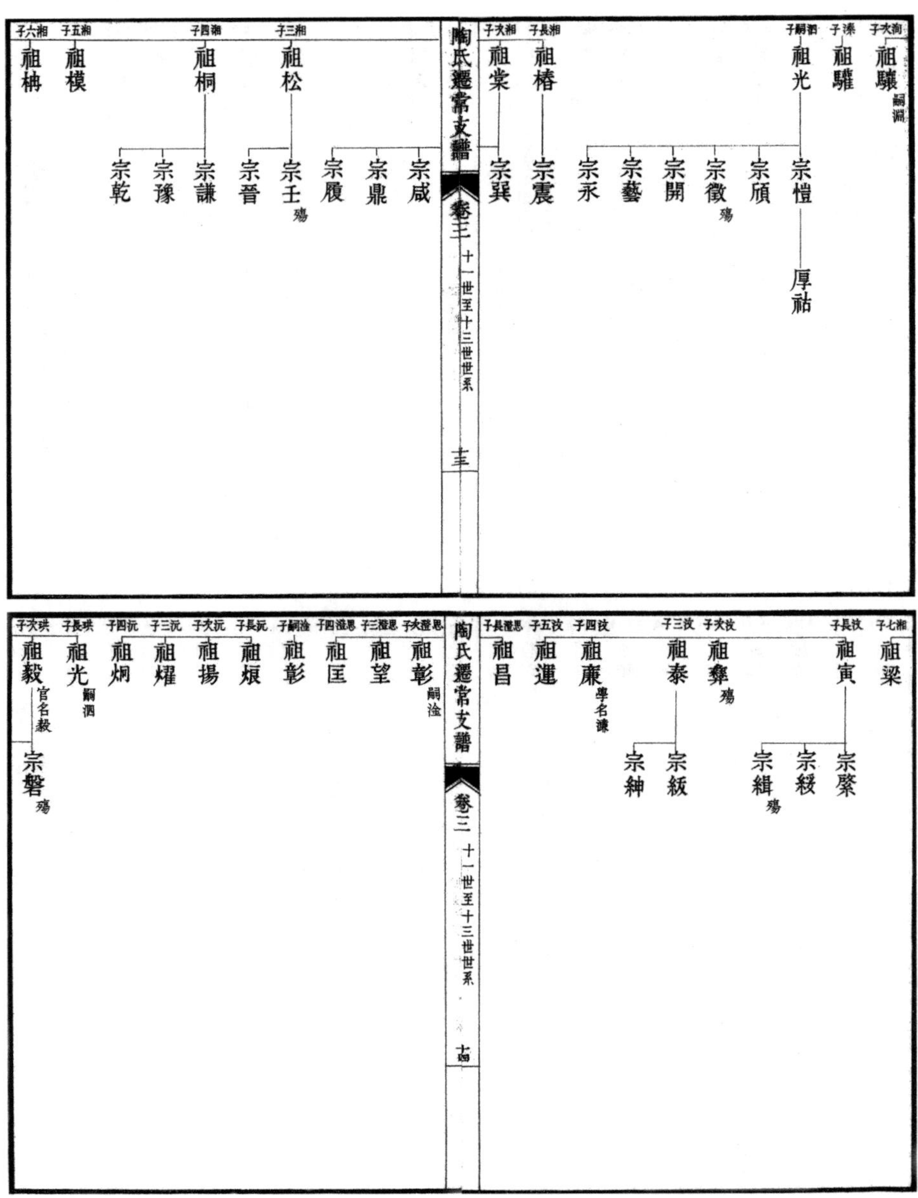

陶氏遷常支譜 卷三 十一世至十三世世系 十三

洵次子 祖驤 嗣淵

溱子 祖驢

澗嗣子 祖光
- 宗愷 — 厚祜
- 宗頎
- 宗徵 殤
- 宗開
- 宗藝
- 宗永

湘長子 祖椿
- 宗震

湘次子 祖棠
- 宗巽

宗咸
宗鼎
宗履

湘三子 祖松
- 宗壬 殤
- 宗晉

湘四子 祖桐
- 宗謙
- 宗豫
- 宗乾

湘五子 祖樸

湘六子 祖柟

陶氏遷常支譜 卷三 十一世至十三世世系 十四

湘七子 祖梁

汝長子 祖寅
- 宗檠
- 宗綬
- 宗緝 殤

汝次子 祖彝 殤

汝三子 祖泰
- 宗紱
- 宗紳

汝四子 祖廉 學名濂

汝五子 祖運

澄思長子 祖昌

澄思次子 祖彰 嗣淦

澄思三子 祖望

澄思四子 祖匡

淦嗣子 祖彰

沅長子 祖烺

沅次子 祖揚

沅三子 祖燿

沅四子 祖炯

珙長子 祖光 嗣洒

珙次子 祖穀 官名毂
- 宗磬 殤

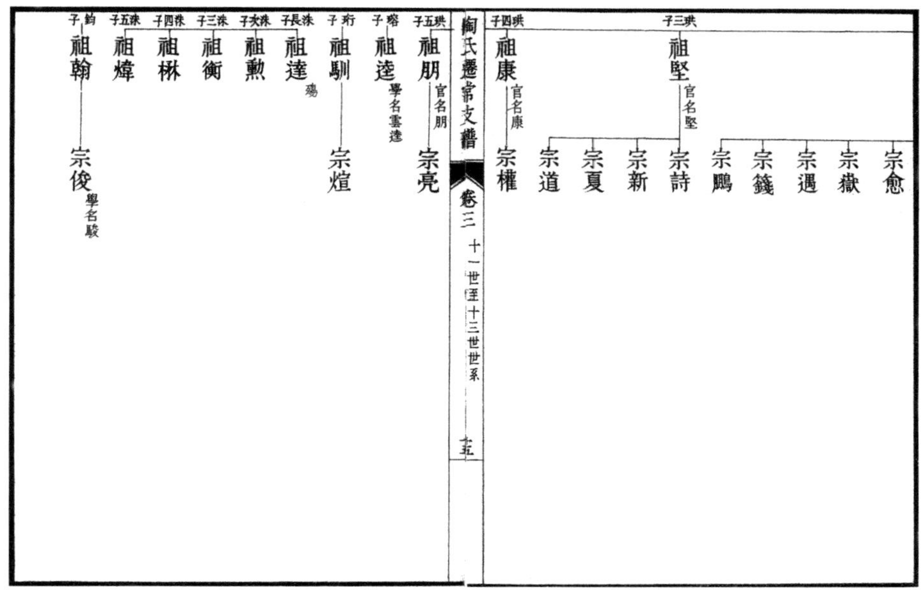

珙三子 祖堅 官名堅
宗愈 宗嶽 宗遇 宗錢 宗鵬 宗詩 宗新 宗夏 宗道

珙四子 祖康 官名康
宗權

陶氏遷常支譜 卷三 十一世至十三世世系 十五

珙五子 祖朋 官名朋
宗亮

瑢子 祖逵 學名雲逵

珩子 祖馴
宗煊

洙長子 祖達 殤

洙次子 祖勲

洙三子 祖衡

洙四子 祖楙

洙五子 祖煒

鈞子 祖翰
宗俊 學名駿

陶氏遷常支譜卷四

世表

謹按溧陽宗譜　人羣公係第四十七世

組次子	第一世	第二世	第三世	第四世	第五世
	人羣	元禧	應試 謹案菟宇公墓誌銘公原名仍覓	雍武	宏德
	字庋甫號菟宇始由溧陽縣義笪村遷居常州籍隸武進是爲遷常始祖萬曆癸卯科舉人甲辰科進士選授南京大理寺右評事升授福建邵武府知府萬曆乙巳敕授文林郎壬子	字景伯號曾守溧陽廩生生於萬曆二十二年甲午三月二十五日卒於康熙八年己酉四月初六日享壽七十有六配宜興史氏誥贈太常寺少卿端吾孫女生年失考卒年二十	字功一溧陽庠生生於泰昌元年庚申六月二十八日卒於康熙十三年甲寅紀年五十有五配武進張氏生年失考卒壽九十有三合葬石塘山之灣以自悦次子雍武爲嗣	字綏我號堯農邑庠生生於順治十六年己亥正月初二日卒於雍正五年丁未七月十四日享壽六十有九配淮安曹氏庠生山公女生於康熙四年乙巳卒於雍正十三年乙卯三月十	字富文生於康熙三十年辛未正月十三日卒於雍正十三年乙卯八月紀年四十有五葬懷南鄉二十六都二圖陳渡橋鎮西北文昌閣基配武進劉氏庠生南宮女生年失考卒壽六十

誥授中憲大夫生
於嘉靖四十年
辛酉十二月初
九日卒於萬曆
四十二年甲寅
二月十八日紀
年五十有四
配武進劉氏養
心女
勅封孺人
誥贈恭人生於嘉
靖四十二年癸
亥四月二十四
日卒於萬曆三
十九年辛亥七
月二十一日紀
年四十有九合
葬溧陽縣西二
十里石塘山之
灣

有一
繼配武進王氏
戶部郎中養默
孫女庠生存養
女生年失考卒
年二十有八
繼配孫氏生年
失考卒壽七十
合葬石塘山之
灣
子二　應試　王
出　孚　孫出
女二　長適溧
陽馬　次適毛
尖村吳　俱孫出

六日享壽七十
有一合葬石塘
山祖塋
子三　宏德
廷翰　士德
女二　長適武
進蔣康熙癸未
進士湖南乾州
直隸廳同知暨
民子穗田　次
適毛尖村吳監
生茂功子陽升

有九葬石塘山
祖塋
子二　二酉
連酉
女二　長適武
進俞　次適溧
陽石塘陳

廷翰
字采六號介夫
太學生生於康
熙三十五年丙
子九月二十六
日卒於乾隆三
十二年丁亥閏
七月十六日享
壽七十有二
配宜興儲氏增
生來肅女生於
康熙三十六年

側室陳氏生卒
葬失考
子三 元禧
嘉祉 元祐 俱
劉出
女二 長適江
陰于禮部儒士
嗣昌劉出 次
適武進徐庠生
幼白子起經 陳
出
謹按公墓誌
稱會殤子恭
人哭之哀遂
不起是公不
止三子也殆
因幼殤未載
耳

丁丑十月二十
四日卒於乾隆
三十九年甲午
十月十六日享
壽七十有八
側室李氏生年
失考卒於乾隆
三十八年癸巳
十月十一日俱
葬石塘山祖塋
子四 師奎
師謙 師泰 俱
儲出
又以容德三子
師基爲嗣

士德

嗣紹武

孚

字中一溧陽庠生生於崇禎七年甲戌八月二十八日卒於康熙二十一年壬戌正月初六日紀年四十有九

配練莊毛氏生年失考卒壽八十有二合葬石塘山祖塋

以自怡次子紹武爲嗣

女二 長適練莊毛 次適埭頭史

紹武

字止肅生於康熙十三年甲寅十月初六日卒於乾隆十九年甲戌四月初四日享壽八十有一

配溧陽陶莊陸氏生於康熙十一年壬子卒於乾隆三年戊午十一月十一日享壽六十有七合葬石塘山祖塋

以雍武三子士德承武三子睿德爲嗣

士德

字周學生於康熙三十八年己卯九月二十六日卒於雍正八年庚戌十二月初九日紀年三十有二

配徐氏生年失考卒年五十俱葬石塘山祖塋

子二 豐育 豐嘉

女二 長適山東李 次適宜興潘翰林院編修東曜

女二長適高村高次適南渡宋

睿德

字舜恭生於康熙四十二年癸未二月二十四日卒於乾隆十四年己巳十一月紀年四十有七葬石塘山祖塋

配陽湖錢氏生於康熙四十一年壬午卒於乾隆五年庚申閏六月二十一日紀年三十有九葬懷南鄉十九都二圖陶園屋後

繼配姓氏並生

卒葬俱失考
子三 師尙
師亮俱錢出
師基繼配出

嘉祉

字嘉仲號盟水邑庠生天啟辛酉科舉人崇禎甲戌科進士選授浙江平湖縣知縣入祀名宦祠生於萬曆二十五年丁酉正月十四日丑時卒於崇禎十四年辛巳五月初七日巳時紀年四十有五

配金壇張氏雲

光

謹按鉋字公墓誌銘公原名仍光

字祓餘太學生生卒失考葬武進新塘鄉馬跡山

配吳氏山東參政容字孫女太學生釆甫女生卒葬俱失考

無嗣

克

謹按鉋字公墓誌銘公原名仍亮

字峻餘號又三溧陽廩膳生生

在寬

字敬敷生於順治九年壬辰十

邁德

字含滋生於康熙十二年癸丑

南府知府虛安孫女庠生賓之四女生於萬曆二十二年甲午五月十七日卯時卒於順治二年乙酉十一月初七日亥時紀年五十有二合葬溧陽縣東門外新河里 側室陳氏楊氏生卒葬皆失考 子二 光 克俱張出 女二 長適武進董 次適溧陽史俱陳出

於泰昌元年庚申四月十八日酉時卒於康熙元年壬寅九月初四日戌時紀年四十有三 配武進陸氏萬曆甲辰科進士右僉都御史巡撫浙江鄉縈孫女郡庠生鼇躍女生年失考享壽六十有四合葬石塘山祖塋 子二 在寬 在亶 女五 長適西門彭 次適下莊史 三適武進鄒 四適溦

二月初三日卒於康熙四十七年戊子十二月十三日紀年五十有七 配武進岳氏生年失考卒壽八十有八合葬溧陽東門外新河里祖塋 子二 邁德 廸德 女一適南河沿袁

六月十九日卒年失考葬新河里祖塋 無嗣

迪德

字爾可生於康熙十六年丁巳正月二十六日卒於雍正六年戊申紀年五十有二葬失考 配武進徐氏生卒失考葬新河里祖塋 子一 旣慶 女三 長適戴埠呂 次適後水王 三適隍里埠蔣

西黄、五適武進錢

在亶 字明昜生於順治十五年戊戌七月二十五日卒於康熙二十一年壬戌八月初一日紀年二十有五配淦西黄氏生年失考卒年二十有二合葬新河里祖塋子一 懋德

懋德 出家

元祐 字康叔號三壬邑庠生崇禎己

自怡 謹按匏字公墓誌銘八公原名仍斻 字心台號素菴別號琴溪邑庠

承武 字啟子號素園生於康熙二年

大德 字舜英生於康熙二十四年乙

卯科舉人癸未
科進士選授雲
南知縣阻兵未
行宏光南渡改
授浙江蘭谿縣
知縣入祀名宦
祠康熙癸未
誥贈奉直大夫生
於萬曆二十七
年己亥八月十
八日卒於順治
十三年丙申二
月二十八日紀
年五十有八
配同邑唐氏隆
慶辛未科進士
南京太常寺少
卿鶴徵曾孫女
萬曆己丑科進
士翰林院庶吉

生生於崇禎八
年乙亥九月十
一日卒於康熙
四十六年丁亥
五月十一日享
壽七十有三
配同邑蔣氏生
年失考卒壽七
十有三合葬懷
南鄉二十六都
二圖陳渡橋鎮
西北文昌閣基
子二 承武
紹武
女一適同邑北
鄉蔣

癸卯十二月初
六日卒於乾隆
二年丁巳二月
二十九日享壽
七十有五
配陽湖吳氏生
年失考卒於康
熙四十四年乙
酉二月二十九
日合葬文昌閣
基
子三 大德
友德 睿德
女三 長適同
邑蔣 次適陽
湖王 三適陳
渡橋葉

丑九月十四日
卒於康熙四十
四年乙酉六月
十一日紀年二
十有一葬懷南
鄉十九都二圖
陶園西
配氏及生卒葬
俱失考
子一 善慶
又以睿德次子
師亮爲嗣

友德
字舜賓生於康
熙三十五年丙
子五月十三日
卒葬失考
配武進時氏生
年失考卒年四

士儆純孫女太
學生猷可女
誥贈宜人生年失
考卒年三十有
一
繼配董氏
誥贈宜人生卒失
考
繼配胡氏
誥贈宜人生卒失
考合葬懷南鄉
二十六都二圖
陳渡橋鎮西北
徐家村東南大
墳正昭穴酉山
卯向墓碑載墳
旁餘地禁止附
葬
子三 自怡
自悅董出自慷

紹武
嗣子

十有九葬文昌
閣基
子三 鳳來
泰來 方來
女二 長適下
塘楊 次適失
考

睿德
嗣紹武

胡出
女七 長適同邑史嘉靖壬戌科進士廣東廉州府知府文龍孫太學生纘禹子仁祖 次適同邑卜 三適揚州汪 四適宜興李 五適同邑楊 六適泰興季吏部主事寓庸公子八士 七適同邑陸

自悅
字心兌號艾圃廪生康熙辛酉

純武
字望之號百無太學生生於順

潤德
字愼初號餘翁生於康熙二十

科順天鄉試中式第三名舉人戊辰科會試中式第十六名進士選授山西猗氏縣知縣充丙子科山西鄉試同考官戊寅
聖祖西巡上官以文學吏治荐
特陞澤州知州癸未
聖祖復西巡
召見行在
特賜
御書憩小淩河五律一首癸未
誥授奉直大夫生於前明崇禎十二年己卯二月

治十四年丁酉四月初五日卒於康熙五十四年乙未九月十八日紀年五十有九
配同邑徐氏邑庠生顯俟女生於順治十四年丁酉卒於雍正十三年乙卯十一月十六日享壽七十有九合葬懷南鄉青龍橋十九都四圖北莊村右
側室馬氏生卒葬俱失考
子四 潤德 宗正 祖德 俱

二年癸亥六月十三日卒於乾隆十三年戊辰五月二十六日享壽六十有六
配陽湖吳氏邑庠生顯謨女生於康熙二十四年乙丑卒於乾隆三十三年戊子享壽八十有四合葬青龍橋北莊村右
子四 曾慶 曾若 曾敏 曾庚
女二 長適董經存子 次適劉

二十九日子時卒於康熙四十八年己丑六月二十日未時享壽七十有一著有亦樂堂詩鈔艾圃四書文行世入祀名宦祠配同邑董氏伯逸女
誥贈宜人生年失考卒年二十有三
繼配同邑蔣氏靜山曾孫女昌叔女
誥贈宜人生年失考卒年五十有九合葬懷南鄉二十六都二圖

徐出
樹德 馬出
女一適宜興儲瑤在子國學生
元徵 徐出

宗正

字備五號寓圃郡庠生生於康熙三十一年壬申三月十二日卒於乾隆十年乙丑十月二十九日紀年五十有四
配陸氏歲貢生子靜女生於康熙三十三年甲戌卒於雍正三年乙巳十二月初七日紀年三

陳渡橋鎮西北徐家村東南大墳正穆穴酉山卯向墓碑餘地禁止附葬

側室張氏生卒葬皆失考

子七　純武

雍武董出　繩武

嗣武　偣武

履武蔣出　祥武

張出

女二　長適宜興儲康熙辛未科進士直隸井陘縣知縣長能子邑增生可權

次適同邑王康熙戊辰科進士廣西蒼梧參

十有二

繼配汪氏生於康熙四十五年丙戌卒於乾隆二十三年戊寅紀年五十有三合葬文昌閣基

子二　曾農

曾華陸出

女三　長適劉

次適蔣　三適陸邑庠生振篇汪出

祖德

字章公生於康熙三十七年戊寅三月二十三日卒於乾隆三

議緯子太學生
肅武俱張出

十六年辛卯十月二十四日享壽七十有四配宜興王氏宸佩女生於康熙四十年辛巳八月十三日卒年失考合葬文昌閣基子四翰周仲熊錫周媚周

樹德
字季安生於康熙五十年辛卯四月十九日卒葬失考無嗣

雍武

嗣應試

縄武

字山立號質民廪生康熙庚子科順天鄉試中式舉人生於康熙七年戊申十月初八日卒於乾隆八年癸亥正月十七日享壽七十有六

配吳氏天一女生於康熙十九年庚申卒於乾隆五年庚申十一月十七日享

宗德

字金文生於康熙二十七年戊辰七月二十二日卒於雍正二年甲辰十月初八日紀年三十有七

配同邑管氏郡庠生皇瑞女生於康熙二十六年丁卯卒於雍正六年戊申紀年四十有二合葬徐家村東山

壽六十有一合葬懷南鄉二十六都二圖陳渡橋鎮西北徐家村東主穴

子五　宗德　學德　龍德　誠善　衮德

女二　長殤　次適同邑唐康熙癸未科進士刑部尚書執玉子康熙庚子科舉人江西撫州府知府孝本

立公墓右第二穴

以龍德長子師祈爲嗣

學德

嗣嗣武

龍德

字正九號辛夫生於康熙三十九年庚辰三月十一日卒於乾隆三十五年庚寅五月十二日享壽七十有一

配鶴蕩蔣氏康熙甲子科舉人懷甯縣教諭金

式孫女康熙乙酉科舉人內閣中書鵬翮女生於康熙三十八年己卯卒於乾隆十四年己巳七月初四日紀年五十有一合葬懷南鄉十九都二圖陶園之北主穴

側室薛氏生於康熙五十九年庚子六月初八日戌時卒於嘉慶三年戊午九月十九日寅時享壽七十有九葬陶園北主穴之右

子四　師祈　師軾　夢曾　俱蔣出　師徽　薛出
女二　長適毛　次適唐　俱蔣出

誠善

字繼兩太學生生於康熙四十一年壬午十一月初四日卒於乾隆十八年癸酉十二月初四日紀年五十有二

配唐氏生於康熙四十年辛巳卒於乾隆二十年乙亥五月二

嗣武

字文開生於康熙十一年壬子五月十六日卒於康熙三十七年戊寅六月初一日紀年二十

十八日紀年五十有五合葬定西鄉茶山路 子三 允吉 師載 師弼 女四 長適徐 次適陳 三適須 四適唐

袞德

嗣祥武

學德

字肄三生於康熙二十九年庚午二月初五日卒於乾隆九年甲子六月二十日紀年五十有

有七
配同邑卜氏前明崇禎癸未科進士浙江宣平縣知縣云吉孫女邑庠生近魯女生卒失考合葬徐家村東山立公墓左第一穴
以繩武次子學德爲嗣
女二　長適楊國學生子重子士烈　次適吳

五
配同邑卜氏錫朋女生卒失考合葬石塘山祖塋
子二　師琦　師曾

信武
字允侯生於康熙十七年戊午

秀德
字近雅生於康熙四十二年癸

六月十七日卒
於雍正十一年
癸丑九月十九
日紀年五十有
六
配同邑龔氏太
學生候選州同
復園女生年失
考卒年二十有
六
繼配袁氏生卒
失考俱合葬文
昌閣
子二 秀德龔
出 槐德袁出
女一適丹陽繆
袁出

履武

未二月初七日
卒葬失考
配袁氏生卒葬
皆失考
女二未詳所適
無嗣

槐德
字爾雅生於康
熙五十四年乙
未七月十四日
卒葬失考
無嗣

成德

字稼臣太學生游幕山東寄居兖州府甯陽縣陳村生於康熙二十一年壬戌八月十三日卒於乾隆七年壬戌四月二十七日享壽六十有一

配泰興季氏天啟壬戌科進士吏部主事因是孫女貢生南宫女生於康熙二十三年甲子卒於乾隆元年丙辰十二月二十四日紀年五十有三合葬甯陽

字公協生於康熙三十九年庚辰卒於乾隆三十九年甲午享壽七十有五

配武進蔣氏太學生繼韓女生於康熙四十年辛巳卒於乾隆三十六年辛卯享壽七十有一合葬鳳仙山陰

子三　東明　東發　東華

女一適宜興謝

詠德

字連朔生於康熙四十一年壬

縣陳村
子三 成德
詠德 福德

午辛於雍正十一年癸丑紀年三十有二
配武進唐氏生於康熙四十二年癸未卒於乾隆九年甲子紀年四十有二合葬鳳仙山陰
以成德次子東發爲嗣

福德
生於康熙五十一年壬辰卒年失考
配武進王氏康熙戊辰科進士廣西參議緯孫

祥武

字哲維號娛老太學生議敘州同生於康熙三十七年戊寅五月十三日卒於雍正十三年乙卯四月二十九日紀年三十有八配同邑趙氏康熙庚戌科進士戶部尚書謚恭

女太學生嶼亭女生卒失考合葬鳳仙山陰以成德三子東華爲嗣

裒德

字逮祖生於康熙四十八年己丑二月初三日卒於乾隆十一年丙寅九月二十八日紀年三十有八配許氏生於康熙四十八年己丑卒於乾隆五十四年己酉十月初一日享壽

毅諱申喬孫女康熙戊辰科進士山西太原府知府鳳詔女生於康熙三十八年己卯卒於康熙六十一年壬寅二月二十四日紀年二十有四合葬青龍橋北莊村右以繩武五子袞德爲嗣

八十有一合葬陶園北隔池
子二 師度 師灝
女二 長適陽湖劉山東萊州府知府逢泰次適同邑管太學生熏

自愫

字心素號樸夫
康生嘉慶己巳
覃恩
貤贈奉直大夫生

亮武

字子明嘉慶庚辰 覃恩
貤贈奉政大夫生於康熙十三年

溶

字信成號菊甫太學生生於康熙三十四年乙亥七月二十七

涉园缥缃

於順治十年癸
巳正月十一日
卒於雍正四年
丙午三月十六
日享壽七十有
四
配孫氏
貤贈宜人生年失
考卒壽八十有
七合葬懷南鄉
十九都一圖徐
家壩北石塔庵
前主穴己山亥
向
子三　亮武
誥武　雄武
女四　長適同
邑管考職州同
淑字靜庵　次
適同邑董　三

甲寅正月二十
二日卒於乾隆
十七年壬申六
月二十九日享
壽七十有九
配鄒氏
貤贈宜人生年失
考卒壽七十有
一合葬定西鄉
二都三圖三橋
頭正昭穴癸山
丁向
子四　溶　淇
洪　澳
女一適泰興季

日卒於乾隆三
十三年戊子七
月十九日享壽
七十有四
配同邑龔氏生
於康熙三十八
年己卯五月十
六日寅時卒於
乾隆三十九年
甲午十一月初
九日享壽七十
有六
側室李氏生於
雍正元年癸卯
正月二十九日
酉時卒於乾隆
三十一年丙戌
四月二十五日
紀年四十有四
合葬三橋頭正

適泰興季 四
適陝西賣

穆穴癸山丁向
子三 夢麐
夢麃 夢纕俱
龔出
女一適劉 李出

淇
字敬成生於康
熙三十九年庚
辰四月二十六
日卒葬失考
配陳氏生於康
熙三十八年己
卯卒於雍正七
年己酉紀年三
十有一葬東郊
未詳何處
無嗣

洪

字月成號蒱溪
太學生嘉慶己
卯 覃恩
貤贈奉政大夫生
於康熙四十四
年乙酉九月初
四日卒於乾隆
五十一年丙午
二月十五日享
壽八十有二
配同邑徐氏樹
九女
貤贈宜人生於康
熙四十年辛巳
三月初一日卒
於乾隆四十三
年戊戌八月二
十三日享壽七

誥武

字子爲生於康熙二十年辛酉九月十六日卒於乾隆十四年己巳九月二十日享壽六十有

十有八合葬定東鄉一都一圖倉橋灣主穴乙山辛向兼卯酉分金

子二 夢麒

夢熊

女一適祁莊黃

澳

早卒

源

字協成生於康熙五十年辛卯二月初三日卒葬失考

配鄭氏生年失考卒年四十有

九

配錢氏生年失考卒壽八十有一合葬徐家壩北石塔菴前昭穴已山亥向

子四 源 浩 渭 洽

女一適董

三葬馬家墳

子二 見曾 述曾

浩

字允成生於康熙五十六年丁酉十二月初三日卒於乾隆三十四年己丑紀年五十有三

配泰興季氏生年失考卒年四十有三合葬馬家墳

子一 臯

渭

字鶴林外嗣陝西竇氏

洽

字集成生於康熙六十一年壬寅二月初一日卒於乾隆五十八年癸丑四月二十八日享壽七十有二葬畢家山

無嗣

雄武

字漢飛號靜虛太學生乾隆庚子覃恩

貤贈武德騎尉生

焱

字蒼扶號松亭乾隆庚子覃恩

誥贈武德騎尉生

於康熙三十三
年甲戌十月十
七日子時卒於
乾隆五十三年
戊申十一月十
三日享壽九十
有五
配惲氏
貤贈宜人生於康
熙三十二年癸
酉十一月十三
日戌時卒於乾
隆三十九年甲
午十一月十七
日戌時享壽八
十有二合葬定
西鄉茶山路
子一　焮
女三　長適莊
次適王　三

於雍正元年癸
卯七月十三日
子時卒於乾隆
五十一年丙午
正月初十日丑
時享壽六十有
四
配董氏
誥贈宜人生於雍
正元年癸卯十
二月初八日辛
於乾隆三十六
年辛卯八月二
十七日紀年四
十有九合葬定
西鄉茶山路
子三　紹安
紹侃　紹景
女一適湖北監
利縣段江西九

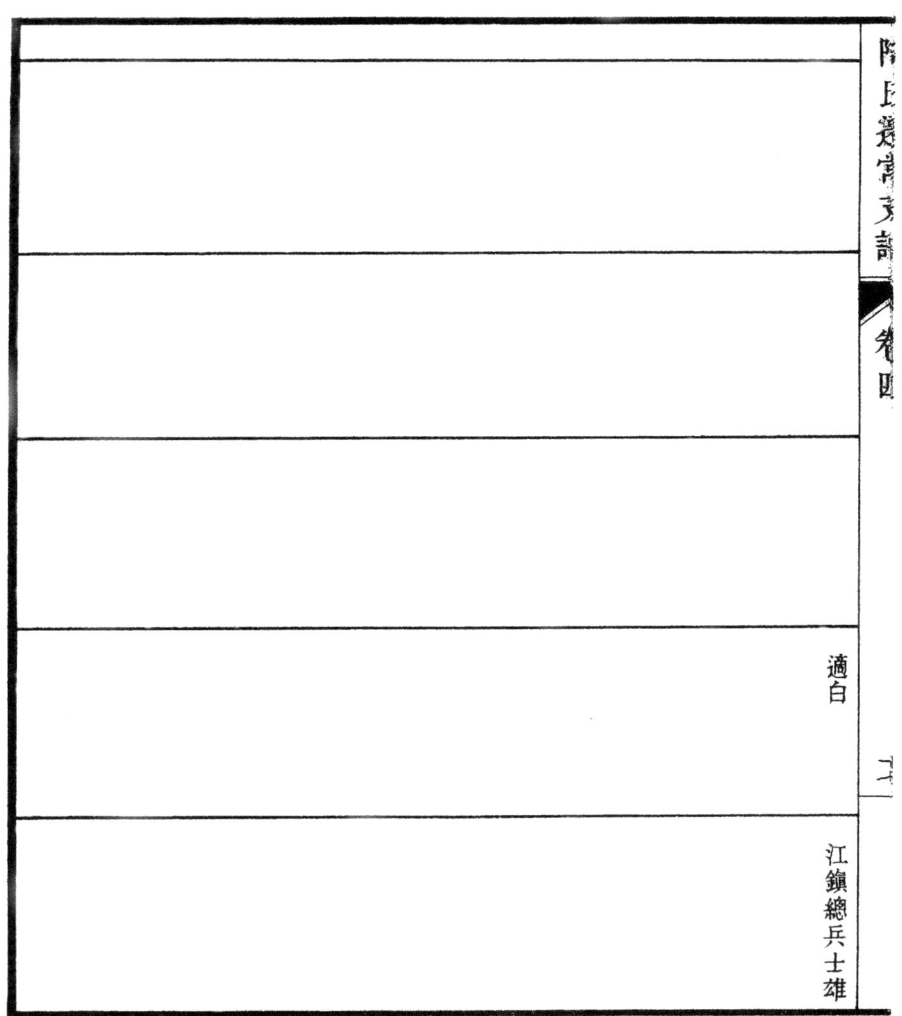

適白

江鎮總兵士雄

世	宏德長子	宏德次子	廷翰長子
第六世	**二酉** 字紹曾生於康熙五十二年癸巳八月初八日卒於乾隆二十五年庚辰紀年四十有八葬石塘山祖塋 無嗣	**連酉** 字復曾生卒失考葬陳渡橋鎮西北文昌閣基 無嗣	**師奎**
第七世			
第八世			
第九世			
第十世			

廷翰支子

字名世生於康熙五十六年丁酉正月二十日卒於雍正十年壬子紀年十有六葬陳渡橋鎮西北文昌閣基

無嗣

師謙

字名時生於康熙五十八年己亥十月初四日卒於乾隆六年辛酉三月二十七日紀年二十有三

配陳氏湖南耒陽縣知縣季崇女苦志守節撫

映暄

字育仁號寓園太學生生於乾隆二十五年庚辰九月二十七日卒於嘉慶十八年癸酉六月二十三日紀年五十有四

配鄭陸橋陳氏生於乾隆二十

克家

字紉蘭太學生光緒己丑　覃恩敕贈徵仕郎生於乾隆五十一年丙午十月初一日卒於道光四年甲申十一月十五日紀年三十有九

懋璣

原名兆彪字階甫太學生山東青城縣典史加五級光緒甲辰覃恩敕授徵仕郎生於道光十六年丙申十月初二日申時卒於民國初年未詳何年

鼎

字燮臣生於光緒七年辛巳十月二十七日寅時

配同邑李氏士熿孫女端女生於光緒七年辛巳十一月初九日丑時

子一　祖憙

嗣子成立
旌表節孝生於康
熙五十八年己
亥十二月初四
日卒於乾隆六
十年乙卯十二
月十六日享壽
七十有七合葬
陶園西
以師度次子映
暄爲嗣
女一適宜興儲

五年庚辰三月
初九日卒於嘉
慶十八年癸酉
九月十一日紀
年五十有四合
葬懷南鄉十九
都二圖張墅堰
橋楊家村旁
子三 克家
蘭芳 潤
女三 長適周
綠巷呂吉安
次適慰司橋張
耀曾
旌表節孝
三適察院街呂
心田

配同邑張氏附
監生福建崇安
縣五夫村巡檢
伯藩胞妹
敕贈孺人生於乾
隆五十年乙巳
卒於嘉慶十六
年辛未五月十
七日紀年二十
有七合葬陶園
西
以潤子懋璣爲
嗣

月日與吳安人
合葬青城縣東
郊將軍廟
配南夏墅錢氏
太學生偶女
敕贈孺人生於道
光十四年甲午
六月二十二日
卯時咸豐十年
庚申四月初六
日髮逆陷城赴
迎春橋下殉難
紀年二十有七
旌表節烈
繼配山東濟甯
州吳氏萃光孫
女守訓女
敕封孺人生於咸
豐元年辛亥二
月初六日卯時

廷翰三子

師泰

字名揚生於康熙六十年辛丑

蘭芳

嗣義高

潤

嗣俊

卒於光緒三十一年甲辰正月二十三日午時紀年五十有四葬山東青城縣東郊將軍廟子一鼎吳出

廷翰嗣子

十二月初十日卒於乾隆八年癸亥七月二十六日紀年二十有三葬陶園西無嗣

師基 字漢書生於乾隆十三年戊辰正月十七日巳時卒於嘉慶六年辛酉二月初二日紀年五十有四配趙圩里呂氏喜雍女生於乾隆二十年乙亥四月十六日酉時卒年失考合

繼淵 出嗣師倘

繼賢 出嗣師亮

繼昌 字璇福號意田生於乾隆五十六年辛亥十月十五日亥時咸

庚祥 生卒葬俱失考以啟祥四子桂庭爲嗣

桂庭 生於道光二十八年戊申五月初六日卒年失考葬石塘山祖

葬石塘山祖塋
子四 繼淵
繼賢 繼昌
繼和
女一適塘頭張
孟和

豐十年庚申三
月在溧陽石塘
山偕姪啟祥等
同殉髮逆之難
享壽七十
旌卹忠義
配沈家地陳氏
裕康女生於嘉
慶元年丙辰七
月初十日寅時
咸豐十年庚申
三月同殉難享
壽六十有五
旌表節烈
子一 庚祥
女一適溧陽黃

繼和
字敘福號意園
生於乾隆五十

邦祥
出嗣繼淵

塋

九年甲寅十二月初九日辰時咸豐十年庚申三月同兄繼昌及姪啟祥並子婦在溧陽石塘山同殉髮逆之難享壽六十有七

旌䘏忠義

配後潘潘氏倘益女生於嘉慶六年辛酉九月初八日午時咸豐十年庚申三月同殉難享壽六十

旌表節烈

子六 邦祥

錦祥 光祥

錦祥

生於道光十二年壬辰十二月初九日辰時咸豐庚申三月侍父在溧陽石塘山殉髮逆之難紀年二十有九

旌䘏忠義

配潘氏生於道光十一年辛卯卒年失考葬石塘山祖塋

繼配高湻水陽王氏生於道光庚寅咸豐庚申三月同殉難紀年三十有一

旌表節烈

桂定

生於道光二十五年乙巳六月十三日卒於同治四年乙丑正月紀年二十有一葬石塘山祖塋

懋祥　順祥
如祥
女一適周

以啟祥玄子桂
定爲嗣

光祥
生於道光十五
年乙未咸豐十
年庚申三月侍
父在溧陽石塘
山殉髮逆之難
紀年二十有六
旌卹忠義
無嗣

懋祥
嗣時鶴

順祥
生於道光二十
年庚子咸豐十

士儁長子

豐育

字世和生於康熙六十年辛丑

時麟

殤

年庚申三月侍父在溧陽石塘山殉髮逆之難紀年二十有一旌卹忠義無嗣

如祥

生於道光二十二年壬寅咸豐十年庚申三月侍父在溧陽石塘山殉髮逆之難紀年十有九旌卹忠義無嗣

六月初十日卒於乾隆四十年乙未六月初一日紀年五十有五

配宜興孫氏生於乾隆十年乙丑七月十三日卒於嘉慶八年癸亥九月二十八日紀年五十有九合葬石塘山祖塋

子三　時麟　時鳳　時鶴

時鳳

字聽福生於乾隆三十五年庚寅八月十五日卒於道光二十九年己酉八月初五日享壽八十

配興化戴家舍蘇氏生於乾隆四十三年戊戌十月初三日卒於嘉慶二十一年丙子十月初三日紀年三十有九合葬石塘山祖塋

子一　國祥

女一適尚頭彭

國祥

字瑞明又字雙慶生於嘉慶十四年己巳九月二十日亥時卒於光緒十一年乙酉三月初六日享壽七十有七葬石塘山祖塋

配興化解氏生於嘉慶二十三年戊寅四月十三日寅時

以溧陽同族宗信次子九康爲嗣

九康

字華寶生於同治七年戊辰正月初三日申時

配彭氏生於同治七年戊辰九月二十日巳時

女一

	士德次子	睿德長子
	豐嘉 字世安生於雍正二年甲辰六月十二日卒於乾隆二十年乙亥四月初三日紀年三十有二葬溧陽笙竹科祖塋以豐育三子時鶴爲嗣	**師尚** 字漢英生於乾隆三年戊午七
時鶴 嗣豐嘉	**時鶴** 字貽福生於乾隆四十年乙未十一月二十七日卒於嘉慶二十一年丙子九月十一日紀年四十有二葬溧陽笙竹科祖塋以繼和四子懋祥爲嗣	**繼淵** 字壽福號意松生於乾隆四十
	懋祥 生於道光十八年戊戌咸豐十年庚申三月隨兄敵祥在溧陽石塘山殉髮逆之難紀年二十有三旌卹忠義無嗣	**邦祥** 生於道光九年己丑咸豐十年

睿德文子

師亮

月十一日卒於乾隆二十七年壬午四月初三日紀年二十有五葬笙竹科祖塋以師基長子繼淵爲嗣

四年己亥七月二十五日辰時卒於道光九年己丑十月初五日紀年五十有一原聘趙圩里呂氏殤配潘笪戴氏生於乾隆四十五年庚子卒於道光十三年癸巳十一月十五日紀年五十有四合葬石塘山祖塋以繼和長子邦祥爲嗣

庚申三月隨兄敵祥在溧陽石塘山殉髮逆之難紀年三十有二旌卹忠義配崇莊史氏生於道光十年庚寅咸豐十年庚申三月同殉難紀年三十有一旌表節烈無嗣

嗣大德

睿德三子

師基

嗣廷翰

廸德子

旣慶

字厚培生於康熙四十三年甲申七月初六日卒於雍正六年戊申紀年二十有五葬新河里祖塋

無嗣

大德子

善慶

字西來生於康熙四十四年乙

繼高

嗣曾慶

大德嗣子

酉十一月初七日卒葬失考
配談家埸薛氏生卒葬皆失考
子一 繼高

師亮
字漢章生於乾隆五年庚申五月二十九日卒葬及
配氏俱失考
以師基次子繼賢爲嗣

繼賢
字南福號意蒳生於乾隆四十八年癸卯十一月初六日亥時卒於道光元年辛巳十二月初五日紀年三十有九
配溧陽七里崗强氏生於乾隆四十八年癸卯三月初三日卒

啟祥
字瑞東生於嘉慶十六年辛未九月十五日寅時咸豐十年庚申髮逆竄溧陽先是縣西二十里石塘山爲鮑宇公墓所公偕伯叔兄弟率子姪避亂居守三月髮逆竄至公率鄉團抵禦衆

桂生
生於道光十七年丁酉四月初二日咸豐十年庚申三月侍父在溧陽石塘山殉髮逆之難紀年二十有四
旌卹忠義
配金氏生年失考咸豐十年庚申三月同殉難
旌表節烈

友德長子

鳳來

於咸豐十一年辛酉十月初九日享壽七十有九合葬石塘山祖塋

子一　啟祥

女一適蔣家灣朱經邦

寡不敵合門老幼男女十餘口皆殉難

旌卹忠義

配上沙仁張氏生年失考咸豐十年庚申三月同殉難

旌表節烈

子四　桂生　桂林　桂定　桂庭

桂林

生於道光二十八年戊申咸豐十年庚申三月侍父在溧陽石塘山殉髮逆之難紀年十有三

旌卹忠義

桂定

嗣錦祥

桂庭

嗣庚祥

按以上桂庭桂定九康桂生桂林均居住溧陽世次詳溧陽宗譜支譜未載

字鳴周生於康熙五十九年庚子八月初五日卒葬失考配石氏生卒葬皆失考無嗣

友德次子
泰來
字慕虞生於雍正四年丙午十一月十一日卒葬失考配氏及生卒葬皆失考無嗣

友德三子
方來

調德長子

字思孔生於雍正十年壬子六月十一日卒葬失考

無嗣

曾慶

字南昀生於康熙四十四年乙酉十二月初九日卒於乾隆四十五年庚子六月初八日享壽七十有六

配邵氏生於康熙四十二年癸未九月初二日卒於乾隆五十一年丙午十一

繼高

字震與生於乾隆七年壬戌七月初五日卒葬失考

以述高長子振爲嗣

振

字振昆生於乾隆四十一年丙申三月十二日游幕湖北以嘉慶十一年丙寅八月十六日卒卽葬湖北龜山紀年三十有一

配楊氏生於乾隆四十八年癸卯卒於嘉慶十八年癸酉九月

錫藩

字金如生於嘉慶十九年甲戌九月二十九日亥時咸豐十年庚申四月在陳渡橋殉髮逆之難紀年四十有七

旌卹忠義

配汪氏生於嘉慶二十年乙亥十月初三日未

玉成

字子德生於道光二十四年甲辰九月初十日戌時咸豐十年庚申四月爲髮逆所擄不知所終時年十有七

無嗣

玉順

字子遂生於咸豐三年癸丑十

月二十七日享壽八十有四合葬青龍橋北莊村右以善慶子繼高爲嗣

二十九日紀年三十有一葬文昌閣基以直長子錫藩芬長子錫常爲嗣

時卒葬失考子二 玉成 玉順

錫常

字春林生於嘉慶二十年乙亥二月十九日卯時卒於咸豐元年辛亥四月二十四日紀年三十有七

配惲氏慶三女生於嘉慶十九年甲戌七月初十日亥時卒於道光十九年己亥五月初八日巳時紀年二十

二月二十日戌時卒年失考

無嗣

玉孚

字子益生於道光十五年乙未八月十八日戌時咸豐十年庚申四月爲髮逆所擄不知所終時年二十有六

無嗣

玉尹

字子壽生於道光十八年戊戌二月二十三日戌時咸豐十年

潤德文子

曾若

字介孫生於康熙五十三年甲午十月二十五日卒於乾隆十二年丁卯二月十三日紀年三

懷高

字復興生於乾隆七年壬戌九月十四日葬文昌閣基

無嗣

有六

繼配蔣氏舒岩女生於嘉慶二十年乙亥十月初九日午時卒於咸豐元年辛亥八月初五日卯時紀年三十有七合葬文昌閣基

子二　玉孚　玉尹　俱惲出

庚申四月爲髮逆所擄不知所終時年二十有三

無嗣

十有四
配吳氏苦志守
節
旌表節孝生於康
熙五十九年庚
子九月初八日
卒於乾隆五十
五年庚戌九月
二十六日享壽
七十有一合葬
懷南鄉二十六
都二圖陳渡橋
鎮西北文昌閣
基
子一 懷高
女一字董昌學
夫故守節後歸
董氏撫嗣子成
立
旌表節孝

涉园缥缃

潤德三子

曾敏

字西韓生於康熙五十六年丁酉十月初五日卒於乾隆七年壬戌七月初九日紀年二十有六

配徐氏守節撫孤旌表節孝生於康熙五十六年丁酉十一月初六日卒於嘉慶四年己未九月初六日享壽八十有三合葬文昌閣基

子一　紹高

紹高

字再興生於乾隆六年辛酉四月初二日卒年失考葬文昌閣基

配氏及生卒葬皆失考

無嗣

潤德四子

曾庚

字斯求生於康熙五十九年庚子九月十九日卒於乾隆十三年戊辰五月十一日紀年二十有九

配吳氏生於雍正元年癸卯九月二十五日卒於乾隆四十三年戊戌六月初九日紀年五十有六合葬青龍橋北莊村右

子一 述高

女一適吳

述高

字又興生於乾隆七年壬戌四月初五日卒於乾隆六十年乙卯九月初二日紀年五十有四

配汪氏生於乾隆十七年壬申十月十七日卒於嘉慶二十二年丁丑四月二十六日享壽六十有六合葬青龍橋北莊村右

子三 振 直 芬

女一適劉

振

嗣繼高

直

字裕昆生於乾隆四十三年戊戌八月初一日卒於道光二十七年丁未八月二十三日戌時享壽七十

配同邑潘氏淸源女生於乾隆五十一年丙午閏七月二十七日戌時卒於咸豐十一年辛酉九月十四日享

錫藩

嗣振

錫華

字金魁生於嘉慶二十一年丙子十月十二日午時卒於光緒二十九年癸卯七月十五日巳時享壽八十有八葬孝仁鄉東頭村東首新地巽山乾向

玉明

字衡甫太學生山東候補典史生於道光二十七年丁未十月十一日亥時卒於光緒七年辛巳十二月初三日申時紀年三十有五厝白家橋東雙埄圻新

壽七十有六合葬青龍橋北莊村右
子三 錫藩 錫華 錫麒
女一適譚墅王

配同邑岳氏登丙女生於道光三年癸未三月初二日寅時卒於同治三年甲子四月十五日子時紀年四十有二厝孝仁鄉四十七都二圖白家橋東土名雙夆坵新阡主穴丙山壬向
子二 玉明 玉清
女一適同邑居太學生榮川

錫麒

字金式生於道光元年辛巳五

阡祖穴之右丙山壬向
配同邑許氏壽昌三女生於道光二十八年戊申二月二十九日辰時卒於民國六年丁巳二月十六日丑時享壽七十厝雙夆坵祖塋右側丙山壬向
子二 祖辛 祖福
女一字同邑薛奎安殤

玉清

外嗣錢姓

芬

字季昆生於乾隆四十五年庚子十二月二十日辰時卒於道光二十六年丙午七月初四日卯時享壽六十有七葬青龍橋北莊村右

配西郊太平巷楊氏洪滄女生於乾隆五十四年己酉正月十四日巳時卒葬

月二十八日寅時卒年失考

無嗣

錫常

嗣振

錫蘭

字湧林生於道光元年辛巳十一月二十五日丑時卒葬失考

配西郊太平巷李氏生於道光四年甲申十月初一日丑時

子二 玉葆 玉震

玉葆

字子全生於道光二十八年戊申九月二十四日丑時卒葬失考

無嗣

玉震

字子興生於咸豐四年甲寅十

宗正長子
曾農
字甫田生於康熙五十七年戊戌八月二十日卒於乾隆三年戊午九月初一日紀年二十有一葬山東鄆城縣
無嗣

宗正次子
曾華
失考
子二　錫常　錫蘭
女二　長適宜興陳文焕　次適同邑趙瑞芝

月二十三日丑時卒葬失考
無嗣

字魯岑生於康熙六十一年壬寅七月初二日卒葬失考
無嗣

祖德長子
翰周
字維岳生於雍正三年乙巳七月十九日卒於乾隆五十六年辛亥正月享壽六十有七
配周氏生卒失考合葬文昌閣基
無嗣

祖德次子
仲熊

祖德三子

字虞侚生於雍正六年戊申九月初十日卒於乾隆二十年乙亥四月初十日紀年二十有八葬文昌閣基

無嗣

錫周

字維正生於乾隆五年庚申閏六月二十四日卒於乾隆四十年乙未三月十九日紀年三十有六葬文昌閣基

無嗣

祖德四子

媚周 字維稷生於乾隆九年甲子四月初二日卒葬失考無嗣

宗德嗣子

師祈 字又存生於康熙五十七年戊戌十月二十九日游幕福建卒年失考葬福建配陽湖慈墅劉氏生於康熙五十九年庚子六月十一日子時卒於乾隆二十

際春 字東暉生於乾隆九年甲子八月二十四日卒於乾隆四十五年庚子正月三十日紀年三十有七葬徐家村東山立公墓左第一穴配陽湖慈墅劉

賡唐 字頡士號翼之生於嘉慶十九年甲戌四月十六日辰時卒於光緒二年丙子十月初四日亥時享壽六十有三配同邑卜氏文山女生於嘉慶

鼎元 字桂柯號佑蓀太學生五品職銜生於咸豐四年甲寅二月初六日亥時卒於民國十八年己巳正月二十四日未時享壽七十有六配陳渡橋馬氏

樾 字森甫生於光緒二年丙子十一月十五日酉時卒於民國十三年甲子十月初四日申時紀年四十有九配昇仙里吳氏耆生女生於同治十三年甲戌

二年丁丑十月初八日紀年三十有八葬徐家村東山立公墓右第三穴

子一 際春

女二 長適松江錢 次適巢陽湯

氏生於乾隆九年甲子正月二十一日申時卒於嘉慶四年己未二月初六日紀年五十有六葬文昌閣基

以履中次子賡唐爲嗣

女一適麻巷吳念時

二十三年戊寅八月初九日卯時卒於光緒十六年庚寅七月十二日享壽七十有三合葬陶園北祖塋之後坤山艮向

以均次子鼎元爲嗣

女四 長適莊六品職銜柏蒼子義瑞咸豐十年庚申城陷從夫殉難旌表節烈 次適朱太學生孟溪子文郁 三適劉邑庠生誦芬 四適湯佑清

太學生禮和公女生於咸豐三年癸丑七月初八日戌時卒於民國十六年丁卯十二月二十二日亥時享壽七十有五

側室徐氏生於同治五年丙寅八月十六日子時卒於光緒二十四年戊戌四月二十三日申時紀年三十有三合葬圍北隔河新阡主穴甲山庚向兼卯酉分金

子二 樾 植

六月十九日午時卒於宣統二年庚戌八月二十六日申時紀年三十有七合葬文昌閣庚山甲向兼酉卯

子二 祖允 祖愷

植

字沁芸生於光緒七年辛巳十二月初七日丑時卒於民國二十年癸酉十一月二十二日申時紀年五十有一葬圍北隔河

龍德長子

師新

嗣宗德

龍德次子

師軾

字敬輿生於雍正七年己酉二月二十日卒於乾隆五十八年癸丑十月十二日享壽六十有五

配薛氏生於雍正十二年甲寅三月二十四日

召春

字景陽生於乾隆二十六年辛巳九月十八日游幕四川寄居瀘州卒葬未詳

配同邑惲氏生於乾隆二十九年甲申二月二十五日卒於嘉慶十一年丙寅

遇艮

字家駒生於乾隆五十二年丁未十二月十二日寄居四川瀘州生卒葬嗣均待考

女一早卒葬文昌閣庚山甲向兼酉卯

遇艮寄居四川瀘州以後久不通問其世次待考

新阡昭穴甲山庚向兼卯酉

無嗣

龍德三子

卒於乾隆五十年乙巳十月十七日紀年五十有二合葬陶園之北

子一 召春

女一適芙蕩橋吳邑庠生炳

夢曾

字志正生於雍正九年辛亥六月二十九日卒於乾隆十三年戊辰八月十八日紀年十有八葬文昌閣基

無嗣

龍德四子

師徽

二月二十七日紀年四十有三葬陶園之北

子一 遇艮

女二 長適周 次適陳

履璇

澤

鼎文

汝楫

字思訥號省齋生於乾隆九年甲子四月二十九日戌時卒於嘉慶十八年癸酉六月二十四日享壽七十配汪氏生於乾隆十八年癸酉正月二十六日申時卒於嘉慶十二年己巳九月二十三日紀年五十有七合葬陶園之北子四 履璇 履亨 履豐 履中 女三 長適下塘卜 次適普

字蠡菴邑庠生生於乾隆三十五年庚寅八月十八日辰時卒於道光十五年乙未三月十五日享壽六十有六配武署後徐氏生於乾隆三十七年壬辰十一月二十八日亥時卒於道光八年戊子十月十五日紀年五十有七合厝陶園北未山丑向子三 澤 嶷 士 均 女一適吳太學

字戩士號雨村生於嘉慶三年戊午六月初六日申時同治三年甲子同妻子等在福建漳州府署殉髮逆之難享壽六十有七 旌卹忠義 配唐氏生於嘉慶五年庚申九月二十一日午時同治三年甲子在漳州從夫殉難享壽六十有五 旌表節烈 子五 鼎文 桂昌 桂芬

字炳南又字濱南邑庠生生於道光二年壬午正月十六日子時游幕福建同治三年甲子九月十四日在漳州府署侍父母弟媳等殉髮逆之難紀年四十有三 旌卹忠義 配謝氏生於道光三年癸未十月初八日卯時卒於同治二年癸亥紀年四十有一葬失考 子一 汝楫

原名餘慶字善堂太學生生於道光二十七年丁未十月初三日辰時配浙江秀水屠氏太學生青藜孫女福建候補縣丞麟瑞女生於同治二年癸亥六月十六日子三 曾蔭 友蘭 叔濂 女四 長適浙江山陰趙署福建興泉永兵備道臺北府知府均長孫廣東候補通判汝琛長子太學生鉌

濟橋顧 三適 青果巷 汪又文

生士周

鼎玉 鼎和

桂昌 嗣燧士

桂芬 嗣芳蘭

鼎玉 字桂森又字子復又名月根生

次三四均待字 按汝楫寄居福建光緒三十四年倘通音問民國改革至今二十餘年不通音問其生卒世次均待考

於道光十三年癸巳六月二十三日丑時卒葬失考

無嗣

鼎和

字桂馥又字子怡又名岳生生於道光十六年丙申九月初四日丑時同治三年九月隨父兄在漳州府殉難紀年二十有九旌卹忠義

無嗣

嶷士

嗣履亨

均

字兼之又字太士生於嘉慶十六年辛未四月初六日戌時咸豐十年庚申四月殉髮逆之難紀年五十

旌䘏忠義

配三知堂袁氏文光女生於道光十年庚寅四月二十八日卯時卒於同治九年庚午三月二十三日申時紀年四十有一葬

鼎新

字桂舲生於道光二十八年戊申十月初九日巳時卒於光緒三十三年丁未十一月二十九日享壽六十葬園北新阡乙山辛向

配謝氏國楨長女生於同治三年甲子三月二十二日卯時

子四　槺　楫

梓　棨

女四　長適朱

槺

生於光緒八年壬午三月二十八日巳時卒於光緒三十年甲辰葬園北

無嗣

楫

字福臻生於光緒十四年戊子十月十四日戌時卒於民國二十一年壬申九月初八日戌時紀年四十有五

配白蕩里王氏

陶圍後蔡孺人
穴東乙山辛向
子二　鼎新
鼎元
女一未字殉難

次適巢　三
適巢　四適王

懷玉公女生於
光緒十九年癸
巳二月二十七
日辰時卒於民
國十八年己巳
五月初八日午
時紀年三十有
七合葬圍北一
畝六靠東埂新
阡乙山辛向兼
卯酉分金
子二　祖對
祖嵘

梓
生於光緒十八
年壬辰十一月
十四日申時殤

履亨

字仲嘉生於乾隆三十八年癸巳八月二十五日子時卒於嘉慶二十年乙亥五月二十九日紀年四十有三配徽州汪氏生

嶷士

生於嘉慶八年癸亥四月初十日戌時卒於道光七年丁亥二月十八日紀年二十有五葬白衣菴對河祖塋以澤次子桂昌

桂昌

字福南生於道光五年乙酉七月二十五日丑時卒於咸豐七年丁巳十二月二十六日巳時紀年三十有三葬白衣菴對河

鼎元

嗣賡堂

桀

生於光緒二十一年乙未六月初六日巳時殤

於乾隆三十八年癸巳三月二十二日子時卒於道光十八年戊戌九月初十日子時享壽六十有六合葬懷南鄉十九都二圖白衣菴對河角尺地
以履璇次子嶷士爲嗣
女三　長適太史第宣　次適西下塘李長泰　三適葉家園葉邑庠生楷孫本玉咸豐十年庚申四月殉難
旌表節烈

爲嗣

祖塋
配張氏壽興女生於道光十一年辛卯九月十五日子時同治三年甲子九月在福建漳州府殉難紀年三十有四
女一同母殉難未字均
旌表節烈
無嗣

履豐

字叔和生於乾隆四十六年辛丑十一月初七日午時卒於道光二十三年癸卯十月十一日卯時享壽六十有三
配東下塘卜氏生於乾隆四十九年甲辰十一月二十二日巳時卒於咸豐二年壬子十月十五日酉時享壽六十有九合葬陶圍之北
子一　傳士

傳士

字根培生於道光元年辛巳十二月初九日寅時卒於同治三年甲子九月初七日紀年四十有四葬失考
配小營前唐氏生於道光三年癸未七月初九日丑時卒於同治二年癸亥紀年四十有一葬陶圍北祖墳昭穴後
無嗣

履中

字季辰邑庠生生於乾隆四十九年甲辰八月初八日戌時卒於道光四年甲申閏七月十五日酉時紀年四十有一

配東郊鳳觀巷趙氏生於乾隆五十年乙巳八月十二日巳時卒於道光十六年丙申四月十一日巳時紀年五十有二合葬陶園之北

子三　贊唐

贊唐

原名際唐字仲豹增生生於嘉慶十六年辛未九月初九日亥時卒於同治十二年癸酉十二月十二日享壽六十有三

配同邑莊氏楚誠女生於嘉慶二十年乙亥五月二十六日亥時卒於咸豐十年庚申十一月十五日辰時紀年四十有六葬陶園北祖塋後巽山乾向

寶禾

字穟生號玉農太學生候選從九品生於道光二十年庚子二月二十八日丑時卒於宣統元年己酉十一月十五日丑時享壽七十葬園北金家圩長三畝乙山辛向兼卯酉分金

原聘烏龍菴前費氏兩淮候補鹽知事藹八女咸豐十年庚申殉髮逆之難

配玉梅橋吳氏

彬

字質臣生於光緒二十年甲午三月初三日酉時

配江陰前州鄉薛氏義林長女生於光緒二十四年戊戌正月十八日申時

子二　祖嵘　祖嵩

女三　娟　華　貴　均待字

賡唐 唐
女一適同邑錢
太學生敦誼次
子執三苦志守
節
旌表節孝

子二 寶禾
寶樹
女三 長適同
邑解六品銜逸
雲長子蒴軒
次適同邑管太
學生綬子安徽
候補通判貽瑋
三適大岸金
太學生蒴存

國梓長女生於
道光二十八年
戊申十月初三
日卯時卒於光
緒二十八年壬
寅五月初十日
亥時紀年五十
有五合葬金家
圩長三畝
側室陳氏生於
光緒二年丙子
七月十一日申
時卒於光緒二
十三年丁酉四
月初一日子時
紀年二十有二
葬小北門外後
王村側
子一 彬 陳出
女一 吳出 適同

邑太學生吕本詢

寶樹

字榴生號玉芝生於道光二十三年癸卯五月三十日寅時卒於咸豐十年庚申十一月初九日丑時紀年十有八葬陶園北祖塋東北癸山丁向

無嗣

賡唐

嗣際春

唐

原名贊堯字鼒豹廩生候選訓導生於道光二年壬午十一月十一日辰時卒於光緒六年庚辰二月十三日午時紀年五十有九葬陶園北馬孺人穴左乙山辛向兼辰戌三分

配同邑馬氏生於道光四年甲申五月十六日子時卒於咸豐七年丁巳十月十四日戌時紀

寶封

字桐生生於道光二十七年丁未正月二十八日酉時殤

寶祥

字桔生生於咸豐元年辛亥正月二十七日子時咸豐十年庚申四月初六日隨母殉髮逆之難

無嗣

寶全

字成生生於咸豐二年壬子十

年三十有四葬
陶園北月牙池
東卯山酉向
繼配同邑高氏
太學生伯容女
生於道光十年
庚寅四月二十
七日咸豐十年
庚申四月初六
日携次子寶祥
長女靜姑殉髮
逆之難紀年三
十有一
旌表節烈
繼配同邑楊氏
太學生候選同
知沚逸女生於
道光十一年辛
卯三月十九日
卒於同治三年

一月二十二日
亥時殤

寶棣
字棣生生於同
治十年辛未十
月十一日未時
卒於民國十五
年丙寅六月二
十九日未時紀
年五十有六葬
園北隔河祖塋
右側
聘同邑楊氏江
西廣信縣知縣
鳳來五女生於
同治七年戊辰
八月二十五日
卒於光緒六年
庚申三月初五

棫
字濟臣生於光
緒二十二年丙
申八月初一日
亥時
配小河沿楊氏
懷月長女生於
光緒二十六年
庚子十一月初
二日丑時
子一　祖幛

甲子九月二十三日紀年三十有四葬陶園北馬孺人墓右穴卯山酉向繼配同邑張氏太學生仲嘉女生於道光十七年丁酉六月初七日卒於同治七年戊辰九月初五日紀年三十有二葬陶園北馬孺人墓右卯山酉向繼配同邑談氏生於道光二十年庚子八月三十日亥時卒於光緒二十三年

日紀年十有三葬小北門外辫子橋旁配丹陽横塘荆氏邑庠生培全次女生於同治九年庚午十月十五日亥時卒於民國十六年丁卯四月初四日巳時紀年五十有八與寶棣合葬園北隔河祖塋右側側室趙氏生於光緒三年丁丑十二月二十六日子時卒於光緒二十八年壬寅六月初一日

誠善長子

允吉

字志卬生於雍正八年庚戌八月十九日卒於乾隆十六年辛

丁酉八月初五日未時紀年五十有九葬月芽池唐公墓左首乙山辛向

子四 寶封 寶祥 寶全 俱馬出 寶棣 談出

女一適同邑張五品銜議敘通判晃長子山東候補縣丞橓齡 談出

寅時紀年三十有六葬小南門外沈家衖租賃新地

子一 棫 趙出

女一 殤 趙出

誠善文子

未七月十二日紀年二十有二葬小蟠墳
無嗣

師載
字再南生於乾隆元年丙辰十月二十八日亥時卒於乾隆二十二年丁丑四月二十五日紀年二十有二葬文昌閣基
配張氏苦志守節
旌表節孝生於乾隆元年丙辰九月十一日亥時卒於嘉慶二十

恃恩
生於乾隆二十一年丙子六月三十日子時卒於嘉慶二十年乙亥五月十九日享壽六十葬白衣菴對河角尺地
配蔡氏生於乾隆二十年乙亥十月十八日戌時卒於乾隆五十三年戊申七月十五日紀年

慶福
外嗣西門外錢姓

介福
字馨宜生於乾隆四十七年壬寅十一月十四日亥時卒於嘉慶二十三年戊寅九月十一日紀年三十有七葬白衣菴對河祖塋
配同邑蔡氏謙

桂峰
生於嘉慶十五年庚午十月十七日未時卒於咸豐三年癸丑八月十七日申時紀年四十有四葬白衣菴對河祖塋
無嗣

誠善三子

年乙亥六月十四日享壽八十葬白衣菴對河角尺地
子一　恃恩

師弼
字再安生於乾隆四年己未九月初三日游幕四川綿州德陽縣以乾隆四十二年丁酉五月二十二日卒於幕所紀年三十

三十有四葬文昌閣基
子二　慶福　介福

瑞春
字卓仁生於乾隆二十五年庚辰十二月二十四日卒於溧陽縣陶莊之丫髻山年月失考葬溧陽丫髻山
配四川德陽富

光女矢志守節旌表節孝生於乾隆五十五年庚戌十月初八日辰時卒於咸豐十年庚申七月初二日辰時享壽七十有一葬陶園屋後基地
子一　桂峰

原士
字全葆生於嘉慶二十五年庚辰十一月十六日未時卒葬失考
無嗣

仲士

有九卽葬德陽縣西門外文昌宮前有石碑爲記又有守墓田百畝
配唐氏生於乾隆三年戊午九月二十五日卒於乾隆五十一年丙午六月初二日紀年四十有九葬小蟠墳
子二 瑞春
兆春
女一適安徽廣德州建平縣陳

氏生於嘉慶五年庚申八月初一日辰時卒葬失考
子二 原士
仲士

兆春
字暢仁生於乾隆三十三年戊子十一月十四日卒於道光二十六年丙午二月十六日享壽七十有九葬定東鄉一都一圖桃園
配氏及生卒葬皆失考
以瑞春次子仲

嗣兆春

仲士
字六保生於道光五年乙酉四月二十二日辰時卒葬失考
無嗣

學德長子

師琦

字兆興生於康熙五十四年乙未六月初九日卒於乾隆三十一年丙戌九月十五日紀年五十有二

配毛尖村吳氏生於康熙五十四年乙未六月初一日卒於嘉慶二年丁巳十二月享壽八十有三合葬石塘山祖塋

子二　義高 智高

士爲嗣

義高

字長孝生於乾隆十一年丙寅四月初七日卒於道光二年壬午八月十九日享壽七十有七葬石塘山祖塋

配氏及生卒葬皆失考

以映暄次子芳蘭爲嗣

智高

嗣師曾

芳蘭

字滋九生於乾隆五十三年戊申九月十七日亥時卒於嘉慶十年乙丑七月初二日紀年十有八葬陶園之西

以澤三子桂芬爲嗣

桂芬

字宮英生於道光十年庚寅八月初二日午時卒於咸豐四年甲寅六月二十日紀年二十有五葬白衣菴對河祖塋

無嗣

智高女一適毛尖村吳

師曾
字志純生於雍正十三年乙卯二月十五日卒於乾隆十六年辛未五月十二日紀年十有七葬筀竹科祖塋以師琦次子智高爲嗣

智高
字久孝號尊富生於乾隆二十二年丁丑四月初十日卒葬失考無嗣

東明
字啟星生於雍正七年己酉

配繆氏生於雍正九年辛亥卒葬均未詳
女一適孔

東發
嗣詠德

東華
嗣福德

詠德嗣子

東發
字起壬生於雍正十二年甲寅配許氏生於乾隆二年丁巳卒葬俱未詳
子一 泰

泰
生於乾隆四十二年丁酉配陸氏餘均未詳

女一適馬

福德嗣子

東華

字振西生於乾隆十三年戊辰配王氏生於乾隆十八年癸酉卒葬均未詳

子一　桓

女一適陳

桓

生於康熙三十六年辛卯配王氏餘均未詳

按成德詠德福德均於康熙年間隨履武寄居山東甯陽縣葬於甯陽陳村東明及泰桓以下均不通音問其世次待考

奕德長子

師度

字企裴號野堂候選縣丞生於雍正八年庚戌三月二十七日卒於乾隆四十九年甲辰三月

映春

字本仁號鷹亭生於乾隆二十年乙亥十月十三日卒於乾隆四十八年癸卯十二月初八日

沛

字昆生生於乾隆四十四年己亥六月十七日卒於咸豐二年壬子七月二十日午時享年七

兆麟

字旭初生於嘉慶十年乙丑十一月十六日卯時卒於道光八年戊子六月二十一日辰時紀

十五日紀年五
十有五
配同邑劉氏生
於雍正十年壬
子十一月十九
日卒於乾隆三
十八年癸巳紀
年四十有二合
葬陶園北隔池
子三　映春
映暄　俊
女一適同邑劉
廣東候補廵檢
鈺

紀年二十有九
配張氏生於乾
隆二十年乙亥
三月十二日午
時卒於乾隆四
十九年甲辰十
月初八日紀年
三十合葬陶園
北隔池
子一　沛

十有四
配同邑管氏生
於乾隆四十九
年甲辰十一月
十三日卒年失
考合葬陶園北
隔池鷹亭公墓
側
子四　兆麟
兆鶴　兆駿
兆鰲
女二長適丁愷
悌　次適吳

年二十有四葬
懷南鄉十九都
二圖陸家村後
西首巽山乾向
無嗣

兆鶴

字同慶生於嘉
慶十四年已巳
九月二十七日
卒年失考葬陶
園屋後黃泥壩
土名山尖墳
無嗣

兆駿

字四寶生於嘉
慶十九年甲戌

八月二十四日戌時卒於咸豐五年乙卯正月初一日寅時紀年四十有二葬陶園北隔池昆生公墓北首無嗣

兆鰲

嗣潤

懋璣

原名兆彪嗣克家

映暄

嗣師謙

俊

字達仁號樂園太學生議敘巡

潤

字藉蘭又字汝霖號梅村光緒

檢選授安徽寧國府旌德縣三溪司巡檢調任六安州馬頭汛巡檢道光辛卯覃恩敕授登仕佐郎生於乾隆三十四年己丑二月初六日卒於道光二十年庚子九月初四日享壽七十有二

配管氏生於乾隆三十二年丁亥五月初六日卒於道光十一年辛卯五月初九日享壽六十有五合葬懷南

己丑　覃恩貤贈徵仕郎生於乾隆五十五年庚戌十二月二十八日卒於道光十三年癸巳六月初四日紀年四十有四

配楊氏生於嘉慶二年丁巳十月二十三日卒於道光二十三年癸卯五月十四日紀年四十有七合葬懷南鄉十九都二圖張墅堰橋楊家村旁

子一　懋璣

又以沛子兆鰲

兆鰲

字駕之生於嘉慶二十五年庚辰十一月十五日子時卒失考葬陸家村後西首

無嗣

袞德次子

鄉十九都二圖張墅堰橋楊家村旁以映暄三子潤爲嗣
女一適管山高

爲嗣
女三 長適莊邑庠生仁溥次子叔文 次適樊 三適袁

師灝

字紹粱生於乾隆九年甲子正月十四日游幕安徽卒於蕪湖幕所葬蕪湖配氏及生卒葬皆失考無嗣

溶長子

夢麐

字振芝太學生生於乾隆五年

澐

字晋川候選縣丞乾隆五十三

甄

原名克猷字叔元號芭田軍功

錦揚

字燮甫由吏員保舉從九品選

培

字植青湖南候補未入流生於

庚申正月初四日卒於乾隆五十一年丙午六月初五日紀年四十有七
配李氏生於乾隆三年戊午二月初四日卒於嘉慶二十年乙亥二月初八日享壽七十有八合葬懷南鄉一都二圖低壩東茅菴前
子二 澐 勲
女一適薛

年戊申遷居湖北省城新興五鋪涵三宮入江夏縣籍生於乾隆三十一年丙戌六月十九日卒於咸豐二年壬子二月十三日享壽八十有七
配陽湖大井里董氏春圃長女生於乾隆四十二年丁酉正月初三日卒於道光十九年己亥九月二十八日享壽六十有三合葬湖北省城東門外高嶺伍

保舉六品職銜生於嘉慶五年庚申正月十九日卒葬未詳
配陽湖王氏世傑女生於嘉慶六年辛酉十二月十八日卒於咸豐十一年辛酉正月初六日享壽六十有一葬高嶺祖塋
側室曹氏湖南長沙人生於嘉慶十四年己巳四月初四日卒葬未詳
子四 錦揚 錦熙 俱王出 錦煥 錦章 俱曹

授安徽合肥縣宮亭巡檢調署懷寧縣三橋巡檢代理望江縣典史兼署華陽鎮巡檢生於道光四年甲申閏七月初二日酉時
配陽湖楊氏湖南桂陽州吏目煦四女生於道光二年壬午閏三月二十日巳時
子三 培 塤 坤
女三未詳所適

錦熙

道光二十一年辛丑十二月二十六日午時

塤

字韻卿生於道光二十七年丁未正月十一日午時

坤

字厚卿生於道光三十年庚戌十月十一日辰時
配婁氏詩濤女生於咸豐四年甲寅二月二十八日

家山乙山辛向側室高氏四川巴縣人生於嘉慶二十五年庚辰三月十六日辛於咸豐五年乙卯十一月初七日紀年三十有六葬湖北鄖陽府東郊三皇府溝

子一 甄 董出

女三 長適陽湖莊叔履 次適金壇于仲華俱董出 三適紹興倪文英 高出

女四 長適浙江山陰張湖北襄陽縣典吏荆田子六品職銜寶山 次適湖北江夏原籍山陰妻秉楨子六品銜候選從九品詩濤 三適安徽懷寧縣徐五品銜湖北蘄水縣典史學浩四子士森 四適湖北江夏于仲華子五品銜候選鹽太使承謨 俱曹出

字敬甫由吏員保舉候選縣丞生於道光十三年癸巳七月二十五日巳時

配湖北江夏婁氏運同銜湖南醴陵縣知縣秉奎女生於道光十三年癸巳九月初一日戌時

子二 增 垣

女一 未詳所適

錦煥

字文甫生於道光二十五年乙巳十二月初八日卯時

增

字益卿生於咸豐六年丙辰十二月二十一日午時

垣

字玉卿生於同治四年乙丑八月二十九日

按濂以下一支至增垣均寄居湖北入江夏縣籍久不通問其世次待考

勳
字映川太學生生於乾隆三十六年辛卯十月初四日亥時卒

克恭
字叔容號芝田生於嘉慶六年辛酉十月初五日午時卒於咸

錫祉
字介繁生於道光三年癸未二月十一日子時配沐陽縣錢家

錦章
字繡甫生於咸豐四年辛亥十月初八日亥時

配安徽太平縣項氏湖北鄖陽府白河同知瀛次女生於道光二十六年丙午六月初八日子時

士烝
字桂官生於光緒六年庚辰八月二十七日丑時卒於民國四

溶次子

夢熊
字耘之生於乾隆十一年丙寅

於咸豐三年癸丑八月二十八日享壽八十有三
配宋氏生於乾隆四十六年辛丑四月二十一日寅時卒於道光二十六年丙午九月二十七日享壽六十有六合葬低壩東茅菴前
子一克恭

壬伯
生於乾隆三十七年壬辰二月

豐十年庚申八月二十二日享壽六十葬昇西鄉六都四圖前橫鎮街後楊家中假山
配唐氏生於嘉慶三年戊午四月初八日辰時咸豐十年庚申殉髮逆之難享壽六十有三
子三 錫祉 錫康 錫慶
女一適玉帶橋謝

集周氏生於道光十三年癸巳十二月二十日丑時咸豐十年庚申髮逆擾淮海夫婦同殉難
以錫康三子士烝爲嗣

錫康
嗣士弼

錫慶
嗣世培

年乙卯月日失考葬懷南鄉十九都一圖茅菴前祖塋框外南第三穴
無嗣

八月二十九日卒於乾隆五十三年戊申八月二十日紀年四十有三配蔣氏生卒失考合葬低壋東茅菴前子一 壬伯

初二日卒葬失考

無嗣

濬三子

夢鹿

字膺之生於乾隆十九年甲戌九月初二日卒於嘉慶五年庚申九月初十日紀年四十有七配張氏生於乾隆二十一年丙

子正月三十日
卯時卒於道光
十七年丁酉正
月初十日未時
享壽七十有二
合葬低壩東茅
菴前
無嗣

洪長子

夢麒
字長民號瑞亭
太學生嘉慶己
卯　覃恩
誥贈奉政大夫光
緒甲午
貤贈通奉大夫生
於雍正九年辛
亥十一月二十
五日卒於嘉慶
六年辛酉四月

錦雲
字應夔號柳堂
太學生山東候
補縣丞歷署惠
民縣縣丞清平
茌平等縣典史
嘉慶庚辰　覃
恩
勅授脩職郎生於
乾隆二十二年
丁丑十月初八

世功
字增壽生於乾
隆四十六年辛
丑正月初三日
卒於道光二十
二年壬寅正月
初九日享壽六
十有二葬太平
橋南備宜人墓
次昭穴辛山乙
向兼戌辰

初四日享壽七十有一

配同邑儲氏誥贈宜人貤贈夫人生於雍正八年庚戌八月十二日卒於乾隆二十五年庚辰二月二十六日紀年三十有一葬定東鄉一都一圖太平橋南主穴辛山乙向兼戌辰

繼配同邑謝氏天成女誥封太宜人貤贈夫人生於乾隆十年乙丑三月十八日卒於

日卒於道光九年己丑五月二十三日享壽七十有三

配同邑段氏步瀛女生於乾隆二十三年戊寅十月十八日卒於道光十年庚寅六月初八日享壽七十有三合葬太平橋南昭穴辛山乙向兼戌辰

子四 世功 世培 世弼 世輔

女一適同邑沈乾隆甲子科舉人國子監助教

配同邑呂氏裕安女生於乾隆四十五年庚子正月初四日卒於嘉慶十五年庚午三月十五日紀年三十有一葬徐家壩北石塔菴前心素公墓側

無嗣

世培

嗣善昌承祧紹安後

世弼

嗣善昌

道光七年丁亥八月初七日享壽八十有三與公合葬倉橋灣昭穴乙山辛向兼卯酉分金
子三 錦雲 儲出 登瀛 淩霄 謝出
女一適同邑陸耀述 儲出

培子候選縣丞
樹墉

世輔

字增貴又字子芴太學生生於嘉慶四年己未十月十三日卒於同治九年庚午七月二十七日享壽七十有二
配同邑管氏東瞻女生於嘉慶五年庚申五月十四日卒於道光二十八年戊申八月十六日紀年四十有九合葬太平橋南儲宜人墓又次穆穴辛山乙向

錫綬

字華亭生於道光四年甲申九月二十四日申時咸豐十年庚申四月殉髮逆之難紀年三十有七
配同邑孫氏生於道光九年己丑四月二十七日卒於咸豐元年辛亥三月二十二日紀年二十有三葬太平橋南儲宜人墓垣外右穴辛山乙向兼戌辰
子一 鋐

鋐

字軼千號士俊太學生五品職銜生於道光二十七年丁未十月十六日巳時卒於光緒三十二年丙子六月二十八日酉時享壽六十葬大南門外定西鄉磨盤地寅山申向兼甲庚
配同邑金氏太學生棟軒次女生於道光二十七年丁未七月十八日辰時卒於民國十二年

兼戊辰
子二 錫綬
錫田

錫田

字華山生於道
光九年己丑十
二月十二日卒
於咸豐十一年
辛酉紀年三十
有三葬昇西鄉
六都一圖上店
鎮街前
無嗣

癸亥十二月十
九日未時享壽
七十有七與鉉
合葬大南門外
定西鄉
子二 祖經
祖綸
女二長適同邑
朱太學生炳華
長子嘉保 次
殤

登瀛

原名登雲字心
洲號壽堂廩生
嘉慶戊午科本
省鄉試中式舉
人己未考取
咸安宮教習選授

世謨

字執中又字孟
嘉太學生候選
縣丞生於乾隆
五十八年癸丑
六月十五日咸
豐十年庚申四

錫爵

字鶴垣又字虎
臣生於嘉慶二
十三年戊申九
月二十三日卒
於道光十七年
丁酉八月十五

繼曾

字平甫生於光
緒七年辛巳九
月十三日亥時
於光緒二十九
年失蹤

直隸臨城縣知
縣親老告近改
選安徽涇縣知
縣調任天長縣
知縣
欽加同知銜隨帶
加三級光緒甲
午 覃恩
誥贈通奉大夫宣
統辛亥
誥贈榮祿大夫生
於乾隆三十三
年戊子十月初
八日卒於道光
十三年癸巳六
月二十八日享
壽六十有六
配同邑周氏東
山女
誥贈夫人

月髮逆竄常州
辦團守城城陷
殉難
卹贈雲騎尉世職
入祀昭忠祠享
壽六十有八光
緒己丑 覃恩
貤贈中議大夫宣
統己酉 覃恩
誥贈通奉大夫
配吳氏樹滋女
道光丁酉科舉
人鎮江府教授
自徽胞姐
貤贈淑人
誥贈夫人生於乾
隆六十年乙卯
十月初六日卒
於道光十七年
丁酉七月初六

日紀年二十葬
倉橋灣月成功
墓埕外次穆穴
乙山辛向兼卯
酉
配江寧葉氏德
豐女山東候補
同知敬之胞姊
生於嘉慶二十
年乙亥十一月
二十九日咸豐
十年庚申四月
初六日殉髮逆
之難守節二十
三年
旌表節烈紀年四
十有六
以錫璜次子繼
曾爲嗣

誥贈一品夫人生
於乾隆三十三
年戊子四月二
十七日卒於道
光二十八年戊
申九月十九日
享壽八十有一
合葬倉橋灣穆
穴乙山辛向兼
卯酉分金
子二　世讓
世讚
女二　長適上
元縣金嘉慶戊
午科舉人湖南
醴陵縣知縣德
榮長子太學生
之鼎　次適山
西崔廣西永康
州知州景高次

日紀年四十有
三葬倉橋灣月
成公墓垣外穆
穴乙山辛向兼
卯酉
繼配趙氏
貤贈淑人
誥贈夫人生於嘉
慶十八年癸酉
五月二十七日
卒於咸豐六年
丙辰四月二十
二日紀年四十
有四葬倉橋灣
月成公墓東南
營盤内
側室趙氏生於
嘉慶二十年乙
亥十月初三日
卒於光緒十一

錫璜

字長蔭號樹棠
太學生福建侯
官嘉義等縣典
史加三級
欽加六品銜光緒
己丑　覃恩
誥授承德郎生於
道光七年丁亥
十一月十七日
卒於光緒十八
年壬辰九月初
七日卯時享壽
六十有六葬西
門外一都三圖
何家村新阡主
穴　山　向
配福建武平縣
陳氏生於道光

顯曾

字遠甫太學生
浙江上虞縣梁
湖巡檢加一級
光緒甲辰　覃
恩
勅授登仕郎生於
咸豐九年己未
十二月十三日
寅時卒於光緒
三十年甲辰九
月二十二日戌
時紀年四十有
六葬西門外大
王廟何家村
配浙江歸安縣
五馬第張氏鶴
林四女生於咸
豐九年己未十

子太學生芍農

年乙酉十二月
二十四日享壽
七十有一
貤贈淑人
誥贈夫人侍公衣
冠合葬定東鄉
四都六圖青溪
橋裏新阡主穴
山向
子八　錫爵
錫璜元配出　錫
翰　錫珪　錫
璋　錫棟繼配
出錫侯　錫奎
庶出
女二長適同邑
丁嘉慶癸酉科
舉人雲南江川
縣知縣嘉業長
子福建臺灣雜

五年乙酉二月
十五日卒於咸
豐六年丙辰八
月初十日紀年
三十有二葬福
建
繼配福建武平
縣王氏春龍次
女
誥封安人生於道
光十五年乙未
十二月十三日
酉時卒於民國
七年戊午九月
十三日酉時享
壽八十有四合
葬西門外何家
村主穴
側室陳氏生於
咸豐十年庚申

一月二十日寅
時卒於民國七
年戊午九月十
九日戌時享壽
六十合葬西門
外大王廟何家
村錫璜公墓右
子一　祖頤

繼曾

嗣錫爵

望曾

早卒

紹曾

早卒

漢門巡檢振標
元配出次適沈
福建上杭縣典
史文藻繼配出

六月初五日酉
時卒於光緒十
三年丁亥七月
二十日紀年二
十有八葬福建
側室王氏生於
同治五年丙寅
六月二十一日
午時卒葬未詳
子四 顯曾繼
配出繼曾側室
王出 望曾 紹
曾側室陳出
女二長適同邑
劉光緒壬辰科
第一名進士翰
林院編修可毅
繼配出次適吳
會塗長子 側室
李出

錫翰

字長齡早卒

錫珪

字季玉太學生議敘典史選授浙江永康縣典史加理問銜光緒己丑 覃恩 勅授宣德郎從祀名宦祠宣統己酉 覃恩 誥授通奉大夫生於道光二十二年壬寅五月初一日卒於光緒十八年壬辰九月十七日子時

瑗

原名湲字希泉號恕齋太學生山東候補縣丞河工保舉知縣加同知銜 賞戴花翎選授浙江遂昌縣知縣調署永嘉縣知縣調補黃巖縣知縣民國成立代理江蘇淮安關監督簡任揚由關監督調任江海關監督特

紀年五十有一葬北門外羊頭橋新阡主穴庚山甲向兼申寅配江甯端木氏雲南副考官河南學政燦長孫女浙江候補縣丞稼安長女誥封安人誥封太夫人生於咸豐五年乙卯九月十六日巳時子五瑗 流 沂 洵 淵 女四 長適安徽壽州孫江南候補道傳緗長子附貢生兩淮

任全國捲烟特稅事務督辦生於光緒五年己卯十二月二十一日辰時配浙江會稽胡氏直隸祁州知州恩溥女生於光緒十三年丁亥十月初六日卯時卒於宣統三年辛亥九月初六日寅時紀年二十有五繼配仁和許氏直隸通永道鈖身次女生於光緒十年甲申八月二十六日戌時卒於民國三

候補鹽運判多灝　次適同邑惲二品銜福建興泉永兵備道祖祁長子四品銜兩淮候補鹽運判毓昌　三適同邑朱道光庚戌科進士陝西道監察御史儀訓次子太學生世準　四適江西修水黃太學生若儀

年甲寅四月初六日子時紀年三十有一　繼配同邑惲氏浙江長興縣知縣思贊女生於光緒二十年甲午九月二十二日辰時卒於民國十七年戊辰十月十九日寅時紀年三十有五均葬北門外羊頭橋新阡昭穴庚山甲向兼申寅　側室俞氏浙江定海人生於宣統三年辛亥七月初八日子時

子四 祖驥
祖駿 惲出 祖駉
祖駰 俞出
女五 長甯 殤
次祖恒生於
民國六年丁巳
適同邑惲氏毓
昌 五子復旦大
學畢業生晟曾
字平西 三祖
怡生於民國八
年己未 四祖
愉生於民國十
年辛酉 五 殤
均惲氏出

沆

早卒葬靑溪橋
祖塋之側

沂

字松泉生於光緒十三年丁亥十月二十六日卯時

配同邑黄氏太學生汾藻次女生於光緒十八年壬辰九月十九日亥時

子一 祖騂

女四 長祖範生於民國三年甲寅 次祖成生於民國十一年壬戌 三祖璇生於民國十三年甲子 四祖裕生於民國

二十二年癸酉
均待字

洵
嗣銓

淵
字溥泉號耐齋
滬甯鐵路全路
警務總段長生
於光緒十八年
壬辰四月十五
日子時
配同邑陳氏河
南學政亮疇孫
女浙江温處道
允頤女生於光
緒二十年甲午
十二月二十四

日戌時　以洵次子祖驤爲嗣　又以瑗四子祖駟爲嗣　女二　長祖穗生於民國八年己未　次祖立生於民國十年辛酉均陳出待字

銓

原名錫璋字晉賢太學生議敘典史分發浙江補松陽縣典史署永嘉江山等縣典史加三級　光緒甲辰　覃恩

洵

字壽泉生於光緒十六年庚寅二月十一日子時卒於民國七年戊午八月二十九日戌時紀年二十有九　配同邑賈氏生

敕授修職佐郎生於道光二十三年癸卯三月初十日戌時卒於宣統三年甲寅五月二十六日寅時享壽七十有二

配安徽桐城縣張氏同濬長女生於咸豐二年壬子九月初四日卒於光緒十五年己丑二月初一日紀年三十有八

繼配江甯端木氏雲南副考官河南學政燦次孫女浙江候補

於光緒十七年辛酉十月十七日子時卒於民國十年辛酉六月二十八日丑時紀年三十有一合葬北門外羊頭橋新阡次昭穴庚山甲向兼申寅

子二 祖驊 祖驤

女一 早卒

縣丞稼安次女生於同治八年己巳三月十三日卒於光緒二十九年癸卯六月二十四日辰時紀年三十有五均合葬於青溪橋孟嘉公墓右穴

以錫珪三子洵爲嗣

女三 長適太倉陸瓜青鉞路總辦長葆子以鈞 次早卒 三適太倉顧分部郎中恩孝長子時敏均端木出

錫棟

字長安生於道光二十六年丙午三月十五日咸豐十年庚申四月殉髮逆之難紀年十有五無嗣

錫侯

字長卿生於道光二十九年己酉三月初一日咸豐十年庚申四月殉髮逆之難紀年十有二無嗣

錫奎

字星聯太學生議敘分省鹽大使生於咸豐元年辛亥十月十三日未時卒於民國十七年戊辰四月二十九日申時享壽七十有八

配同邑王氏籍軾女生於咸豐九年己未十二月初六日午時卒於民國二十一年壬申二月初六日戌時享壽七十有四合葬大南門外蔣

濬

字研雲太學生生於光緒九年癸未二月初七日戌時卒於民國二十年辛未二月十六日卯時紀年四有十九葬大南門外蔣家村主穴之左

配鎮江曹氏乃仁女生於光緒二十一年乙未十二月十六日未時

女一 待字

溱

家村新阡主穴
子三 濬 溙
準
女一適同邑朱
道光庚戌科進
士陝西道監察
御史儀訓次子
世準

準

字遂初生於光
緒十一年乙酉
三月初十日亥
時
配同邑劉氏生
於光緒二十一
年乙未七月二
十三日酉時卒
於民國二十年
辛未四月初三
日酉時紀年三
十有八葬大南
門外蔣家村主
穴之右
子一 祖驩
女一 祖娟生
於民國十一年
壬戌待字

字潤泉生於光緒十八年壬辰九月二十三日申時配同邑羅氏子康女生於光緒三十一年乙巳四月二十二日未時卒於民國十三年甲子五月十一日子時紀年二十葬大南門外蔣家村主穴之次左

泗

字聖泉太學生候選郎中光緒庚子　覃恩貤贈通議大夫生

錫蕃

字蒴存太學生山東候補知縣改發浙江署理瑞安縣知縣軍

世讚

字小洲太學生候選州同光緒甲午　覃恩誥贈通奉大夫光

緒庚寅浙江被水成災子錫祺子恩澤遵遺命捐助棉衣千套奉旨建坊給予樂善好施字樣宣統辛亥誥贈榮祿大夫生於嘉慶九年甲子十一月十三日卒於咸豐九年已未三月二十日紀年五十有六配同邑莊氏太學生佶人女誥贈夫人誥贈一品夫人生於嘉慶九年甲

功荐保賞戴花翎以同知升用同治甲戌貤贈通奉大夫生於道光七年丁亥九月初七日卒於同治六年丁卯八月二十二日巳時紀年四十有一配江甯金氏太學生之鼎女貤封夫人生於道光七年丁亥正月二十四日卒於光緒二十二年丙申七月十五日享壽七十合葬馬家村昭穴癸山丁向

於同治四年乙丑閏五月二十七日卒於光緒五年已卯八月初十日紀年十有五聘李氏山東東昌府知府翼清四女貤贈淑人生於同治三年甲子八月二十九日卒於光緒二年丙子正月二十六日紀年十有三合葬馬家村祖塋隔河艮山坤向兼丑未三分以珙長子祖光爲嗣

子三月二十日
卒於道光十四
年甲午八月二
十四日紀年三
十有一
繼配安徽桐城
張氏河南候補
縣丞光成長女
河南汲縣縣丞
仲溪胞妹
誥贈夫人
誥贈一品夫人生
於嘉慶十七年
壬申二月初五
日卒於同治九
年庚午九月初
四日紀年五十
有九合葬定東
鄉四都六圖馬
家村主穴癸山

以錫祺長子泗
爲嗣
女一適同邑惲
二品銜福建興
泉永兵備道祖
祁長子四品銜
兩淮候補鹽運
判毓昌

錫祺
字銓生又字壽
孫太學生軍功
歷保知縣同知
直隸州知州
賞戴藍翎
賞換花翎
欽加知府銜分發
山東歷任萊蕪
陽穀等縣知縣
膠州知州臨清

泗
嗣錫蕃

湘
字蘭泉號涉園
附貢生由分省
同知投効山東
河工於光緒十
八年壬辰在山
東濟陽惠民等

丁向
子三 錫蕃 莊
出 錫祺 恩澤
張出
女六 長適同
邑莊太學生佶
人長孫
郵贈雲騎尉東明
長子庠生奮庸
次適湖南永
順縣封上海營
叅將署常州營
游擊守城殉難
郵贈雲騎尉耀祖
次子江南候補
都司在江南大
營殉難
郵贈雲騎尉度苦
志守節
旌表節孝 三適

直隸州知州歷
署嶧縣恩縣泰
安歷城即墨等
縣知縣兼理臨
清鈔關河工出
力歷保知府補
用道
欽加鹽運使銜
欽加布政使銜五
次大計卓異引
見奉
旨每次加一級註
冊回任候陞保
荐人才奉
旨交軍機處存記
加十五級軍功
隨帶加五級宣
統三年辛亥
誥贈榮祿大夫生
於道光十八年

處堵築漫口合
龍尤爲出力保
知府仍分省補
用加三品銜
賞戴花翎十九
年癸巳調海軍
部內學堂辦事
官充
頤和園輪船委
員二十年甲午
恭逢 慶典
恩賞銀兩袍料
二十三年丁酉
分發浙江二十
六年庚子 奏
辦閩浙衛軍轉
運事宜二十七
年辛丑 奏調
直隸辦理京漢
鐵路北段機厰

同邑吳道光癸巳科進士山西崞縣知縣鵠鴻長子咸豐辛酉科舉人浙江候補知府唐林俱莊出 四適同邑方寄籍河南祥符縣庠生候選縣丞嵩鼎子太學生汝霖守節撫孤成立旌表節孝 五適安徽壽州孫附貢生刑部河南司員外郎殉苗逆難卹贈太僕寺少卿雲騎尉世職家泰子湖北候補

戊戌閏四月初五日未時卒於光緒二十七年辛丑九月二十五日亥時享壽六十有四
配同邑莊氏太學生信人孫女候選同知二品封典誥女誥贈一品夫人生於道光十九年己亥十一月二十一日丑時卒於光緒二十九年癸卯十一月二十八日戌時享壽六十有五合葬定東鄉馬家村祖塋東首

及行車事宜二十九年癸卯隨辦 西陵大差三十一年乙巳京漢鐵路告成保舉以道員留直補用並加二品銜引見到省仍辦鐵路事務三十二年丙午辦理彰德秋操運輸事宜是年郵傳部成立奏調到部委任京漢鐵路全路副監督三十三年丁未隨辦恭送玉牒大差三十四年戊申奏派查辦安徽

知縣傳溶　六
適安徽壽州孫
江蘇昭文縣知
縣家澄長子江
南候補道傳緗
俱張出

昭穴乙山辛向
側室孫氏直隸
天津縣人
誥封一品太夫人
生於同治四年
乙丑二月十九
日戌時卒於民
國十七年戊辰
正月初十日午
時享壽六十有
四葬宜興南門
外東下山徐家
園新阡主穴坤
山艮向
子六　泗　莊出
湘　鎔　均恩澤
子爲嗣　恩澄
淦　沅　俱孫出
女七　長殤　莊
出　次適大興

蕪湖江西九江
鐵路事宜宣統
己酉　覃恩
誥贈資政大夫生
於同治九年庚
午七月十七日
酉時
配同邑惲氏道
光庚戌翰林貴
州貴陽府知府
鴻儀次孫女同
治庚午科舉人
戶部河南司員
外郎　記名御
史安徽候補知
府寶楨次女
誥封夫人生於同
治十年辛未三
月初六日子時
卒於民國十八

祀四品封典華麟次子三品銜外務部員外郎惺元字硯溪　三適同邑李山東東昌府知府翼清七子國子監典籍銜賚猷字蘊宜　四適同邑程山東候補道東昌府知府繩武孫山東淄川縣知縣濰生子祖綬字少鶴　五字大典惲光緒己丑科舉人內閣中書毓巽長子寶駿字漢甫未嫁而卒　六適武進

年己巳八月二十一日巳時紀年五十有九葬定西鄉二都一圖三寳橋陳家壩新阡主穴丙山壬向

子七　祖椿　祖棠　祖松　祖桐　祖模　祖柟　祖梁

女四　長祖錦瑒　次祖瑱生於光緒十九年癸巳十二月二十九日夭志家居撫姪宗謙成立　三祖嘉生於光緒二十四年戊戌適浙江

李光緒丙子
恩科進士山東
武定府知府維
誠子德基字勛
臣 七殤均孫
出

德清劉比國出
使大臣錫昌胞
姪法國留學生
外交部科員曾
元字煥文 四
祖定殤

汶

官名鎔字文泉
太學生選授雲
南鄧川州知州
改發山東歷署
泰安蘭山等縣
知縣兗州府知
府花翎三品銜
民國成立歷任
山東鹽運使鳳
陽關監督安徽
財政廳廳長生
於光緒二年丙

子十月初七日亥時卒於民國二十一年壬申六月初六日戌時葬北平西山萬安公墓乙山辛向

配同邑李氏光緒丙子進士山東武定府知府維鹹五女生於光緒二年丙子正月十六日子時

子五　祖寅　祖彝　祖泰　祖廉　祖運

女五　長祖平適浙江紹興陳氏山東候補知

縣紹蘭子畹九
次祖磐早卒
三祖尚適福
建侯官林氏日
本工業大學畢
業生朝鮮副領
事澳威字若波
四祖蕙辦理
天津進德學校
未字　五祖印
適浙江紹興陳
氏唐山交通大
學畢業生平綏
鐵路工程處職
員曾駿字子適

思澄

字芷泉太學生
五品銜兩淮候

補鹽運判署理通州分司鹽運判調任海州分司鹽運判江皖災賑案內遵例報捐二品銜候選道加五級從一品封典民國成立後簡任湖南國稅廳籌備處處長湖南財政廳廳長特派湖南交涉員特任湖南巡按使監督湖南警務財政司法行政歷任長岳兩關監督淮安關監督濟南道道尹膠東道道尹特

派湖南官礦局督辦生於光緒七年辛巳十二月二十四日寅時
配同邑張氏浙江候補通判肇綸四女生於光緒七年辛巳八月初三日寅時卒於民國十一年壬戌七月十六日子時紀年四十有二葬宜興南門外東下山徐家園新阡主穴左側坤山艮向
子四 祖昌 祖彰 祖望

祖匡
女四 長殤
次殤 三祖英
生於民國元年
壬子適松江沈
家楨字佳增
四祖安生於民
國三年甲寅
待字

淦
字醴泉太學生
議敘分省鹽大
使生於光緒十
三年丁亥四月
初六日午時卒
於光緒三十一
年乙巳七月初
五日子時紀年

十有九葬定東
鄉馬家村祖塋
隔河　山　向
聘同邑呂氏分
部候補郎中懋
官次女過門守
節
旌表節孝生於光
緒十一年乙酉
八月初七日辰
時卒於宣統元
年己酉九月十
二日巳時紀年
二十有五合葬
馬家村祖塋隔
河
以思澄次子祖
彰爲嗣

沅

字雲泉太學生分省試用府經歷生於光緒十六年庚寅二月二十四日辰時配江甯黃氏光緒庚辰科進士翰林院修撰侍讀學士思永女生於光緒十五年己丑五月初十日午時

子四　祖焜　祖揚　祖燿　祖烱

女三　長祖綺生於民國三年甲寅適雲南劉達夫　次祖焜生於民國四年

乙卯　三祖珍
生於民國十八
年己巳　均待字

恩澤
嗣世緜

淩霄
字應鵬號卓堂
太學生光緒己
丑　覃恩
貤贈中憲大夫生
於乾隆三十八
年癸巳六月初
八日卒於嘉慶
二十三年戊寅
八月初一日紀
年四十有六

世緜
字麟園太學生
候選從九品生
於嘉慶六年辛
酉正月二十三
日咸豐十年庚
申髮逆竄常州
辦團守城城陷
殉難
卹贈雲騎尉世職
入祀昭忠祠紀

恩澤
原名錫恩字晉
甫太學生歷任
浙江淳安縣知
縣歸安縣縣丞
德清慈谿等縣
典史兼襲雲騎
尉世職
欽加四品銜升鈌
升用加二級紀
錄十二次光緒

珙
字喬如號逸圃
附貢生選授河
南沈邱縣知縣
調補永城縣知
縣歷署河南虞
邑濬縣祥符通
內黃等縣知縣辦
賑出力保舉直
隸州知州在任
候補　欽加四

配同邑朱氏龍佐女 貤贈恭人生於乾隆三十六年辛卯五月十九日卒於咸豐元年辛亥四月十二日享壽八十有一合葬倉橋灣祖塋堰外昭穴乙山辛向兼卯酉分金 子一世縣 女二 長適同邑莊浙江龍游縣典史慶頤 次適麻巷孫道光戊子科舉人煥

年六十光緒己丑 覃恩 誥贈中憲大夫甲辰 覃恩 誥贈通奉大夫 配同邑汪氏山東歷城縣龍山鎮廵檢鴻吉女 誥贈恭人 誥贈夫人生於嘉慶八年癸亥三月初十日卒於咸豐十年庚申九月二十二日紀年五十有八與公衣冠合葬倉橋灣月成公墓堰外次昭穴乙山辛向兼卯酉

甲辰 覃恩 誥贈通奉大夫生於道光十九年己亥十月二十日寅時卒於光緒二十二年丙申八月二十六日亥時紀年五十有八 配同邑周氏議敘知州兆安孫女太學生慶恒女 誥贈夫人生於道光十九年己亥五月三十日子時卒於光緒二十四年戊戌七月初七日子時享壽六十合葬

品銜 賞戴花翎民國成立後歷任河南省政務廳廳長山東全省菸酒事務局局長生於同治七年戊辰四月初六日辰時卒於民國二十一年壬申二月十一日午時享壽六十有五 配同邑李氏山東東昌府知府翼清第六女生於同治八年己巳四月二十七日卯時卒於民國二十一年壬申十二月初五

以世讚三子恩
澤爲嗣

定東鄉馬家村
祖塋東首右穴
乙山辛向
子六 珙 湘
瑢 珩 汶
洙
女二 長適同
邑劉浙江嘉興
府知府毓森長
子四川西充縣
知縣鴻烈 次
早卒 葬定東鄉
馬家村祖塋隔
河乙山辛向

日酉時享壽六
十有四合葬北
平西直門外大
柳樹村新阡主
穴癸山丁向兼
子午
子五 祖光
祖穀 祖堅
祖康 祖朋
女六 長敏生
於光緒十七年
辛卯適江蘇吳
縣汪氏湖南長
沙府知府鳳藻
次子浙江象山
餘杭等縣知縣
中央國立大學
文學院院長東
寳字旭初 次
珮雙生於光緒

二十四年戊戌適安徽定遠縣周氏維新次子日本帝大法學博士天津市市長龍光字二爲

三燕熹生於光緒二十七年辛丑適同邑劉氏四川西充縣知縣鴻烈長子北洋大學土木工程科畢業生北平市政府技正南策字問籌

四廷碭　五濬華生於光緒三十二年丙午適廣東陳氏綺垣子津海關會

計科科長洪濤
六皖葆生於
宣統元年己酉
適河南信陽縣
蔡氏兩淮緝私
統領和林子漢
章字少賢

湘
嗣錫祺

瑢
原名璐字寶如
又字劍泉號狀
莊附貢生選授
河南臨潁縣知
縣辦賑勞績保
舉知府銜宣統
己酉 覃恩

誥授朝議大夫生於同治九年庚午七月十七日戌時卒於民國十四年乙丑九月二十三日戌時紀年五十有五厝於北平宣武門外官菜園觀音院園地

配同邑莊氏雲騎尉世職東明孫女太學生承慧女

誥贈恭人生於同治十年辛未正月初二日亥時卒於光緒二十六年庚子十二月初五日丑時

葬懷甯鄉十九都一圖石塔庵祖塋之右

繼配直隸豐潤張氏江蘇丹徒縣知縣印壇孫女山東候補知縣銓長女

誥封恭人生於光緒七年辛巳七月十三日子時卒於民國十五年丙寅十一月初二日巳時紀年四十有六合厝於北平宣武門外官菜園觀音院園地

子一 祖逵張出

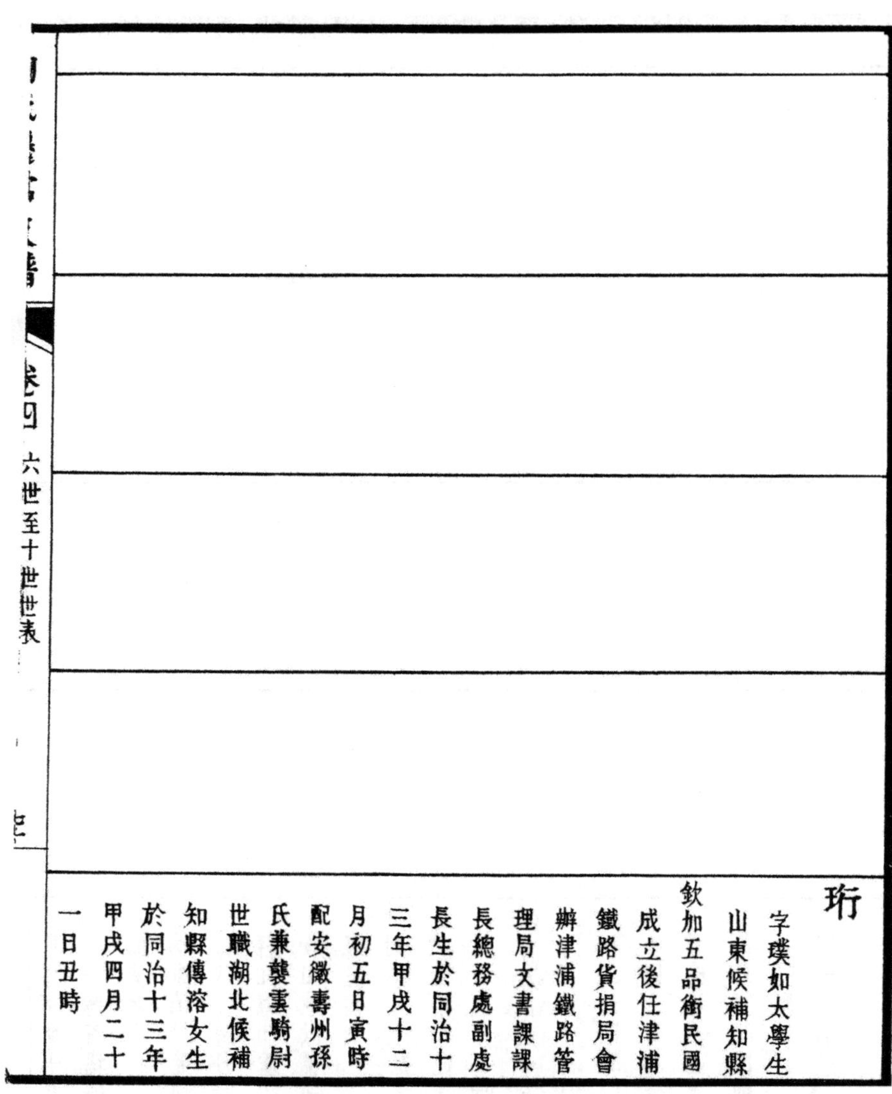

珩

字璞如太學生山東候補知縣欽加五品銜民國成立後任津浦鐵路貨捐局會辦津浦鐵路管理局文書課課長總務處副處長生於同治十三年甲戌十二月初五日寅時配安徽壽州孫氏兼襲雲騎尉世職湖北候補知縣傳溶女生於同治十三年甲戌四月二十一日丑時

子一 祖馴
女四 長祖葵
生於光緒二十
一年丁未適安
徽壽州孫氏太
學生河南補用
同知多巘長子
美國康南耳大
學土木工程師
畢業生授工程
師學位煜方字
希五 次祖宜
生於光緒二十
二年丙申適貴
州平遠縣丁氏
光緒甲午舉人
河南候補道道
敏子天津南開
中學畢業生澤
霖字潤蒼 三

祖畹生於光緒二十五年己亥適河南內黃王氏河南省長印川長子美國芝茄哥大學法學博士河南交涉署署長毓英字樂三 四祖勝生於光緒三十三年丁未美國米西根醫學院畢業生待字

汶 官名鎔嗣錫祺

洙

字心如號憶圖太學生　會典館議敘通判分省補用籤掣浙江海運出力保直隸州用咨調直隸隨辦永定河大工保直隸州知州留直補用並加三品銜民國成立任內務部僉事安徽蕪湖關監督生於光緒四年戊寅三月二十二日午時
配安徽壽州孫氏　䘏贈太常寺卿甘肅寧夏道家轂孫女雖

蔭知縣傅棣夾女生於光緒五年己卯六月十七日子時

側室李氏大興人生卒葬均失考

側室謝氏吳縣人生於宣統二年庚戌九月初二日子時

子五　祖達　孫出　祖勳　祖衡李出　祖棫　祖煒　謝出

女四　長祖青殤　次祖永生於光緒三十四年丙午適無錫秦氏全國菸酒事

洪文子

夢熊

字占男號漁塘太學生生於乾隆六年辛酉十一月初二日酉時卒於嘉慶七年壬戌三月初一日享壽六十有二

慶雲

字應輿號綵堂生於乾隆三十九年甲午三月十四日午時卒年失考

配唐氏南溪女生於乾隆四十三年戊戌十一

世銘

字增敘生於嘉慶八年癸亥閏二月十七日卒年失考

配楊氏生卒失考合葬王祥廟西豫穴午山子向兼丙壬

錫德

字德保生於道光七年丁亥十一月二十九日咸豐十年庚申四月殉髮逆之難紀年三十有四

無嗣

務署參事志浩子鐵輔大學畢業生津浦鐵路局車務處營業課職員楚楠字仲襄 三祖臨殤俱嫡出 四祖慈生於民國十六年丁卯 李出 待字

配蔣氏紹林女生於乾隆九年甲子八月初九日戌時卒於嘉慶九年甲子七月初二日享壽六十有一合葬定東鄉一都一圖太平橋下王祥廟西主穴午山子向兼丙壬繼配江西南昌府胡氏浙江甯波衛千總㫖儼女生於乾隆十九年甲戌五月十九日同子祥雲寄居安徽卒葬未詳

子二 慶雲 原

月二十九日寅時卒年失考合葬王祥廟西昭穴午山子向兼丙壬

子二 世銘 世科

祥雲

字應璠號敬堂生於乾隆五十二年丁未二月二十四日寄居安徽安慶府城內天台里卒葬均未詳

配山陰史氏貢

子一 錫德

世科

字增華生於嘉慶十四年己巳正月十四日卒葬失考

無嗣

世徽

字增榮生於嘉慶十八年癸酉九月初五日寄居安徽省城

配氏以次均待考

世芳

子長源

配出祥雲繼配出女二長適同邑蔣士賢原配出次適安徽無爲州金寶全繼配出

見曾

字卜生生於雍正十二年甲寅二月初二日卒年失考葬湖北省城東門外長春觀對面蘭沚巷内無嗣

生開濂女生於乾隆五十三年戊申七月二十七日與公寄居安徽安慶府城内天台里卒葬俱失考子二世徽世芳

字增盛生於道光四年甲申十二月十九日寄居安徽省城配氏以次均待考

按祥雲以下世徽世芳寄居安慶府天台里久不通問世次待考

源次子

述曾

字復生生於乾隆四年己未三月初六日卒年失考葬湖北省城東門外長春觀對面蘭沚巷內

無嗣

浩子

皐

字鳴九生於乾隆六年辛酉五月初一日卒年失考葬犇牛鎮配丁氏生於乾隆七年壬戌七月十八日卒於嘉慶十一年丙

禮

字芝軒太學生游幕山東寄居歷城縣生於乾隆三十二年丁亥二月初六日卒於道光十三年癸巳享壽六十有七

步顏

字雍堂太學生生於乾隆五十六年辛亥卒於道光二十六年丙午紀年五十有六

配劉氏生於乾隆五十五年庚

汝礪

字河濱太學生候選府經歷生於嘉慶十九年甲戌二月二十四日卒於光緒二年丙子五月十四日享壽六十有三

鈞

字郢聲寄籍順天大興附貢生光緒癸巳恩科順天鄉試中式舉人五品銜江西候補知縣充光緒丁酉科江西鄉試同考

寅享壽六十有
五葬山東歷城
縣濼口鎮
子一 禮

配顏氏雲南太
和縣知縣承乾
女生於乾隆三
十五年庚寅六
月二十九日卒
於道光二年壬
午紀年五十有
三合葬山東歷
城縣濼口鎮
子一 步顏

戌卒於道光二
十年庚子紀年
五十有一俱葬
山東歷城縣濼
口鎮
子一 汝礪
女三 長適蔡
蘭皋 次適張
四品銜候選灌
經歷肇增 三
適黃增生在垌

配岳氏生卒年
月俱失考
側室吳氏生於
道光五年乙酉
九月初九日戌
時卒於同治三
年甲子十月二
十八日寅時紀
年四十俱葬丫
义舖大徐家村
亥山己向兼壬
丙
子一 鈞庶出
女二 長適滕
公橋江太學生
安瀾嫡出 次適
錢浙江烏程縣
典史念茲六子
枚生庶出

官生於咸豐四
年甲寅八月初
三日寅時卒於
光緒三十一年
乙巳六月二十
八日酉時紀年
五十有二
配同邑陸氏候
選巡檢庭綬次
女生於咸豐六
年丙辰十一月
初四日戌時卒
於宣統元年己
酉六月二十日
申時紀年五十
有四合葬大徐
家村壬山丙向
兼亥巳分金
妾賈氏生於同
治四年乙丑正

焱長子

紹安 字企東號靜齋 江南邳宿運河	
善昌 兼嗣	
世培 字增福生於乾 隆四十八年癸	
錫慶 字介祥生於道 光十年庚寅正	
家杰 早卒 無嗣	月初八日寅時 子一 祖翰 女三 長龍文 生於光緒戊寅 適馬山埠管五 品銜江西候補 知縣繩桓長子 葆元 次嶺文 生於光緒己卯 適府直銜錢五 品銜候選州同 瀛長子葆青 三奇生於光緒 丁亥歷充女學 堂教授 不字

營守備乾隆庚
戌 覃恩
誥授武德騎尉生
於乾隆十四年
己巳二月初四
日戌時卒於乾
隆六十年乙卯
七月二十二日
紀年四十有七
配季氏
誥封宜人生於乾
隆十七年壬申
三月初八日未
時卒於道光二
年壬午六月初
二日享壽七十
有一合葬懷南
鄉十九都四圖
楊龍村
以紹侃子善昌

卯二月初七日
卒於道光十七
年丁酉五月十
七日紀年五十
有五葬太平橋
南備宜人墓次
穆穴辛山乙向
兼戌辰
配同邑方氏生
於乾隆四十六
年辛丑十二月
初五日卒於嘉
慶十九年甲戌
閏二月十二日
紀年三十有四
葬三橋頭子明
公墓東首
以克恭三子錫
慶爲嗣
女一適驛西街

月二十日子時
咸豐十年庚申
四月殉髮逆之
難
旌邺忠義紀年三
十有一
以錫康長子家
烋爲嗣

嶽次子

兼嗣
女二 長適汪
江南河標中營
副將德懋四子
昭 次適松江
鍾溧陽營都司
錦文

張

紹侃
字企南號慎齋
寄籍宛平順天
府學庠生乾隆
丁酉科挑取謄
錄議送
四庫館
武英殿議叙州同
分發湖北軍功
荐保以應升之
缺升用奉

善昌
字郢生太學生
四川候補縣丞
署理資州直隸
州州判以父殉
難
恩廕知縣選授雲
南江川縣知縣
加三級道光辛
卯 覃恩
誥授文林郎生於

世弼
字增祿生於乾
隆五十年乙巳
二月二十二日
卒於道光十六
年丙申正月初
四日紀年五十
有二
配張氏浙江慈
谿縣知縣寅女
生於乾隆五十

錫康
字介安號俊英
太學生五品職
銜生於道光四
年甲申九月二
十二日卯時卒
於光緒二十六
年庚子二月初
九日申時享壽
七十有七
配石氏生於道

家杰
嗣錫慶

人杰
字銀官生於光
緒三年丁丑五
月初八日巳時
卒於光緒三十
四年戊申月日
失考紀年三十

旨嘉奬送部引
見
特旨以知州升用
道光二年壬午
在興國州任內
巡江殉難
邺贈道銜
給廕
賜祭葬入祀常州
昭忠祠道光壬
午
邺贈中憲大夫歷
任湖北隨州興
國等州知州南
漳縣知縣借補
襄陽縣縣丞歷
署安陸襄陽等
府同知宜都枝
江房縣雲夢等
縣知縣沔陽州

乾隆五十七年
壬子十一月二
十六日亥時卒
於道光十三年
癸巳九月二十
日紀年四十有
二
配同邑吕氏直
隸河間縣知縣
星垣女
誥贈孺人生於乾
隆五十五年庚
戌正月初二日
子時卒於嘉慶
二十四年己卯
二月十八日紀
年三十著有綠
雲山房詩稿行
世
繼配同邑吳氏

五年庚戌八月
二十八日卒於
道光二十四年
甲辰八月二十
五日紀年五十
有五合葬太平
橋南儲宜人墓
右次昭穴辛山
乙向兼戌辰
以克恭次子錫
康爲嗣
女二　長適王
次適方

光九年己丑四
月初七日亥時
卒於咸豐十一
年辛酉紀年三
十有三葬新塘
鄉十六都二圖
薛墅堰橋街東
側室吳氏生於
咸豐元年辛亥
十二月十五日
卒於光緒十七
年辛卯十一月
初五日午時紀
年四十有一侍
公合葬茅庵前
祖塋
子三　家杰
人杰　士杰　俱
庶出
女二　長適同

有二葬茅菴前
祖塋堰外南第
一穴
配浙江海甯洪
氏介眉女生於
同治十三年甲
戌卒葬失考
無嗣

士杰

嗣錫祉

州同興國沔陽等州州判安陸府經歷天門鍾祥等縣縣丞軍功隨帶加五級紀錄十次生於乾隆十六年辛未十一月初六日亥時道光二年壬午十二月二十日殉難享壽七十有二

配同邑龔氏庠生達女

誥贈恭人生於乾隆十五年庚午十月初六日卒於乾隆四十七年壬寅二月初四日紀年三十

誥贈孺人生於嘉慶十二年丁卯三月十八日午時卒於道光九年己丑正月初十日戌時紀年二十有三合葬倉頭橋昭穴丙山壬向兼午子

側室吳氏四川資州人生於嘉慶十年乙丑八月初十日卒於道光十五年乙未六月初八日酉時紀年三十有一葬湖北省城元保湖山

以錦雲次子世培爲嗣 承祧紹

邑魏山東齊東縣典史慶羲子光緒丁酉科舉人山東邱縣知縣葆澄 次早卒俱庶出

有三
繼配呂氏國學
生二品封典揚
廷女直隸河間
縣知縣星垣胞
妹
誥贈恭人生於乾
隆二十六年辛
巳九月三十日
卒於乾隆五十
六年辛亥四月
初七日紀年三
十有一
繼配元和縣顧
氏廷棟女道光
辛卯 覃恩
誥封太孺人生於
乾隆三十六年
辛卯三月三十
日辰時卒於道

安復以錦雲三
子世弼爲嗣承
祧本支
女二 長適浙
江山陰縣孫湖
南長沙府司獄
照子湖南候補
典史錯 次適
湖北江夏縣白
湖鎮吳道光甲
辰科舉人庚辰
科進士戶部主
事澍霖 均吳出

光十四年甲午正月十二日申時享壽六十有四合葬豐西鄉倉頭橋四十二都六圖城頭村主穴丙山壬向兼子午

側室范氏常熟縣人生於乾隆五十五年庚戌十二月初三日戌時卒葬失考

側室周氏雲南昆明縣人生於乾隆六十年乙卯九月十三日卒於道光二十九年己酉七月十九日午時紀

子三焱

年五十有五葬湖北省城東門外洪山對面元保湖山
子一 善昌 𩔖出

紹景
字雙玉生於乾隆二十四年己卯八月二十九日卒葬失考
無嗣

世次	鼎子	玉明長子
第十一世	**祖熹** 字悅衷生於光緒三十年甲辰二月初八日巳時	**祖辛** 生於同治十年辛未十一月二十四日卒於光緒七年辛巳八月二十五日紀年十有一厝白家橋東衕甫公墓右 無嗣
第十二世	祖熹隨父鼎寄居山東青城久不通問世次待考	
第十三世		

玉明次子

祖福

字全生生於光緒六年庚辰六月十三日午時卒於宣統二年庚戌十二月二十日戌時紀年三十有一

配同邑錢氏子清長女生於光緒八年壬午五月二十四日子時卒於民國十年辛酉正月二十日卯時紀年四十合厝雙埄垳祖塋之側丙山壬向兼午子分金

宗基

生於光緒三十年甲辰九月十三日殤

宗毓

字毓德江蘇省立第一中學畢業生生於光緒三十四年戊申八月二十三日丑時

配同邑白家橋閶氏漢如次女生於光緒三十四年戊申五月初一日卯時

女二 長殤

子二 宗基 宗鏞

次厚琳生於民國二十年癸酉待字

樾長子

祖允

字翔龍生於光緒三十年甲辰十一月十五日申時殤

樾次子

祖闓

又名鑄字景濳生於光緒三十二年丙午五月十一日午時配同邑白蕩里袁氏方振女生於光緒三十年戊申十二月初

宗曜

字旭東生於民國十六年丁卯九月十三日亥時

宗昕

字艮辰生於民國十七年戊辰

四日午時

子三 宗曜 宗昕 宗昇

女一 宗芬生於民國二十年辛未待字

宗昇

字日初生於民國二十二年癸酉十月初七日寅時

十二月十三日巳時

會蔭

字桂孫太學生福建候補典史生於光緒七年辛巳八月初九日

配浙江會稽章氏福建候補從九品詔孫女國學生桂長女生於光緒八年壬

汝楫長子

午十一月二十七日

汝楫次子

友蘭

字芳谷生於光緒十一年乙酉十月十一日

汝楫三子

叔濂

字蓮生生於光緒二十二年丙申六月十七日

曾蔭友蘭叔濂均隨汝楫寄居福建久不通問世次待考

楫長子

祖岱

字昇覲生於民國八年己未十二月十三日戌時

楫次子

祖嶸

生於民國十二年壬戌殤

彬長子

祖嶧
字瑩潔生於民國十二年壬戌六月初三日辰時

彬次子

祖嵩
字杏南生於民國十七年戊辰二月十二日寅時

棫子

祖嶂
字子威生於民國八年己未五月十二日酉時卒於民國二十六年丁丑三月二十六日子時葬園北隔河祖塋棣生公墓右側

鋐長子

祖經
字景唐生於光緒二年丙子十

宗齡
字椿葆生於光緒二十四年戊

厚煜
字炳炎生於民國二十一年壬

月初九日酉時卒於光緒二十七年辛丑十一月二十日寅時紀年二十有六葬太平橋備夫人墳後新阡辛山乙向兼酉卯配同邑楊氏太學生永蟾女生於光緒四年戊寅正月初六日子時

子二 宗齡

宗堃

女一殤

戊正月初二日卯時

配同邑周氏盤生長女生於光緒二十四年戊戌五月二十二日申時

子一 厚煜

女四 長生於民國七年戊午 次生於民國十二年癸亥 三生於民國十九年庚午 四生於民國二十二年甲戌均待字

宗堃

申三月十九日酉時

厚儉

鋐次子

祖綸

字毓唐太學生生於光緒十一年己酉十一月十三日巳時

字璇葆生於光緒二十七年辛丑十二月初十日寅時配同邑顧氏耀武次女生於光緒二十七年辛丑八月初九日寅時子二 厚儉 厚芝 女一克奮生於民國二十二年甲戌待字

生於民國十六年丁卯殤

厚芝

生於民國十九年庚午殤

顯曾子

祖頤

字壽臣生於光緒十三年丁亥七月二十四日巳時配吳江王氏晉元女生於光緒二十二年丙申五月十一日寅時子一 宗維

宗維

字承之生於民國十五年丙寅七月十六日午時

瑗長子

祖驥

字德先生於民國十四年乙丑十月二十五日戌時

瑗次子

祖駿

字軼倫生於民國十六年丁卯十月初四日亥時

瑗三子

祖駉

字載彭生於民國十九年庚午五月二十二日子時

瑗四子

祖駟

嗣淵

沂子

祖騂

字剛白生於民國七年戊午二月十六日子時

淵嗣子一	淵嗣子二	洵長子	洵次子
祖驤 字伯衡生於民國八年己未七月十六日寅時	祖駟 字季良生於民國二十一年壬申五月十三日卯時	祖驊 又名楅字開軒生於民國五年丙辰正月二十五日辰時	祖驤

嗣淵

滇子

祖驩

字孝虞生於民國十四年乙丑六月初十日子時

泗嗣子

祖光

字伯明號北溟太學生直隸候補知縣民國成立任總統府秘書拱衛軍秘書長河南官硝局局長官礦廠廠長印花稅處處長農商部秘書長湖北省政府秘

宗愷

字子元生於光緒三十四年戊申八月初八日丑時配江甯楊氏河南豫西道道尹葆元次女生於宣統元年己酉三月初一日卯時

厚祜

字敵運生於民國二十四年乙亥五月十四日申時

書省會營業稅局局長生於光緒十三年丁亥八月初七日未時

配浙江山陰陳氏安徽繁昌縣知縣元弼次女生於光緒十一年乙酉十月二十五日丑時卒於宣統元年己酉十二月十五日紀年二十有五葬北平西直門外大柳樹村新阡昭穴癸山丁向兼子午

繼配同邑張氏河南豫西道道

子一 厚祜 女一 厚昭生於民國十八年庚午 待字

宗頎

字子長生於民國二年癸丑七月初一日寅時

宗徵

生於民國八年己未 殤

宗開

字倘達生於民國九年庚申九月十三日辰時

尹嘉淦三女生於光緒十五年己丑六月十三日酉時

側室孫氏山東沂州府人生於光緒二十六年庚子八月初十日辰時卒於民國十九年庚午二月二十一日戌時紀年三十有一葬陳夫人之後

側室程氏安徽歙縣人生於民國二年癸丑五月初二日申時

子六 宗愷 陳出 宗頎 豫出 宗

宗藝

字紹聞生於民國十一年壬戌三月二十五日丑時

宗永

字頌年生於民國十六年丁卯七月初十日巳時

湘長子

徽　宗開　宗
藝　宗永均孫出
女四　長勤生
於民國三年甲
寅　次甸生於
民國七年戊午
三滿生於民
國十年辛酉　均
張出　四麗生於
民國二十四年
乙亥　程出均待
字

祖椿

字視年上海聖
約翰書院畢業
生任直隸交涉
署科長津海關
監督公署秘書
河北省政府秘

宗震

字岜威生於民
國十七年戊辰
七月初四日寅
時

湘文子

書甘肅製造局局長生於光緒二十一年三月初二日申時配六合朱氏直隸按察使臻祺孫女簡任職用豫全女生於光緒三十四年戊申二月十九日子時

子一 宗震

祖棠

字思召又字心田上海聖約翰書院肄業生天津金城銀行營業員生於光緒二十二年丙申

宗巽

字申舒生於民國九年庚申十一月二十五日丑時

宗咸

湘三子

十一月十七日申時配同邑李氏山東東昌府知府翼清孫女光緒己丑恩科舉人安徽滁州直隸州知州會棻女生於光緒二十一年乙未四月十三日辰時子四宗巽　宗鼎　宗咸　宗履女一宗姈生於民國十六年丁卯待字

祖松

字績熙生於民國十三年甲子二月二十七日辰時

宗鼎
字鼒臣生於民國十五年丙寅四月初三日戊時

宗履
字飲冰生於民國二十一年壬申十一月初六日寅時

宗壬

字聽軒上海聖約翰書院畢業生游學美國上海太平保險公司副經理生於光緒二十六年庚子九月十三日申時
配同邑惲氏浙江長興縣知縣思贊孫女浙江候補同知用康女生於光緒二十五年己亥十月十四日卒於民國十三年甲子八月十七日紀年二十有六厝馬家村祖塋隔河租地

生於民國十一年八月十九日殤

宗晉
字晉曾生於民國二十四年乙亥十月初三日丑時

繼配同邑馮氏同治甲戌科翰林陝西按察司使光遹孫女湖北候補知府斆彭三女生於光緒三十年甲辰十一月初十日未時

子二 宗壬 惲出 宗晉 馮出

女三 長宗義生於民國十八年己巳 次宗珮生於民國二十年辛未 三宗祥生於民國二十二年癸酉均馮出待字

湘四子

祖桐

字琴士天津工商大學商學士天津市財政局管理捐稅處秘書生於光緒二十九年十二月二十九日辰時聘同邑董氏光緒己丑　恩科進士司法部總長康夬女生於光緒三十年甲辰十一月十六日寅時卒於民國十五年丙寅六月初十日申時紀年二十有三厝於定東鄉

宗謙

字養和生於民國十七年戊辰七月十八日卯時

宗豫

字建侯生於民國十八年己巳八月二十五日辰時

宗乾

字暢三生於民國二十年辛未八月二十八日戊時

馬家村祖塋堰外艮山坤向配同邑屠氏㢈貢生候選訓導冠三女生於光緒三十二年丙午九月初五日戌時子三宗謙宗豫宗乾女一宗靖生於民國二十一年壬申殤

湘五子

祖模

字陰承天津南開中學肄業生中央信托局營業員生於光緒

湘六子

三十一年乙巳十一月初九日申時配吳縣金氏太學生慶蕃女生於光緒三十年甲辰正月十一日辰時女一　宗妤生於民國十七年戊辰待字

祖柟

字讓梓上海聖約翰書院畢業生甘肅省政府第二科一等科員生於宣統二年庚戌正月二

湘七子

十四日午時
配吳縣孫氏光
緒己丑　恩科
舉人福保女生
於民國三年甲
寅六月二十日
巳時
女一　宗婧生
於民國二十四
年乙亥　待字

祖梁
字戟門上海聖
約翰書院肄業
生生於民國二
年癸丑十二月
初一日未時

汶長子

祖寅

宗縈

子支孜

字仲寅山東黄縣泰安等處電報分局局長生於光緒二十八年壬寅二月十三日午時

側室魏氏山東章邱縣人生於光緒三十一年乙巳三月十七日辰時

子三　宗繁　宗綏　宗緝

女二　宗蓮　宗凱均待字

祖彝

生於光緒三十二年丙午七月

宗繁

字熙臣生於民國十四年乙丑十月二十九日子時

宗綏

字授盦生於民國二十年辛未十二月十六日申時

宗緝

生於民國二十二年癸酉殤

汶三子

初七日殤

祖泰

字叔魯天津新學書院畢業生北平中法儲蓄會文書股股員生於光緒三十四年戊申二月初九日卯時配丹徒姚氏民政部侍郎錫光孫女陸軍中將山西陸軍協統鴻法次女生於宣統元年己酉十月二十五日卯時子二　宗紱

宗紱

字方來生於民國十九年庚午七月十一日申時

宗紳

字書農生於民國二十四年乙亥四月二十八日酉時

宗紳
女一

汝四子

祖廉

學名祖濂字潔卿天津工商大學商學士生於宣統二年庚戌六月十八日子時

汝五子

祖運

字季眞上海震旦大學肄業生生於民國三年甲寅二月二十日卯時聘安徽亳州李氏江蘇狼山鎮總兵輔庭次女

生於民國五年丙辰正月初八日戌時

澄長子

祖昌

字伯爲中央軍官學校高級生陸軍中校河南第四區保安司令部参謀調皖豫綏靖主任公署参議生於光緒三十一年乙巳五月初一日子時配同邑劉氏鳳珊女生於光緒三十年七月十三日辰時卒於

民國十一年壬戌五月十四日戌時紀年一十有九葬宜興南門外東下山徐家園新阡主穴右側坤山艮向側室浦氏生於宣統元年己酉三月十五日子時

女二 長宗鳳待字 次殤均浦出

澄次子

祖彰

嗣淦

澄三子

祖望

字叔屏河南第四區行政督察處科員生於民國四年乙卯十月二十日子時

澄四子

祖匡

字季襄生於民國六年丁巳七月二十一日未時

淦嗣子

祖彰

字仲敦生於光緒三十四年戊申十二月十六日申時

沅長子

祖煩

字伯聰上海關稅處稅則委員會助理生於民國元年壬子十二月二十五日戌時

沅次子
祖揚
字仲楨上海格致學堂肄業生生於民國七年戊午五月十八日戌時

沅三子
祖燿
字叔明生於民國十一年壬戌四月初一日卯時

沅四子

祖炯

字季懷生於民國十三年甲子十月二十四日子時

琪長子

祖光

嗣泗

琪次子

祖毅

官名毅字仲謀歷任內務部僉事財政部僉事全國烟酒事務署參事全國機酒徵稅處總辦天津航政局局長生於光緒十

宗磐

字子安生於宣統三年辛亥十二月初五日巳時殤

宗愈

字子同生於民國七年戊午四

五年己丑三月十六日子時配浙江山陰陳氏安徽亳州知州晉孫女候選知縣元慶女生於光緒十四年戊子五月初八日卯時卒於民國四年乙卯十二月十五日紀年二十有八葬北平西直門外大柳樹村新阡穆穴癸山丁向兼子午繼配同邑王氏浙江候補通判湘廷次女生於光緒十五年己

月十一日申時

宗嶽

字子遜生於民國九年庚申九月初二日寅時

宗遇

字子順生於民國十三年甲子三月二十一日午時

宗錢

字子彭生於民國十四年乙丑十月十七日未時

丑十二月初一日辰時　子六　宗磐 陳出 宗愈　宗嶽　宗遇　宗羲　宗鵬 均王出　女五　長宗平生於光緒三十四年戊申適同邑層農商部參事振鵬長子啟齡　次宗晳生於民國三年甲寅 均陳出 三宗慶生於民國六年丁巳　四宗賢生於民國八年己未　五宗媄生於民國十六年丁卯 均王

宗鵬

字子南生於民國十四年乙丑十月十七日酉時

珙三子

出俱待字

祖堅

官名堅字叔仁河南法政學堂畢業生歷任內務部主事安徽石埭來安直隸肥鄉等縣知事江蘇蘇州鐵路稅局局長生於光緒二十年甲午二月初七日午時

配同邑李氏山東東昌府知府翼清孫女光緒己丑　恩科舉人安徽滁州直

宗詩

字召周生於民國八年己未三月初三日午時

宗新

字湯銘生於民國十年辛酉三月初六日午時

宗夏

字鑒杞生於民國十四年乙丑正月三十日申時

隸州知州會棻次女生於光緒十九年癸巳二月十九日酉時卒於民國四年乙卯八月初二日未時紀年二十有三葬北平西直門外大柳樹村新阡次昭穴癸山丁向兼子午

繼配浙江仁和高氏直隸清河道駿麟孫女光緒癸巳　恩科舉人戶部郎中爾羲長女生於光緒二十年甲午三月二十五

宗道

字志申生於民國十六年丁卯八月初六日寅時

珙四子

日辰時
子四　宗詩
宗新　宗夏
宗道
女三　長宗成
生於民國六年
丁巳　次宗玉
生於民國十一
年壬戌　三宗
庚生於民國十
九年庚午　均高
出待字

祖康

官名康字季言
河南法政學堂
畢業生歷任財
政部主事河南
河陰尉氏等縣
知事安湯林煤

宗權

字子衡生於民
國十五年丙寅
七月十一日子
時

珙五子

祖朋

棉捐局局長生於光緒二十二年丙申二月二十三日辰時

配浙江仁和金氏山西巡按使永三女生於光緒二十二年丙申二月二十五日丑時

側室李氏湖北江夏人生於宣統元年己酉正月初九日

子一　宗權李出

女二　長宗宦金出　次殤李出

宗亮

瑢子

官名朋字艮五北平燕京大學畢業生天津市政局科員生於光緒三十四年戊申六月初十日辰時

配蒙古敖漢旗敖氏勳二位陸軍中將中央航空司令景文長女生於民國二年癸丑二月十三日辰時

子一　宗亮

祖達

學名雲達字似龍天津南開中學畢業生留學

字子庾生於民國二十二年癸酉十一月十七日申時

子珩

德國柏林大學哲學科博士中央研究院科員生於光緒三十年甲辰十月二十五日子時

祖馴

字警餘天津南開中學肄業生於光緒三十二年丙午閏四月三十日酉時山東青島市政府科員

配無錫林氏平政院秘書長志章女生於光緒三十二年丙午十一月十九日

宗煊

字彥英生於民國二十四年乙亥二月初四日卯時

寅時
子一　宗煊
女二　長宗炎
生於民國十七
年戊辰　次宗
燊生於民國二
十一年壬申　均
待字

洙長子

祖達

字頌特生於光
緒三十四年戊
申六月二十四
日巳時早卒　葬
定東鄉馬家村
祖塋隔河餘地

洙次子

祖勳

字次塤生於民
國十二年癸亥

十月十四日戌時

洙三子

祖衡

字地山生於民國十五年乙丑閏四月十七日寅時

洙四子

祖楙

字思白生於民國二十年辛未十一月初十日午時

洙五子

祖煒

字肯五生於民國二十二年癸酉九月初三日巳時

鈞子

祖翰

字滌新生於光緒十四年戊子八月初九日酉時

配溧陽洪氏受禧女生於光緒十年甲申正月十五日卒於民國二年癸丑八月二十八日紀年三十厝於大徐家村祖塋之右

子一 宗俊

宗俊

學名駿字驥超武進第五中學畢業生天津市捐務徵收所辦事員生於光緒三十二年丙午正月二十三日巳時

配安徽司氏承業女生於民國二年癸丑正月初六日戌時

女一 宗婕生於民國二十四年乙亥 待字

陶氏迁常支谱卷五　文传

贻安公行略

公幼嗜读书，以贫辍学。及壮，治生计，家道稍给。生丈夫子五，为延师课教，蓁尽敬礼，久而力复不支，因谓恭人曰："方图教子有成，而贫困若是，其何能俟，仍令诸子力田以自给，可乎？"公一日饮弟家，夜归途间，若有神语，云来者文星也。当贵公举首望，则见仲及季前迎公。心异之，归语恭人，仍令仲季读。仲即先王父匏宇公也，后成进士，历官中外有政声。盖吾宗发祥之所始，亦公之积累有以致之也。

公生平潜德懿行不胜缕述，其略可记忆者，事亲至孝，久而益挚。兴授盥，食授箸，坐授几，行授杖，亲至湢室溷厕罔不侍。寓宅湫隘，让弟独处，而自迁于外，覆茅环土，晏如也。里有为豪家索逋，将鬻妇以偿者，公闻诣豪家曰："某负公债，今因使者索之急，将鬻其妇以偿。余良不忍，余有田三亩奇，毗公田，愿代偿以全其妇。"豪感之，逋为之缓，而妇亦赖保全矣。山行道远，樵者携箪，入辄置道左，虫附尘溢，雨淋日曝，食之多病。公为设土灶，施汤水，俾常得善食。岁歉收，每分食食人，人有求之者，必多方给之，不责偿。课子尤严肃，每笃责不少贷，子试偶蹶，谓文固有一日短长，然何不自励。故二子益奋进。及公易箦，复遗训曰："凡人冻馁，不至死不可轻举债。家贫，不赤骨不可不教子。述之以为后嗣劝。"呜呼！公之生平亦可知已。

康熙甲申十一月，曾孙自悦谨志

匏宇公墓志铭

邵武守陶公，本应天溧阳人也，近乃徙居晋陵。未第时授徒梁溪，其文章行谊，余闻之稔矣，然而未相习也。万历癸卯，公登贤书，与余同出豫章凤盱黎先生之门，既而同捷春官。交最欢洽时，余读书中秘，公谒选燕京，彼此过从莫逆。嗣公授南廷评事，出守邵武，所至有声，朝廷方拟大用，而公已长逝矣。世咸惜之。郢垩已亡，牙弦不韵，人琴之感，有识同悲。且复萧条孤藐，旅榇晋陵者又十年矣。迄癸亥之岁，诸孤皆已成立，并列胶庠且膺乡荐，公始卜新宫于旧里。时余适归过晋陵，其孤以坠道之石乞余为文。余病无能也，强为握管，即其状语而次第之，其词曰：陶之先，昉自汉徐州牧溧阳侯谦，溧阳陶氏自徐州牧始也。晋唐而后代有闻人，兴朝八传曰守安翁讳廷枢，自为公王父，绩学不仕，晚年沉酣史籍，启迪后人。家素封，邑人推为乡长，岁大祲，里人多逋负，翁辄为代偿，久而偿益不赀，竟以是倾其家。公之父赠中宪大夫贻安公讳组先卒，守安翁恸子情切，亦相继殁世。

公与伯兄暨叔季等五人，茕茕未有家室，迭襄大事，徒手拮据，公遂负箧梁溪，从同庵杨公游。杨固名诸生，广交游，识公于风尘，为之授馆、授餐，且授室焉，实为公元配刘恭人。恭人为晋陵养心翁女，而同庵姨也。翁任侠，自喜常奇，恭人偃蹇媒妁者数矣，同庵言于翁，翁大喜，得婿，并曰："是岂长贫贱者？因爱女故不忍远适。"遂馆甥焉。时公已游黉，树声艺林间，梁溪诸豪争延公课其子，束修所入供母蒋太恭人及诸昆弟，以其余给恭人。公每岁脯修不薄，而棘棘焉无一日之裕，食之者众也。而恭人亦无吝色，躬亲织绩以佐不给，霜晨暑夕，鞠育教督，悉不以烦公。以故公卒无内顾忧如是者，二十年殆如一日也。

公既捷南宫，阅岁始授南廷评事，评事固清简，非大狱不以关，往者率受成取画诺，公独多所平反。一巨奸杀人，罪当辟，缘贿尝公，公怒，竟论辟。会有要津为关说，公拒之，乘计欲中伤公，主计者烛之，卒无恙。公既以直道忤时，官位复冷淡，赖恭人能以綦缟相公，尝语公曰："作官如作秀才，庶有豸乎？"公感之，益淬厉，恭人亦晏然如为秀才妇，以故操作补苴，戚戚焉亦无一日裕也。会殇子，恭人哭之过哀，遂不起。公恸之，不继娶，曰："吾寒苦相守至此，男成室，女行笄，忍令谓他人母乎？"公任廷评，号明允，当高迁，或谓盍少求援，公曰："吾生平不干人以私，况出处际乎？"后竟循资守邵武。郡固为闽僻壤，公下车，首汰一切供帐。吏胥满考及主藏者率有朱直，岁纳五百金，公亦革之。或以玉鞶缘吏尝公，公怒杖吏，卒任无敢以私献者，曰："吾不剥下以事上，汝辈亦不必剥下以事吾也。"爱民如子，讼无留逮，细故则散解之。狱有久系勿决者，公立决，无不曲当。尝谓余曰："吾作廷评时，每事多驳人，吾任郡事不为人所驳，无他，公生明耳。"盖公之实录云。公居官不畏强御，凡豪势猾胥之虎翼而狐假者，悉捕置之法，一郡肃然。郡固僿朴，鲜科名，公兴学造士，登材隽而试之，更厚餔其不给者，请于学使扩宾兴之额，士彬彬向风焉。郡郊水为樵所经，民病涉，公梁焉以济。人皆感颂，迄今立祠其旁云。

公一日检郡藏，察镪三千余皆赝物也，盖前后奸胥所为，已历数任，至是公始发之。公因事历久远，株连必多，不忍其鬻妻孥累亲戚，恒欲自输以偿，而公素清贫，即倾囊橐亦不逮其什一，筹思再四，意良不怿。会病脾气郁于中，弥月竟不起，诸孤泣请遗言。曰："吾何言哉？凡吾所行，汝辈所见，能率则吾何言，不能则吾何必言？"请家事，则曰："溧阳田百亩，可分以膳两叔及伯氏诸兄。晋陵田百亩，则汝母艰难所创，得汝辈及姊共之。"遂瞑。检其橐，仅余俸金若干而已。邵武之民如丧考妣，相率绘像以祀之，复咸请祀于学宫，迄今俎豆罔替。呜呼！郡之所以报公至矣。虽然，而公之食报则有未尽者也。公为文不习饾饤，自出机杼，持满厚发，光芒万丈，理当远到，奈何事业未竟而赍志以终。

公生平重气谊，输肝胆，见人有急必代济，不济不已，故旧有急，虽风雨奔跋不恤其苦也。需次都下，奉使南旋，道遇同里谒选四五辈，以冒邮符事发浮系，公请于当道，代为输赎，并为治装，后皆谒选得官。其任廷评还里，会岁祲，捐俸振族，亲疏罔不遍，其子侄羔雁褵帨之资，无勿仰公给焉。溧阳有学蠹周某，素窘公，公辄避之，后周以杀人下狱，人意公将直报，公乃请于当事，得末减。其人愧欲死，所谓“有德于人不敢忘，有怨于人不可不忘”者，公得之矣。

公生平备尝艰险，临事卓然有定识，苟天假之年，必有以自见。何天啬其遇而复终靳其年耶？刘恭人辛勤跖戾，自縰笄以及簪佩棘棘萎附，而不及下寿。天道难谌，岂其然哉！公生丈夫子三，往年以文字相质，余谓仲子，合先特达伯叔当竞爽，匏宇可不死矣，乃今何相符合也。然则公所未竟，自有肩之者，即公与恭人亦可以瞑矣。

公讳人群，字众甫，匏宇其号也。生于嘉靖辛酉十二月初九日，卒于万历甲寅二月二十八日，年五十有四。恭人生于嘉靖癸亥四月二十四日，卒于万历辛亥七月二十一日，年四十有九。子三，长元禧，以冢子故仍为溧阳庠生。娶宜兴史氏赠太常寺少卿端吾公孙女，继娶同邑王氏户部郎中养默公孙庠生存养公女。次嘉祉，辛酉举人。娶金坛张氏云南府知府虚庵公孙庠生宾之公女。三元祐，邑庠生。娶同邑唐氏翰林院庶吉士完初公孙太学生君俞公女。俱嫡出。女二，长适江阴于礼部儒士嗣昌嫡出，次字同邑徐庠生幼白公子起经侧室陈氏出，幼白又为公门下士。孙男四，长仍光，聘吴氏山东参政容宇公孙采甫公女。次仍亮，聘同邑陆氏甲辰科进士右佥都御史巡抚浙江卿荣公孙太学生伯调公女。皆祉出。次仍冕，禧出，次仍兢，祐出，俱幼未聘。孙女二，长字史嘉靖壬戌进士广东廉州府知府文龙公孙太学生缵禹公子，仁祖祐出。次未字，禧出。禧等将以癸亥十二月二十一日奉柩合葬于故里石塘山之湾，距县治二十里，距祖茔及蒋太恭人新垄俱可五里，而余为之铭，其铭曰：公之文得意疾书，几无勿满之志，而人皆知其养之粹。公之官历级而登，曾不足以表异，而世莫知其抱负尚未展乎一二。赍其志，怀其异，以俟尔后人，如取诸寄，盖是父是子。吾曩已卜之文，而积者必余。吾今亦信之，理与势有必至。公长于斯，葬于斯，不离其乡者，地道之利。绌于身，伸于后，必食其报者，天道之秘。更为作铭，百世不坠。

赐进士出身，通议大夫太子宾客加二级服俸，礼部右侍郎兼翰林院侍读学士，协理詹事府事管理，诰敕纂修两朝实录经筵日讲官，年眷弟周炳谟顿首拜撰

匏宇公事略

余生也晚，不逮侍奉先王父。惟忆少侍先府君，时勉以古人，言行必称先王父，故得熟稔先王父生平行谊及声施节义，心向往之。长而于家乘，得宫宾学士周公志墓之文，讽诵久之，益恝恝不能忘。痛自先府君即世，余小子抗撄世网，荏苒四十余年，始获备官。郇阳会族人以修乘告，不敢辞固陋，谨依前文而增损之。

公讳人群，字众甫，号匏宇。少孤，中年困于诸生，昆弟五人茕茕壁立。公独奋志向学，时锡山杨同庵先生负文望，遂负笈往从受知于先生。因先生赘于刘授甥馆焉。锡人重公文执贽者，竞集公以修脯，所入悉供太夫人及赡养诸弟。

万历癸卯，膺乡荐甲辰成进士。释褐南旋，途遇乡里谒选者四五辈，因冒邮符被系，公为缓颊得镬释，且给行李，谒者后皆得官，感之不朽。授南廷评事，狱多平反。假归里岁歉，公分俸以给族人，并给子弟膏火及婚嫁之资。溧阳有学蠹某素侮公，公屡避之不与校，嗣以杀人下狱，公乃为之辨，覈得末减，人服其厚德。会有巨蠹杀人，赂吏议释，且有要人为请，公独不允，竟论辟。要人衔之，乘计中公，幸主计者察公，竟书上考当超擢，怂公引为援。公哂曰，吾于人无所请，乃者固守吾分，而欲以私败耶。竟循资守邵武。

邵固闽下郡，民贫吏黠，疆御充斥，士习鄙陋。公下车，首罢供帐，民困大纾。捕民之狡猾者置诸法，兴学校、拔才隽，数月而大治。私例吏胥满考及主藏者，例进朱直五百，公革之。或拟献玉犨以干，请吏尝焉，公怒杖吏，法益肃治。狱无留，不苛细，故久系勿决者立决。公尝云，吾为廷评，每事驳人，吾治郡，无一事受人驳，惟不参私见而已。郊有水道，樵者病涉。公为设梁利之，邵人感之，为立祠于其侧。

检郡藏帑镪三千余，悉赝物，盖前后主藏奸吏之所为。公悯株连众，欲代偿，无羡款。筹思无策，会脾病增剧，月余而竟逝。弥留时，诸孤请遗训。公曰："吾何言哉？吾生平志行，汝曹具悉。能率吾行，成吾志，惟汝曹，不能亦惟汝曹。吾何言哉？"复请区家务，则曰："溧阳故土田百亩，分赡两叔暨伯氏诸兄。晋陵田百亩，系汝母创自艰难，汝兄弟共收之。"目遂瞑。邵武士民绘像私礼者，殆以数千计，复请祀公学宫，俎豆勿替。

公生于嘉靖四十年辛酉十二月初九日，卒于万历四十一年甲寅二月十八日，年五十有四。先王母刘恭人，武进翁养心少女。翁择婿，皆贤长。即杨同庵先生尤爱怜少女，嘱同庵先生择佳婿。先生精衡，鉴弟子百余人，皆一时俊秀，独契重公，谓翁曰："陶生孤而贫，然天下士也。文字有至性，杰出流辈,小姨相攸,无踰陶生者。”翁一见喜甚,公遂委禽焉。恭人秉德勤俭,荆布二十余年,内外贤之。公既贵而操作如故。尝语公曰:“作官如作秀才时,庶有豸乎。”公亦尝谓:“孰使我穷不遗恩,达不堕节。孰使我前得为人昆,后得为人父。非恭人力耶?”惜嫁娶未毕,先公而逝,公亦义不再娶。身后犹赖恭人田百亩以贻子孙,且藉是得以故里百亩分赡弟侄。恭人之惠,流泽孔长矣。恭人生于嘉靖癸亥四月二十四日,卒于万历辛亥七月二十一日,时年四十有九。自悦迄今泫然。先府君时语,以无忘尔祖也。周先生之墓志曰:“公所未竟,有肩之者。”铭曰:“赍其志,怀其异,以俟后人。”

呜呼!此尤先府君所极不忘者,然先伯父、先府君行谊出处,固已卓然克家矣。自悦游痒乡荐,虽如公之岁而成进士,以后公六年迄兹修名未立,莫绍先型,曷胜兢兢哉。

康熙四十三年岁次甲申十二月,孙自悦谨志

附录:《福建通志邵武府名宦传》

陶人群,溧阳人,万历间进士,知邵武府。尝代理粮务,捐耗米以修学宫,革濠租,筑桥坝,以疾卒于官。

景伯公行略

公讳元禧,字景伯,号曾守。邵武知府匏宇公长子也。素性庄肃,博学工文。翰年弱冠,补博士弟子员。越六年,食饩廪,文名大噪,树帜坛坫者十余年。继而遘疾丧明,杜门不出而威仪俨恪,久而勿衰,殆终身如一日也。虽溽暑必裳衣,虽燕居无惰态。对妻孥如宾客,接卑幼若等夷。冲融和易,可知其所养者深矣。晚年嗜禅理,好谈古今忠孝事迹及阴骘果报之说,闻者均为感泣,以故比闾族党,熏其德化而勉为善良者,盖比比焉。

公生于前明万历甲午三月二十五日,卒于康熙已酉四月初六日,享寿七十有六。配宜兴史氏,继配王氏、孙氏。子二,长功一公应试,次中一公孚,皆早岁游庠为名诸生,而均不得志。于时中一公肮脏磊落,嗜酒以殁,人尤惜之。其皆不克蒙公之泽者,殆天之报施,将有待耶?幸公之嗣孙雍武,好学深思,克绍前烈,复能敦本睦族,祖武是绳。殆天之所以报公与公之所以食报者,其在雍武与其在雍武之子若孙与?

赞曰:耕汤田者七年旱,耕尧田者九年洪,耕心田者岁必丰。我公心田何芃芃,宜其子子孙孙,食先德而沐仁风。

康熙五十三年三月,侄孙苍挺谨志

盟水公事略

伯父盟水公令平湖，甫一月而逝。士民闻其丧，哭于家、哭于市、哭于野者，日必数十人。启绋之日，邑民攀号奔送数百里，哀思不已。发为挽辞，播诸村郭，集而梓之，题曰《泪编》。复建“堕泪碑”于署外，记云“一月循良，千秋遗爱。”迄今崇祀名宦，俎豆绵长，盖亦至矣。古之称循良者不乏其选，视此治速而感深，时未久而遗爱无极，殆亦罕矣哉。窃闻公下车即与民更始，未几而豪猾屏息，胥吏股栗，苞苴竿牍，无敢至者。至其雪冤清狱，听断若神，减输租，平物价，振学校，兴教化，一月之间，举行殆尽，由是而平湖之人翕然悦服。迨至从公告瘁，犹复力疾勤政，然则公之得此报也固宜。世之颂公者，谓公具灏然之气，秉粹然之诚，气以干事，诚能动物，故设施未久而民不能忘如是也。使公能久于其位，其设施当何如哉？使天永其年，扬历中外，则其设施又当如何哉？公少能文，为孝廉则为名孝廉，成进士则为名进士，继以政事为官吏，则为名官吏。公讳嘉祉，天启辛酉举人，崇祯甲戌进士。天性孝友，意气豪迈，才藻过人。而与人交接，温温和蔼，见义勇为。世之知公者，幸毋以名宦尽之耳。兹略叙梗概，以示后禩。

康熙四十三年岁次甲申十二月，侄自悦谨志

康叔公事略

不肖自悦，今乃以簿书之暇，为先府君述家传。盖四十余年来，雨馆风窗，凭几攲枕，泪痕血迹，一时并集而成者也。恒虞一官坠曩昔家法，生平兢兢，勉为清白吏子孙，或尚不克终始。抑恐宦迹无定，故园荒芜，儿曹累累，未易成立。尚安问能继承先志，慰兹泉壤。执管零涕，得一遗百，又何恤焉。但古之传其先者，必求当市名公巨卿，以重其先。惟先府君赍志没世遗命，不表行状，不乞墓志，以故一二遗言遗行，潜匿不扬，惟隐隐藏诸胸臆，历久勿敢忘。会族人来告，有修谱之役，窃恐日远日忘，并此一二遗言遗行亦将湮没，何以贻后耶？

按先府君以晚年登第，翛然自废于时，无所用其才，故奇节伟行不传于世，其可知者，吏治而已。盖先府君令兰溪，适期月耳，当宏光半壁，剩水残山，蹙国余黎，纪网紊佚。其怯者苟且尸位，图须臾无死，不肖者则恣行喜怒，劫夺其氓。兰溪以弹丸地当两大镇间，狐鼠纵横，风鹤倏变，而先府君方以书生试吏，独能维持斯土，惠此一方。莅治期月，人安政举，非其才有过人者欤？自悦随侍治所，既蒙稚无所知，而府君复绝口不言当时区画，故未得记其详。今可据者，兰邑士民一请建祠，再请迁祠，上当事二词而已。谨节其请建祠曰："公筮仕兰阴，适逢盘错惊赤羽之耀日，溃兵剽掠盈城，当白刃之如林，单骑仓皇莅任。招徕离散，鸿雁赖有宁居，汛扫潢池，鸡犬幸蒙安堵。甫离砧几，厚荷帡幪。公乃察使吏慈使民，缓催科，急抚字，巡行劝课巾车，遍历郊原，洁已推诚，讼狱默消阛阓。既而刍粮孔急，师旅益繁，焰炽军兴，锋铦私斗。公乃力为支撑，民得赖以无恙。他若修礼乐于揭竿，弦歌不辍，升孝友于负耒，木铎频宣，驱滥级于沐猴，朝廛罢警，擒伏戎于窃众，夜户不关云云。"其请迁祠曰："兰令往推盛公，柯亭建有专祠，榜曰报德，然犹际承平也。岁乙酉陶公来兰，适逢多难。游兵充斥，皆怀军劄，真伪不能辨，驱胁乡民，横加官长。公独不激不随，诸奸慑服。邑无赖藉隶兵籍，肆虐滋甚，土豪亦乘机而起，公皆设法次第擒灭之。讼多诈谲，公以片言折之。犯科无少贷，会计析秋毫。革绝加耗，追呼不入乡里。于士之有文行者礼之，其虐民者痛惩之。不苦贫民，不催富室。抑强扶弱，阖邑大治。其尤难者，朱方构兵，其部下沸沸飞牒如雪，公两应之，卒无少迕。其他惠政，尚难缕述。兰人歌颂如昨日事也。公去后，咸鸠资构，祠城东大云山麓，尸祝有年。说者谓汉代循良，其在一郡，后先媲美，有如召杜。吾兰前有盛公，后有陶公，宜合祀之，以比召杜。拟移陶公祀主入报德祠奉祀，嗣后他主不得擅入云云。"噫！府君以丙申二月即世，而二词之上即是年五月。自悦辈苫块迷茫，未及前知，兰人于事竣后始得寄闻。府君去是邦已十有余年，而民不能忘如此。

越三十五年庚午秋，自悦自闽旋舟过龙游，访同年缪子虞良，肩舆入郭。舆人张姓知余名，拜泣曰，昔蒙先令主存活乃得至今，与之值，固辞不受。越日泊兰之南山，将访县西黄彭滩，故友邵君昆弟遣仆赁舆夫，有王姓老人问知客陶姓，曰，其为旧令主一家乎？仆曰，舟中即先主二郎君也，已登第矣。老人大喜，指谓一少年曰，亟往此，吾曹旧令主，吾与若父皆受其赐，今得有家室有子孙，皆出公德。随趋至叩头曰，今晨鹊噪，果得见郎君。且云府君生祠被焚，某等已另立新主，次第供奉于家，月率迁焉。须臾诣邵氏，神主适在，因流涕再拜，谢邵君高义。留旬日，王老人频来，泣且笑曰，愿郎君复宰兰邑，吾等得再见父母也。邑人竞来寻访，馈遗不绝，府君之德，其久而不忘者又如此。府君笃孝，友严义方，自悦兄弟方成童，即日训孝亲，敬长抚孤，恤族诸事。自悦等憨惰欲眠，犹提耳命之。

世父曾守公不事生产，困于诸生。府君罢官后，犹岁给三十金，米三十石。伯母王孺人生功一兄讳应试，早慧能文，府君尤怜之，为买宅百金、田十八亩给之。顾谓自悦兄弟曰："尔祖遗田不满三十亩，赖汝母奁具，今可百五十余亩，汝等叶此已给矣。濑上宅一区田五十二亩，可奉汝伯。伯老矣，两儿复贫，聊给一岁口食。计其入，不及余向所供十之三四也。"二伯父平湖公子二，长被余兄讳光，早卒，次峻余兄讳克，早孤，府君爱逾已出，饬婢仆敬事逾不肖兄弟，不肖兄弟亦严之如父焉。其他子姓亲故及穷老无归者，府君咸收恤之。府君性嗜洁，葛巾焚香，终岁不一。谒当事而为人排难解纷，咸为悦服，此自悦等所亲见者如此。先王父初居晋陵，雅慕荆川，翁因请业凝庵先生，相契洽。先生生子庶常公早殁，抚孤孙君俞公。公有长女最怜爱，命归府君，即唐宜人也。唐故右族多贵婿，府君尤蒙君俞公契重，每燕会必皆，又云府君爽朗豁达，不屑举子业。已卯年四十一，因事在白门将旋里，董宜人使仆要诸路，乃就试，榜发果售，缘闱墨马字连四点，磨勘停一科，及癸未成进士，实则联捷也。

府君讳元祐，前字康宁，后字康叔，号三壬，选授云南知县，阻兵未行。宏光南渡，改授浙江兰溪县知县，入祀名宦。生于万历已亥八月十八日，卒于顺治丙申二月二十八日，年五十有八，配唐宜人，继配董宜人，子二，长自怡，次即不肖自悦。继配胡孺人，子一自愫。谨志梗概，以示后禩。

康熙四十三年岁次申十二月，男自悦谨志

附录：李笠翁《资治新书》陶康叔令兰溪谳语三则

谢春非凶人也，直酒徒耳，戈柏又酒友之最契者，彼其鱼藻得钱才十八文，途遇戈柏即邀之，入肆尽欢，至于醉归相送，此岂有杀柏之心哉？其弟以诱兄饮酒为言，遽触其怒，而碎其什物，弟方遁去，移拳向柏，误中其心肋而长醉不醒矣。身业拘于圜土，魂犹入于醉乡。其殆以死生为醉梦耶。既存荷锸之心，宜葬谢家之侧，亟向夜台寻死友耳。

黄三俚决水，沿邻竟成祸水。传浚十惜苗浸没，仍思揠苗。偶相遇于刈麦之时，遂相殴于持镰之次，乃三俚则未饱其老拳，而浚十已先撄其铦刃，洞胸仆地，三日身亡。若曰就物之伤，何以刀口自上而下哉？三俚之禾黍油然，命则稿矣。

邓伯忠之死，张俨新亦太惨矣。藉仆逃而诬指薮亡，掣官牌而私拥锁捉，使其求走大路而不得，望救里门而无从，殴之路复拷之家，兔游犬室，讵有还期？雀人狙丛，自然立败，乃犹机诈百出，希脱卸于垂死老仆，祇添凶黠之公案耳。

功一公暨配张孺人行略

公讳应试，字功一。年弱冠补溧阳博士弟子，天性警悟，博览群籍，才思藻丽。家居教授，远方负笈来游者踵相接。八入棘闱，屡荐不售。庚子科遇而复黜，人尤惜之。公虽不得志于时，而怀瑾握瑜，领袖文坛，固已名噪一时矣。公宽厚温雅,生平未尝疾言遽色,和不随俗,智不先人。乡党无少长,咸敬爱之。语云“积之厚者流之长,本之深者实必茂”,公乃蕴抱潜德,郁而必扬,宜其克昌厥后者矣。

公生于前明泰昌庚申六月二十八日,卒于国朝康熙十三年甲寅,年五十有五。配氏张,同邑讳宣猷之女弟,精女红,娴涉书史,日必记录数则。逭归公,治家严肃,内外秩然,性复端默,不苟言笑。事舅姑极孝,曾守公每称之曰贤。卒年九十三,合葬石塘山之湾。当公殁,无子,以艾圃公次子雍武为嗣。雍武性至孝,事孺人,能色养。家贫,食粗粝而甘旨之,奉无或缺也。孺人年迈多病,起卧盥栉,扶掖侍奉,必躬亲之。孺人殁,哀毁骨立,贫无以葬,营贷劳瘁,几以身殉。其至性类如此。雍武生子三,宏德、廷翰、士德。廷翰秉性尤端,谨幼劬学,文业日进。张孺人爱之,每曰此孙性纯孝且好学,我苟得见其成立,即死亦瞑目矣。其期望之切如此。

康熙五十三年三月,从侄苍挺谨志

附录:张孺人挽词(侄婿储可权谨挽)

中年矢志柏舟坚,仆素盟心粉黛捐。井臼亲操勤夙夜,田园洁治度残年。寿逾耄耋酬贞节,彩舞斑斓启后贤。使者採风传列女,应教彤管灿新编。

克继家风重奉先,欣看爪瓞庆联绵。恩勤壮子能承绪,鞠育诸孙喜象贤。谊重睦姻持大体,才娴文史守遗编。终温且惠垂坤德,壶范堪师合佩弦。

中一公行略

公讳孚,字中一,元禧公之仲子也。早岁补溧阳庠生,才思横溢,天性豪迈,有倜傥不羁之风。文名藉甚,与兄功一公齐名。继因怀才不遇,益自旷达,磊落郁勃之气,悉托之于酒,每饮必醉。壬戌之岁正月六日,友人招饮,醉归而遽卒,时年四十有九耳。先府君挽之有云“衔杯醉混鱼龙队,把盏神游浑噩天”,盖不胜痛悼云。公生平见义勇为,临财不苟,辨理明决,事无难能。且与俦类交接,终身无欺饰语,尤为人所难。配氏毛,无子,以自怡次子绍武为嗣。公生于崇祯甲戌八月二十八日,卒于康熙壬戌正月初六日,葬石塘山祖茔。聊志梗概,存诸家乘,以志不忘云尔。

康熙五十三年三月,从侄苍挺谨志

峻余公行略

公讳克,字峻余,号又三生,而颖异于古,无所不窥。年十四补博士弟子员，随侍父盟水公至平湖任所。甫一月，盟水公即遘剧疾。公于侍奉之暇，每事襄理，实政惠人。盟水公得以卧理无惧，平湖之人迄今尸祝勿衰。年十六，盟水公即世，公哀毁灭性，邑人啧啧称贤令有子矣。居丧寝苫，三年不出户庭，益肆力于诗古文辞。与叔父三壬公晨夕砥砺如师友，每一艺成，必商榷尽善乃已。既而三壬公成进士，三壬公不以己之获售为喜，而深惜公之不获售，而公处之坦如也。为文俊逸廉悍，有风云驰骤之概，惜今皆散佚。惟馆海昌朱氏时，读书连山草堂，所刊数十艺尚存。草堂在西泠，公时出游西湖，四方知名之士莫不争赴订交，而执经问字者益日不暇给。广陵李书云先生慕公之文行，延为子师，是秋其子玉题登贤书，而其长子昼公复以丙辰高捷。人皆谓非公善诱不致此。

公生平伟行不能缕述，而于临财不苟取，避权势若浼，尤为人之所难。当盟水公之没于平湖也，宦囊萧然翛。邑之绅士感公惠泽，赠赙积数千金，公坚却之曰："吾父素守廉节，冰蘖自矢。某何敢忘先人之志而背之耶?"壬寅春，大中丞韩公世琦抚三吴，韩公与盟水公交契，舟次毗陵，即敦请公慰问，欲置公幕下。公从容辞谢，但陈闾阎疾苦豪，不及私。先是中丞介弟为郡别驾，亦未尝有片纸干谒。嗟乎，世所称缝掖之士，莫不趋利若骛奔走于形势之途，公独淡泊自守，其贤于人不亦远哉?

公秉性刚方，慷慨有大节，排难解纷，人咸欲得一言以为重。居恒未尝有惰慢之气，虽左右近侍未尝见其戏言戏动。尤笃于伦纪，事母张儒人，先意承志，备极色养。事庶母氏陈氏杨，亦恩礼兼至。长兄被余公讳光，以病废，公亲扶卧起，数年如一日。及兄卒，悲恸异常。待诸弟严而有恩，尤器重艾圃公，谓他日必膺廊庙之重寄，时时勖以大义。迨公之殁也，铨在高都署中。艾圃公语及遗行，尝曰以公英奇卓荦，负间世才，乃进不能博一第，退不能享中寿。辄为太息者久之。

公生于明泰昌庚申四月十八日，卒于康熙壬寅九月初四日，年四十有三。配氏陆，淑慎勤俭，治家严饬，闺门之内，相敬如宾。子二，长敬敷，讳在宽，敦厚醇谨。次明勖，讳在亶，才藻秀拔，刻苦励志，不幸早死。女五，其四即铨母。铨八龄时先君见背，母尝训铨曰，儿读书为人，当学汝外祖。尝述公一二轶事，皆迥超流辈，铨志之勿敢忘。庚辰道出邗江，晤李昼公先生，犹津津道陶夫子不置。公之生平盖可见矣。恐遂放失，谨诠次梗概，附诸家乘。

康熙乙未仲春，上浣外孙己丑进士黄秉铨谨志

心台公讳自怡赞

温温其德，恂恂其仪，平恕以接物，㧑谦而自持，亲疏少长咸敬之，穆如清

风百世师。

艾圃公行述

呜呼痛哉！不孝纯武等，欲一聆府君之謦欬而不可得矣，欲一亲府君之颜色而不可得矣。缅想音容宛然在目，而隔绝已自夏徂冬矣。呜呼痛哉！自府君宦晋，不孝等或留视荒庐，或更代往来，其间晨昏定省，多所违缺。丁亥春告归，不孝等方谓自兹家居无事，围绕膝前，庶几少补愆咎。讵意不孝等罪疚深重，不自陨灭而竟祸延府君耶？抢呼泣血，欲即从府君于九原，顾念窀穸未安，不得不苟延残喘。而当此荒迷瞶眊，复何能饬治辞句，有所诠次？然窃念府君秉德义，工文章，力学敦行，至老勿衰，倘因不孝等浅学无文，而令府君之徽行懿迹湮没不彰，罪奚可逭？爰是濡泪染翰，粗叙梗概，以备当代大人先生采择焉。

陶氏为汉溧阳侯谦裔，侯墓在溧，子孙世守，萃居溧阳之义笪村。至王大父匏宇公讳人群，为毗陵刘氏婿，因迁毗陵，万历癸卯举人、甲辰进士，官至福建邵武府知府。生子三，长伯祖景伯公讳元禧，溧阳庠生。次伯祖盟水公讳嘉祉，天启辛酉举人，崇祯甲戌进士，官浙江平湖县知县。季即王父三宁公讳元佑，崇祯己卯举人，癸未进士，官浙江兰溪县知县。王大父敦厚能容，所至有治行。王父矜尚气节，任兰溪八月值鼎革，隐于兰邑山中。民有讼者，多不诣县，曰非吾公莫能平也。持只鸡斗酒走山中，求为曲直焉，逾年始归。幅巾遨游，奕棋饮酒，诙谐笑呼，不问世事，盖自况江湖一散人也。王父生子三，长伯父心台公讳自怡，邑庠生。季叔父心素公讳自愫，邑廪生。仲即府君讳自悦，字心兑，号艾圃，又号鲜民。少聪颖，容止异凡，儿王父特钟爱。童时应对进退如成人，读书辄数行下，持论好独出己见，长老皆惊异焉。稍长，从吴耕方先生受举业。先生乡里宿儒，以制艺名一时，见府君文，辄击节叹异。丙申丁父忧，哀恸号呼，劬瘁骨立，经营丧葬，尽哀尽礼。既而游恽逊庵先生之门，译宋四子诸书，颇有心得。时家道中落，不得已就童子试。丁未游邑庠，乙卯补廪生。丁巳游太学，辛酉应顺天乡试，中式第三名举人，戊辰中式第十六名进士。大总裁为刑部尚书昆山徐健庵公乾学，同考官睢阳刘方斋先生荐府君卷，徐公称为雄深雅健，遍示各房，务得此式以光文治，遂定为本房首。及揭晓，各房首皆一时名士。刘先生意惴惴，虑不厌人望。及拆知府君名，徐公熟视，呼府君旧字曰，此毗陵陶鲜民也，吾已屈寘之矣，刘先生意乃安。徐公为当代鸿儒，是科得人称盛。常熟陶子师刺史元淳，亦宿学士，所以榜下有二陶之誉。殿试三甲，朝考以知县用，释褐归里。杜门郊居，日与不孝等讲论为学之要，虽一坐一立一饮一食，必皆合理中节。

又不欲以讲学树帜,尝曰学以为己,坛坫标榜,率为人耳。常戒不孝等当努力于少年,毋徒伤于老大。引先儒不患荒功惟患夺志之语以自励,学力益肆。乙亥选授山西猗氏县,下车即革陋规二十余条,开诚布公,一切与民更始。每遇催科,辄蹙额曰,此皆吾赤子,乃日事榜掠耶。反复开导,约期纵去,有讽以催科不及额将受累者,府君弗为动。盖猗粮额征五万,余收火耗甚巨,府君量为末减。民情感激,踊跃输将,终府君任,均及额,卒不为累。

时大兵征准格尔,由大同出塞,干糇粮粮均檄各县采办,军书敦迫,各邑惟恐误期,催督严急,有奉行稍迟者绳以法。府君叹曰,州县官为民父母,子有急难,父母不惟不谅,反较曲直,行将生贰心矣。既而某邑果有因此激变,结盟呼啸,四方风动。而猗民独心服府君,佥曰,陶邑侯非他令比。有一二枭黠者,将乘机报睚眦,聚众数千近及郊圻,指斥胥吏,词多不逊。府君闻报即单骑出,仅不孝雍武及苍头二人从,驰往谕之,剀切晓导。众感泣皆散。县有牛杜村,为由秦入都孔道,供应皆取之于民。府君则捐俸给之,民困大苏。丙子调取山西乡试同考官,大主考为检讨高安徐公,日暄扬言曰,今科解头非出陶猗氏房不可。既而以周君锡畴卷荐,遂列第一,他卷亦多属府君审定焉。

猗邑与解州毗连,解故有盐池,猗旧额岁行盐若千斤,缴若干引。然民皆食私盐,但仍故事向盐贾买引缴。院有司以关考成,督催与正供等,相传有省机、县机。省机者,以他州县引通融缴纳,猗民不定纳猗氏县引也。县机者,猗民定纳猗氏县引。方验收,贾人借索高价,如不即与,虽增三倍犹不可得。府君悯民困,将申院请复省机,猗民亦诣院递状言省机事。直指右盐贾遽以递状者入狱,猗民大哗。亡何,邻邑无赖子因鬻盐相哄,掠盐商以归,令迎直指意,言猗氏实倡之。直指艴然,咨抚军取职名。郡守秦公素重府君,未即发,猗民大忿,皆曰直指非止与民为难,直欲夺我父母。千百成群,昼夜不解,欲赴阙陈冤。府君竭力劝谕不能止。会抚军檄河东道王公就县讯问,民即纷纷陈诉官民相依之情,并盐贾及他邑捏陷嫁祸状,直指疑河东道庇府君,复咨抚军,檄驿传道高公诣县,民复如前,直指闻之怒益甚,与抚军合词具奏。上遣满汉两大臣至会城覆按,事乃白,直指暨盐法道他邑令皆罢职。先是,上巡幸山右,大府交荐府君文学优长,操守廉洁,善抚百姓,不愧古循吏。上将府君名口诵三遍,复问家世科第甚详。上又访闻府君制义最佳,还京以问大学士丹徒张文贞公玉书,曰陶自悦文辞与韩菼何如。文贞公对曰,韩菼有韩菼好处,陶自悦有陶自悦好处。上又问掌院学士明公陶自悦学问何如,对曰,看他文辞是有学问人。又教习胡公礼侍南书房,上谕云汝向来读何人文辞,近来韩菼及陶自悦文最佳可熟读。又问大学士沁州吴文端公瑛，曰陶自悦吏才何如，文端公对曰，作事老成。一时名公巨卿，推重有如此者。壬午秋，擢泽州（直隶布政司有属县）知州，时泽邑盐枭李奎俊等滋事，杀伤守兵，前牧及阳城令相率罢去，大府檄府君速莅任。事平，大府以州之旧不设武备也，欲留戍兵千人，设参游一员，以资弹压。民闻兵且留，合境惶恐。府君即集父老晓之曰："泽邑民俗敦厚，程伯子之遗化犹存，枭徒肆虐乃上失其道，使得其道，则何用兵为。方今枭匪根除未净，戍兵势难骤遣。稍稍安谧，即当力请大府罢前议，决不留兵，重为民累。"人情始安。未几，李俊奎等七十余人以次就缚，据情申报。大府立罢前议，遣戍兵归。泽盐每斤价银二分以上，商民重利，贫民不堪。府君创议平价，凡减四分一，而将盐商岁纳办公费数千金悉予革除。商情悦服，民尤利赖。有以厚币请谒列门下者，前后百余人，皆拒之。或劝曰，是非纳贿比何拒为。府君曰："若辈欲假声势以胁细民，纳之则张，拒之则戢。稍不谨，吾民即受其殃矣。"卒勿纳。

泽邑多陋俗，婚嫁则竞尚奢华，丧葬则惑于风鉴，男女失其时，棺椁多暴露。又妇女辄因贫难轻生，月必数十人，不以为怪。又每逢不雨，以不育之婴孩为旱魃，产母为龙母，千百拥至其家，置妇露所，散发袒胸以冷水沃发，必得雨乃止。死者相继，不以为奇。府君痛切劝导，定嫁娶之礼，限丧葬之期，严责乡保按月具报。妇女无故轻生者，罪坐家长。有以龙母旱魃诸名目相惑者，科以重罪，勒石永禁。设书院，立义塾，期年之间，吏畏民怀，弦诵不绝。潞安属屯留县官解失盗，获犯仇攀泽属高平县良民有九人。府君知其冤，会大府檄潞安守与府君会讯，因取狱词可疑处，反复详勘，冤均得白，郡民颂德。诗曰"太行红日无兼照，早见飞霜蔽潞州。"盖纪实也。

州志岁久残缺，府君捐俸设局搜辑重修，考核精详，体例严谨，时称与武功、吉水二志相颉颃云。癸未上幸太原，府君迎觐行在，仰蒙召见。上云，闻汝名甚熟，文辞狠好。顾左右给笔札命作字以进。府君谢曰，臣幼攻举业作小字，不工大书，不敢进呈。上复奖谕，良久乃退。赐御书《憩小凌河》五言律诗一首。盖是时督学使者天泉汪文猗公灏复密荐，宸眷惓笃，而府君受宠若惊，以为州县乃亲民之官，责任綦重，恐年力就衰，或将废弛，亟亟思退。然上心已默识之矣。因作《晋阳纪事诗四十韵》以志恩遇。丙戌春，因病乞休，大府不许。至再至三，始为入告奉，朱批"陶自悦学问好，着来京，钦此。"府君闻命，不得已就道，腊月抵京。诸公卿谓府君曰，上顾念良厚，毋得以病固辞。府君因老病不能效力，恐负圣恩，复以病状具呈吏部，及期引见考功司。某君掖府君而行至乾清门外，敬候久之。吏部尚书传旨送大学士，看日已晡矣。翌晨再往，谒大学士张文贞公，因固陈衰病，不能朝参状。文贞公乃偕吏部尚书诣宫门，有顷，文贞公出，举手言贺述温旨"陶自悦病至此乎？

可即日归。”府君谢恩讫。

是日已除夕，即促装出都，归途作《还好诗》四十余首，因自号“还好翁”。丁亥春正月二十五日抵里，初泽邑百姓闻府君将去官，咸大戚，每出辄遮道泣，又诣省乞留，奔走聚议者数千人。大吏委长子令徐君验病，民诣徐，泣请以无病申，情词迫切，徐为动容，允其所请。民乃惧其去而中变也，相率不散。府君不得已，出示晓谕，为言官民一体之至意，而今病实不能治事。宛转开导数千言，于是知府君意不可回，乃相率涕泣去。府君雅意冲淡，初不愿就铨，亲友敦迫始出，及辞官，人疑其果而速，不知正府君之素志也。先是家道中落，鬻陈桥渡故园，典叶氏宅以居。至是收复故园，徜徉荒径，足不履城邑。自题书斋联云：“经济已占为郡日，治安还属读书人。”盖节汪天泉先生赠句也。颜曰“亦乐堂”，跋云：“蒙庄达观穷通合致，四十年名吾堂，今日归休迺书悬之。通耶穷耶，可一笑也。”颜其阁曰“懒云”，坐卧其中喜宾客亲旧过访，辄留饮，竟日尽欢乃去。创捐溧阳祠田若干亩。拟设陶氏义庄，因绌于资未果行。己丑夏，偶触旧疾，不孝等以医请，府君笑曰，死生有命，医何为。疾革，命不孝等移卧具懒云阁下，诸孙拥扶而出，曰：“终正寝，圣经也。得正而毙，吾何求哉？”处分家事毕，自作《绝命词》一章，又与储氏婿作《诀别诗》一首。口授，不孝等笔录，舌强气促，口占含糊，笔录多讹，犹复索阅改正，作气高吟，令急录稿。六月二十日未刻，竟溘然弃不孝等而长逝矣。呜呼痛哉！

府君性淡泊，不求闻达，讲学以不欺为本，作吏则清而不刻。晚岁以文字结主知，召见赐诗，洵异数也。朝廷振兴吏治，凡州县以廉惠著者，均不次超擢。时阳城田克五公从典为英德令，以清矫拔俗行取入都，授御史。府君奉旨来京，行将大用，而毅然乞退。田公为同年至契，敦劝府君勉为世用。府君喟然曰：“使予年方强仕，岂肯甘于暴弃。今予年六十有八矣，精力衰颓，恃承眷顾，而以此衰老滥厕其间，必至溺职辜恩，其罪孰甚？事君以勿欺为主，老病乞休，正守勿欺之义。知足不辱，又一己之私耳。”人以此益重府君焉。去官旋里依然寒素，收复故园仅足赡养，身后营葬又事称贷。尝曰：“居官称清，非仅不名一钱已也，必须廉明兼备，斯可谓清。”比有自泽来者，称泽人闻府君逝世，皆巷泣设位遥祭，家各三日，今且集赀建祠私祀焉，亦足征府君之生平矣。为诸生时文名藉甚深，维诲人不倦之训。凡有执贽请业者，莫不殚竭心力，因材施教，以至于成一时名流多出门下。漳浦黄静庵方伯耳府君名，厚币来聘。府君感其诚，就馆长沙，复馆漳浦，极宾主之雅谊焉。有所作，多不留稿。今所刻四书文若干篇，均为门下传诵，互相抄集而刊刻者也。古文宗龙门，诗法韩杜，晚年吟咏则出入于乐天、放翁之间。著有《亦乐堂诗钞》若干卷。行世尝编日记，纤悉毕登，虽屋漏衾影，不使身心有毫发之纵。遇逆则顺受，遇顺则思逆。尤以傅会天理者，为私心之甚，必痛戒之。易箦时神色自若，又遗命不准以僧道作佛事。

呜呼！非学邃德完，道义充牣，乌能若是乎？好施予，不善事生计。或以急难告，辄搜取衣物倒箧助之，无吝色。有秦中陈生者，以事至吴。行李被劫，栖迟不能去。府君遇之，赏其题扇诗句，立召逆旅主人至，代偿旅费，款陈于家，典衣赠金而别。一日因乏粮，自晨至午不能举炊，蒋宜人以告，府君唯唯读如故。有顷赛神者，适以饭羹饷。府君笑顾宜人曰，尚烦举炊耶。其性情疏旷多类此。

府君生于崇祯十二年二月二十八日子时，卒于康熙四十八年六月二十日未时，享寿七十有一。诰授奉政大夫。配先妣董，诰赠宜人，同邑圣臣公嫡侄孙女，伯逸公女。性婉淑，相府君无违。府君喜结客，脱簪珥以佐饔餐。归府君六年卒。继配先妣蒋，诰赠宜人，同邑静山公曾孙女，昌叔公女。幼端肃寡言笑，自归府君，家况窘迫，含辛茹苦，怡怡如也。食指繁伙，内外供亿，惟纺织是赖。每遇不给，独自食粥，不令人知。适为府君见，不觉流涕曰，今大辛苦，异日当何以报耶。先妣曰，是何言是何言，吾多吃辛苦以所消孽障耳。府君尝论平世妇人不玷身名者，万一兵火荡析，能信其守素心、保完节耶。先妣应曰，亦不论常变，只争有耻无耻而已。府君叹为见道之言。随府君居猗，值他邑民变，讹传乱民且至，宾客厮养相率走匿。有劝速避者，先妣曰，避将何之，安命而已。神色自如，坐中堂不去，卒无事。晚年好参禅理，命庶母张侍府君育幼弟，抚若己出。及居泽，衣器朴敝，不易新者。府君间为易之，亦不弃其故，曰吾性所安，无事华好也。其器识过人如此。先府君六年卒。侧室张。

男七人，长不孝纯武，国学生，娶徐氏，同邑庠生显侯公女。次不孝雍武，邑庠生，出嗣从伯功一公，娶曹氏，淮安庠生山公公女。皆董宜人出。次不孝绳武，邑增生，娶吴氏，同邑处士天一公女。次嗣武，早卒，娶卜氏，同邑崇祯癸未进士浙江宣平县知县云吉公孙，庠生近鲁公女。次不孝僖武，娶龚氏，同邑国学生候选州同复园公女。次不孝履武，国学生，娶泰兴季氏，天启壬戌进士吏部主事寓庸公孙，贡生八士公女。皆蒋宜人出。次不孝祥武，聘赵氏，同邑康熙庚戌进士，现任都察院左都御史申乔公孙，康熙戊辰进士现任山西太原府知府凤诏公女。女二人，长适宜兴邑增生储可权，康熙丁未进士直隶井陉县知县长能公子。次适同邑国学生王肃武，康熙戊辰进士分守广西苍梧参议纬公子。俱侧室张出。孙男十五人。润德娶吴氏，同邑庠生显谟女。宗正娶陆氏，同邑岁贡生子静女。祖德聘王氏，宜兴处士宸佩女。

树德幼未聘。皆不孝纯武出。宏德娶刘氏,同邑庠生南宫女。廷翰聘储氏,宜兴增生可权女。士德幼未聘。皆不孝雍武出。宗德聘管氏,同邑郡庠生皇瑞女。龙德聘蒋氏,同邑康熙甲子举人现任怀宁县教谕金式公孙,康熙乙酉举人内阁中书鹏翮女。学德聘卜氏,同邑文学锡朋女。诚善、兖德俱幼未聘。皆不孝绳武出。德学继嗣武,后秀德幼未聘,不孝僖武出。成德聘蒋氏,同邑国学生继韩女。咏德未聘。福德聘王氏,即纬公孙,国学生屿亭女,皆不孝履武出。孙女八人,一适宜兴国学生储元征,庠生瑶在子。不孝纯武出。一适同邑庠生蒋穗田,康熙癸未进士现任湖南乾州直隶厅同知嘉猷子。一字同邑吴阳升,国学生茂功子。皆不孝雍武出。一字同邑唐孝本,康熙癸未进士,现任浙江德清县知县执玉子。一幼未字,皆不孝绳武出。一字同邑杨士烈,国学生子重子。一幼未字。皆嗣武出。一幼未字。不孝履武出。曾孙男一人曾庆,曾孙女二人。兹卜吉于康熙某年某月日。谨奉灵柩,与董宜人、蒋宜人合葬怀南乡陈渡桥镇西北徐家村新阡祖茔穆穴酉山卯向。不孝等荒迷昏瞶,勉述大略,如右伏冀。

当代大人先生锡之铭传,勒之贞珉,则不孝等世世子孙感且不朽。

康熙四十八年十月,男纯武、雍武、绳武、僖武、履武、祥武谨述

赐进士出身敕授文林郎知浙江湖州府德清县事受业,表侄唐执玉,顿首拜填讳

艾圃公墓志铭

己丑六月二十日,吾友陶艾圃以疾殁于家。迄八月余得闻耗,为之东向长号。嗟乎!艾圃竟先我而逝耶。盖自乙亥冬别君猗氏署,忽忽十余年。曩固谓衰暮分离,后会难卜,然犹冀万一之晤,而今已矣。以君之官,未足酬君之才,然君知足,亦可无悲。余方自悲其生,而乃悲君之死乎。今之长号殆为余,非为君也。顾生平交游良多契阔,若忘若忆,惝恍恻楚,不能自名,又何云非悲君耶?庚寅二月,儿子来省,得诸嗣君行状,并述君疾革前数日,驰召握手,呜咽良久,乃曰愿见若父,不可得,见若如见若父。别绪茫茫,不知所托。惟愚夫妇墓志必烦尊公。噫!此非后死者责耶。余虽不文,何敢诿。

谨按君讳自悦,字心兑,号艾圃。年十四赴童子试,其文已传诵士林。父殁后遭家难,绝意仕进者十余年。以家道中落复应试,年二十九补邑庠生,越九年岁试冠其曹,食廪饩。越三年,入太学。又三年,举京兆第三人。复六年,以第十六人成进士,而年已五十矣。方君之绝意仕进也,恽逊庵先

生讲学于邑之南村，偕余往从之。同学皆苦节士，莫如君敏者，且各以时相聚散，惟君独留读，先生每谓精锐敏悟如心兑，吾欲愧之矣。君于文字无勿工，于制艺尤娴习。或一日成十数艺，后至一日不能成一艺。晚年见道愈精，不复知为制艺，亦不知为语言文字，惟抒其所自得而已。其艺稿每为人取去，或年终一炬。今所梓行者，特什一于千百，皆明道之言，存以自证其甘苦，亦无意久存也。

公于心性之学有真得，故于人毁誉无所校。年五十有七，始为猗氏令，至则除费减羡，缓催科，省狱讼。自奉俭约，如诸生时。王师出大同旁邑，无赖藉军需故，讧众肇变，猗俗故浮动亦蠢蠢不靖，徒以令廉仁未忍犯。君知状，即驰诣，从一子往谕之，咸感泣解散。猗故行盐缴引，而民食私盐，徒买贾人引以缴。惟缴引有省机县机。省机者，他县引可通缴，县机则非本县引不收，贾人借此勒高价。君拟请用省机。适猗民某以县机扰累，控诸直指。直指袒贾人，系某于狱，猗民大哗。会邻邑因鬻盐争斗，民掠商盐。邻令迎直指，意嫁祸猗。直指咨抚军取君职名。郡公秦素重君，得不发，而民情愤惧，恐夺令，纷纷议叩阍，君竭力劝之，不能止。会抚军檄河东道莅讯，猗民环诉贾人邻令捏陷状，且言陶君真民之父母，愿无夺民父母。复檄驿道覆讯，民诉之如前。于是邻令忽来拊循曰，直指固知公廉洁，可备薄物谢之，必立解。盖欲假此诬公行贿也。君毅然曰，某果罪当，何敢以谢免，未当，又何谢为。直指闻之愈怒。抚军不得已闻于朝，上遣满汉二使覆按，君得白。直指盐道、邻令皆罢去。公亦旋擢知泽州。时泽邑盐枭数十人，啃聚伤官，势张甚。州故有戍兵千人当裁撤，嗣以备枭，议留驻将设参游统焉。及君至，乃曰："留兵则费将安出？兵悍民弱，衅将日生，卫民实困民也。且泽俗纯厚，彼枭之走险或上失其道耳，何以兵为？"力请撤之。枭匪数十人，寻以次就缚，泽人大安。潞安郡属屯留县官署失盗，泽属高平县民被诬者九人。上官檄潞安守，偕君会勘。君廉其冤，饬属陵川令与潞城令覆勘。陵川令固平恕，公一一抉狱，疑窦示两令，九人皆得白。泽俗棺多暴露恒数十年不葬。君以至情曲导，恶俗丕变，并严乡保并坐之法，期年葬且尽。其俗妇女好投缳陷阱，君严坐其长，谕戚党存恤劝解之，其风遂息。值岁旱，俗以民间堕地不育子曰魃，其产妇曰龙母，咸拥妇曝日中，以水沃发，得雨乃止，死相继。君痛惩之，并勒石以禁焉。

丙子分校棘闱，诸同事以卷正于君，主试者亦就商于君，以故得士称盛。上幸山右，上官交口以文学吏治荐君。上口诵君名三过，复垂询家世甚详。车驾还都，即问丹徒张文贞公玉书曰，陶自悦制艺视韩菼何如。对曰，各有好处。又问掌院明公曰，陶自悦学问何如。对曰，看他文字似有学问人。教习胡公礼入直南书房,上问汝向读何人文字,韩菼陶自悦最佳。复问沁州吴文端公琠曰,陶自悦吏治何如。对曰,作事老成。越二年,上复西幸。君觐行在,上曰闻汝名甚稔,文字甚好。顾左右给笔札,命作书。君谢曰,臣白首制艺,未工书法,不敢渎呈。上颔之,退赐御书五言律诗一首。君还署,感幸知遇,作《纪事诗四十韵》。未几,以病乞休。上官不许,坚请始疏。闻奉旨:"陶自悦学问甚好,着来京。"君不得已诣都下。朝臣谓君曰,上念君良厚,当有不次之擢。而君退志益坚。及期,引见倩考功司某。君扶掖随冢宰趋朝至乾清门,冢宰进命君候旨,久之,冢宰传旨送大学士。其时日已晡,次早如前,趋朝谒丹徒张文贞公,陈病状。文贞公偕冢宰入,有顷出传温旨:"陶自悦病至此乎,可令即归。"君随谢恩出,归途作《还好诗二十余韵》。自号还好翁。杜门郊墅,以著述自娱。越三年卒,寿七十有一。易箦时神色自若,作七言诗一章,四言诗四句,以慰其家人。其淡定有如此。

君为诸生时,不善治生计,先世赀产不数年殆尽,君亦不解言贫。一日宜人以不举火告君,不应。既而客有以赛神馈者,君笑顾宜人曰,尚烦举火耶。君生平尤不轻求人,当国初兰溪君与合肥龚尚书避兵西湖,龚爱君,乞为子。未几杭州有警,遂各奔散。兰溪君即世后,龚立朝,声气为东南第一。而君方食贫,绝不事干谒,君之风节可想见矣。君尤急人之急,秦中陈生入吴,行箧被攫。君途遇,赏其扇头诗,即为典衣成行,复赠归赀焉。宜兴徐翰明陷大狱,濒于危,慷慨不屈,卒得脱。君闻而慕之,遽诣订交。后复系狱,君又脱之,且代为锾赎。既登仕籍,分俸给戚党,捐祠田,兴义学。豪侠之气,有过人者。君之去泽也,泽民遮道,留之不得,驰上官乞留。上官檄他令验君病状,民请以无病报,并环泣他令数昼夜,他令以间避去。会学使擢豫抚,民又遮道请咨抚军挽君。君乃宛转谕导,娓娓数千言,民皆泣下,知君竟不可回,遂稍稍解去。曩昔去猗一如泽,盖君仁慈及物,而于强暴不少贷。初山右军役起,他郡邑鞭笞惨酷,君独从容劝慰,若恐伤之。既而人情汹汹,则处置明断,居恒恂恂若无所可否,而定识独断,不撼不回,有非恒常所能几及。论交则落落寡合,而于一二知己则性命以之。尚论古人铢黍不爽,而于今人无所不容。好读书,综会群籍,曲达贯通,而复精审,不遗一字。暇辄一编相对。自少壮以迄垂暮,数十年如一旦。余老矣,素知君,久而知君之愈不可及。今且无可与语者,此所以一再长号而不能已也。

君祖中宪大夫讳人群,万历甲辰进士,官福建邵武知府。父文林郎赠奉直大夫讳元祐,崇祯癸未进士,官浙江兰溪知县。男七人,女二,孙男十五,孙女八,曾孙男一,曾孙女二。雍雍济济,流泽孔长也。君生于崇祯己卯二月二十九日,卒于康熙己丑六月二十日。公二配皆世家子,娴妇道,一归君六年卒,一前君六年卒,皆赠宜人。元配董,同邑伯逸公女,脱簪珥以佐君给,倾赀无怨色,卒年二十三。继配蒋,余族妹也,归君时前子尚幼,姑叔嫁娶未毕。家贫指繁,延师待客,尽物尽宜,而己则敝衣啜粥。猗邻变起,或讹传寇至,皆震怖,而宜人从容曰,死生有命,何怖为。人心始定。

君所著有《四书文新》,旧稿有《诗经文稿》《亦乐堂诗稿》暨尺牍稿。仕泽修州志,典核精审,有良史才。盖可知公于文字无勿工也。君于制艺尤称之者众,而于德州孙峨山勷、吴门何屺瞻焯两太史为尤甚。时人佥谓君功名不逮韩宗伯菼,而文名则与宗伯齐。勒功名文名同垂不朽。况君知己之言出自玉音,不尤宠幸者欤,其铭曰:

君既解组,民用多愈。君以黄纸作篆,龙蛇盘纡,持归镇之,二竖立除。泽人号曰,陶公之符,迄今遗爱歌颂。郊衢闻君之殁,东向号呼。桓桓祠宇,迎神降巫。彼潮之野,信格鳄鱼。彼罗之池,诚荐肴蔬。文人为吏,一辙殊途。后之来者,式为楷模。

敕授文林郎,举人内阁中书,江南安庆府怀宁县教谕,同学弟蒋金式撰文

赐进士出身,敕授文林郎,知浙江湖州府德清县事受业,表侄唐执玉书丹

赐进士出身,诰授奉政大夫,通政司左参议,同年弟田从典篆额

艾圃公传

君讳自悦,字心兑,号艾圃,姓陶氏。其先溧阳人也。祖人群,明邵武府知府,徙武进,遂为武进人。父元祐,兰溪县知县,受事八月明亡,隐于兰溪山中。讼狱者不至县而至山中,曰非吾公莫能平也,逾年始归。

君少习科举文,稍长游恽逊庵先生门,学大进。年二十九补县学生员,辛酉中顺天乡试举人,戊辰成进士以知县用。乙亥选山西猗氏县,治不为束湿,宽平容与。民输赋不如,令辄缓之,曰此贫赤子,吾为若父母,乃日事榜掠耶。逋者感激,所输颇及常额。大兵征准格尔,趣大同。出塞所需车驼夫马草豆之属,皆令编户供具,有司惧失期,督促严急,稍违延辄系治之。君曰,父母责其子以所难,子不能猝具,绝可闵,乃使忿懥与争胜耶?既而旁近邑骚动,民呼啸抗官符,猗民独不与,卒济师。

猗邻解,解有盐池,民食盐皆取之产所,商引不行。因责民买商人引缴,官令如额限迫,则引贾倍蓰。故事得以他州县引融纳,谓之省机,后复梏之,非本县引不听纳,谓之县机。商人得以垄断,民大困。君将白巡按,请复省机。猗民亦诣院递状,巡按右商人,下递状者狱,猗民大哗。会邻邑无赖子掠商人盐,邑令言猗氏实倡之。巡按怒,将劾君。猗民汹汹聚谋曰,是欲陷我父母,当叩阍白之。会抚军遣河东道就讯,民争言状已,复遣驿传道往状

如前，巡按怒不解，闻于朝，上命大臣覆按，乃白。

未几，上幸山西，或荐君文学操履，不愧古循吏。上诵君名者再，因问家世科第甚详。壬午擢泽州（直隶布政司有属县）知州。初盐枭李奎俊等杀伤官兵，势张甚。泽州文武官吏以是罢，或且陷重狱。大府欲置兵以威之，民惧，滋祸道路，口语藉藉。君至则曰："兵民错处，指画眉语皆衅也。且费供亿，重为民累，枭徒狗鼠耳，使吏治之足矣，安用兵为？"议上事遂寝。后李奎俊等七十余人卒就缚。州行盐者，岁赂官数十金，名曰陋规。君曰："民以盐罹辟，官以盐获谴。天子命某来守兹土，职何事敢以私骩法耶？"拒弗纳。州俗侈丧葬，辄破产以攻，多停丧十余年不葬者。君着令务省约使速葬，违者坐乡保，数月而毕。乡人以产母为龙母，妇生子不育为旱魃。众拥妇置露所，袒括发以冷水沃之，得雨乃止，死者相继。君治以重辟，俗乃革。去官之日，民遮道，泣留者数千人，后常私祀之。

君以文名于时，上稔君名，因问大学士张公，陶自悦文何如韩菼。对曰，各有佳处。又问掌翰林院学士明公，陶自悦学问何如。对曰，观其文辞是有学问人。一日上幸南书房语侍臣曰，汝读何人文辞。韩菼陶自悦文最佳，可熟读。康熙四十二年，上复西幸，君觐行在，上曰汝文辞甚好，因赐御书《憩小凌河》诗一首。上方骎骎向用，君乃以丙戌引疾乞休，大府疏入，谕曰，陶自悦学问好，着来京。乃赴部引见，至期病作。一司员扶掖而行，得旨送大学士看，因固陈衰病，不任朝参，状大学士以闻，乃放归。又三年，卒于家，年七十一。君学敦实践，读书皆切于身心，尝曰文章与政事通其道理一也，又曰人私意萌动稍不自慊，便当斩断，傅会天理，期于必遂，则失之矣。少时贫，不能举炊。宦归窭如故，卒典文裘以葬。著有《艾圃四书文》行世，他诗文未刻录，录藏于家。

孟昭常曰，君固自科举来者，其初学为文，读宋儒传注，研义理，恍然有得，乃益求之，训以邃密。及为吏，一抒其所蓄积，施之政事，民乃大和。然则宋儒义理之学果不负于人哉。圣祖之世号为极盛，吏治蒸蒸，无敢僻邪，而顾重文辞如此，岂不曰明义利之辨，合人情之宜，将在斯人欤？陶氏子孙出君行状示余，乃次为传。俾登诸家乘，亦学者之途轨也。

附录：

《大清一统志常州府人物》

陶自悦字心兑，武进人。康熙戊辰进士，知猗氏县，减耗羡岁二千余金。擢知泽州，捕盐枭，却商人规例，减盐价十之四。告归，研精宋五子书，教人言动，皆有法则。

《大清一统志蒲州府名宦》

陶自悦武进人，康熙三十四年以进士，知猗氏县。性敦厚为政，宽严并济。有古循吏风，邑士为文，导以归唐旧法。一时科第辈出，莫不感颂。

《武阳合志宦迹》

陶自悦字心兑，康熙戊辰进士，授猗氏。令俗故嚣，时军兴粮乏，犷卒讧众，走险几乱。自悦单骑，往谕之散。擢知泽州，盐枭因前牧激变，势甚张。故有戍甲千当撤，上官议留备御。自悦虑以费扰民，且兵悍衅易生，力请得撤，渠魁寻亦就缚释，诬累甚众。圣祖仁皇帝幸山右，上官以文学荐，赐御书。后以老病乞归。著有《艾圃四书文稿》《亦乐堂诗钞》。

《山西省志蒲州府名宦传》

陶自悦字艾圃，江南武进人，康熙三十四年以进士。知猗氏县。性惇厚，深于经学。莅政宽严并济，字羸弱，治豪猾，有古循吏风。雅工制义，得荆川、震川法，日进邑中知名士，口授指画，谆谆不少倦。猗氏故多英俊，得自悦倡导，弥淬厉奋发，一时科名甲山右。久之迁泽州，治如猗，人之感颂亦如猗。尝辑州志，指要精核，在武功、吉水二《志》间，后以病请告归。

《山西泽州名宦志》

陶自悦常州进士，康熙间出知泽州。能文章，修辑州志，较旧志特详。岁歉，酌量出常平米通济。治多淹柩，勒葬之俗。逢旱辄指新产妇为旱魃，用水浇泼致伤身命。申请定罪，勒石永禁。盐枭生事，议请兵，自悦力陈不便，遂寝。以疾告休，从祀名宦。

质民公行略

陶公质民，讳绳武，字山立。祖三壬公讳元祐，官浙江兰溪知县。父艾圃公讳自悦，官山西泽州直隶州知州。艾圃公中年得第，淡于仕进。课督子弟读书明理，公由是奋励，于诸子百家莫不窥涉，尤工举子业，探讨奥窍，独辟径畦，而一归中正，务为大家。缘是得羸疾，父师戒勿读，公伺父师寝，潜起手一编，辄达旦不休息。艾圃公觉而怒，将挞之，公跪泣曰，儿安忍为不肖子。艾圃公亦投杖泣下。其笃学不倦有如此。

迨艾圃公官山右，公疾瘳，始邮呈所撰文字。艾圃公遗书诸子曰，不图若文竟出我上，庶可行远矣。年十六游于庠，未几，食邑饩贡入太学，而公绝不汲汲于科第，不与试事者十余年。庚子举于乡，年已五十三矣。久客京师，诸贵人重其文，求一面不可得。自领乡荐，迄捐馆二十余年未尝一谒选人。居恒以实践自励，尝曰士苟不敦实行终非通人，未闻有餍饫经腴而其中卒为利诱者。以故家资悉为诸弟所分据，而公不一责问。惟酷嗜宋儒理学，于濂洛关闽诸书，靡不寝馈，研究采择朱氏《家礼》仪节著为家法。所著有《四书疑义》《学庸口义》《古文制艺》各若干篇。

初，陶氏由溧阳始迁毗陵者为匏宇公，即春七世祖太常卿门下士也。以故三壬公娶于唐，艾圃公即唐之所自出。而先太父尚书公复执经于艾圃公，与公同砚席，交莫逆，约为儿女姻，以吾母归。先君先大父尝言，余交遍海内，如公之诚笃高洁者，殆鲜俦类。官京师，每有大事悉咨公处裁，多资助焉。先君既为公婿，又受业于公，公庚子复与公同捷京兆试，时人传为美谈，而公处之晏如也。先大父宰德清，设膳稍丰，公挥之，命易蔬食。时春幼稚，公顾曰："汝曹忘祖父寒畯起家耶？余年老不获一第，家道复中落，所自恃者惟不厌粗粝耳。"春每识之，勿敢忘，恨生也晚，不获尽悉公之行谊，又未能尽读公书，一窥堂奥，有深愧焉。公配氏吴，秉性贤淑。子五，宗德、学德、龙德、诚善、衮德。学德出为公弟嗣武后，衮德出为公弟祥武后。女一适唐，即春之母也。公生于康熙七年，卒于乾隆八年，寿七十有六。谨陈崖略，俾存家乘云。

外孙唐春谨志

文开公墓志铭

陶嗣武，字文开，艾圃四子也。艾圃作令郇阳，以康熙乙亥七月某日之官。阅丙子三月某日，儿随母兄来省吾，儿素病，至则增剧，夏秋之际濒死而苏。迨丁丑三月某日，辞余归应有司试，归则又以病辍。然以念父母故，是年九月某日扶病再来此。越明年戊寅更剧，父母以其善病，犹希其如曩者。丙子危而复安，而不知已不可救矣，竟于六月初一日死于廨。呜呼！可痛也夫！儿颇慧且淑，能文辞，诸伎术见辄喜学，学辄能。遇子弟能为长者范，遇长者尤恭谨。其于父母，既娶且育，犹孺子慕也。艾圃怜其质弱，尝语其母兄，凡父母所望于子者，予俱不以望此子，但望其长侍左右，承言笑，任使令，终余余年。而竟不可得。呜呼！命蹇也夫！儿娶卜氏，生三女，一殇，二幼死。后予以其兄子学德嗣之。

时年二十有七，铭并令其兄于既葬镌诸石。铭曰：茫茫大造而忽父子，吾恶知其所始？来省识耳而竟客死，吾又恶知其所自？虽然吾生有涯，惟汝之生，病实与偕。今汝往也，或亦乐沈痾之脱于汝骸。惟余少失母，长失父，旋失厥侣，骨肉之变不为不屡。年来幸诸儿成长，以团以聚，可以稍慰衰暮，而萧萧廨旅，罹此冤楚。汝之两兄恸汝频仆，吾抚汝棺痛吾心曲，回顾汝昆，悲何以胜伤哉？拭泪为汝铭，归用藏汝，汝其凭。

康熙戊寅秋，自悦志

振之公讳梦麟赞

洒热血，露侠骨，卓荦不群，孝友无匹。千里寻兄，两载始得，吹埙吹篪，乐无极。仰仪型而不朽兮，乃三代之遗直。

慎斋公行述

呜呼痛哉！府君竟遭此惨酷，而弃不孝善昌耶？壬午夏，不孝遭嗣母之丧，由蜀回楚。十月始抵兴国州任所，见府君精神强固，私衷欣慰，方冀克臻上寿，讵意变生仓猝，身殒重渊。不孝号恸江滨，肝肠崩裂，呼天抢地，万死奚辞。顾念府君一生服官湖北，在戎行垂十年，任地方逾廿载，军功政绩照灼耳目。及今因公殉命，叠荷殊恩，倘不略叙梗概，致府君行谊宦迹湮没不彰，则不孝获戾滋大，用敢偷息人世，吮泪濡墨，诠次一二，惟望当代大人先生发微阐幽，锡之铭传，则不孝世世子孙，感且不朽。

府君姓陶氏，讳绍侃，字慎斋。系出汉溧阳侯谦，世居溧阳县义笪村，越四十七世，匏宇公讳人群，万历甲辰进士，官福建邵武知府，始由溧阳迁常州籍隶武进。匏宇公季子三宁公讳元祐，崇祯癸未进士，官浙江兰溪知县，有惠政，入祀名宦祠，诰赠奉政大夫，是为府君高祖。妣唐董胡，诰赠宜人。曾祖心素公，讳自慓，廪贡生，以府君官貤赠奉直大夫。妣孙，貤赠宜人。祖静虚公，讳雄武。妣恽。父松亭公，讳炎。妣董，均以嗣父官诰封武德骑尉，妣皆诰赠宜人。先大父生子三，长即不孝善昌，嗣父靖斋公，讳绍安，江南邳宿运河营守备。季讳绍景，早卒。府君其次也。

府君幼受庭训，少长游学京师，寄籍宛平，补顺天府学附生。时同邑管松崖漕帅幹贞、如皋戴紫垣、大司空联奎，皆官翰林。府君每以诗文就正，辄加击赏，司空系世交，漕帅系旧戚，称府君为尊辈，而府君并以师礼事之。同邑程文恭公景伊雅重府君，时邀过邸，坐论移日，尝谓人曰，陶君学有本原，非久居人下者。汪稼门节相志伊，觉罗牧庵相国文敏公长麟，时尚未显，与府君为莫逆交，共以名节砥砺，勉为世用。

府君屡踬秋闱，仅于乾隆丁酉顺天乡试，挑取誊录，为家累计，遂就誊录签送四库馆当差。辛丑王父松亭公遘疾家居，府君乞假省视，亲奉汤药，衣不解带者累月。病起，府君不忍远离，时嗣父在南河效力，已由劳绩补官，迎曾王父静虚公暨王父松亭公养于任所，府君遂进京供差。丙午正月，王父松亭公逝世，府君在京闻讣，痛不欲生，匍匐奔丧，扶柩回籍守制。会文敏公长麟巡抚江苏，礼聘入幕，府君痛念父母在日，未能乘一日欢，今曾王父年逾九旬，虽就养宿迁，何忍再违色笑，拟辞之。曾王父不许，始就聘。戊申，以武英殿誊录功议叙州同选用援例，指分湖北，验看出都，行抵宿迁。曾王父已先一月寿终，府君奉柩旋里安葬。己酉夏，到湖北省秋署兴国州州判，庚戌署安陆府经历，辛亥署天门县县丞、钟祥县县丞。壬子，再署安陆府经历，癸丑署安陆府同知，甲寅大府檄赴沔阳州查勘水灾兼督修堤岸，旋即委署沔阳州州判，兼署新堤州同。

沔阳地势低洼，民喜惰偷，疏泄培筑多不力，府君饬堤长晓谕居民曰："堤身厚则捍水有力，筑土坚则历久不圮，倘苟且从事，则尔等田庐先受其害，时交冬令，尤宜及早畚筑，迟则春水涨发，人力难施。"众感悟，踊跃从事，惟恐后。府君昼夜巡视，怠者惩，勤者奖，众益奋，不数月而堤工成，次年即免水患。襄河一带向有奸民业操舟，阴诇客囊，可欲者辄减价应之，殷勤酒食，引以赌博，诱之狭邪，必罄其资而后已，惟不伤人命，故控者少而捕之难。府君侦知之，密遣丁役，伪为客载，如其意之所，欲罄囊登岸，捕者掩至，焚其舟，罪其党，此风遂绝。行旅感之，卸任时，居民客商驾彩船，以弦管相送数十里。乙卯署云梦县事，是年靖斋公病，殁宿迁营任所，府君痛悼不进勺饮者累日。静斋公有女二，无子，府君命不孝善昌嗣，迎嗣母季宜人及两妹养于楚。

嘉庆元年丙辰正月，川楚教匪起，湖北荆州之枝江、宜都有聂杰人、张正谟等为贼首，宜昌之长乐、长阳应之，时总督为镇洋毕公沅，巡抚为满洲勤襄公惠龄，上命以宜都、枝江一带贼匪责成巡抚督剿。府君奉檄随营，行抵枝江，当阳已被贼袭，勤襄公檄府君驻羊角洲，查察奸匪。其地为宜昌、荆州大江之要冲，当阳既陷，江防吃紧，府君创募乡团，严密防堵。勤襄公才府君，即委署宜都县事，前令以捕匪过严激民变，贼首张正谟等均籍宜都，乘机煽惑，阖邑响应，城几于危。宜本通衢，大兵进剿，又为转饷要道，军书旁午，徭役繁兴，府君惧不胜任，力辞，勤襄公不许，遂于四月莅任。受篆之日即开诚晓谕，示以祸福，如有习教者，自首免究，匿而查出者，罪无赦，良民各安本业，胁从准其投诚，又复搭盖棚厂，收养难民，老弱予糜粥，少壮给口粮，以应兵差徭役，使本境之民得尽力耕种，民情大安。于是浚城隍，缮守具，督练乡勇，转输粮饷，旦夕不稍休。五月，勤襄公克期进兵，府君率领乡勇赴石灰窑听调随同进剿，获胜，复率乡勇前往望佛山。夜四鼓，府君顾左右曰，贼营近甚，我若越岭而上突击之，贼仰攻难，前阻大营，不敢进必退，我乘势追之，可得捷。众欣跃从命，府君怒马独出，为士卒先，贼瞭望，发枪铁丸，累累过顶上，府君奋不顾，盘岭竟上，贼惊愕却走数十里。时六月初九日也。又堵御深冲口，适贼麇至，府君奋勇登山，与贼持良久，坠马受伤，仍不稍却。时乌鲁木齐都统永保总统湖北，各军连营合剿，勤襄公檄府君带乡勇距贼营之左数里设伏，扼贼穷蹙外窜路。八月十二日，大兵齐进，贼果左窜，府君率精锐力御之，复分队鼓噪，而前贼骇退回，敌大兵力不支，张正谟等遂被执，于是灌脑湾之贼平。勤襄公录功汇奏奉旨"陶绍侃以应升之缺即用，钦此。"未几，贼首覃士潮起凉山，勤襄公谕府君率乡勇往马鞍山堵御。十一月，覃士潮成擒，勤襄公奉命接统湖北诸军，分路进剿，贼亦分路四窜，姚之富、齐王氏尤桀黠，不整队，不迎战，不走平原，惟数百为群，忽分忽合，忽南忽北，以牵我兵力，裹胁日多，滋蔓三省，以故急切不能平。

丁巳六月，芭叶山贼窜滋邱，滋邱距宜都不远，府君添募乡勇，方计守御，而探者迭报贼至，城中惊恐。府君从容部署，会合同城文武及团绅，分段登陴巡守，见城西奔至者数千人，城闭不得入，绕城哭而呼。府君知乡民之避贼也，欲启之，众不可，府君曰："若果贼，手无器械，何能为脱？皆民，奚忍视死不救？"遂自率乡勇出城，驻以待贼，而令奔至者栖于后以助声援。距城数里有河，山水适至，贼不得渡，且知城中有备，乃引去窜长阳之朱履山。

戊午春，贼又窜当阳，府君于当阳来路度其险要设卡，拨精锐堵御，日驰骑巡视，贼不得入宜都境。经略满州忠毅公额勒登保进剿黄柏山，道出宜都，见境内安然，传府君进见，细询情状，府君缕晰以对，忠毅公嘉许。

己未二月，巡抚高公杞檄府君兼理枝江县事，府君往来两邑，戎马倥偬，不遑寝食，旋以新例佐贰不准署州县，四月卸枝江县事，六月卸宜都县事。府君任宜都三载，屡为贼所环攻，均以先期筹御得免蹂躏，百姓安堵，几忘干戈之扰。时已借补襄阳县丞，大吏以府君熟悉军情，檄令驰赴宜昌，偕王太守春煦筹办防堵，又往镇境山督乡勇设卡，贼踪远去，始回荆州，清算宜都任内交代事毕，即檄赴报销局，分办军需事务。

庚申四月，又檄赴荆州，协办军需。先是各路官军临阵，辄令乡勇居前，绿营兵次之，满洲吉林索伦兵又次之，贼亦以难民为先驱，故乡勇日与难民交锋，而兵贼常不相值，且伤亡则乡勇毋庸报部，战胜则弁兵均列奏保，所以乡勇见诸章奏者百无一二。至是诏以乡勇，习水土，熟贼情，募之可卫身家、可免胁虏，嗣后乡勇有功，则一例保奏，阵亡则一例议恤，以收敌忾同仇之效。于是府君以屡带乡勇随同剿贼，有功大吏计劳，由襄阳县丞升南漳县知县。

岁辛酉，协办大学士文襄公书麟、总督湖广，驻师房县。房地为川陕咽喉，贼匪出没无常，各师驻剿，军需繁重。房令李公惟本患病，巡抚倭什布檄府君权房县篆事。未几，蒙古文襄公长龄继督湖广，檄府君办理参赞蒙古壮果公德楞泰粮台，时经略忠毅公额勒登保追贼入楚，郧阳守王公正常因府君夙为忠毅公称许，禀请协办忠毅公粮台。随营抵陕，驻军平利县之竹叶关，又渡河至黄土岭，忠毅公慰谕还楚，又奉总督吴公熊光檄办巡抚，全保粮台，随营往来于竹山竹溪房县间，殆无宁日。

壬戌，抚军还省，又接办太原总镇李公天林粮台。府君自己未卸任宜都后于兹四载，历办各军粮台，随营转运，均无定所。贼匪狡黠，专以劫夺辎重为事，府君于役其间，或昼伏夜行，或舍康庄而趋僻径，迭遭险阨，卒得安全。不误大军要需者，固乡勇之功而随机应变，心力亦复交瘁矣。曾转饷出房县，贼匪追踪，府君恐防御稍懈为贼所乘，遂以辎重投宿冠军寨，自率乡勇在寨外要道设伏以待。夜四鼓，贼果猝至，猛击之，贼出不意，狂奔二十余里，戮数十人，余贼逾崖遁。府君之奋不顾身多类此，以故题升南漳县三载，大府不檄之任，盖谂府君能足倚以办贼也。

癸亥春，川楚陕肃清，大功告蒇，府君交卸粮台事务。四月奉饬赴南漳县任漳邑。在万山之中，贼匪迭次扰害，城虽未破，而四境焚掠殆尽，遍地疮痍，百端雕敝。府君为政，一尚于宽，惟以培养民生为急，设书院，立义塾，修学宫，复社庙，百废俱举，前后捐廉以巨万计，时贼寇虽已歼灭，余孽犹多流亡。府君巡视山谷，督率各寨，仍防守不稍懈，其有挟仇迭相告变者置不问，有凶横袭贼智以肆害者惩无赦。

期年以后，庐井日增，士风丕变，吏民怀德畏威，油油然以礼化成俗矣。乙丑奉文调取引见，十二月十四日奉旨"仍回原任，钦此。"府君自通籍到楚，离乡已十余年，遂便道请假回里省墓，又至溧阳礼祭宗祠。时姑父监利鹤峰段公讳大雅，以花翎侍卫任松江营参将，又买舟之松，与姑母手足言欢，旬日返棹里中，戚好如赵味辛、钱竹初、吕叔讷、钱鲁斯、李鹿仔、绍仔、心陔诸先生文酒过从，几有飘然出尘之概。四月赴楚，五月奉檄转饷荆州，六月回南漳任。时有白仗手者，结党成群，抢掠妇女，劫掳财物，其肆恶，与四川啯噜子等起于河南桐柏邓州新野一带，窜入随州、襄阳、枣阳、南漳等境，所至为害，往岁饬役严捕，虽多远扬，迄未绝迹。邑民罗金印者与白仗手通，适有以他讼事拘讯，府君激之曰，汝能擒白仗手某某来，当免汝罪。金印感往，阅数日果擒一人至，讯悉九仙观地方为巢穴。遂率丁役以罗金印前导，抄获为首之赵国璋等十五名，按律治罪，漳境白仗手之害遂除。

丁卯春，南漳游击雅公金泰，奉文应减马兵，改挑步兵，伍中桀黠多不服，有谋不轨者，府君微有风闻，恐事起则不可遏，值总督汪公志伊阅兵至襄阳，府君诣辕密陈，克日回署。密遣干役，四出大索，旋得民人杨大德，供称伊素好、周应和知情，方密拘应和，而兵丁杨连、张定福因徐荣等邀，赴白马洞结盟谋逆，心怀畏惧，出首控告，其谋叛之为首者，兵丁徐荣、王连、胡金王等，为从者兵丁张辉如、熊得胜，民人王廷桂、周应和等共二十五名，立即捕获。讯知徐荣等不服改马为步，起意纠结，三月二十四日在南门外白马洞歃血盟誓，谋于二十八日起事。纵火焚四门，乘官吏出救袭杀之，再掠本营军火器械，劫县库钱粮，据城以候响应，倘遇剿不敌则由房保一带逃入老林。不意二十六日奉制宪檄提本营到襄阳会操，未及起手，遂遭缉获。府君审讯之下，骇然久之。先是制军闻南漳不靖，由谷城阅兵回，仍驻襄阳。府君遂解徐荣等至襄安，襄郧荆道胡公麟、襄阳知府张公溶审录诸犯，佥供不讳，制军亲谳，得实为首者枭示，余从分别斩决，遣徒专折具奏，并请将府君送部引见，奉旨俞允。是秋适有他省奏报，事相类而未及弭患者，上曰，安得能事如湖北南漳知县耶？府君得邀宸奖，都下二三亲友殷盼府君抵京，而府君十一月始受代北上。

戊辰二月十九日在圆明园引见，奉上谕"陶绍侃能于一日之内叛案全行拿获，尚属能事，仍发往湖北，以知州升用，钦此。"三月出都，五月抵省，闰五月回南漳任。

己丑五月升补随州知州。时随州有匪徒滋事，大吏檄速莅任，遂于九月三日接随州篆。随邑与河南桐柏接壤，与襄阳、枣阳各邑毗连，山林深邃，向为白仗手窜匿窟穴。府君一入随境，沿途密访已得匪犯消息，下车即驰赴吴山新城等处勘验抢杀情形，遴派干役，厚给川费，不分畛域，购线缉捕，旋于枣阳杨家珰获仗手刘金辉，太平镇获马赖爪，杜家庄获傅金志，均论如律。又复躬率壮役梭巡四乡，少得踪迹，立即往捕，窝匿之家，科罪维均，先后擒治者数十人，阖境安谧。州有烈山书院，捐廉修葺，优给膏火，士风亦蒸蒸日上。

庚午冬奉文赴云南采办铜斤，辛未正月卸任。五月自楚登程，命不孝回常州就婚吕氏。嗣母季宜人本生母顾宜人均寓武昌，壬申春不孝携室赴楚。是年八月，府君差竣，十月回任。

癸酉春，久不雨，自夏徂秋，尤亢旱，禀请缓征并乞赈济。甲戌春，在州城设东西粥厂，终日监视，胥役不得侵渔，又虑四乡不能遍及，因添设分厂，公项不足，捐廉足之，再不足，继以典质，衣篋一空，犹孜孜不倦。是秋，因公挂误解任，时随民涕泣相送者不绝于途。府君仕宦虽久，故乡无寸椽尺土，不得已僦居省城，蔬食敝衣依然寒素，同好均为叹息，而府君处之晏如也。

丙子六月，总督马公慧裕、巡抚张公映汉念府君在军营卓著，劳勚历任，多有政声，会衔请捐复，留楚补用。七月初五日奉上谕"陶绍侃准其照例捐复，钦此。"

丁丑八月署南漳县事，南漳为十年前旧治，士民闻府君至，欢迎夹道，府君治如昔日。己卯春，循例领咨入京，五月十二日吏部带领引见，奉旨"陶绍侃仍发往湖北以知州用，钦此。”秋署襄樊同知兼办老龙堤堤工。

庚辰冬，补兴国州知州，道光元年辛巳四月莅任。兴俗强悍健讼，向称难治，府君谓习染已深，不能化于一旦，每于讼者至，辄婉谕之，晓以大义，令各安本业，其有挟诈尝试者严惩不少贷。至年余，教化大行。先是不孝善昌，遵豫东例以县丞指省四川，念堂上年高不忍远去，府君曰：“我虽年近古稀，精神尚健，尔年甫壮，当思树立，何借词自逸耶？”促令就道抵川，期年屡欲假省，府君屡谕止之。己卯，不孝署资州直隶州州判。壬午夏甫交卸，而嗣母季宜人噩耗至，匍匐奔丧。十月抵兴国州署，痛念我嗣母遽弃不孝善昌而逝，未能尽一日奉养也，犹幸我府君精神矍铄，起居饮食无异壮时，窃幸天年克享侍奉之日方长，何期一转瞬间变生不测，呜呼痛哉！

兴国地滨大江，界连梁子湖，岁届残冬，时有盗贼为行旅害。府君于十二月初十日进省面禀要公，即由水路回州，沿江巡缉。十八日在武昌解缆，二十日晚泊黄冈县之团风镇滕家窝地方，三更后，风急浪涌，堤岸崩塌八十余丈，同时三十余舟全行压沉，统计淹没一百五十余人，府君惨遭大劫，呼天莫救，呜呼痛哉！

家丁李正熊、明州役蔡魁等均先后遇救起，黄冈令关公维纪、黄州守成公善亲行勘验，申报大府。不孝闻耗，肠裂魂飞，星夜奔赴，号恸江滨，求府君尸不得。大府又特委文太守心芳、张司马熙，驰赴江滨会勘，设法打捞，腊正两月先后获尸至五十余具，而府君之身犹未得。不孝添雇水夫，悬格重赏，誓不获则万不独生。时同官上下皆为府君悯恻，方伯觉罗公得奎廉访黄公鸣杰，以府君巡缉盗贼，江岸坍塌，舟沉被溺，事属因公，详请总督李公鸿宾、巡抚杨公懋恬奏恤。癸未正月二十九日具奏，二月二十一日奉旨“兴国州知州陶绍侃巡缉盗贼，船沉淹没，事属因公，且系大江处所，着该部照例议恤，以示矜悯。钦此。”

窃念府君已蒙大吏奏恳恩恤，殁有荣施，而不孝则未得父尸，生不如死，计惟有从府君于泉下。乃于三月初八日向午，天气清明，风平浪静，见府君自江面浮出，面目如生。不孝伏哭昏迷，随身家丁李正等均拥泣相认，上下衣履如故，即于是日敬易章服以殓。府君被江沙沉压至八十余日之久，犹得全躯而出，发肤无损，岂非廉正刚直，生气凛凛，所以精气凝结不解耶？呜呼痛哉！

旋由吏部议，照本官应升品级加赠道衔，荫一子入监读书六个月，期满以知县注册铨选，其应得恤赏祭葬银两，移咨礼兵各部议给。于四月初八日覆奏，奉旨“依议，钦此。”嗣准礼部颁发谕祭文，内阁撰给诰，命兵部议给葬银三百两，入祀本籍昭忠祠。仰见圣恩浩荡，百世难酬，九泉有知，当亦无憾。不孝又以患病羁楚，岁余，竭蹶扶榇回里营葬，而武昌守周公廷授垂念旧属孤嫠，所有存恤调护者无微不至。此乃不孝顶踵思报，没齿不忘者也。

府君历官三十余年，凡讼狱虚心严鞫，案无留牍，无关要证，皆免签票。遇差传则度地之远近，限日之多寡，违限即惩，吏胥不能舞弊，百姓即免拖累，所以历任有声。性刚正，不枉己从俗，不阿谀取容，在行间为各大帅刮目。屡嘉奋勇，惠勤襄公尤深器重，每奏功，府君在侧，绝不以私相干。历久仅进一阶，犹退然如不及者，人以此益重府君。居恒言笑不苟，论交则推诚相与，隐恶扬善，是以人多敬而爱之。起家寒素，及登仕途，依然韦布，每食只二簋，而祀先则必备，叩奠则欷歔，数十年犹一日。遇亲旧称贷，必竭力以资，待族中兄弟子侄一归于厚，两从兄老而无依，养之官舍以终其身。

好吟咏，登临山水辄有留题，著有《楚游诗草》《滇游诗草》若干卷。工简翰，戚友往还，必亲自裁答，有尺牍稿若干卷。

府君以附生乾隆丁酉科誊录签送四库馆当差，由武英殿议叙州同分发湖北试用，借补襄阳县丞，升任南漳县知县、随州兴国等州知州，历署襄阳安陆等府同知，云梦宜都枝江房县等县知县，沔阳州州同兴国沔阳等州州判，安陆府经历，天门钟祥等县县丞，军功随带加五级。因巡江殉难，奉旨赐恤赠道衔，赐祭葬予荫如例，入祀本籍昭忠祠，诰授奉直大夫，晋赠中宪大夫。配吾母龚，阳湖庠生达公女，先府君四十年卒。继配吾母吕，同邑五品封典太学生扬廷公女，先府君三十六年卒。皆诰赠宜人，晋赠恭人。再继配吾母顾，元和廷楝公女。子一不孝善昌，国学生，四川候补县丞署，资州直隶州州判，恩荫知县。顾宜人出娶吕氏，即不孝舅氏，直隶河间县知县星垣公女，早卒。府君生于乾隆十六年辛未十一月初六日亥时，卒于道光二年壬午十二月二十日亥时，享寿七十有二。兹卜吉于道光四年某月日，谨奉灵柩与吾母龚恭人吕恭人合葬于丰西乡仓头桥成头村新阡主穴，丙山壬向。不孝荒迷不文，勉述大略如右，惟冀当代大人先生采择焉。

道光四年岁次甲申，男善昌谨述

赐进士出身，诰授资政大夫，兵部侍郎兼都察院右副都御史，前任湖南巡抚提督，军务兼理粮饷，愚表兄左辅顿首拜填讳

慎斋公传

君讳绍侃，字慎斋，姓陶氏，余所传山西泽州知州讳自悦，其从曾祖也。君少游学京师，以名节相砥砺，寄籍宛平，补顺天府学附生。

乾隆丁酉顺天乡试，挑取誊录送四库馆。戊申议叙得州同指分湖北，署兴国州州判，安陆府经历，天门、钟祥等县县丞，安陆府同知，沔阳州州判兼

署州同，督修堤工，州以无水患。

嘉庆元年丙辰，川楚教匪起，贼首张正谟、聂杰人等盘踞枝江宜都间，巡抚满州勤襄公惠龄奉命督师，以君署宜都县事。正谟籍宜都，乘机煽惑，莠民响应，城几陷。君下令听自首贯其胁从，给流民食，令供杂徭。土著益得耕种，民情大安，于是浚城隍，缮守具，督乡勇助剿。

是年夏六月，从大兵剿贼望佛山，君度贼营甚近，脱据岭上俯击之，贼仰攻难，前阻大军不敢进必退，逐之可得捷。遂率众盘岭而上，贼争益急，铁丸累累过顶上不顾，卒获大胜。八月大兵执张正谟，君实以乡勇设伏犄之。己未兼署枝江县，倥偬两邑间，寝食几废，旋以新例佐贰官不得署州县，遂卸宜都县事，借补襄得县丞，仍率乡勇助战守。庚申有诏，叙乡勇功，大府以君劳保升南漳县知县，不之任，数为大军转饷。尝取道房县，贼蹑其后且及，乃以辎重投宿冠军寨，而自率乡勇出寨，伏隘以待，贼至则骇走，所击杀数十百人。及至南漳，扫除余孽，百废俱举，期年之后，庐井日增矣。

时有匪党号白仗手者，起河南桐柏邓州新野间，结党横行。所至劫掠子女财帛皆逞，时时窜入南漳境，捕急则远扬，已乃复来，邑民罗金印与之通。时适有以他事讼金印者当罪，君曰，汝能擒白仗手某来当贳汝。金印感激，果擒一人至，乃知其窟穴在九仙观，掩之得赵国璋等十五名论如律，自是南漳无白仗手踪迹矣。逾年南漳营游击，以大府令改马兵为步兵，丁徐荣等不乐，欲为变，勾结民人周应和等盟于白马洞，期五日起事纵火，烧城外庐舍，伺官吏出救即袭杀，入掠县库，城守以待应者。未及期三日，奉调赴襄阳会操，以是相左而蠢蠢之心未已也。君微闻其勾结盟诅状，急驰白大府，还大索得民人杨大德等。大德素暱应和，具以实对，因尽得罪人，谳成论如律。大府以状闻，是秋他省适有事相类而未及弭者，上曰，安得能事如南漳县知县者？逾年补随州，又五年挂误去，随民送之有泣下者。未几当道，奏起之。

又七年，补兴国州知州，州滨大江界连梁子湖，盗贼出没，数为闾阎害。君诣省白事还，循江而下，将阴伺贼踪，夜泊黄冈县之团风镇，岸崩八十余丈，舟压而殁。其子善昌求遗尸不得，号泣于江滨，越七十余日，尸自浮出，面如生。事闻，赐恤如例，入祀本籍昭忠祠。

孟昭常撰

霁堂公行略

公讳登瀛，原讳登云，字心洲，号霁堂，迁常始祖匏宇公七世孙赞唐之族伯也。高祖讳自愫，邑廪生，以曾孙绍侃官貤赠奉直大夫，妣孙貤赠宜人。曾祖讳亮武，祖讳洪，均以公官叠次貤赠奉政大夫，妣邹、妣徐皆貤赠宜人。父讳梦麒，诰赠奉政大夫，妣储诰赠宜人，妣谢因迎养在任，诰封太宜人。

梦麒公有子三，长锦云，季凌霄，公其次也。公生而颖敏，读书数行下，性温厚，从容大雅，倜傥不群。梦麒公最爱之，尝曰，是儿必能昌吾宗。盖自匏宇公迁常后，科第四世不绝，至五世六世均无达者，梦麒公笃志诗书，顾老而未遇，终岁授徒，仅给饘粥，其属望于后人者切矣。

公年十岁通五经，弱冠游庠，酷嗜古训，不屑屑为章句。是时，乡先辈如张皋文、洪稚存、孙渊如、赵味辛、李申耆以经学相尚，崇古文，工骈体，精考证，振起元明之衰颓，直绍汉唐之师承，浸浸乎固一时之盛也。公于皋文渊如诸先生则师事之，稚存先生本世执，味辛先生为世戚，亲炙尤密，申耆先生年相若，讨论切磋，交称莫逆。公每与诸先辈尊酒论文孜孜不倦，考订至废寝食，诸先辈相为延誉，公名亦由是著。

嘉庆戊午领乡荐，己未公车北上。典试者为大兴朱文正公珪，文正于经术无所不通，取士必以经策校四书艺，锐意求朴学。公卷已选中，因额满见遗，是科同邑如张公惠言、赵公学辙、丁公履泰、董公大醇、刘公企采均同榜，乡人称盛，而公以额满见遗，人多惜之。文正常举以为憾，引公为门下士，深相勉励。

是年公考取咸安宫教习，留京都，其时稚存先生入都供职，公与先生长子饴孙同举，戊午为年家子，因馆焉。公虽游文正之门，未尝私谒，文正晚年好老氏言，公以文正为朝庭重臣，不宜尚此，龂龂相诤，文正深韪之。公淡情荣利，尤喜探内典之秘旨，翻贝笈之遗经，盖别有寄托，匪徒禅悦已也。辛酉丁父忧归，哀毁骨立，以古礼治丧祭，族党多矜式。

癸亥服阕再入都，前后五试礼部不售，先是咸安宫教习期满，例得知县，未就，至是公就之，选直隶井陉令。亲老告近，改令安徽泾县。味辛先生由内阁中书出为山东登州丞，将之任，问公居今之牧令，宜从何措施。公以宽大得民为对。先生曰："吾子休矣。传曰，宽以济猛，猛以济宽。方今国家承平几二百年，至仁涵育，远出汉唐宋明之上，吏民习于宽大，奸孽易于萌芽。牧令为亲民之官，秩虽轻而责甚重，反侧之间安危即系。是宜先申禁罚，使桀黠者知惧，然后再施和惠，俾纯良者知感，除暴所以安良，树德必先去恶，徒事宽大，是执一之论也，乌能得民？吾子休矣。"公谨受教，莅泾后整理学校，广设书院，修浚沟洫，裁割陋规，清厘讼狱，严饬捕务，凡于民有利者无不次第举行之。

俸满调知天长县，天长与苏省毗连，地滨江湖，盗贼出没，号称难治。公尝谓官之易于失德者莫如牧令，牧令之最易疏忽者莫如命盗，二事稍一不慎，死者不得复生，此则人尚知之，至罪囚之挟嫌妄扳，胥役之教唆诬供，以及签差之扰累，讼棍之唆架，波及无辜甚至破家荡产，此则人多不觉也。故每遇讯囚，必虚衷严鞫，不事榜掠，务绝株连，昼以继夜，夜以待旦，迨至犯供确凿，赃证俱全，又必再三推勘，不敢遽定。爰书至钱债口角，必剀切劝导之，至有不愿涉讼者，所谓宁失之迟缓，毋失之操切，宁失之浑厚，毋失之苛察也。治天长数年，吏畏民怀，盗风亦戢。时大府以察察为明，与公意旨相迕，值计典，竟以不及改公教职。公曰："牧令一官本非吾之志，亦非吾之才，犹幸十余年兢兢以清慎勤自矢，未坠家声，终以不及投劾，味辛先生岂欺我哉?"时公年将六十，太夫人又在堂，遂绝意进取，奉母家居，卜宅于德安门内陈渡桥。

陶园者，本唐氏园，荆川先生读书其中，后为艾圃公有之，遂群称曰"陶园"。艾圃公没，子孙不能守，转辗易姓垂百四十年，犹名陶园。艾圃公为公之高伯祖，公乃赎复之，葺其荒圮而更名之曰"复园"，申耆先生曾记之，盈虚消息，殆非偶然也。

道光丁亥，公母谢太宜人弃养，公以高年哀毁，不胜营葬，事毕即患风疾，卧床塌数年，以癸已九月卒，寿六十有六。公事亲至孝，谢太宜人迎养任所，尝以赠公未及养为痛。公为人蔼然可亲，生平不疾言，无愠色，待人一以厚，犯者亦不校。有所著述，稿辄散弃，尝曰："为文不关于经世，无益于考证，徒以词章相尚，则既不能进美前人，亦何足以昭示来者，徒祸枣梨耳。"以故虽有所作，不能成录。

公伯兄讳锦云，山东惠民县丞，先公四年卒。弟讳凌霄，先公十五年卒。公配周，后公十六年卒。子世谟、世赞，女适金、适崔。孙十一人。今岁距公卒已二十有四年矣，族人将有续修宗谱之举，赞唐常闻长沙陶文毅公任皖藩苏抚时，广辑陶氏族谱，曾移书向公取宗谱详校，反复考订。吾宗世居溧阳，殆为溧阳侯裔，文毅公籍隶湖南，殆为长沙桓公之裔。惜乎公与文毅往还书函，今不可得而见矣，然闻父老言如此。赞唐谨按《大清一统志》，溧阳侯墓在溧，孙渊如先生考之甚详，即以此序于续修宗谱之简端，其他则固未之闻也。爰于述公生平行谊之后，附识之以示来祺。

咸丰六年岁次丙辰三月，从侄赞唐谨志

诰赠荣禄大夫霁堂公像

诰赠一品夫人周夫人像

附录：李申耆《陶氏复园记》

昔人谓洛阳园林关天下盛衰，盖其关于一家者可无论也。夫衣裳栝棬，子孙犹固获之，况钓游所寄，封殖所加，律以世守之义，岂宜听其失坠者乎？吾乡明中叶以后，颇有园榭之盛，如吴氏之来鹤庄、蒹葭庄、青山庄，国初则杨氏之杨园、陈氏之陈园，类为裙屐所集。来鹤、蒹葭早废，杨园、陈园，予幼时尚得见之，亦且颓圮矣。惟青山庄归张氏，加缮治，称名胜，然不数年荡为魁陵粪壤，抑可感也。陶园故唐氏园也，荆川先生尝读书其中，无崇台邃馆、珍石奇卉，傍水因树，自成清华。其后数易主，而艾圃陶先生有之，遂群称之曰“陶园”云。艾圃先生没，子孙不能守，转售又易姓。

道光八年，先生从曾孙霁堂乃赎复之，葺其荒圮而更其名曰“复园”。《易》曰：“君子尚消息盈虚，天行也。”艾圃先生于未服官之日即居是园，宦游所至，惓惓注思，及其归老，藉娱暮景。今霁堂则以投劾归来而复之，将以养闲林泉，久而不出。艾圃之距荆川百四十余年，霁堂之距艾圃亦百四十余年，往复之运，殆有默定焉者乎？蒹葭、来鹤诸园湮没无迹，斯园特以荆川故留传至今，君子之泽也。吾乡自荆川先生以治经治史发之，于文章实之于躬行，赫然为学者宗，迩来三百年矣。

流风余韵日益凌夷，幸斯园之尚存，过陈渡者凭吊遗迹而追慕之，庶几有闻风而兴者焉。如艾圃先生之治行卓越，文章尔雅，真足以继荆川之躅者也。然则艾圃先生之居是园也，复荆川之初也，霁堂之居是园也，复艾圃先生之初，即以复荆川之初也。此其消息之故，当必有扬芳蕤、振嘉实，日起有功以绍前贤之坠绪者乎？霁堂之志，于是乎在矣，而岂弟以是为一家之盛衰也。

郢生公讳善昌赞

丞于蜀令于滇，纶音远降重防边。公宰江川民颂贤，胡以边疠丧其年？后裔慎毋忝所先，余展公像泪潸然。

陶母张太夫人家传

桐城张氏自文端、文和二公鼎职相承，门材递振，世推王谢，望并穆韩，乃至衍玉德于闺襜，绵兰芬于翚翟，而陶母张太夫人庇及三郮，庆延后昆，为尤著焉。太夫人者，光成先生之女，而小洲先生讳世赞之继配也。

小洲先生家绍方雅，长擅修能，亢志遻荣，约身守道。初娶于庄氏，举桉方庄，瘗琴遽怆。光成先生重其绣虎，许以乘龙，而太夫人归焉。笄龄既越，珩度弥雍。婉娩奉姑，敦幪鰓众。笃爱均于祥览，同心比诸隗伦。浣衣示俭而任恤必敦，舂庑安贫而解推无倦，所谓济急恒如己事，行善不使人知者，太夫人有之。

小洲先生有丈夫子三，曰锡藩者庄出，曰锡祺、曰恩泽者张出。女子子六，适庄、适封、适吴者庄出，适方、适孙、适孙者张出。太夫人教敎两至，实兼父师，抚育备劳迄于成立。溯当赭烽压境，白羽横江，常郡适当其厄，一时珪组之家、诗书之族，咸谓衰羸疣赘惜鸡肋者何为，妇孺伶仃在虎口者当避。以故庄夫人之兄东明先生与陶氏昆季世谟、世绵诸公，咸滞迹危城，饰巾私第，而太夫人则挈其幼弱共历艰巇。时女夫吴唐林驾部，佐乔勤壸两淮幕府，方居海陵，遂以流逋就图资斧。而庄宣之先生者，庄夫人之仲兄也，佐幕兖郡，笃谊渭阳，招之东行，供其扉屦，复分馆谷以助饔飧，盖挈提者廿余人，而驱驰者二千里焉。宣之久居大幕，见重当途，爰以太守孙公之力荐锡蕃于浙，锡祺于陕，始参戎幄，洊致专城，恩泽寻亦起自末僚，擢宰岩邑，咸秉丸熊之训，用覂驯雉之仁。当锡蕃宰浙之瑞安，奉舆迎敎诫以临民，治牍劳心，终以尽瘁，太夫人言归里舍，颇感桑榆。既而锡祺筮仕山左，序补乐陵，将申絜兰之欢，遽陨蒿莪之涕。盖太夫人殁以同治九年，春秋五十有九。

唐林驾部为小洲先生女夫，而女育于庄氏，盖其外家故于庄氏为婚媾之盟，而仍于陶氏申舅婿之礼。小洲先生以尝从学吴父，每弟畜之。其挽太夫人云："世交本丈人行才，愧韦皋选婿，独蒙苗母赏。生女为诸兄后姻，同温峤馆甥，转执鲁姑丧。"又挽锡蕃云："崔卢并族，群纪世交，念海陵单舸移居道左，分金惭古谊。孟博亲衰，长卿妇病。料雷岸尺书赴远闺中，挥泪哭同怀。"情文相生，知交传诵。今锡蕃乏嗣，承祧以侄，而小洲先生孙男十人，或耀绩棠封，或腾华廌服，曾孙三十有二，元孙三十有四，来孙一人。兰玉竞爽，鼎门继隆，皆太夫人所出也。猗欤盛已。

赞曰：史称陶母封鲊继型，温仁贻范，淑惠扬馨，矻善避名，善乃桄被，六颂播穌，以昌厥嗣。溯当辟地，手挈妇婉，三户廿口，蜂燧靡离，诚以济屯，毅以拯众，母实勤哉。古义所重，甄休延世，三凤蜚腾，光于来叶，椒衍蒸蒸。皇穹匪私，其眷在德，愔徽虽远，永垂芳则。

侯官郭则沄撰

诰赠荣禄大夫小洲公像

诰赠一品夫人庄夫人像

诰赠一品夫人张夫人像

菊存公暨配金夫人合葬墓志铭

同治七年丁卯九月七日，瑞安县知县陶君卒于任所。越二十九年丙申，夫人金氏卒，当合葬，以形家言时月不吉，乃厝于祖茔之右。及是始得吉卜，将启君之藏而窆焉。其从子湘谋于昭常曰：吾不及见世父，而及见吾世母，世母之行谊吾能言之，世父不可得而详已。小时尝闻长老言其一二，日月流驶，遗忘殆尽，念之郁悒不能自胜，今将合葬，思以所记忆者，并吾世母之行事书之且志于石，纳之圹中，庶有以诏其嗣孙而塞吾之思也。

吾世父幼为先曾王父所爱，神识炯炯，思致极精，刻于事理，无不洞达，而体弱多病。二十许时，非重纩不暖，先王父常忧其不寿，以故不令其力学。先王父殁，家道日落，会遭世乱，遂绝意科举，奔走衣食，因橐笔游山东，为总统东军前敌孙公家穀典军糈，人资为知县。同治初引见发山东，以新例游幕省分当回避，改发浙江。时布政使蒋果敏公益澧方削平大憝，振兴庶务，一见深器之，致之幕府。批发裁答，顷刻立就，所措施皆称公意，叙劳加同知衔，赏戴花翎。未几，委署瑞安县知县。瑞安民故狡悍，前令尝为所窘，吾世父任年余，均帖伏。曩见长老言其决狱状离参，情节绝可听，今不复能道矣。前卒十余日，赴某乡检验人命，劳顿生疾，遂以不起，年四十有一。吾所能言者如此，吾世母本以中表为婚，故陶氏先世行谊及祠墓田宅，戚族亲疏贤不肖之故，纤悉皆知，当世父之世无述已。世父殁，世母还常州。吾父与本生父皆远宦，世母总持家政，凡春秋祭扫，田谷出纳及亲故往来，问遗米盐琐屑皆主之。事先王母以孝，先王母卒，吾父与本生父奔丧不时至，世母视含殓皆尽礼。诸姑之孀者贫无依者同居一室，雍雍睦睦，翕然无间，婢媪守法，无敢违犯。世父之卒，遗一女，无子，以吾兄圣泉公泗为嗣，迨吾父之莱芜任始就抚其嗣子，不幸夭折，痛甚，遂携柩归葬，而嫁其遗女于恽氏，自是居常州一如前日。旋议以吾本生伯兄子祖光为嗣孙，吾本生父任淳安，又往抚其嗣孙，吾父自临清归，又回常州，举家团聚。世母之卒，皆送其终焉。世母性温厚，而诸叔娣皆严惮之，叔视嫂如母，娣视姒如姑，家事悉待命而行，无违言亦无废事，是吾陶氏三十余年门户之所托，而世世子孙当念之勿替者也。

世母以道光七年正月二十五日生，以光绪二十二年七月十五日卒，享寿七十。兹卜吉归祔，谨述大略如此，愿吾子属其辞。昭常敬诺。谨按君讳锡蕃，字菊存，号晋康兄弟三人，君为长，次即二品衔候补道山东临清直隶州知州讳锡祺。故君以临清君官，貤赠资政大夫。昭常既铭临清君之墓，遂不复具其家世。夫人江宁金氏太学生讳之鼎女，嗣子泗，早卒，女适同邑候选道恽毓昌。嗣孙祖光铭曰：

英思研炼，不穷于变，亦不昌其年。坤灵敦淑，室家之谷，用以济其偏。魂气无不之魄藏于兹。是惟吉伉之宅，勒此贞珉以诏后贤。

敕授文林郎举人拣选知县，愚侄孟昭常撰文

赐进士及第诰授通议大夫，三品衔，翰林院侍读学士，姻愚弟黄思永书丹

赐进士出身，诰授中宪大夫，翰林院编修候选道，愚表弟汪洵篆额

貤封通奉大夫菊存公像

貤封夫人金夫人像

铨生公行述

府君讳锡祺，字铨生，一字霁孙，号晋祉，姓陶氏，世居江苏常州府城。陶氏自汉季溧阳侯始，累代萃居溧阳县义笪陶家村，虽世系绵邈，而侯墓在溧，子孙世守勿替。按谱四十七世匏宇公，讳人群，为明万历癸卯进士，历官至福建邵武府知府，由溧迁常，是为迁常始祖。匏宇公五传而至邑庠生月成公，讳洪，是为府君之高祖。曾祖讳梦麒，太学生。祖讳登瀛，嘉庆戊午科举人，安徽天长县知县。考讳世赞，太学生，候选州同自太学。君以至先大父，皆以府君官，历次恭遇覃恩，累赠资政大夫，妣皆赠夫人。先大父生子三，长讳锡蕃，官浙江瑞安县知县，亦以府君官貤赠资政大夫，无子，以不孝长兄泗为嗣。次即府君。季讳恩泽，兼袭云骑尉，历官至浙江淳安县知县，即不孝湘、镕本生父，均先府君卒。府君性慷爽，有大志，读书不屑屑为章句。

咸丰初，发逆陷金陵，张忠武公国梁，督大军随和忠壮公，春蔽障江南，以遏贼锋。外父仲谦庄公佐其幕，遗书相招。府君毅然应召，随克九洑洲。由诸生保巡检选用，并赏戴蓝翎加六品衔。时我军长围久合，资粮困乏，奸民降匪，环伺肘腋间。府君密陈解散策，忠武公亟赏之，而不果行。庚申春，

大营溃，外父殁于阵，府君间道归。知郡城难守，时先大父已弃养，遂奉先大母及外家避于乡，未五日而城陷。时寿春孙公家穀守山东兖州，总统东军前敌各营，外王父宣之庄公为之掌度支，先伯父瑞安君典军糈于郡。府君于烽火流离中，奉先大母及外家至兖，遵例以县丞指省山东。孙公以府君才，委办营务处，调和诸将，能得其情，既而受知于前帮办军务应城陈公国瑞，由营务处充文案，兼带昌平营军门，勇毅果戮，府君独与沆瀣，时出一言脱人死。白莲池平，论功保尽先补用。

癸亥夏，峄县令张君为叛役所戕，峄为东南冲要，捻匪披猖，无旦夕安。陈公进剿蒙城，大营粮台均驻于峄。时抚军为朝邑阎文介公敬铭，以府君能，命摄峄县事。府君履任未旬日，即擒叛役。沥心祭张君，并恤其家属，调剂陈军尤无间言。不三月邑大治，代者至，而乡老请留于郡者几千人。会甘肃回匪方炽，部催东省协饷，道梗莫敢行。文介公檄府君解十万金赴甘，风鹤时警，备极艰险，甲子正月抵兰州。制府善化杨勇慤公岳斌，下座揖府君曰，饷员从未有完全至兰州者，君可谓一身都是胆矣。因命留于甘，府君以亲老辞归。时先伯父瑞安君赞湘乡蒋果敏公益澧幕，受公知，檄知瑞安县事，因东迎先大母，养于任所，府君益得奋志于功名。

乙丑，寿春镇总兵郭公宝昌奉旨援陕，镇军为陈帮办旧部，谂府君才，请于东抚而行，委办前敌粮台兼营务处，随同攻克兴平、临平等处贼圩，陕抚徐沟乔勤慤公松年奏保知县。

丙寅夏，我军与捻逆张总愚遇于商邱，镇军夜劫贼垒，身受七创，遂乞假养伤，请以弟运昌代统其军。时湘阴左文襄公宗棠督师驻陕，有进谗者，公乃严词诘责，合军惶惶，镇军首创如瓜分，伏枕涕泣，欲幕僚谒公面陈，莫敢应。独府君慨然领命，谒公于潼关。盛怒命入，府君侃侃直陈，述镇军效忠之烈，受创之深，无怍辞，无忤色，公意释，为镇军奏请给假调理，并赐珍药养伤，从其代统之请。镇军感府君益深，而文襄公亦由是器府君。丁卯，在同州朝邑一带剿匪出力，又克复绥德州城。

戊辰，防剿直隶河北一带回捻，先后经文襄公及勤慤公，由知县累保知府衔，直隶州用，并俟补直隶州。后以知府用，换戴花翎，随带加五级。府君在营数载，随克坚城，尤能辑和将士，安抚流离，故一时甘陕督抚皆相引为重。是年秋，先伯父殁于瑞安任所，府君素笃友于，得耗痛甚，念先大母失于迎养，归思益切，请离营。郭公不允，且曰，回捻将肃清，如陶某功绩，不得显官归，人其谓郭四何。盖四为军门行第也。府君沥情坚请，始得离营，回里省亲，料量家政。

己巳，引见到东省。时东抚为贵阳丁文诚公宝桢，方伯则皖南李公元华，廉访则满洲长公赓，一见相器重，河工兵事，靡役不从。有京控积案，稽十载不决，株囚累累。长公檄府君鞫之，不旬日而谳成，于是长官僚吏皆服其能。

庚午，丁先大母忧，服阕补莱芜县知县。莱芜古莱夷，地僻民顽，夙称难治。府君在莱三年，教化大行，而政迹之尤异者，则丁丑年吴兰龙抢粮一事。是年泰武二郡饥，小民多乞籴于富室，奸民因以均粮为名，率众强借，否则缚其人，火其居。各邑闻风蠭起，而莱邑吴兰龙者尤不逞，得米易油酒，夜麇社庙中，合邑惶骇。府君谓首祸宜严惩，穷黎宜解散，已起者遏其锋，未起者善其后。于是率捕夜擒吴兰龙，置于狱。翌日械示各乡，集众杖示，劝富户出粮养本村之贫者，令其日则瞭望，夜则支更，既免户口逃亡，且免邻匪阑入，而以本村富户养本村贫民，亦无抑勒冒滥之弊。此法行，而莱治帖然。文诚公檄取章程通行省属，有"陶令不愧真循吏"之语。是年大计举卓异。

戊寅调署恩县，值亢旱。府君分别详请蠲缓，设粥厂，施棉衣，凡地方善举，皆创行无难色。时已调补阳谷，大府令再署一年，从民望也。邑界直隶，剧盗韩二黑出境肆劫直东交索。府君诇其归，率役夜掩之，得于败絮中，亲絷以归，而毗境之害除。

庚辰赴阳谷任，阳邑滨河，为粮艘往还冲要，借黄济运，后运道不畅，督办北运河东昌太守程公绳武相度地势，在张秋镇迤北陶城埠，别立口门，挑挖成渠，引至阿城入运。盖取其建瓴之势，以免喷塞之患，陶城埠为聊阳交辖，抚军黄陂周公恒祺，恐徭役累民，檄各州县给价募夫。府君欲克期蒇事，仍调官夫而发民价，且列优赏，未匝月渠成。程太守拊府君背而笑曰，陶城埠洵非陶公不成也。有忌府君工成速者，以违檄上闻，周中丞惑之，委员密察，具悉颠末。是年大计再举卓异。

辛巳调取引见，奉旨"加一级，回任注册候升，钦此。"壬午调泰安县，是岁河决桃园，飞檄征泰邑办秫料百余万例，价既不足，运费亦无出。府君悉捐廉足之，民既无所苦而输将若恐后者，故泰邑料最先到，工成酬庸保归知府，后加盐运使衔。

癸未正月，调权历城县。首邑素号繁剧，迎送供亿悉责之，遇工程益烦，累任此者每疲于奔走，转视民事为轻。府君则勤于治理，而酬酢无失，上下交孚。时抚军为桂阳陈公士杰，方伯为长白崇公保，廉访为泾县潘公骏文，均深器府君才，遇事一取决于府君。蒙古福公润守济南，知府君尤深。黄河频年为患滨州，游侍郎百川，奉命赴东查勘，议者或谓宜守大堤，不与水争地，或谓宜守民堰，以束水攻沙。府君以为大堤固宜筑，民堰亦不可废，盖恃堰内之民以守堰，则民之身家所系，其防护必力，而悉官家之力以防堤，虽堰决而堤不溃，则河患亦轻。策上，游公深然之。议未定，而河复决，历境被灾尤重。府君议赈议抚，昕夕无间。时库帑奇绌，灾广，赈苦不给。府君则以宁滥无遗力争，并陈以工代赈策，陈中丞鉴公诚许之。故虽遇大灾，而民无流亡。是岁大计三举卓异，既权篆一年请受代。当道皆倚府君为左右手，不许。一日中丞谒庙回乡，民扶老携幼遮，中丞卤簿留府君任，街衢为之充塞，中丞受其词以示府君曰，君爱民如子，故民留君，君其为民勉留乎？府君以精力不足坚辞。

会中法失和，海防告警，甲申春因调知即墨县，未三月，升补胶州知州。先檄赴任，胶故滨海，商民杂处，值海氛未戢，萑苻乘间窃发。人有戒心，府君申保甲之令，创为商团费，不足捐廉给之，民心大定。胶商恃海为转输，海疆有事，商务顿绌，府君恤其疲累，资其不给，未期年而商利十倍。钱塘张勤果公曜来抚东，闻府君政声，丙戌复膺卓荐，戊子升补临清直隶州知州。临清为西南重镇，民俗狡悍，闻府君至，咸慑于声威，惕伏不敢发。故下车不旬日，而四境称为神明，属吏咸惮之。临俗征漕多蒂欠，累年不完，名为滥漕。府君谂其弊在吏，胥严惩之，示民以国法，约期而集，民皆乐从。故终府君任，七年无滥漕名目。临与直豫连壤，奸宄出没，行旅裹足。府君捐廉募壮丁五十人，朝夕训练，分巡原野，终岁无间。剧盗卢池者积年稽捕，大府屡征兵诘之不获，府君示以恩信，许以不死，遂乐为用。而盗魁张五、王义等得，以次就戮，数百里内无盗踪矣。临滨卫河又为北运河尾闾，粮艘自陶城埠入，运二百里至临清入卫。卫低于运，旧有二石闸相距三里，下板蓄水为塘河，粮艘至，先泊塘河，俟卫涨足以抵运，然后启闸。往往旬日匝月，卫流不涨，不启闸，则运溢为灾，启闸则无源之水一泄无余，舟胶于岸不得前。府君斟酌形势，拓塘河十五里，浚其浅阻，层筑土坝，设立涵洞以通之，遂无搁浅旁溢之患。

卫河即古之逆河，堤久失修，庚寅、癸巳，连年漫决。府君倡捐钱五千缗，为募集巨资，亲驻工次，筑矶头以杀其流，培堤身，以止其决，数月之间，长堤完固，沿河州县，始免水患。士民感念，名其堤曰“陶公堤”。城北旧有洼地周十余里，积水深数尺，经年不涸。府君为之开渠，引入卫河，得良田百余顷，劝种桑麻。土人名其地曰“陶公坡”，皆志不忘也。兵燹以后，文风式微，府君创捐千金，扩充书院，广储书籍，增课经古，优给膏火，设义塾数十处。至辛卯，与乡举者三人，皆书院之肄业者。临属多各国教堂，奸民每遁入教中，以与良民为难。府君延教士于署，优以礼貌，与之约曰：“中国民人绳以中国法度，讼狱无关教事不得预，其害于尔教者面言之，无令译者缘为奸。”于是教士俱如约，奸民无可乘之隙，故终府君任无教案。有黎园屯者，距临数十里，为东昌属冠县所辖，因争庙地，民教大哄。某教士徒步诣大府请兵，而屯民素强悍，设誓抗拒。时福公润已抚东，檄济东道张公上达督兵进剿，复密檄府君往侦之。府君深悉愚民无反意，恐兵至则激而负固，死亡必多，因请张公驻兵临清，单骑前往。至则乡民皆曰，陶州主来，吾属无虑矣。开门争迎。府君乃谕以利害，剀切数千言，乡民咸感泣曰："公活我，敢不惟公命。"遂弃械纳官。别择地为教士讲诵所，于是民教无违言。张公据情禀大府署，其牍尾有"陶牧不避危险，身入重地，解散胁从，消患未萌。实属胆识兼优，不分畛域，力顾大局"等语。是年冬，密折"奏保奉朱批交军机处存记，钦此。"先是壬辰大计又举卓异，复以历次催趱漕运出力，累保免补知府以道员用，并俟归道员后加布政使衔。甲午夏，调取引见，奉旨"着回任，准其于知县知州及本任内每次卓异加一级，仍注册候升，钦此。"复以道员引见，奉旨"着照例用，钦此。"旋仍回本任。

乙未六月，海城李中丞秉衡以经理关务未能核实，奏劾以通判降补临清。钞关向由巡抚监督而委知州管理，旧例正税万两收倾费千两，以资公用。然累年额税多不足，经征者每以此镌级。府君察其弊在司事，捐倾费，厚给薪水，以养其廉而激励之。人遂争自濯磨，宿弊一清，仍以倾费之余者归之公。故府君任临七年，所徼溢于常额者七万余两，户部奏奖积加十五级，纪录五次。其时有以酌提临关浮费请者，李公檄提之，府君辩其无，以是拂李公意。一分石耗者，每麦一石收耗一分，自设关以来即有之，为东省例贡经费，关吏主其出纳盈绌，官不与闻。李公谓此宜归公，不得借办贡之名饱吏胥囊橐，借是诘责。而府君遂以未能核实左迁。府君固坦然也，尝谓不孝等曰："吾服官三十余年，兢兢罔敢懈。乃以是谓失察，关吏降官，勉哉牧令之不易为也。衾影无惭，身心俱泰，功名身外物何足论哉！"去官之日，百姓攀辕卧辙，涕泣相送者千百人，至渡黄河始挥泪而散。府君虽历任名区，而盟心冰雪言不及私，故里门未置寸土，未覆一椽。时不孝湘镕本生父犹任淳安，府君拟徙家于淳，借以怡情手足。

乃丙申夏，先伯母金夫人卒，未一月，而淳安公耗至。府君伤骨肉之摧残，居恒郁郁不已，食指繁多，家计益困。戊戌春，不孝湘以知府指省浙江，不孝镕以知州投供候选，冀分家累。乃未数月，不孝湘镕本生母周夫人又卒。遭家多故，府君伤感难胜。时中表庄耀甫洪烈令寿，张方星聚奎补沂水令，均受府君提挈以至斯者，而耀甫自幼至长受恩最重，谂府君清况，遣丁迎养于任所，情词恳切。府君遂买棹东行，至袁浦，得邸抄，府君已为南海张侍郎荫桓奏保，奉旨"交山东巡抚归河工差遣委用。"盖张侍郎曾以县佐至山东，历官观察，夙悉府君政迹也，以朝廷诏举贤才，故有是荐。府君喟然曰：

“予自解组归田，优游泉石以养余年，近年手足凋零，中怀戚戚，不得已而就养于甥，又何意于仕进乎？”会合肥李文忠公鸿章、宜兴任总河道镕衔命查勘河道，府君曾在淮军受文忠公知任，公昔抚东省，均谂府君熟悉河务，驰书相招，檄勘下游堤岸。

已亥春差竣，府君遂领咨赴部谒选。时不孝湘以降服阕报部赴浙，不孝镕选云南邓川州知州，均随侍在都云南，关山间阻，不克迎养。不孝镕不忍远离，拟改就近省，府君谆谕曰：“汝等居官勤慎即为孝，奚事朝夕侍奉哉？”不孝等因请府君捐归近省，选湖南宝庆府通判照例开缺，归近省即用，复选安徽池州府通判。时部议昭信股票银两，准照海防例给奖。府君夙昔报效股票适与道员银数符，遂呈请开缺，以道员指省山东。先是拳匪肇乱，府君请假回东，至是即以道员请咨引见，于九月初八日由济南北上。不孝思澄随侍，初十日至德州，犹手谕不孝湘千余言。道出天津，步行三里许，登火车，未尝言倦。十八日抵京，亲朋酬酢，欢若生平。二十四日赴部验到，二十五日晨起饮食如常，巳刻犹手译济南电函，午刻赴黄慎之读学饮。不孝思澄侍，谈笑自若，未刻就座，觉右手足不仁。登车回寓，申刻觉力疲就寝，至酉刻忽痰壅作声。不孝思澄与家人惊唤，见府君口闭目定，痰壅不言，手足不能转动，急求医，至以中风法治之，而药已不能下咽，竟于九月二十五日亥时弃养京寓。呜呼痛哉！

不孝湘于二十四日在杭州得府君途次手谕曰：“我年逾花甲，虽以道员晋引，雅不欲再事驱驰。汝等年力方强，正图报之日。我此后颇思优游于六桥三竺间，未知能如愿否也。”不谓墨迹未干，竟弃不孝等而长逝耶。呜呼痛哉！

伏念府君以军功起家，服官齐鲁，历任烦剧垂四十年，凡所谓培士类、劝农桑、抚字催科、御灾捍患，莫不殚精竭诚，惟日孜孜，犹恐不足。尝忆在临清州任被议时，卸篆有期，代者未至，蝗蝻为患，府君督役捕扑，昼夜不息，并设局四乡购买蝻子。或有劝府君稍休者，府君曰：“一日为官即一日为民，如俟继者至，而蝗蝻蔓延，蚀禾且尽，其如民命何？”临民闻之皆泣下，立祠以祀，至今勿衰，殆德泽之感人深也。

府君长厚，宅心和平，应世复轻财好施，与人以急。干者无不与亦无不厚，是以客益多而施益盛。尤善处人骨肉间，与父言慈，与子言孝，与朋友言信，故闻之而感激励行者众。交游戚族中如壮无室，贫无养，丧无资，病无药，读无膏火者，府君悉赡助之，务如其愿。府君天性尤厚，先大父母未逮养霜露之际，辄涕泣惨然。先伯父殁于瑞安任所，先伯母金夫人仅一女，府君以不孝长兄泗为嗣，迎养金夫人于署，与先本生父淳安公友爱尤笃。女昆季六人，长适庄，次适封，三适吴，四适方，五六均适孙，而庄、封、方三姑母皆早寡，孀稚均仰赡于任所。幼受傅训，长谋婚嫁，又复量才为之纳官，务使自立，是以一生游宦而环堵萧然。府君幼受外王父宣之庄公提挈，每念不忘，后更迎外王父母养于署，笃敬弥至，曲尽舅甥之谊，赎产举殡，悉自任之。不孝母庄夫人自癸亥于归府君，相敬如宾，门内肃然无闲言。己卯，不孝长兄泗病卒，府君哭之恸。先本生父淳安公欲慰兄嫂心，以不孝湘、镕为嗣，时湘止十岁而镕犹襁褓也。庄夫人犹恐府君过恸，为纳侧室，即不孝思澄、淦、沅生母也。不孝等有小过，府君常置不问，有大过，谴责不稍贷，移时必温谕释之，使悔乃止。不孝等兄弟固多，而穉幼过半，虽粗识文字，习为帖括，然皆未获科目以资起家。不孝湘则办路经年，不孝镕则羁官万里，未慰显扬之望，更虞甘旨之亏，然府君绝不以世俗荣利责之，惟以仁恕待人，实事求是，为立身治心之要，诲导之不足复警戒之。虽家书往还，岁必再三言。不孝等咸以府君静摄澄心，必臻大耋，岂料世途脱屣，竟无疾而长逝乎。爱日不留，升号无自，昊天罔极，抱恨无穷。呜呼痛哉！何祸之裂且骤乎。

府君生于道光十八年闰四月初五日未时，卒于光绪二十七年九月二十五日亥时，享寿六十有四。配吾母氏庄，同里二品封典侯选同知诰公女，生于道光十九年十一月二十一日丑时，卒于光绪二十九年十一月二十八日戌时，享寿六十有五。侧室氏孙，天津县人，光绪二十年覃恩府君应得二品封典呈请貤封曾祖父母。男六人，长泗，太学生，候选郎中，嗣先伯父瑞安公，聘武进李氏前山东东昌府知府翼清公女，均早卒，以淳安公长孙祖光为嗣。次不孝湘，附贡生，二品衔，直隶候补道，娶同里恽氏记名御史安徽候补知府宝桢公女。三不孝镕，太学生，三品衔，在任候补直隶州云南邓川州知州，娶宛平李氏，山东恩县知县维諴公女。四不孝思澄，太学生，两淮候补盐运判，娶同里张氏，浙江候补同知肇纶公女。五不孝淦，太学生，聘同里吕氏，四品衔分部侯补郎中懋官公女。六不孝沅，太学生，聘江宁黄氏翰林院侍读学士思永公女。女七人，长殇。次适大兴祝候选州同华麟次子，外务部主事惺元。三适武进李即翼清公子，国子监典籍宝猷。四字武进程山东淄川县知县潍生公子祖绶。五字大兴恽内阁中书毓巽公子宝骏，早卒。六字宛平李即维諴诉公三子德基。七殇。孙男七人，祖椿、祖棠、祖松、祖桐、祖模均不孝湘出，祖寅不孝镕出，祖昌不孝思澄出。女孙五人，长殇，次、五均不孝湘出，三、四不孝镕出，均未字。兹择于光绪三十一年十二月十九日，谨奉灵柩与显妣庄夫人合葬于阳湖县定东乡马家村祖茔，东首昭穴，乙山辛向。

呜呼痛哉！府君瑰奇大节，渊微细行，未易悉数，不孝等又复荒腆，不能发扬府君万一。谨就见间所及，辍辑厓略，惟祈名公巨卿俯赐采录，宠加铭诔，则不孝等私心窃冀，而先世亦嘉赖之以垂不朽矣。死生幸甚！敬沥血以请。

光绪三十一年十二月，男湘、镕、思澄、淦、沅谨述

赐进士出身诰授资政大夫、兵部侍郎、都察院右副都御史、河南巡抚兼提督，姻愚侄张人骏顿首拜填讳

铨生公墓志铭

君既卒之三年，夫人庄氏卒。其明年，将合葬于阳湖县定东乡马家村，其子湘以状来督铭。时昭常客京师，以将铭陶君之墓告恽编修毓嘉，毓嘉曰："是吾志也。吾与君交最久，知最审，君宽仁有大度，性和平，与物无忤，人事应接一依于厚，施予无所吝。或以急难告则迫切如身受，必解脱之而后已。处疑难必察其情，施之政事，无不皆然。去官以来，恒以未报称为憾，行将复起而奄忽以逝，可悲也。今以谂子，庶知所以铭君者。"昭常敬诺，乃叙而铭之。

君讳锡祺，字铨生，号晋祉。其先自明福建邵武府知府讳人群者，始由溧阳迁常州武进，后析置阳湖县，遂为阳湖人。曾祖讳梦麒，太学生，妣储、谢。祖讳登瀛，嘉庆戊午举人，安徽天长县知县，妣周。考讳世赞，候选州同，妣庄、张。三世皆以君官赠资政大夫，妣赠夫人。

君少以军功起家，历佐戎幕，累保至知县，升用同知直隶州加知府衔，赏戴花翎，随带加三级。历任山东莱芜阳谷等县知县，权峄县、恩县、泰安、历城、即墨等县知县。擢胶州知州、临清直隶州知州，兼理临清钞关。五举卓异，保荐人才，奉旨交军机处存记，又以治河功保知府加盐运使衔，晋道员加二品衔。甲午以道员引见，奉旨照例用仍回本任。乙未因临清关务被议，以通判降补。己亥选湖南宝庆府通判，遵例捐指近省，改选安徽池州府通判。旋以昭信票核奖应得道员，遂请开缺，以道员引见。未及期，卒于京邸，年六十有四，时光绪二十七年九月二十五日也。

其在军也，善辑和将士，虑事必周以详。张忠武公顿军江左资粮匮乏，奸民降匪环伺肘腋，君密陈解散策。忠武公然之而不果行，遂有庚申之溃。陈镇军国瑞治军尚严，果于杀戮，多冤死，君常诤脱之。郭镇军宝昌与捻首张总愚遇于封邱，夜劫贼垒，身受七创，督师左文襄公严词诘责，合军惶骇。君奋然谒文襄于潼关，具道郭忠勇敢战状，文襄意释。其吏治也务爱民，措事尤明决。

任莱芜时，泰武二郡饥，小民多乞籴于富室，奸人倡言均粮，煽召徒众，强贷米谷，不逞则缚其人，火其居，各色蠢动。莱邑吴兰龙尤桀黠，得米易油

酒,夜麇社庙中,意叵测,邑人凶惧。君督吏役夜擒吴兰龙置之狱,翌日械示于众,诸效尤者皆戢。因劝富室出粟赡贫乏,民情大和,更责以守望相助之义,邻匪无缘得入,户口亦免逃亡。巡抚丁文诚公闻之叹曰,陶令真循吏也。檄他属仿行之。

临清故多西洋教堂,奸民窟其中,恃教抗官。府君与教士约曰,中国民人自有中国法度,讼狱无关教事不得与,有不便尔教者面言之,毋令译者因缘为奸。教士如约,奸民计沮,终君之任无教案。冠县有黎园屯者,虽非临属,而距临止数十里,民教大哄,教士诣大府请兵。既许之矣,复檄君密察,君知愚民无反意,恐兵至则激为变,徒多死亡,乃止大兵临清,单骑往谕之。众感泣曰,陶州主来,吾属无虑矣。事遂解。

所至凡农田、水利、书院、义塾、保甲,无不毕举。在阳谷浚陶城埠支渠,调官夫而给民值,且悬重赏,不匝月而渠成。在临清修卫河堤岸,拓漕运塘河,前后捐资以巨万计,未尝少惜。又复导坡水,涸出良田百余顷,今民名其堤曰"陶公堤",坡曰"陶公坡"。其勤恤民隐如此。

故事临清关征税银万两,收倾费银千两,然吏役恣为奸利,正额常不足,君始提倾费充吏役口俸,而严绝其弊,以是正额常赢。时议酌提各关浮费,大府诘之,君以实对,大府意沮。一分石耗者,每麦一石收耗银一分,自设关即有之,为年例进贡费,关吏主出纳,官不与闻,大府谓此宜归公,不能借名贡费饱吏胥囊橐。遂以失察左迁。受代前一日,犹赴乡捕蝗,或劝止之,君曰:"是吾职也。蝗一日蚀禾当几许,俟代者至,禾且尽矣。"临民闻之无不泣下。

呜呼!君居官三十余年,历九州县,所在称治,才望冠一时。大府皆倚以为重,殆无不曰陶君贤者。及去官,家无余资。虽当时亦已信其生平矣,而乃以数百年之积弊为人任过,惜哉。年来治道益刓敝,争以智巧罔上,以苟取名若利,求尽心民事如君者,殆不易数数觏。而彼皆得长保宠禄以驯至大位,君乃兢兢于治,又卑以自牧,未尝敢以一毫意气凌轹其侪辈与夫历事之长官,而犹然遭此蹉跌,此又何说哉?

君事亲极孝,尤善处骨肉间。亲族孤寒无依者必饮食教诲之,以至于成立凡十余人。配庄,诰封夫人,性俭约,事姑孝,事夫敬,施予皆称君之志,训家人以礼法,以光绪二十九年十一月二十八日卒。有丈夫子六,长泗,候选郎中,早卒。次湘,附贡生,三品衔直隶候补道。次镕,四品衔,云南邓川州知州。次思澄,两淮盐运判。次淦,议叙盐大使。次沅,分省府经历。女子子六,孙五。

铭曰:圣复道夷兮民偷以漓,凉哉诡随兮厥衷险巇,呜呼!君乎敦古如斯兮，宜莫之疵，吏道荼衰兮，民何依？君独励勤兮犹可以持，欻焉中蹶兮屯其施。呜呼！君乎松楸翳翳兮归其居，千秋伉俪兮，永宅于兹。窆石幽墟兮，我铭以贞之。

光绪三十年岁次甲辰十二月，举人拣选知县，愚侄孟昭常撰文
翰林院编修国史馆总纂姻，愚弟恽毓嘉书丹
翰林院编修国史馆协修，表弟汪洵篆盖

铨生公传

光绪二十有七年秋九月，吾老友陶君铨生，以暴疾卒于京。越数年，其孤湘治族谱既葳事，以其父与其本生父晋甫君行谊具在，不可以无传也，丐于余。余谓私传非古也，抑有说焉。唐时凡入史馆者必令作循吏传，一所以觇史才。今史馆循吏传，非事实见章疏者勿得载，谓以避党仇毁誉之嫌，而循吏湮没不传之事实，遂不可以更仆数。然则私传安可废乎？乃徇其孤之请而为之传。

君姓陶氏，名锡祺，字铨生，号晋祉，江苏阳湖人，系出汉季溧阳侯。明万历癸卯进士福建邵武府知府名人群者，君四十七世祖也，由溧迁常是为迁常始祖。五传至邑庠生洪，为君高祖。曾祖梦麒，太学生。祖登瀛，嘉庆戊午科举人，安徽天长县知县。父世赞，太学生，候选州同。三世皆以君官赠二品，妣皆赠夫人。州同君生子三，长锡蕃，浙江瑞安县知县。三恩泽，兼袭云骑尉，浙江淳安县知县。君其次也。

君性伉爽，有大志。咸丰初发逆陷金陵，君应张忠武公国樑召，随克九洑洲，保巡检蓝翎六品衔。庚申丁父忧，服阕，遵例以县丞指山东受知于前帮办军务。陈公国瑞充文案，兼领昌平营。陈公勇毅果戮，君时出一言脱人死。癸亥夏，峄县张令为叛役所戕，巡抚阎文介公敬铭以君能，命摄峄县事。君莅任立擒叛役，沥心祭张，令恤其家，而陈公军粮之驻峄者亦帖然焉。不三月邑大治。会甘肃回匪方炽，东省协饷以道梗莫敢行，文介公檄君往，卒抵兰州。总督杨勇悫公岳斌揖君曰："饷员鲜有安全至此者，君可谓一身都是胆矣。"因请留甘，君以亲老辞。

乙丑，总兵郭公宝昌援陕，夙知君，委以军事，随克兴平临平等处贼圩，保知县加五品衔。丙寅夏，郭公与捻逆张总愚遇于商邱，夜劫其垒受重创，请以弟运昌代统其军。督师左文襄公宗棠严词诘责，君乃毅然入谒述镇军效忠之烈，受创之深，侃侃无忤色。文襄公意解，允其代统之请，郭公感君益深，而文襄公亦由是器君焉。丁卯剿同州朝邑匪，克复绥德州城。戊辰防剿直隶河北回捻，先后由文襄公保知府衔同知直隶州，用留东以知县遇缺即

补，并换戴花翎，随带加五级。君之归自甘肃也，兄瑞安君方受事迎母养于任，至是瑞安君卒，乃固请郭公离营奉母归里。旋以知县需次山东。庚午丁母忧，服阕，补莱芜县。

丁丑，泰武二郡饥奸民以均粮为名，率众强借，各邑闻风蠢起，莱邑吴兰龙者尤不逞。君谓首祸宜严惩，穷黎宜解散，已起者宜遏其锋，未起者宜善其后。于是率捕夜擒吴兰龙置于狱，劝本村富户养本村贫民，昼巡夜析，民免逃亡。巡抚丁文诚公宝桢善其法，檄各属仿行之，有“陶令不愧真循吏”之语，举卓异。

戊寅，调署恩县，庚辰调阳谷县。县滨河，为粮艘往来冲要。知东昌府事程公绳武以运道不畅，在陶城埠别立口门，挑挖成渠，引至阿城入运。埠为聊阳交辖，长官虑累民，檄各属给价募夫。君虑缓不济急，仍调官夫而发民价，不日渠成。程公曰，陶城埠非陶公不成也。再举卓异，引见加一级回任候升。

壬午调泰安县，河决桃园，征办秸料，民苦例价，运费亦无出。君悉捐廉足之，民乃输将恐后，料最先到。保归知府后加盐运使衔。癸未调署历城县。黄河频岁为患，朝命游侍郎百川查勘，或谓守大堤，或谓守民堰。君谓二者不可偏废，盖恃堰内之民以守堤，则身家所系其防护必力，而悉官家之力以防堤，虽堰决而堤不溃，则河患亦轻。游公深韪之。议未定，而河复决。历境灾尤重，君议赈议抚，库帑苦不给，以工代之，民各安堵。三举卓异。甲申调即墨县，旋升胶州知州。丙戌四举卓异。

戊子升临清直隶州知州。临俗征漕多蒂欠，名为滥漕。君谂其弊在吏胥，严惩之，弊遂绝。剧盗卢池者积年稽捕，君示以恩信，许以不死，遂乐为用，而盗魁张五、王义等以次就戮。临滨卫河，又为北运河尾闾，卫低于运，有二石闸蓄水为塘河。粮艘至必卫涨乃启闸，不启则运溢为灾，启则一泄无余，舟胶于岸。君乃拓塘河十五里，浚浅阻，筑土坝，立涵洞以通之，遂无搁浅旁溢之患。卫河又名漳河，古逆河也，堤久失修。君捐廉募资筑矶头，以杀其流，培堤身以止其决，沿河州县悉免水患，士民名其堤曰“陶公堤”。城北有洼地周十余里，积水经年不涸，君开渠引之入卫，得良田百余顷，士民名其地曰“陶公坡”。

临属多教堂，奸民恃教为患，君与教士约，凡讼狱无关教事不得预，其害教者面言之，无令译者缘为奸。教士允如约。有黎园屯者因争庙地，民教大哄，教士诣大府请兵，大府檄济东道张公上达督兵进剿，而密檄君往侦之。君知民无反意，虑兵至则激而负固，死亡必多，乃先单骑往。民争迎曰，陶州主来，吾属无患矣。君谕以利害，民感泣，弃械纳官，别择地为教士讲诵所。

张公言于大府,密保交军机处存记。壬辰五举卓异。先是以历次催趱漕运出力,保俟补知府,后以道员用并俟归道员后加二品衔。

甲午奉文调引奉旨回任,准于知县知州及本任内每次卓异加一级,仍注册候升,复以道员引见。奉旨照例用还东后,奉檄回任临清。钞关向由巡抚监督而委知州管理,旧例正税万两收倾费千两以资公用,然累年额税多不足,经征者每坐是镌级。君以弊在司事,捐倾费,厚给薪水以激励之,人遂争自濯磨,宿弊一清,仍以倾费之余者归之。公任临七年所缴溢于常额七万余两,户部奏奖,积加十五级,纪录五次。时有以酌提临关浮费请者,巡抚李公秉衡檄提之,君辩其无,拂李公意。一分石耗者每麦一石收耗一分,自设关以来即有之,为东省例贡经费,关吏主其出纳盈绌,官不与闻。李公谓此宜归公,不得借办贡之名饱吏胥囊橐。

乙未六月,遂以经理关务未能核实奏,以通判降补。去官之日,百姓攀辕卧辙,涕泣相随者以万数。时君弟晋甫方任淳安君,以手足契阔将赴之。未几淳安君耗至,君既解组,又辄遘令原之难,恒郁郁不自得于斯时也。朝廷侧席求贤,方有诏举人才之命。张侍郎荫桓举君以闻,奉旨交山东巡抚归河工差遣委用。己亥选湖南宝庆府通判,以捐近改选安徽池州府通判。君曾报效昭信股票应奖道员,乃请开缺,以道员指山东。

辛丑九月入都二十五日,忽得暴疾,遽于亥时卒于旅舍,寿六十有四,生于道光十八年闰四月初五日未时。配庄夫人,侧室孙氏。丈夫子六。长泗,太学生,候选郎中,嗣其兄瑞安君,早卒。次湘,附贡生,花翎二品衔,直隶补用道京汉铁路行车副监督。三镕,太学生,四品衔,前任云南邓川州知州,今改山东候补直隶州知州,署理兰山县知县。四思澄,太学生,四品衔,两淮候补盐运判,署理通州盐运判。五淦,太学生。六沅,太学生。女子七。其次子湘为余族侄婿,其第五女又为余侄宝骏妇也。孙十。

恽毓嘉曰,余少君二十岁。君归田后会余居父丧,朝夕晋接,交相引重。迨余服阕还京朝从事史馆时,君已捐馆舍。余每纂一循吏传,辄往复卷念,谓循吏如君者又何愧焉?

综君生平自蚤岁投笔以迄累任剧邑,罔不以实心行实事,君自谓衾影无惭,身心俱泰,岂夸言哉?岂夸言哉!乃其见知也以此,去官也亦以此。呜呼!宦海莫测固如是哉。传曰,明德之后必有达人。盖不于其身者,必于其后也。君之孤湘及湘之兄若弟,恂恂济美,见称于时。呜呼!君可谓有子矣。

赐进士出身中宪大夫花翎,福建延平府知府,
前翰林院编修国史馆提调,同里恽毓嘉谨撰

光绪重修临清直隶州志稿职官传

陶锡祺，字铨生，江苏阳湖人。

戊子由胶州擢任，首革滥漕之弊，士民乐输。募勇训练，奸盗敛迹，捕获剧盗卢池、盗魁张五、王义等，大吏倚重，以固西鄙。平时尤加意学校，扩充书院规模，捐俸储书籍，优膏火，多士彬彬焉。筑堤捍水，填淤种桑，水溢旱干不为灾。州境为漕艘入卫枢纽，锡麒相视形势，拓塘河，筑土坝，蓄泄得时。州境多洋人教堂，锡祺与教士约，终任相安，无民教案。邻境冠县民教以争地哄，教士愬诸省，首道拥兵至，锡祺单骑力阻，而自请侦之。民皆曰，陶州主来，吾属得生矣。谕之皆解。

乙未新抚李公至，有谗之者，被劾左迁。候代未行，蝗蝻大起，仍购捕不遗余力。去之日，绅民随而送者数千人，及河始返。立生祠以祀，至今不衰。

临清州陶公祠碑记

古无循吏而私祀者。《祭法》云，能御大灾则祀之，能捍大患则祀之，有功德于民者则祀之。班孟坚作《循吏传》曰："所居民富，所去民思。生有荣号，殁见奉祀。"列循吏六人，而民祀者二，官祀者一，其遗爱碑记之始乎？

戊子之夏，铨生陶公来牧临清，是时距甲寅之变三十余年矣，疮痍未复，百废待兴。寒畯之谫陋，鼓箧之未专也，田畴之荒芜，秉耒之乏术也。萑苻之未靖，民教之未和，流亡夭札之未安绥也。堤堰之未修，征收之未清蒂欠也。水利蓄泄之不时，未获益于田间也。

公自下车之后，延访利弊。首崇学校，捐书院千金，优课士膏火，广储书籍，增置经古，添设义塾十余处，由是少年鲜佻达之风，多士获登进之效。次课农桑，筑障河堤，首捐俸钱五千缗，开城北渠，涸出良田百余顷，屹者以固，坳者以平，旱潦有备，士人均以公之姓名之若郑国渠、苏公堤云。马害鸱张，昔人所恶，剧盗张五、王义辈积年稽捕，公搜擒戮于市，盗悉屏迹。街设木栅曰闾，日闬宅里表，而保甲易清，公饬里胥整饬之，所以防盗者益严。

州境教堂林立，奸民恃为护符，公与教士约，奸民不得逞。黎园屯者距城数十里，为东昌属冠县所辖，因争庙地，民教大哄。临境小芦村与毗连，教民惧祸，相率有戒心，上宪檄道员督兵往，将加痛剿焉。公密禀上宪，请往谕可释，不烦兵力。旋得檄，公只身诣其地，乡民皆曰，陶州主来，吾属无虑矣。争开门迎，公谕以利害，剀切数千言，乡民咸感泣曰，公活我，敢不惟公命。隙遂释。当时人心汹汹，强兵压境，使公稍畏葸犹豫，阖村生灵将涂锋刃。然则公之造福于我临者，岂浅鲜哉？

运河入卫，向有搁浅旁溢之患，公相视形势，拓塘河十五里，浚挑堵筑，设涵洞以通之，运舟顺轨。州有滥漕，名奸胥蠹，役滋为弊，牢固不可拔。公严惩胥役，弊革而民皆乐从。至于栖流保赤，则尤仁心仁政所涵濡。

冬月设粥厂，邻境就食，贫民常至数万。小儿出痘症最险危，公设牛痘局，延医预种，遂其生，保其类，熙熙若春风之煦物，发育条达之机，油然而未有已也。公前后绾篆八年于兹，有西汉久任之效，小民沐浴教化久而不忘，乃公之于民，亦若慈母之哺子，唯恐伤之。

乙未以忤上官左迁，候代未行，适州境蝗蝻起，公犹督役捕，扑继日夜。或曰盍少休，公曰一日在官，即一日为民，敢膜视哉？嗟乎！公之惠我临民者至矣。公解组，临民随至黄河岸者数万人，挥涕而返，后相率诣大府吁留，不得请。于是归而醵金，立生祠于卫河西浒，嘱东瀛记其事。东瀛州人也，知公事甚悉，感公德甚深，乌得辞？为书公之遗爱在民荦荦大者数事而未尽也。临之人岁时展拜，庶几覩此文而有所感发兴起焉。公名锡祺，阳湖人。

赐进士出身江苏宝山县邑人张东瀛撰文

邑人冀、汉书丹

光绪二十一年十月，阖邑绅民公建

山东巡抚福润奏保人才片

再密陈者。奴才仰承天恩不次之擢，宠荣逾分，十余年来阅历时事，证以史籍，窃谓行政之要首在得人，而人臣之报称尤以荐才为先。奴才愧无知人之明，但就平日留心访察，信之甚深者，谨为皇上陈之。

查山东兖州镇总兵田恩来，忠勇诚笃，谋略兼优，办事能知大体。又沂州府知府锡恩，老成端谨，治事精严，守沂十六年，地方利弊颇有兴除。曹州府知府毓贤，勤政爱民，深知武略，缉捕尤为得力。临清直隶州知州陶锡祺，清慎勤明，讲求吏治，历任繁剧，民情爱戴，办理民教各案，均得其平。以上四员，奴才相处最久，相知最深，洵为有用之材。合无仰恳天恩，将田恩来、锡恩、毓贤、陶锡祺俯准存记。出自圣主逾格鸿慈，理合附片密陈，伏乞圣鉴训示，谨奏。

光绪十八年十二月十五日奏。十九年正月初二日奉朱批：田恩来等，均着交军机处存记，钦此。

祭铨生公文

维光绪二十有七年岁次辛丑，十月癸亥朔，越十有四日丙子。世愚弟陆润庠，姻世如弟陈名侃，姻愚弟黄思永，姻愚侄张人骏，世愚侄徐仁镜、董康、屠寄等，谨以清酌素羞，致祭于诰授资政大夫二品衔，山东候补道铨生先生之灵曰：呜呼！先生闿泽，遍溉梓桑，先生伟绩，震炫东邦。先生德曜，忽殒京闉，天胡不吊，夺我乡望。遥溯华胄，侯封溧阳。幼怀雄略，兼涉词章。参军记室，投笔戎行。起家牧令，驭短才长。八膺烦剧，誉噪循良。次公剖决，召父慈祥。袁安冬日，陈宝严霜。犊佩俗革，虎渡远飏。治谱成集，口碑齐疆。妇孺沦浃，耳熟能详。报最积五，治行无双。超擢监司，诣阙觐光。帝心借寇，清源返装。命宫磨蝎，坎坷生殃。敝屣丞倅，言旋江乡。如食日月，光岂韬藏。重臣刮目，交进剡章。东山再起，瓠子宣房。振饥防海，慨馈糗粮。论功给奖，劳勚用偿。监司再擢，休命对扬。庶展骥德，皇路腾骧。大部谒选，忽遘膏肓。宾朋惊悼，戚族摧伤。先生忠悃，欲竟未遑。先生善行，历久弥彰。期功强近，待举婚丧。孑茕无告，焚券解囊。人琴淹忽，泡影仓皇。斯理沈冥，上叩昊苍。昊苍昭鉴，厥后克昌。先生之寿，鹤发未黄。先生之嗣，雏凤声锵。润庠等，闻耗悸恸，执绋趋跄。征铭题诔，愧鲜缥缃。生刍一束，清酒一觞。临风轸素，延伫虚堂。哀哉！尚飨。

祭铨生公配庄夫人文

维光绪三十年三月庚辰朔，越十日己丑。侍生刘翊宸，姻世侍生盛宣怀、恽彦彬、恽祖祁、冯光遹，表侍生汪洵，表侄吕景端，世愚侄孟昭常等，谨以清酌庶羞，致祭于诰封夫人陶母庄夫人之灵曰：呜呼！横山盘盘，负阻而遥。有黻与佩，仪型式昭。观察徂矣，溥露晞晁，寔惟夫人，厥声独姚。如何媥躔，复沦以弢，赴人旁皇，闻焉泗咷。祁祁夫人，玉昭齵齿。有踪有容，善事夫子。蛔没蘩藻，绸缪湘锜。投温承愉，佐馂赞喜。筑里翼翼，如羽谐征。元二菑年，交衡欃枪。东南名城，窟其封狼。故家播迁，蒴焉弗康。夫子觥觥，于役济阳。汽乎摄令，爰徂大邦。罄室百捐，行间恇儴。寔维夫人，是饬是将，有置无颇，未匮先防。胡琐胡洪，毋庳毋亢。夫子晋秩，胶西倭迟。缇轼曲翳，清泉之麋。实维夫人，内政是毗，或剂其娆，或植其羸。曾不十暑，归桡载驰。穷阎嫠孤，如雏夺慈。硕人不育，所子承娱。检诲覆翼，心荞手荼。亶督其成，而忘其劬。侧生惟荔，实诞繁珠。崭崭头角，摄鞠无殊。樛木之德，耿彼大都。繄湛于宋，逞籍所揄。寔维夫人，颉颃闺誉。中世以还，古处澌漓。纩枭壶飧，亦靳于施。寔维夫人，蹈义如饴。人未及寒，我被之绨，人未及馁，我餔之糜。食其惠者，父媓母姼。猗矣夫人，坤垕侔德。成寿者相，谓可颐耋。穹颢靡谌，坐令奄忽。猒弃人世，若履斯脱。哀哀纯孝，毁不胜瘠。姻郦沱悼，侮甬摽辟。青城邈绵，琳宫豁瘳。金仙瑶妃，排云下招。寔维夫人，骖鸾游敖。祇树旃林，迦叶贝多。具定功德，人天刹那。寔维夫人，证自修罗，佳城郁葱，虞謌倬偟。清芬永閟，修冥不旸。璚芝为羞，精檿为粻。佖謦远闻，灵兮倘佯。尚飨！

诰赠荣禄大夫铨生公像(一)

诰赠荣禄大夫铨生公像(二)

诰赠一品夫人庄夫人像

诰赠一品太夫人孙夫人像

晋甫公行述

呜呼痛哉！天何夺我府君之速也。以府君神明强固，宅心醰粹，宜可以膺介福、享遐龄，而乃一官鞅掌，未竟所施，年仅逾艾，竟不能稍延爱日，以大庇不孝等。呜呼痛哉！此皆不孝等制行无伏，罹此鞠凶，祸不于其身而延于其所怙，椎心泣血，百死莫赎。日月奄忽，倏逾小祥，追念府君生平治绩行谊，皆可以为子孙法守，若不及今诠次，恐历时弥久，寖至失坠，则不孝等负罪滋重。用敢忍死濡毫，谨就见闻记忆所逮，勉述厓略，以谂当代立言之君子。

府君姓陶氏，讳恩泽，初名锡恩，字晋甫，又字蓉生，江苏阳湖县人也。曾祖讳梦麒，绩学未显，好施予，乡里称善人。祖讳凌霄，本生祖讳登瀛，嘉庆戊午科举人，安徽天长泾县知县，有政绩。考讳世绵，候选从九品，殉庚申之难，恤云骑尉世职，入祀昭忠祠。本生考讳世赞，候选州同。三世皆累赠资政大夫。曾祖妣氏储、氏谢，祖妣氏朱，本生祖妣氏周，妣氏汪，本生妣氏庄、氏张，皆赠夫人。本生先王父有子三人，长伯父讳锡蕃，浙江瑞安县知县。次伯父名锡祺，二品衔补用道前山东临清直隶州知州。府君其季也，以男女兄弟行故次伯父行第六，府君行第七。府君生秉至性，伉爽有气节，好读书，不屑屑为章句。

咸丰十年，粤匪南窜，苏常连陷。时先大伯父以知县典军糈于兖州，府君与六伯父奉本生先继祖妣张太夫人避难，北迈间关数千里，屡濒于危。事定，先大伯父改官浙江，六伯父筮仕山左。府君侍张太夫人旋里，规画家政，条理粗具，黾勉色养，人无间言。

同治三年，纳赀为县尉，分发浙江署归安县县丞。六年，先大伯父殁于瑞安任所，府君奉嫂归榇于家，经纪丧事，靡不尽礼，宗党称其悌。七年，补授慈溪县典史。慈溪故多豪右，素慢易尉，府君峻拒干谒，矜恤狱囚，抑桀扶尪，人皆敬惮。九年，丁张太夫人忧，星夜奔丧，哀毁逾礼。服阕后于光绪三年补授德清县典史。到官未数月，而六伯父由山东莱芜调任恩县，招府君襄理鹾务，遂去官赴之。府君笃内行于六伯父，友恭尤挚，至是怡怡一堂，雅不欲趋荣利，而六伯父以府君有吏才，不宜久沦末秩，敦迫府君援例晋知县，仍分发浙江，时光绪五年也。臬司为孙公家穀，稔知府君能委谳局发审，不数月断狱数十。有金华府浦江县民妇勒杀亲夫案，诈称自缢，屡定屡翻，京控十数年不决。府君据尸格手散、绳痕交，断为被勒无疑义，悉心推鞫，竭两昼夜，尽得其实，遂成信谳。由是以折狱著。有巨盗某积案累累，前杭州守吴公世荣缉拏久不获，檄府君密访。府君设间，昏夜诇其处，出不意获之及其党数人，闾阎以谧。

光绪九年，嘉兴府土客争垦，杀伤数十百人，抚军刘公秉璋檄府君清丈客田。人多以客民气势汹悍，不受制，为府君危。府君毅然请行，与東公允泰、恩公裕、但公懋祺分赴各县。府君以嘉兴、嘉善二县自任，凡诸规昼皆府君主之，手定章程十余条，周视乡村，躬亲履勘，吏胥不能欺，得已熟未报之田数万亩，详编保甲，土客自是相安。刘公嘉之，委办海昌兼长安厘局，体恤商艰，杜绝中饱，旋调常山厘局。常山为豫闽入浙冲道，支路多而偷漏易，府君开诚布公，商民相戒，无绕越。向例黄笺纸税则綦重，几与本值埒。府君悉其困，为请于上，减税之半，商民大悦，乐出其途。明年冬交卸回省。又明年委办金、衢、严三府、河南赈捐。府君亲赴各县劝集，得数万金，前后叙劳，奖花翎四品衔，奏保补缺后以同知补用。

十四年十月，补授严州府淳安县知县，十五年正月莅任。淳邑当皖浙之冲，发逆蹂躏，疮痍未复。府君甫下车，即以劝农桑，招客垦，兴水利为务。下乡辄屏舆从，延父老存问疾苦，广为劝导，民皆悦服。十六年春雨雹为灾，府君周历村社，手具簿籍，报请赈贷，全济甚多。治尚慈惠，善摘发钩距，中民之情，片言剖诬，案无留牍。

邑之北乡富山镇，与昌化分水毗连，山径舛互，离城百余里，匪徒出没，吏不能捕。府君行县亲履其处，侦其主名及窟穴所在，张关发机坏其萌芽，奸不得发。时邻邑有劫官拒捕之狱，其魁率多淳安人。昌化、分水闻风骚动，而淳安独安堵，皆府君图之于早也。丰云玉者江西人，居小溪庄，本左文襄公营卒，妄称转战回疆，积保至记名总兵，聚党数百人，多游勇亡命，行劫抗粮并私设法堂，有不如意者辄拷掠。民怨刺骨而畏其势，莫敢谁何，历任亦无能与之为难者。府君访得其实，欲请兵，恐激变。会邑有洪氏命案，词连及丰，府君设备诣验，集绅耆召丰。丰恃众挺身出，遽执之。其党大哗，府君声其罪，谕遣其众，下丰狱。于是向之为所鱼肉者，连牍控诉，日数十起，府君一一研鞫，皆首服，株连者悉不问。有津要为之关说，府君屹不动，卒论如律。于是党羽解散，合境慑服。

淳邑旧有暴尸易槽之俗，往往停棺不葬。积二三十年合族置一地，砌砖成十余椁，年久椁毁，则易小棺支解以殓。府君痛与湔除，泐石永禁，令四乡多设义塚，令下三月，不葬者悉舁官壖。作劝禁文一篇，广为印送，以冀俗之永革。数年间葬者数千具，人谓府君德及枯骨焉。

环淳境为新安江，上通黟歙，下达严泷，三百余里滩百数十处，其最险恶者号天王滩，滩有怪石甚锐，水涨湍急，舟经其处辄毁，俗呼为吃船石。府君亲勘其处，候水浅时用炸药轰平之，由是行旅皆安，至今过其地者咸感诵不置云。

邑中夙有校士馆，毁于兵，每科岁试就县署应试者率五六百人，拥挤滋弊。府君捐廉倡复，规模始备，又重定书院章程，筹膏火，设肄业学舍，延名宿主讲，庋书籍于中，日省月试，凡所以教养者无不至。

岁己丑、辛卯，张琼、邵秀亭相继售秋试。淳民感悦，佥谓吾邑自乾隆以来，未有举于乡者，今连举得焉，皆贤父母栽植之效也。于是捐修学宫，广设义塾，增官渡，加孤贫粮额，访节孝遗佚，建永平桥以通行旅，设积谷仓以备荒歉，不数年间，百废俱举，而自奉廉俭。于胥役驭之尤严，凡词讼传集人证，严限程期，明定公费，有例外需索者立予惩治。时藩司龙公锡庆饬各县详定吏役章程，府君具筹办情形上之，龙公击赏甚至，以为勤恤民隐，无忝循良。龙公治尚综核，于属吏不稍宽假，独心折府君，非偶然也。邑西乡徐氏叶氏世相仇，争坟山，历官数任不决，叶故健讼。府君片言发其诬，叶愧惧听命，案遂结。徐德府君甚，伺府君赴乡，夜迎谒，馈茶二匣，阴纳白金于中。府君觉之，怒曰，曲直凭理，我岂为市恩地耶？挥之出，徐惭而去。府君莅淳八年，一以实心为政，事无巨细，必躬自经理，始终不懈。其所以邀台评腾舆诵者，固人所共见，而精力之瘁亦自此甚矣。

二十二年夏，浙东亢旱，淳邑在丛山中，望雨尤切。府君设坛，昼夜祈祷，虽幸获甘霖，而府君感受暑气，厌倦嗜卧。会以事赴郡，往返劳顿，比归而县境西乡两报杀人案，立时诣验。山路穹远，数日始返，益觉肢体缓重，神气不怡，进清暑扶脾之剂，觉稍愈。时方奉檄县试，府君校士之暇犹勉力坐堂皇，日昃判牍不稍休息。不孝等跽请节劳，府君曰，居官何能自主，死职事亦其分也。不孝闻言，心魂震，然犹冀重剂滋补或可挽回。不意八月十九日以后病势加剧，饮食锐减，而神志转清，医云心肝两部脉象耗散，已极为平日积劳所致，进以独参汤罔效，自谓不起。时六伯父方解临清州任归里闬，府君冀手足之一聚，命不孝等以病状电告，并促不孝湘星夜来淳。至二十五日虚阳上逆，痰喘有声，犹时以常州复电何日成行为问，延至二十六日亥时，竟弃不孝等而长逝矣。

呜呼痛哉！不孝等侍奉无状，既不能早获尺寸以遂显扬，又不能先事调护稍分心力，至府君神明内耗，病入膏肓，尚冥然罔觉，寖至大故。不孝等之罪上通于天，复何心视息于人世耶？呜呼痛哉！府君为人笃实澹定，居家敦睦，服官平恕，与人交不设城府，不苟为依附，亦不为介介矫绝之行。素性俭约，人有缓急辄解囊佽助，于亲族恩义尤笃，困乏者不待其告，常周恤之，岁时馈问稠叠。常念先祖考祖妣慷慨好善，早年见背未逮禄养，终身孺慕。十六年顺直大祲，仰承先志捐赈千金，奉旨建坊，旌“乐善好施”字样。居恒动作，常注功过格以自励。好印善书，施棺槥，凡诸善事为之如恐不及。尝因公赴郡，夜闻舟子哭甚哀，问其故，则曰，母病无以给药饵，聘隔舟女，年三十余无力迎娶，将图改适。府君问需费几何，如数与之，家室遂完。其好施善全人多类此。府君之疾也，邑人士奔走省问，相望于道。属纩之夕，居民罗拜日数十辈。比不孝等扶柩去淳，攀号路奠者绵延数十里。呜呼！此可以见府君善政得民之实矣！

府君生于道光十九年十月二十二日寅时，卒于光绪二十二年八月二十六日亥时，享年五十有八。配吾母周夫人，候选县丞讳庆培公女，生于道光十九年己亥五月三十日子时，卒于光绪二十四年戊戌七月初七日子时，享寿六十。子六。长不孝珙，附贡生，花翎四品衔，分省即补直隶州知州，娶李氏，山东候补道署东昌府知府翼清公女。次不孝湘，附贡生，花翎三品衔，浙江候补知府，娶恽氏，同治庚午举人记名御史户部云南司员外郎安徽候补知府宝桢公女。次不孝瑢，附贡生，候选知县，娶庄氏，候选县丞承慧公女。次不孝珩，国学生，候选知县，娶安徽寿州孙氏，云骑尉世职湖北候补知县传溶公女。次不孝镕，四品衔，遇缺即选知州，娶李氏，光绪丙子进士山东博平县知县维諴公女。次不孝洙，国学生，聘安徽寿州孙氏，候选知县传棣公女。湘、镕出嗣六伯父。女二，长适刘浙江石门县知县毓森公长子，同知衔候选知县鸿烈。次未字。孙四。长祖光，出嗣先大伯父嗣子先兄泗，次祖贻、祖武、祖寿，俱不孝珙出。孙女三，不孝珙出一，不孝珩出二。兹谨择于光绪二十五年十二月，敬奉灵柩，合葬于阳湖县定东乡马家村祖茔，东首穆穴，乙山辛向。

呜呼痛哉！不孝等识暗学陋，不能仰述府君万一，苫块昏瞀，言靡伦次。伏冀大人先生蓄道德能文章者，赐之铭诔，俾光泉壤，则不孝等世世子孙感且不朽。

光绪二十五年岁次己亥十二月，男珙、瑢、珩、洙谨述

赐进士及第，诰授光禄大夫，经筵讲官，吏部尚书，会典馆副总裁

兼管顺天府府尹事务，毓庆宫行走，姻愚弟孙家鼐顿首拜填讳

晋甫公传

余为老友铨生作家传既毕稿，其孤湘复述其本生考晋甫之行谊政绩类，皆卓然可纪者，乃复据之以作传。君姓陶氏，名恩泽，初名锡恩，晋甫其字也。其先系详铨生传。曾祖梦麒，祖凌霄。本生祖登瀛，嘉庆戊午科举人，安徽天长县知县。考世绵，候选县丞，殉庚申之难奉，旨入祀昭忠祠，赐恤云骑尉世职。本生考世赞，候选州同。三世皆赠二品。曾祖妣氏储、氏谢，祖妣氏朱，本生祖妣氏周，妣氏汪，本生妣氏庄、氏张，皆赠夫人。君生秉至性，伉爽有气节。

同治初，大乱甫定，君蒿目时事，慨然有用世心焉。三年纳赀为浙江县尉，藩司蒋果敏公益澧一见器之，檄署归安县县丞，旋补慈溪县典史。慈溪故多豪右，素慢易尉，君峻拒干谒，矜恤狱囚，抑桀扶尪，人皆敬之。九年丁张太夫人忧，服阕补德清县典史。时伯兄锡蕃殁于瑞安任已数年矣，仲兄锡祺方由莱芜调恩县，招之往，遂移病赴之，佐兄理盐务。事竣，援例晋知县，

仍指浙江，时光绪五年也。奉委谳局发审，浦江县民妇勒杀亲夫，诈称自缢，狱久不决，君据尸格手散、绳痕交，断为被勒无疑，悉心鞫之，尽得其实，由是以折狱著称。

嘉兴府土客争垦杀伤数十百人，大吏檄君清丈客田，人以客民悍为君危，君毅然不顾，躬自履勘，得已熟未报之田数万亩，详编保甲，土客自是相安。大吏嘉之，委办海昌兼长安厘务，旋调常山。黄笺纸税则綦重，几与本值埒，君请于上，得减太半，商民大悦。

十一年委办金衢严三府河南振捐，君诣各县劝集，得数万金，前后叙劳，奖花翎四品衔，补缺后以同知用。十四年补淳安县知县。淳当皖浙之冲，洪逆蹂躏凡三返，承平以来疮痍未复。君下车，即以劝农桑、招客垦、兴水利为务，时时屏舆，从延乡父老存问疾苦，广劝导之。北乡富山镇，与昌化、分水毗连，山径舛互，匪徒出没，吏不能捕。君侦知主名窟穴所在，张关发机坏其萌芽，奸不得发。时临安有劫官拒捕之狱，其魁帅多淳安人，昌化、分水闻风骚动，有淳独安堵，由君图之于早也。

丰云玉者，江西人，本左文襄营卒，妄称转战回疆，积保记名总兵，党羽多游勇亡命，行劫抗粮，并私设法堂于家作威福，民怨刺骨，莫敢谁何。君访得其实，会洪氏命案，词连及丰君。设备诣验，集绅耆召丰，丰恃众挺身出，遽执之，其党大哗。君声其罪，谕遣其众，下丰狱，收告身审知伪造，于是向之为所鱼肉者，连牍控诉，鞫之皆首服，株连者悉不问。有津要为之关说，君屹不动，卒论如律。

邑西乡徐氏、叶氏世相仇，争坟山，叶故健讼，君片言发其诬，叶愧惧听命，案遂结。徐德君甚，借馈茶阴纳白金于中，君觉之，怒曰，曲直凭理，我岂为市恩地耶？徐惭而去。邑旧有暴尸易槥之俗，君泐石禁之，命四乡多设义冢，不数年葬者数千具。环淳境为新安江，上通黟歙，下达严泷，有滩百数十处，其最险恶者号天王滩，舟经其处辄坏。君候水浅以炸药轰平之，由是行旅安枕。

倡复校士馆，延名宿主讲，于是有相继隽秋试者，淳民谓邑自乾隆以来尚未有与于乡举者，今若此皆贤父母力也。他若捐建各庙之与于祀典者，设义塾，增官渡，加孤贫粮额，访节孝遗佚，建永平桥，设积谷仓，数年之间百废俱举。而于胥役驭之甚严。时藩司龙公锡庆饬各属定吏役章程，君具说上之，龙公击赏，以为勤恤民隐，无忝循良。龙公治尚综核，于属吏不稍宽假，独心折君。

二十二年八月卒于官。君居家敦睦，服官平恕，与人交不设城府，不苟为依附，亦不为介介矫绝之行。素性俭约，而人有缓急，辄解囊助之。常念先考先妣慷慨好善,以未逮禄养,终身孺慕。会十六年顺直大祲,仰承先志捐振千金,奉旨建乐善好施坊。尝因公晋郡,夜闻舟子哭甚哀,问其故,则曰母将死,贫无以给药饵,聘隔舟女,年三十余无力迎娶,将图改适。君问需费几何,立如数与之,家室遂完。其生平政绩行谊多类此。

君生于道光十九年十月二十二日寅时,卒于光绪二十二年八月二十六日亥时,年五十有八,配周氏。丈夫子六,长珙,附贡生,花翎四品衔,河南永城县知县,分省直隶州知州。次湘,附贡生,花翎二品衔,直隶候补道京汉铁路行车副监督。次瑢,附贡生,河南临颍县知县。次珩,国学生,山东候补知县。次镕,四品衔,云南邓川州知州。次洙,国学生,浙江候补通判。湘与镕俱出嗣兄锡祺。女子二,孙十六,曾孙一。

恽毓嘉曰:晋甫与其兄铨生皆循吏也。夫为循吏传史臣之职,其法当严,今余不在史官位,而相知者作家传,容有泛滥辞焉。余嘉晋甫之行谊政绩而为之传,取事务详,征事务信,后有良史,取吾文登之列传,当无愧云。

赐进士出身,中宪大夫,福建延平府知府,前翰林院编修,国史馆提调,同里恽毓嘉谨撰

祭晋甫公文

维光绪二十有三年岁次丁酉,十二月朔丙辰,越十有六日辛未,世愚弟盛康,姻愚弟恽鸿仪、恽祖祁,如弟徐杰,世愚侄张鹤龄、沈同芳,姻愚侄李宝章,侄婿刘可毅等,谨以清酌庶羞,致祭于诰授中宪大夫浙江淳安县知县晋甫陶公之灵曰:呜呼!元穹难谌,胡夺我公,胡寿之靳,而德之丰。繄我乡邦,仕国莫并,渐水东西,轩盖交骋。彯彯声华,程才论治,公乃闇然,如古循吏。公乃逸才,少尤疏俊,郁风云姿,及时而奋。何施不彰,何剧不理,胡使骥足,局步百里。公曰官者,以德及人,德视行已,官期亲民。岩岩淳安,浙之屏藩,疮夷痛深,诗书气孱。公言尔民,皆吾赤子,吾拊循是,何莠何秕。乃戢厥暴,乃安厥良,林有驯雉,野无惊尨。民狎于野,士肄其业,贤书再登,胶庠动色。公之为治,持之以敬。乐利匪功,偏骏吾病。痌瘝在中,晞衣昃食,八年以来,殆如一日。方公之疾,暑雨祁祁,芾彼棠荫,憩息无时。犹降襜帷,尚勤栉沐,澍应雩坛,风清谳牍。生父母之,死而神之。含饭初告,香花奉嗣。邑人怀公,山高水长。公魂千秋,宁不怀乡。乡之故人,怀思尤笃。灵兮归来,故乡可乐。秔稻升芗,侑之菘韭,溪蔌之羹,茜茅之酒。匪曰和甘,以表洁忱,灵风肃然,云旗下临。于虖哀哉!尚飨。

祭晋甫公配周夫人文

维光绪二十有五年二月已卯朔，越三日辛巳，宜祭之辰，侄婿刘可毅、恽毓昌、孙多灏、魏葆澄，甥婿袁励忠、余鼎勋等，谨以清酌庶羞，致祭于诰封夫人陶伯母周夫人之灵曰：鹑躔南驭，鸾峰西隤。璇珠竭润，结璘揜晖。萧辰凄节，楚佩锵哀。徂音虽逝，芳风不摧。猗欤夫人，亮哉妇则。珪瑞标宗，黼纨凝赉。乾荫夙承，母蓤犹式。度表庄姝，范围尹姑。作嫔鼎族，逮事尊章。醴潘夕具，陔琴晨张。管箴总佩，笾豆由房。毕劬中馈，于家有光。璪量米盐，辛停刀尺。儿读宵镫，母勤夜绩。机韵书声，残月欲黑。美媿作襦，风希画荻。威姑老健，不废神明。忽滋美疢，调护勤辛。积月忘瘁，终晨致钦。欻焉怛化，坠露悲深。棘手劳撑，荼心苦捋。佳兆是营，祭仪靡忒。维春及秋，毕雯时食。东海京陵，前光允迪。雷封随宦，锦制襄猷。大好山水，翟茀以游。织催蛩蓐，旦警鸡筹。荣屏华膴，化洽舆讴。雍井不仁，播尘走块。严江若绳，雹飞成掌。蒙袂贸来，兼之负襁。首斥珥簪，为佐府帑。劲风馀节，恶云颓岩。秋阳黯黯，遽陨所天。君鱼德茂，亭伯吏贤。压装有石，负郭惟田。华饰不矜，藜羹自饫。在勤作箴，舍力攸惧。训勒门屏，风绵儒素。义方之声，型诸千古。澄心比镜，盎泽如春。鲁姑行惠，郑母赡姻。救荒椓斛，周急捐困。载赓杕杜，粟义浆仁。襦袴人歌，黻佩天锡。珩璜璚琚，神光所越。神痢灵池，相赡古佛。莘莘哲嗣，以騄以驎。五常慧誉，三暇俊名。赤裳刊绩，墨绶扬芬。娱兹晚景，宜蕲耄龄。元穹靡忱，不周风起。春影易斜，鶱巢俄识。窀穸神归，灵壶箭驶。棘人栾心，蓤娸茹涕。曩驻鸾軿，笄珈委佗。今陈象服，恻怆蒿歌。汉盘泣露，吴水倾波。礼宗长陨，累叹如何。帐动灵来，风翔神举。黼翣周张，黄肠在御。肴干酒澄，式奠庭宇。吁述德音，镌之旒素。尚飨！

诰赠通奉大夫晋甫公像

诰赠夫人周夫人像

季玉公传略

公讳锡珪，字季玉，江苏阳湖人也。祖登瀛，嘉庆戊午科举人，安徽天长县知县。父世谟，太学生，候选县丞，咸丰庚申发匪陷常州，以守陴殉于难，赐云骑尉世职，入祀昭忠祠。

公少英迈，好读书，工翰墨，自遭世变，庐舍荡然，率诸弟妹奉庶母赵太安人避地北行，流离烽镝之中，无以自存，乃弃举业，习申韩，随堂兄菊存公入浙藩蒋果敏公益澧幕，遇事指陈利弊，侃侃而谈，为时流所推服。前河南学政江宁端木公灿长子稼安，器公才识，以女妻焉。旋纳赀选授浙江永康县典史。永俗刁健，素藐视官长，公虽屈处下僚，而严于义利之界，一介不苟，凛然无敢干以私者。在任十有六年，与士民相习，每因公下乡，存问地方疾苦，与子言孝，与父言慈。遇人争殴，片言解纷，劝令息讼。舆情爱戴如慈父母焉。

时县令某君不得于民，值县试，病不能出，忽风传有受赇通关节，试者大哗，纷纷呼聚县署闹考，势汹涌，直逼寝室。公闻讯驰至，以身障内外，大声告众曰："吾官此久，与汝父兄素相稔。县试为士子发轫之始，宜如何恪遵功令，而叫嚣纷拏若此，是自陷于罪也，国法具在，后悔何追。吾不忍汝父兄受子弟累，故苦口劝告。"闻者乃相率解散。

某君拟陈其事于大府，请惩首从，公以去就力争，未兴大狱。后某君去官，士民有白衣持纸镪祖道者，公阴为调护，亲送出境。某君执公手，感泣而别，后复致书劝公援例晋秩，当尽力赀助，公婉谢之。

乡人某氏负子寻夫不可得，置其子河干，自沉于河，公闻之，使人泅水得妇尸，为请旌表于朝，抚其子为义子，锡以名，醵金属邻人徐某教养之。后二十年公长子瑗赴遂昌任，道出永康，徐某率此子来谒，备陈颠末，盖徐受公托为买田数亩使耕而食，今娶妻生子，居然温饱矣。瑗因厚赠而遣之，徐某叹曰，谁谓天道无知，善人有后，信不诬也！

公待人接物蔼然可亲，平时为善不欲人知，故亦绝口不言。此二事为永人所称道，然公之为人已可概见矣。

县尉俸入本薄，又好施予，时虞匮乏，公处之夷然。易箦之日，除琴书外无长物，永人卷哭，谋集赙治丧。公子瑗年方十三，奉母命稽颡坚却之，赖堂兄铨生公料量，得以归葬。呜呼！廉吏固可为而不可为耶？

公生于道光二十二年壬寅五月初一日，卒于光绪十八年壬辰九月十七日，纪年五十有一。配江宁端木氏，生丈夫子四。长瑗，太学生，浙江遂昌知县，调任永嘉县知县，娶浙江萧山胡氏。次沂，太学生，娶同邑黄氏。三洵、四渊，均幼读。女子子四，长适安徽寿州孙多灏，次适同邑恽毓昌，三适同邑朱世准，四待字。宣统纪元，瑗在永嘉县任内遵筹饷例晋级请封，恭遇覃恩，诰赠通奉大夫，端木氏诰封太夫人。

李宝淦曰，昔柳下惠不以三公易其介，不卑小官，阨穷不悯。如公行谊，何多让焉？至其心存利济，阴德耳鸣，虽未享大年、展伟略。而长公子迭膺繁剧，所至有声，显亲扬名，方兴未艾。于以知天道福善，不于其身，必于其子孙，理无或爽者也！呜呼！可以风矣。

附录：浙江永康县绅潘树棠《陶公舆颂编序》

永邑僻居山陋，地瘠而贫，民鲜知大体。尉是邦者，非恩明谊美，通上德而达下情，往往官民隔膜，无以收佐理之效。阳湖陶少府季玉，以世家子作神仙尉，自光绪四年四月履任以来，于循分供职而外，复周知民隐，洞察民艰，举凡地方利之宜兴、弊之宜除，无不力赞邑侯施行。虽数十年间邑侯迁调更替，官经数任而以少府处之，皆推诚布公，融洽闾间。他如排难解纷，施茶馈药，设牛痘局以保婴，捞殉夫之尸、置孤儿之产以表烈而存祀，种种义举，或少府独力捐办，或捐廉为倡，自始至终历久不懈。用能全民命，彰风化，宜乎士民颂德，妇孺歌功，咸啧啧乐道不置也。

会今夏五月朔，为少府五十揽揆之辰，凡在四民，佥谋所以为少府称觞之资。少府悉先期，峻辞勿受，清风亮节，于戏尚已。特吾侪讬庇宇下，戴高履厚，一片敬爱之忱无从发泄，不得已，仰体少府雅意，爰就少府平日善政，约略叙述，不辞谫陋，各制诗一首至数首不等。诗成，名之曰《舆诵编》，付诸枣梨，藉伸祷祝而鸣感戢。明知少府实心行实事，诚无事乎称颂，且我辈鄙俗不文，亦岂能赞扬少府万分之一？然而野人献曝，情不自禁，辞之工拙，在所不计。览是编者，作少府之德政碑观也可，作少府之舆人诵听也可，若以云乎诗，值山歌樵唱耳，乌足值大雅一哂哉。至于闻风钦慕，远方邮寄诸什，由于少府感人者深，故所及者广，此则凤鸾雅奏，非蛙蚓细声所敢伦儗，用冠卷首，以示区别。刻既竣，同人以予年长，问序于予，辞不获命，为志缘起如此。

光绪十有七年岁次辛卯六月既望，内阁中书孝廉方正拔贡生潘树棠撰并书

郢声公传

光绪纪元嘉平之月，余年十六，解馆家居，游眺于门前花桥之左，见有男子颀而长，面黝而斑，素衣素冠，由桥南而北来，貌若重有忧，而神独骏迈，心

焉识之。既而迹其所自，则居麻巷而馆滕公桥，朝夕往返以为常。屡过吾门则屡目之，英气逼人，殊不可耐。越数日，遂揖而语之，则知为陶君郢声也。时余初学为古今体诗，骈体文，苦无同好者。一叩君则汩汩谈不绝口，酸咸嗜好悉如余之所欲得，于是恨相见晚，又喜相居近，从君至馆舍订交焉。君性伉爽，善以谐语发庄论，多能记故事，娓娓不倦。余友刘君葆真亦介余交君，三人者馆课外无日不见，亦无一日能不见也。越二年丁丑，余客寿州，君在里应府县试，皆冠军，余驰书相勖，君戏援稗官家言答云，此何足道，吾弟张翼德当之，庶几探囊取物耳。明年戊寅，余亦归里就试，谬以词赋首八邑，与君同受督学使者林公锡三知，君喜其言之中，偕葆真载酒登堂，拜母称寿，自引满觞，尽欢竟夕而散。嗟乎！此三十年前情事，如在目前，而不意君与葆真皆已长作古人矣。君族弟湘，君受业弟子也，今秋重修谱牒，为状丐余为君作传。余何敢以不文辞，谨按状。

君姓陶，讳钧，字郢声，系出汉溧阳侯之后，世居常州。国朝雍正二年析武进地，置阳湖县，遂为阳湖人。初名承绪，中名镕，最后改今名。曾祖讳礼，祖讳步颜，考讳汝砺，皆以习法家言游幕历下，寄居历城县之泺口镇。

道光季年，黄河北徙，由大清河入海，泺口当其冲，君家庐墓荡然。咸同间捻匪满地，齐鲁无安土，君之考遂挈君返常州。然三世居外，入故乡如客，鲜有存问者，又叠经丧乱，寂寞寡欢，不久遂殁。时君甫冠，赤贫，营丧葬能尽礼。锐志劬学，夜以继日，苦无书，则求残编破帙，补缀读之。服阕，一试补府庠生，蜚声庠序。帖括外兼治诗古文词，尤长骈语，每搆一艺，无义不搜，穷形尽相，而仍以灏气流行，舒卷自如为主。同辈咸推君，君亦不甚爱惜也。君工八法，涉笔天成，非人可学，乡先辈如庄巢阿、吴晋壬皆以笔法许君。君旋游浙江，境益困，复依族叔铨生先生于山东者十数年。三试北闱报罢，愤甚。己丑更名钧，寄大兴籍，复为顺天府学附生，癸巳恩科始举贤书，然君已鬓发斑矣。

君始到山东即入赀为府经历，嗣以上治河策，由河工保举知县，并加五品衔，戴蓝翎，至是指分江西。到省后受知于大府，历充丁酉科江西乡试同考官，办理樵舍厘卡。

庚子夏长江戒严，外人禁输战斗品，大吏以君有干才，委君到沪勾当军械。时余居海上，与君久别重逢，酌君以酒，且告以禁例所在，事必无成，促君速返。君抱忠愤，急于表见，不能听，遂为江西人之佣于洋氓者所卖，丧失库金逾万。还省侘傺无聊，郁郁五年，至乙巳六月遂卒，年五十有二，吁可慨也。

君配陆氏，子一祖翰，女三，长适管，次适钱，幼未字，孙男一。君葬常州德安门外清凉寺前地，文稿若干篇藏于家。

光绪戊申十月五日，同县洪熙撰

圣泉公墓碣

呜呼！吾兄殁二十有六年矣！时兄年十五，吾始十岁耳。吾本生父宦于浙，故吾生于浙，六岁即来山东，与兄并塾读。从兄弟姊妹六人，皆受兄约束，行先后必以齿，有凌躐跛倚皆纠之，无敢违者。兄十一二岁时貌魁伟，如二十许人，入侍庭闱恂恂孝谨，应对宾客周旋中矩，家人仆妇见之皆肃然。吾时虽小，绝敬惮之，不知其所由然也。兄待诸弟有恩，吾八岁还之浙，兄送之登车，握手忍泪而别。又二年而兄死矣。

吾父年四十无子，痛甚，乃以吾与弟镕为嗣，复来山东，见兄昔时游处则悲不能胜，至今言之犹哽咽，亦不知其所由然也。先是，吾伯父菊存府君卒无子，以吾兄嗣，兄殁，伯母金夫人哭之恸，或议别择嗣子，金夫人不欲，且泣曰，此子虽夭而状貌性格皆如成人，今不为此子，后吾痛此子无穷期矣。会兄所聘室山东东昌府知府李公翼清第四女亦殁，请归葬于陶。吾父思徇金夫人之意而塞其悲，乃许之。既合葬，以吾本生伯兄子祖光嗣（祖光母李，即翼清公第六女，与兄聘室为胞姊妹）。今祖光既成人，已受室矣。兄早成，长老皆惊异之，或叹曰，是非世间儿常度，恐夭折耳。呜呼！斯理也，何理也，而果信也耶？忆兄小时援笔作擘窠大书，绝有致，后乃日就枯槁，又岂所谓早盛早凋者耶？今追念吾伯母吾父母昔日之痛，与吾童年兄弟之情，不能自已，辄书此以示祖光，且镌诸墓石，以为世之夭伤可悲者，莫吾兄若也。甲辰，吾弟镕以三品衔候补直隶州前任云南邓川州知州，恭遇覃恩，即以弟官貤赠焉。

光绪三十一年乙巳十二月日，弟湘谨志

恽夫人墓志铭

夫人讳启英，字茝芬，同邑恽氏贵阳府知府讳鸿仪孙女，安徽候补知府讳宝桢三女，陶湘兰泉德配也。母氏黄，继母氏余。

夫人生而颖异端秀，德性过人，恽与陶皆毗陵世阀，幼即谛姻，四岁失母，为继母钟爱。年十七遭父丧，继母绝粒图殉，长跪泣请，泪尽见血，继母感而进食，未几亦逝。夫人恸念蓼莪，怀药将自尽，不获遂，遂得肝胃疾，时或颠厥，祖庭伯方先生力与医治，得无恙。岁辛卯在里成婚，时君舅荣禄公知临清州事，君姑适抱病，亟盼新妇入门度岁，伯方先生以天寒道远为虑。夫人恐失舅姑欢，婉请就道，跋涉二千里，于腊尽前一日行馈见礼。君姑欣

诰封夫人恽夫人像

喜过望，所苦若失，其笃至性识大体者如此。陶氏家世膴仕，子弟多才，兰泉少以干练名，先以知府赴补浙江，其后游赣游皖以图事畜，未暇问门内事。十余年中，累遭父母及本生父母大事，婚嫁弟妹，教督子女，悉赖夫人肩任。自荣禄公作古后，境亦由丰而啬，夫人益辛苦支持，不改常度，用是无戚疏上下皆贤之。夫人于兰泉出处，不轻与主张，独壬寅之秋方撄危疾，兰泉适有京汉铁路之役，夫人于伏枕呻吟中力速之行，兰泉不得已，惘惘出门，然亦由是得所凭借筦路事数年，旋营实业，境少裕。决机俄顷，不以生死离别有所牵绊，此尤兰泉每一念及，不堪回溯者也，兰泉又别为钰言，自结褵以来，相爱相重，曾无一言一事之差池。前二十年处困之时也。虽影质夌物几尽，无怼色。后二十年虽少舒，而仍安布素。书算之外，兼通丹青音律诸艺，尝谓妇人以家政为重，不以自炫。呜呼！妇德至此足矣传矣。

生同治辛未三月初六日，于今夏正己巳八月二十一日积劳感疾，卒天津侨寓。以兰泉官二品衔直隶候补道，覃恩封夫人。子七，祖椿、祖棠、祖松、祖桐、祖模皆学成有室，祖栴、祖梁幼读。女四，长殇，次在室，三适德清刘氏，四殇。孙男六，孙女二。卜于庚午四月九日葬邑之定西乡陈家坝之原，铭曰：

高明妇人，光益家道。懿惟夫人，躬焉允蹈。端操有踪，善心为窈。实袭祖芬，不劳姆教。既勤且俭，曰贤与孝。集菀集枯，忘怀一笑。明月常圆，罡风忽到。奚罄元悲，曷宽潘悼。日月有时，为宨其要。凡百姬姜，视此师表。

长洲章钰撰文
阳湖张寿龄书丹
上虞罗振玉篆盖

祭恽夫人文

维己巳十月初九日，世侍生李盛铎、朱启钤、孙宝琦、靳云鹏、卢永祥、王占元、鲍贵卿、陈光远、田中玉、李厚基、王揖唐、龚心湛、颜惠庆、吴毓麟、曹汝霖、杨度、叶恭绰、傅增湘、陆宗舆、李思浩、曾毓隽、程克、言敦源、齐耀琳、齐耀珊、冯耿光、任凤苞、卢学溥、徐世章、汪士元、施肇曾、施肇基、段永彬、郑洪年、孙世伟等，敬以清酌素膳，致祭于陶嫂恽夫人之灵曰：呜呼！星沈婺曜，月冷兰陵，女宗已渺，畴式芳型。猗欤夫人，明诗习礼，系出南田，来归栗里。愔愔壶则，翟茀增辉，凰高梁孟，钟郝扬徽。璇闺令娴，评书读画，咏絮窗前，绩菊篱下。翙翙凤子，数符竹林，孙枝绕膝，慧龙在庭。既有淑行，宜膺多福。如何微疴，竟归冥漠。骖鸾遗世，证果莲台，忍看夫子，悲从中来。丹药无灵，青琴遽折。骑省悼亡，篇吟怆恻，陈兹酒醴，贡以芜词，敬申刍荐，灵其鉴之。呜呼哀哉！尚飨。

又

维岁己巳十月初九日，姻侍生孙传檠、张寿龄、姚锡光、周绍熙、杨寿枏、庄蕴宽、董康、赵椿年、袁励准、金永、王印川、丁道津、孙多巘、张志潭、蔡传霖、敖景文、林志熙、刘锡昌、朱豫全、屠冠、孙多懿、孙多暎、李德基、姚鸿发，姻愚侄汪荣宝、叶景葵、费毓楷，妹婿祝惺元、程少鹤、李弘基，侄婿汪东宝、周龙光、刘南策、陈洪涛、蔡汉章、孙多煜、丁泽霖、王毓英、林澳咸等，敬以清醴庶膳，致祭于陶配恽夫人之灵曰：呜呼！金风戒寒，玉露凝晓，婺星闳景，娥月掩曒。猗欤夫人，名门远绍，淑问孔昭，善心曰窈。亦既有行，克柔克令，苹蘩懋德，珩璜协敬。聿修妇功，思斋壸政，翼翼兴福，雍雍膺庆。日中则仄，微疴俄化，烟空组帐，尘生芳榭。悼深匹耦，悲连姻亚，式播徽音，莫援往驾，椒浆桂酒，灵其来下。呜呼哀哉！尚飨。

继室恽夫人行略

夫人姓恽氏，名琳，江苏武进人，外舅竹坡先生女也。恽氏为吾乡望族，代有名人，竹坡先生以名孝廉作宰浙江，累膺繁剧，有政声。外姑袁夫人早世，夫人为副室耿夫人所出，于次最幼，外舅捐馆时甫三龄也。自幼端庄闲静，笃于天性，言动如成人，逮耿夫人及北生内兄先后逝世，夫人佐嫂氏操持家计，事无巨细，各当其理。予以壮岁，再赋悼亡。辛壬之间，奉吾母率诸弟妹偕居沪上，情怀索寞，所遭多拂逆。吾母以冢妇为门庭兴替所系，必慎其选。闻夫人贤淑，又以吾家与恽氏世世为婚媾，乃以媒妁，往再请而后许。

爰于乙卯六月成礼于里邸。夫人仪态婉愉，举止大雅，晨昏定省，先意承志，吾母老怀甚慰。其于宗族尊卑亲疏厚薄，处置悉当，言必和，色必温，人有所请，勉力应之，必如其意。戚族之婚嫁教育，靡不赞助其成。于是内外里党，皆啧啧称夫人之贤，且举其言行以为规范。呜呼，此岂易致者哉！予自遭继室许夫人之戚，三度寒暑，凄然吊影，得夫人内助，复奔走四方。十余年来，迄无宁岁，甘旨之奉、教养之责，胥以夫人一身任之矣。夫人体素弱，感冒即发咳疾，举五女二男，勤于妇职，不自暇逸，偶有疾恙，治事如常时，往往深夜篝灯，犹闻筹珠刀尺之声。予或属其稍息，则曰，非为习劳，恐有废弛也。嗣予经营失败，一蹶几不振，爬梳治理，昕夕不遑，素有失眠证，至是加剧。夫人悉心调护，时为欢颜以相慰藉，而自苦愈甚，不特菽水之供、衣食所赖，擘画周至，即亲友赡养之资，宾客酬酢之费，亦复按时措计，不令少缺。甚或典斥钗钏以济其急，初不令予知也。

今岁仲夏，长女宁膺疾夭折，吾母痛惜孙女，予亦以此女孝谨，竟因微恙而殇，时深惋惜。夫人痛女既切，又恐吾母及予触绪伤怀，故为旷达之辞，而独居恻恻，枕席时有泪痕。未几，次子以缺乳致疾，二三四女亦相继染恙，呻吟之声，四壁相应。夫人以一身支拄，忧虑煎熬，经时累月，未尝稍休。中秋节后，儿女以次就愈，而夫人亦积劳致疾矣。病初起时，日发寒热一次，微汗热退，额及掌仍不解，医者以为温疟，进清解之剂不应，寒热转甚，日且二次。或以为子母疟，又以湿热相搏，中焦结隔为言者，迭进药饵兼施手术，辄无一效，惟体次略无痛苦，而神志茶敝已甚。日进粥三四次，每次二三匙，终日昏然如睡，神识稍清时，见环立侍疾者辄曰："人生修短有数，数尽则行，无过悲也。"及十月十三日辰刻，予默坐床侧，见夫人两颧消瘦，形容灰败，势将不救，悲从中来，不能自抑，因哽咽而问之曰："有所苦乎？"夫人摇首曰："无苦也。"予曰："汝乃无苦，予今日之苦则无可言矣。"夫人忽矍然惊曰："我殆将死乎，我今日何可死耶，我死则家事繁重，又将悉以累君矣。"言未毕而大悲，弟妹子侄辈强挽予出，是后病势日剧，险象毕见，至十九日寅刻忽大嗽吐脓痰，看护者以巾进，夫人自拭之。更眠一时许，忽摇首微笑，阖目而逝。

恽夫人像

呜呼！以夫人之淑德懿行，甫及中年遽悲朝露，茫茫者天，尚何言哉！夫人少读诗书，粗通大意，近年研习佛理，力持经咒，究物我之竟，求性命之归。尤意在济物，凡舍棺施药、赈给衣米诸事，皆力任之，常茹素，戒屠宰。未病时矢愿持斋百日，病中或以鸡汁进，勿食也。及弥留，两手合掌置胸臆间，如西方顶礼状，属纩之际，颜色如常。二十日申刻殓于沪上寓庐，举家恸不成声。予幼而孤露，赖母氏抚育得以成立，入世以来，衣食奔走，备极艰辛，中岁鹍弦再折，自顾身世，惄焉寡欢。夫人来归十四年中，襄赞扶持，甘苦相共，方谓青山偕隐，皓首可期，岂意人生如梦，天道难知，小极偶膺，遽即长夜。伤悼之余，次其事实，略陈梗概，不自知其是泪是墨也。

岁次戊辰仲冬，瑗拭泪谨述

胡夫人像

许夫人像

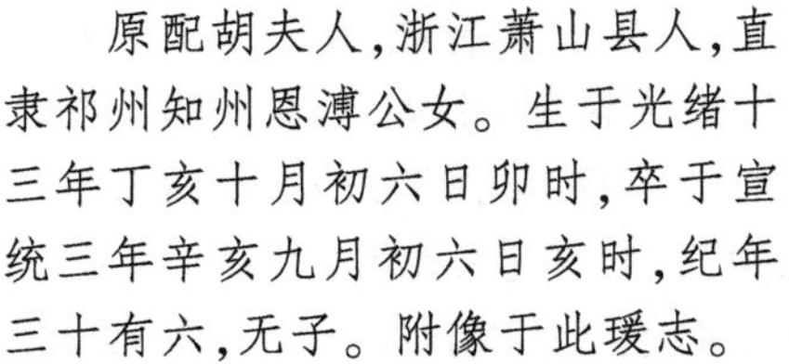

原配胡夫人，浙江萧山县人，直隶祁州知州恩溥公女。生于光绪十三年丁亥十月初六日卯时，卒于宣统三年辛亥九月初六日亥时，纪年三十有六，无子。附像于此瑗志。

继配许夫人，浙江仁和县人，直隶通永道钤身公女。生于光绪十年甲申八月十六日戌时，卒于民国三年甲寅四月初六日子时，纪年三十有一，无子。附像于此瑗志。

宝如公事略

呜呼！吾忍述宝如哉！吾同怀兄弟凡六人，余居仲，宝如次之，实孪生也。余十龄即出嗣伯父临清公，从宦山左，与诸兄弟不恒聚处，迨长奔走微禄，且不恒厥居。独弟从余于袁江，于杭州，又同居京师，聚日稍久，余且深获其助。弟固笃于余，余愧于为兄者未尽也，而弟乃长往耶。弟初名璐，更名瑢，宝如其字，又字剑泉，号心庄，别号见南山人。幼羸弱，考淳安公、妣周夫人皆怜之，故就学独晚。然秉姿颖异，读书过目即成诵，尤嗜书画。族兄孝廉郢声先生授予兄弟读，语淳安公当任弟性之所近，勿强以章句。公韪之，乃授以《芥子园画传》。继学于同邑拔萃季桧舲先生。先生善翎卉人物，工书法，尤擅铁笔，弟皆尽其学。先生慨然曰："此子出蓝矣，异日必自成一派。"于是益尽心指授，年未冠，已卓然著称。

光绪庚寅，补博士弟子员，辛卯试京兆，不第归。淳安公患胸疡，周夫人复病目，涤创调药，弟独任之，自是侍奉不忍离。尝语伯兄曰："吾兄弟俱赴试，孰奉亲者？且悬念堂上，亦安得佳搆。弟当留侍，兄心安矣。兄赴试傥得显扬，弟心亦慰矣。"伯兄尚游移，弟竟决返。父母知其志，不强也。伯兄甲午秋试，荐而不售，曰，何颜归对吾弟乎？其笃至性、薄浮名如此。丙申八月，淳安公卒于官，弟哀毁骨立。越二年，周夫人卒，益悲痛，病莫能兴。其冬，弟妇庄氏复殂，迭罹忧患，百念灰槁，尝曰："清湘老人可法也。"绦然有出尘想。方余转饷袁江，弟应姊婿西充令刘君伯奋之招，将入蜀道。出京口患痔剧，余留之调治。漕帅丰润张公安圃耳其才，以从妹字之。弟初以非偶辞，闻其家有儒素风，议乃定。吴仲怿侍朗时分巡淮扬，好金石，与弟订交恨晚。予事竣，旋浙。弟爱浙西山水，从至杭。适余闻嗣考临清公讣，奔丧北上，眷属归里，赖弟料简之。次年，余奉临清公柩归，弟适为考妣营葬里居，复助余卜厝。寻余奉铁路大臣盛公杏荪檄任京汉北路工厂。弟以就婚，先后北上。盛公有别墅曰愚斋，庋藏甚富，延弟记室，使鉴别之，由是益精诣。

先是弟以国史馆誊录议叙得知县，戊申选授河南临颍，大吏以弟文士，将试之。值达赖喇嘛过豫入晋，使护送兼司供亿，旬日间措置悉协乃饬。赴官时，民教相仇久，教民恃势恣为，非有司莫能诘。弟莅官，礼遇西士，诚拊教徒，谓苟非干法坏纪者，必保护之。盖约章之辞，据以揭示，固寻常也。教民崔某者，恃教揽词，讼占民产，屡被控。至是复遣人关说，且挟释案犯，置不理。俄而，崔自至，语涉迫胁。始以违示背约痛斥之，按律判罪，即日定谳，舆情称快。主教者赴省请释，已不及。又为保教计，饬教产，限期册报。报至，乃知占民产者至五百余处，饰云"民献"。教士惧，愿补输契税。弟曰：

"凡税有率，以价为衡，今曰献，即无置价，凭何纳税?"教士语塞，但求公断，乃申上官，请永禁献契。上官不察，谓计值纳税可矣。弟抗牍，曰："藩库所发契，曰卖曰当，部章有定式，今所谓献契者岂部颁耶?"上官不能答。会吴公仲怿抚豫，召弟面计之。弟曰："献契准税，徇教以害民也，民教之仇且益深。无已，则非价买者作租契，租否一听于民，庶乎其可?"吴公悟，即如议通行全省，且曰："不图君具此卓识，曩以名士目君者，几失君矣。"终弟任，教案竟绝。

光绪季年，禁烟令下，责牧令分年禁种，期必净绝。然豫民贪利，独多私种者，致烦挖拔。弟曰："是不教而诛也。"遂诣四乡，传集乡董、村正，晓以利害。与约曰："本年已种者免挖，期来年必绝。为补救计，亟改种芝麻，利可相抵，再犯者不贷。"乡民泣曰："官恤民如此，苟再抗违，皇天不佑。"是年芝麻丰收，利三倍，舆颂大作。将举卓异，计俸未满，格于例，乃行文纪录，以临颍吏治为豫省第一。未几，共和宣布，弟即弃官归，宦囊萧然不顾也。自是恣游山水，尝游七里泷，欸乃声中，继以箫笛音传空谷，语鸟四飞，有濯足沧浪之槩。甲寅乙卯间，税居京师，遍观石渠珍秘，叹曰："吾旧作可尽焚矣。"行将搁笔，纵游遍览宇内山川之奇，以扩襟抱。时施君省之督办陇海路政，壮其志，为助资斧，名区胜境涉历殆遍。归语余曰："师古劳矣，而气息色泽安能尽合?昔范宽有言，师人不若师物，师物不若师心。心宜凌虚，境则着实，将欲荟萃众长，独辟畦畛乎，其惟写生乎?"自是每值岁朝，辄即景写图。庚申游万牲园，写定性白猿，带以西山峯崿，郁密雄远，群称杰作。次年辛酉，游武康莫干山，幽篁中一素色雄冠赤首而黄足，设色写之，天然成趣。余率类是。

乙丑，头风旧恙大作，医谓心血积亏，而弟体又不受补，及秋益剧，卒于京邸。余阻迹济南，未得一诀，呜呼痛哉！弟性温和，无疾言厉色，孝友出于天性，其致力书画亦由生知，晚年画学益深。东瀛画家某与弟契，询其所以异于人者，弟曰："昔人谓董北苑草草点辍，略无行次，远观之则烟村篱落，云岚沙树，了了可辨，盖吾国古法如是。吾画意在笔先，尺幅中隐具全局，益以千皴万擦，以设色浅深为远近层次，亦惟求合古法而已，岂有他长哉?"某深佩之。自庚戌后，即以弟所写"岁朝图"至东京陈列，悬重价以为倡导。使天假之年，所造未可量也，传神刻画尤其余事。

弟生于同治庚午七月十七日戌时，卒于乙丑九月二十三日，纪年五十有六，以宣统纪元覃恩授朝议大夫。配同邑庄舅父承慧女，生于同治辛未正月初二日，卒于光绪庚子十二月初四日，纪年三十。诰赠恭人，葬西郊石塔庵祖茔之侧。继配丰润张，山东候补知县铨女，生于光绪七年辛巳七月十三日，卒于丙寅十一月初二日，纪年四十有四，诰封恭人，与弟合窆于北平宣武门外观音院后余地，将以丙子年卜吉深葬。子一祖逵，学名云逵，张恭人出，留学德国柏林大学哲学博士，亦娴绘事。女祖琬为四弟珩出，幼育于张恭人，适河南修武王毓英。弟殁后十年，族人有修谱之举，诚惧行谊终佚，乃追忆梗概，次诸家乘。若弟之艺学，惟季弟洙能传之云。

岁次乙亥冬，兄湘志

宝如公墓志铭

公讳瑢，初名璐，字宝如，一字剑泉，号心庄，别号见南山人。江苏武进人也。其先系出溧阳侯谦，胄承青社，久依义笪之村。世逮朱明，始衍兰陵之户。盖万历间邵武守讳人群者，为始迁祖。一传为兰溪令元祐，继汉吏之循，列祠名宦。再传为泽州牧自悦，际虞巡之盛，拜贶天章，靖恭以绍门功，元龢以垂世矩。又五传至天长令登瀛，桂籍起家，棠封播诵，是为君曾祖。祖世绵，迹隐儒绅，躬当寇难，登陴誓众，裹革成仁，无子，以兄世赞子恩泽嗣，是为君父。官至浙江淳安令，袭云骑尉。傅琰之谱，是秉家型，廉范之风，无忝忠裔。君兄弟六人序居，叔幼而羸体，就傅愆迟，生秉瑰姿，涉目融贯。然松靡习，细藻自开。凡夫虫跂乌蜚之妙，悬针垂露之奇，曹衣吴带之殊，乐石吉金之秘，莫不钩深探赜，点细研微。书裙偶试，吴兴戠其不凡。落扇如飞，彦先叹为巧绝。师于族兄郢声孝廉及同邑季桧舲明经，毕得其传，为学益进。逾冠游庠，次年辛卯试京兆报罢，归适淳安。公患胸疡，母周夫人亦病目，公涤创必亲，料药维谨，迄于就愈，曾无解衣。自是晨昏罔离，愳进罕出。

会秋闱复届，语伯兄珙曰，吾兄弟偕行，庭闱畴倚，且方悬啮指之慕，必妨焠掌之勤，不若弟留侍，奉亲有人，兄心安矣，兄赴试，显亲有望，弟心亦慰矣。兄犹踟蹰，公竟决返。是科珙获荐不售，叹曰，一第诚有命焉，胡颜对吾弟乎？古所称温席扇枕，致敪志之诚，让逸居劳，笃连枝之爱。彝伦比美，殆有过之。迨居淳安公忧，越二年，周夫人继卒，毁几灭性，礼备慎终。泷冈之涕未收，骑省之悲旋集。百缘灰冷，将追黄蘖之禅。一念尘离，有慕清湘之叟。其间敪痾袁浦，兆射雀于名门。作客愚斋，订挥犀之秘录。繁忧暂祓，精诣弥覃。

公先以国史馆誊录叙劳用知县，至是谒选授河南临颍令。时则寰瀛约定，景教碑崇，顽慝恃为护符，官府惴于忌器。公既莅任，礼接西士，诚拊教徒，谓干法有刑，守分者必保。揭约章于四境，布令甲而五申。有崔某者教民也，虤若虎冠，狡则兔窟，敓田比比，积牒累累，以公宽平隐怀凌藐，乃复驰书干讼，挟势庇奸，公置不理。既而崔某来谒，初如簧而逞舌，渐抵几而犯颜，公则削瓜示肃，罄竹揭凶，立正萧斧之刑，顿伸茆檐之气。主教者力为营捄，已无及矣。先是邑之教产向乏勾稽，公限其程期，悉具册籍，凡占民产者五百余，所饰云献纳，实等侵渔。教士谂执法之靡挠，乞输税以自赎，公执不可。径请大府永禁之。大府以息事为心，令计值而税，公抗议曰："凡契秉自部章，发从司库，曰鬻曰典，有则有程。今之献契，果部颁耶，其何式耶？"大吏语塞。会吴公仲怿抚豫，召公面咨之，公进曰："献契果行，是徇教以痛民，将激民以仇教。无已，则鬻典而外，许立租契，租否任民，庶几无害。"吴公憬悟，即如公议，且叹曰："曩以名士目君，不谓健吏乃尔！"

禁烟令下，首禁私种，责在有司，然细民怙利若瑶草之耕，重兵张皇等邪蒿之拔，激为铤鹿，何捄亡羊。公悯焉，乃莅郊乡集保正，遍谕之曰："令出自上，非官所敢私。官以司牧，讵民之不恤。今宽其既往，悉免铲除。期以来年，别谋苴补。"又改胡麻之利与罂粟维均，授之村农，教之树艺。及期大熟，计利数倍，欢声腾于四野，比户戴若二天。是故表刘遵之德，足冠专城。录吕乂之勋，以风列邑。会当改玉，太息抽簪，送者截靴，帰软载石。宦情本淡，当世复见王微，家乘有承，大节直追彭泽。自是抗怀豹隐，托志鸿冥，乐丝竹于中年，乞江湖而自放。尝游桐濑，自掉扁舟，中流款乃，倚风篷而歌，空谷铿訇，惊烟禽而走。又尝游莫干山，万竹接天，湿翠欲滴，雄冠飞集，异彩相辉。兴至为图，天然成趣。晚居铜陌，遍览石渠，坐对其间，终朝忘倦。语人曰："溟涬之观，洸洋极矣。然范宽有论，师物不若师心。信卿得名，画形参以画意。将欲萃众美标孤尚，其惟写生乎？"于是巾綦所至，缣素自随。曹兴观物，便图溪上之龙。韩干求师，即貌天闲之马。端通幽悟，允擅专家。手抚甫竟，不胫而走东瀛。意造自超，服膺独于北苑。心血积耗，更甚贺龄，头风屡侵，更无琳檄。

以共和乙丑九月二十三日卒于京邸，距生于同治庚午七月十七日戌时，春秋五十有六。配同邑庄氏，玉台缔好，珩佩留徽。先公二十六年卒，赠恭人，葬石塔庵祖茔。继配丰润张氏，振諆谢庭，传芬班史，封恭人，后公一年卒，合窆于北平某山某向。子一祖逵，学名云逵，张恭人出，留学柏林大学，哲学博士，亦娴绩事，克承家学。

余与公兄珙湘夙联缟纻，兼契埙篪，以湘之请，义不可辞，乃为铭曰：远也残山，所南本穴。君岂画师，百城之杰。嘉行早融，贞标晚揭。擩染山河，中有鹃血。桂蠹而摧，兰劳而灭。仙乎沧江，幻为虹月。灵邱斯峩，寒泉永洌。潜辉不刊，昌于来叶。

赐进士出身，南书房行走，翰林院侍读，长沙郑沅篆盖

赐进士出身，头品顶戴，署浙江提学使侯官郭则沄撰文并书丹

诰授朝议大夫宝如公像

诰赠恭人庄恭人像

诰封恭人张恭人像

故河南政务厅长武进陶君家传

君姓陶氏,讳珙,字斋如,系出汉徐州牧谦,谦以讨黄巾党功封溧阳侯,子姓蕃衍,世居溧阳义笪,自成村聚。明万历中,邵武府知府讳人群者始迁常州,后遂为武进人。祖讳世绵,以团练御太平军,死难,清赠云骑尉,祀昭忠。考讳恩泽,官淳安县知县,县民号为神君。俱自有传。君生而体羸,父母不令就外傅,然性憙读书,梦中呻吟,皆书所诵习者。稍长,从族兄郢声学功令文,间授以《左传》《纲鉴》,即取它本评语迻箸简专,字密若蝇头,朱墨淆错殆遍，其后校书之业实基于此。

既入县学，凡五应乡试，累荐不售，入粟为知县，选授河南沈邱。本繁剧，盗风张甚，君悬重金购其魁高鸦头抵法，余众走散。豪民王一清者，工刀笔，横行乡里间，尝睚眦杀人，官府莫敢谁何。君到，即捕而致之，数其罪，投狱中，锢之终身，于是邑人无不相告称庆者。又富室赵氏兄弟争产，吏因缘为利，讼十余年不决。君坐堂皇，陈《论语》《孝经》诸书，命之讲解，积数日，各涕泣悔悟，顿首求解去。时鹿邑亦患盗，省吏檄君往治，君简练丁壮，增缉捕马步队额至四百名，饷械不足，即捐奉为之倡，盗悉平，境内大治，考上上。

会天主教西人某鱼肉同教，同教者愤甚，挟至郊外，丛殴之，君集讯两造，尽得其情，谳将定矣，而主教安西曼从省中来，诬良民仇教，欲兴大狱。君据状力与之争，省吏终不敢袒。君遂去职，旋复被命知浚。浚司捕隶郭长泰拥徒千余人，素骄纵不奉法度，君首诛杀之。匪党王媪凶悍，无人理。袭五经博士端木广仁自以先贤裔孙，欲广其祠庙，数侵民地。君一裁以法，王媪死，广仁亦敛迹，浚人谓之除三害，父老至今存者犹能道之。未几，改授永城县知县，调署祥符河内，所至有声。辛亥秋革命军起，河内当秦晋孔道，奸宄四伏。君躬督警兵，昼夜巡徼，民安其居，若不知有外变者。

既易帜，君解组归，民国四年复起为河南政务厅长。九年，长山东全省烟酒公卖局，非所乐也，寻乞休，寄居天津。性雅耽典籍，积书数万卷，好阮元、黄丕烈所为，得一善本必钩稽参校，至忘寝食。尝校《世说新语》过半，复得宋刻本，即又首尾覆勘，未竟而卒。成者有《三国志评校》尤精力所萃也。别以泰西法景刻《辍耕录》《太平乐府》《书史汇要》若干种，其弟湘与邑人董康亦好刻书，并称精善。

君历任大邑，没无余财，终其身未尝有声色车马衣服宫室之奉。配李夫人，端重和淑。武进李氏为巨姓，而君家世寒素，夫人布衣操作若素能者。君孝友，乐推予，意之所向，夫人辄先为之，故得壹意外，务以就功名。子五人，祖光、祖毅、祖坚、祖康、祖朋，祖光出为君从兄泗后。服官民国，并有才誉。六女，一幼殇，五适士族。东继妻，君长女也。受其叔父命，请为传，箸家谱中，以示来叶。

赞曰：东居甥馆时，日侍谈宴，见君接宾客，御婢仆，慈祥煦煦，若和风扇人。而一为邑长令，搏击豪强，即凌厉逴跞，不可干犯。然又非武健吏比，民渐其泽，称道弗衰，岂诗所谓“岂弟君子”者非邪？政号共和，吏治日益偷窳。君用故人招，稍稍出仕，难进而易退，竟以丹铅自适，老死寓公。昔陶侃为八州牧，运甓习劳，终戡大难。渊明直改革之际，弃官归隐，皆君先世也。君所遭遇不必尽同，而志行则相若，皭然特立，不缁不磷，岂唯子孙亲族独被其教？抑当世之楷模也。

中华民国二十五年岁次丙子，子婿汪东拜撰

月如公像

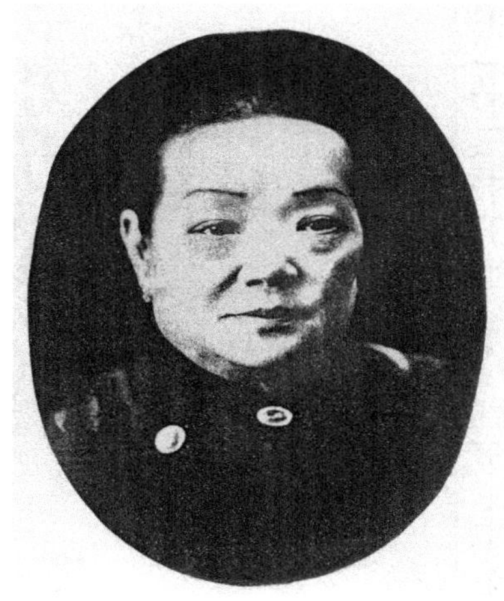

李夫人像

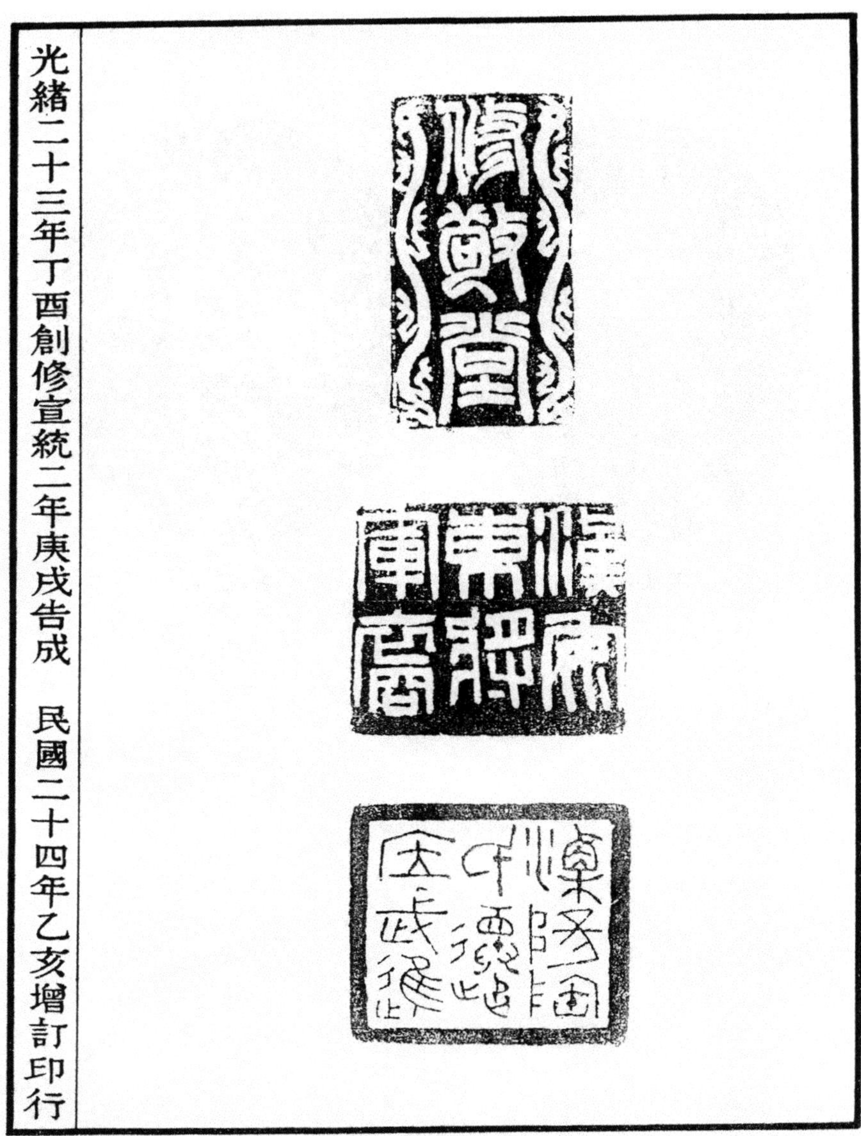
光緒二十三年丁酉創修宣統二年庚戌告成　民國二十四年乙亥增訂印行

溧阳陶氏迁常支谱牌记

·下　编·

陶氏家集

亦乐堂诗草

武进陶自悦心兑

仆喜读诗而无意作诗，帖括之暇，随口吟弄，辄复弃去，败簏中检录数章，遣兴云尔。

咏 怀

落月摇空房，悲风褰幔组。鸡鸣夜未央，披衣仰天宇。北里激清商，西邻扬妙舞。嗟予独何为，沈忧乱无主。

又

婉娈千金子，承恩入昭阳。容华艳旭日，激楚凝空光。一朝结欢爱，千载余芬芳。彼美生幽谷，蛾眉自飞扬。蕙兰纫春佩，薜荔缝秋裳。唯随比翼鸟，凌风共翱翔。

又

羲轮朝夕驰，千岁不遑按。谊士敦夙心，动静因所判。杨子陟高阁，嵇生含远观。崇峦变壑谷，流水空波澜。急弦张绝音，哀哉北窗弹。

又

出门谁与欢，徘徊伫空野。万壑泻哀湍，风高木叶下。有鸟号且驰，日暮未遑舍。群生资元化，幽愤得倾写。咄嗟餐霞客，清泪徒盈把。

奉寄孙先生

苏门长啸后，谁复识孙登。齿砺南山石，心枯北海僧。百年闲鹤立，千里困龙腾。却羡平湖雁，冥冥巧避矰。

题宫斋中松石歌

我爱湖山一片石，不雨不风泻空碧。飞来江上岁月深，半角烟峦势千尺。主人嗜奇迥不同，石间种树只种松。白昼龙吟墨池里，青天浪激阴崖中。北窗亭亭小山桂，梅花出楼枝旆旆。还栽两松挹清翳，与前六株同偃盖。主人自谓心赏足，松根倒拂潇湘竹。竹实累累引凤儿，皋兰被径香风迟。我来盘桓醉酒卮，与君共赴羲皇期。

还濑里怀宋其武年伯吴见末先辈

桑梓过从地，知交半老苍。齿牙曾不惜，年分两相忘。洗马风流远，元龙标韵长。河山邈寂莫，青眼向谁狂。

妹婿马千赋出尊甫甸臣先生书画卷见示即坐感赋

学士才千斛，斯文佩典刑。奇情散邱壑，骏笔走风霆。贾傅书还在，灵均醉独醒。膏腴应得早，鼓箧有遗经。

秋　夜

秋夜夜未长，劳人敛衿襘。徙倚坐空堂，窅与精灵会。落月下河梁，白云亘如带。飞萤立草头，啼螿半棂外。对此怀百忧，惊魂逐浮芥。惨怆念同生，萧寥遡先派。咄哉岁月流，心迹绝溪介。须臾鸡复鸣，曈昽露犹霭。身世亮若斯，艰难叹徒嘅。

怀玉度

落落有蒋生，弱冠表英特。索之形骸外，憔悴不可识。澶湲悲逝流，后来罕俦匹。高怀澹春云，孤心倚秋瑟。人物信缠绵，见闻守元默。感激明义敦，艰危镇相恤。乘马不借人，阙文想遗直。得丧何纷然，心枯气逾塞。恻恻平子愁，沉沉长卿疾。仙人游太清，竖子抱空质。咄嗟念同忧，抚剑歌逼侧。

寄怀中表唐四弟致尧

岁晏芳草歇，日夕沉湖阴。萋萋云弥渚，肃肃风动林。北窗既止酒，东园且罢琴。偶然谢援羡，愿言怀赏心。赏心何处所，迢遥限南城。平原我摇荡，新丰子滞淫。襟期豁蓬户，分理安华楹。伯伦醉悠忽，茂伦醒崎嵚。纷务罕酬对，元赏遂兼并。缥缃昼束阁，墨床夜凝尘。素心渺秋水，妙响流瓶笙。(秋水、瓶笙皆唐家轩馆也)布算辄忘恚,听歌忽沾襟。不知白日逝,讵忆高台倾。燧火转林木,寒蝉散秋岑。秦王苦服药,汉帝乐长生。金茎露泥泥,璇房日沉沉。驰骤隙中驹,飘摇风里灯。君子厥储待,小人困飞腾。形骸守寥廓,志愿徒峥嵘。荣名岂足期,得意良有任。长歌欢友报,引领伫瑶音。

赠玉度

秦云一夜飞千尺,药栏腻叶蟠空碧。神娥嘿雨下巫阳,瑶瑟泠泠万山澈。我有新愁隔湘浦,市南曲陌逢蒋诩。陌头杨柳骄含烟,长条拂面思当年。停杯月射黄金匣,横笛风吹白玉鞭。此日逢迎何草草,自倚红颜长美好。子云献赋入长安,我卧空山惜花鸟。海石尘飞桂水深,江郎已老虞卿贫。三径落花愁暮云,南山泻影迥空村。村口梅风飘燕麦,春酌沉沉永今夕。莫将心事问三秦,茂陵柏扫千寻壁。迷魂沉沉归不得,荼蘼香深月华白。南方佳人谁第一,领袖风流君独绝。辟谷孤游张子房,听笳高啸刘越石。云去天空成暂隔,龙池梦断山阴雪。陆家兄弟青云客,与君结交重心骨。呼来与君共倒金错杯,我亦为君高歌狂叫生风雷,临觞不醉君何来。

答宾实

有客有客风萧萧,披书案朽生蓬蒿。但能好事来相访,不惜倾家醉尔曹。尔醉横鞭出门去,我亦苍茫狭斜路。一声歌断北林春,吴云散落庾家墓。黄皮褶袴紫罗襦,金槽玉轸临交衢。襄阳市上铜鞮曲,山简风流可得如。谁家如花好儿女,轻风摇摇吹白纻。问之姓氏凌青云,黄河激水飞天姥。襒裾一拂林壑寒,天上儿郎色如土。楼头柳丝如散缕,风吹燕子仙人语。彩云飞尽古王侯,铜驼泣露听双杵。昨夜憧憧月满轩,五更风雨流青钱。村儿隔江认牛马,团□梢鞭走城下。白杨风起青蝇飞,艾叶江蓠正堪把。董公自是天下才,金门射策吹寒灰。阁中只下陈蕃榻,座上时倾北海杯。更有新诗过谢朓,空堂飒沓生云峤。不须上马拟殷刘,江郎未敢夸年少。自余轻薄何足道,拂衣但解怜同调。瑶台歌舞空相望,步兵恸哭平原笑。

赠恽子正叔

我昔渡江来,与君隔吴越。君今渡江来,与我去咫尺。咫尺咫尺不相见,江涛拍天雨脚乱,道无行车泥没骭。君折江蓠当薇蕨,我抱青箱营束帛。井底双龙枯欲死,羝羊触藩那可出。楚云蜀月空消息,五岳峥嵘起胸臆。酒酣叫五卢，百万恣一掷。宁投白璧赠青蝇，不惜黄金买骏骨。喜君来，迟君久，饮君酒，握君手。爱君知君情独苦，怀抱欲吐不得吐。空山昨夜吊蟪蛄，江上何人妒鹦鹉。我有朱弦琴，为君鼓再行。越音凄微不可听，故都烟树空冥冥。楚歌激越惊鬼神，坐客掩耳心屏营。漫漫长夜鸡不鸣，天寒日暮离愁深。赠君芙蓉花，芙蓉惨无色。赠君杨柳枝，杨柳不堪折。我有匣中龙，一雄复一雌。与君结佩相扶持，跃水变化会有时。

即席赠客

危城粉堞映天齐，江上西风听鼓鼙。歌罢银筝追往事，扣残铜盏和新题。柴门处士形如鹤，江左彝吾气似霓。百斗愿从金谷饮，岂能骑马学鸡栖。

赠周子

黄金结客少年场，烧却儒冠志未降。击筑曾歌燕市月，敝貂犹染蓟门霜。归来三叹弹鸣铗，老去千秋恨药囊。落日一樽同起舞，几人白眼笑猖狂。

赠吴郎

凤皇翔九仞，凤雏声嗷嗷。鹰隼恣远击，安能顾其巢。黄鹄东南来，挟之同游翱。槎枒俯林莽，浩荡鸣江皋。燕雀何啾啾，附翼思云霄。所在足稻粱，卒瘏心自劳。翻然弃之去，顾影惜羽毛。枌榆寄一息，伫望天风高。

杂　诗

公子开华筵，宾朋集珠履。贾客直上坐，顾盼雄如兕。卖浆与博徒，毛薛何纚纚。微巧半吴侬，深怨少楚士。谐论滋味入，清言落纨绮。君子慎作缘，踯躅迴鞭弭。

十一月朔江上赠恽生兼呈张子

仙人骑鹤渡江来，却望南山荟蔚开。何待呼龙种朱草，袖中云气是蓬莱。

又

吴绫百幅老朱颜，壮志空令物外闲。辟谷何年辞帝子，采芝今日见商山。

又

清斋不为学长生，长跪高堂献芋羹。歌罢采薇人尚少，肯因龙卧老躬耕。

丁巳元旦树园观雪

江城已回新岁月，江天犹飞旧风雪。主人朝披鹤氅裘，挈客寻花踏重壁。金谷照耀琼瑶台，寒光射眼青莹骨。登楼下绕百折廊，直从山阴泛舟楫。千年老树条尽封，梅花冻缩不堪折。鸟雀争翻竹实尽，嗷嗷朱凤垂双翮。斜曛凄滄夕风紧，归饮屠苏报佳节。歌成白雪待阳春，明日条风听反舌。(来日立春)

赠兰溪祝子坚先生

适越三年过，从游七岁强。采芝人尽远，饵术鬓犹苍。抗揖王侯第，驱车戎马场。逢迎真隔世，欲语涕浪浪。

再赠祝先生

八十无酸气(先生有小印，刻"年八十无酸气"六字，对客诙谐，辄用自憙)，飘飘似列仙。方从天外得，书向老人传。三醉兰陵酒，频催入洛鞭。为君怀一刺，辇下问高贤。(先生传西洋医学，得其丹秘，相见劝余入都，访灵台、南安两先生)

后里选行为汪天泉先生作

我读尚书里选行，顿使远望长咨嗟。虞周抡才只千古，后来取宠世可哗。孝弟力田差近矣，庐坟割臂争吊诡。唐家词赋披朝华，叹息曲江无杜李。当时通牓尔何人，十科宋制非呈身。限以帖括始画一，学校养士士乃醇。茂才之举仿里选，王佐真儒门各扁。昭代相仍踵故明，经义何尤訾未免。名实乖违俗渐成，章缝往往杂狯伧。法不弊人人治法，袁袁州后惟临清。尚书慷慨论前事，再庆斯文弗坠地。煌煌三晋火薪明，百余年来仅有二。高都行部世果无，天泉先生双眼珠。一顾能令空万马，囊谁处颖风谁簸。请托货贿两无用，幽潜鼓气歌交衢。贱子毛椎弱岁美，袖手旁观色屡动。愧无硬笔继尚书，山鸟啁啾夹吟讽。噫吁嘻，风颓习坏良有由，才分杂并收江陵。旧令严澄汰文章，讵等讵等军旅谋。此事刻急不足道，荡涤何如清滥冒。安得公辈十数人，管领八埏弘有造。会见一歌再歌乐府传，改窜赓扬入典诰。

东四司友诗次汪公韵

参天老柏标孤洁，三松负墙如立雪。雪摧霜剥几千年，年年笑看繁华歇。层霄清荫自婆娑，易叶何曾一改柯。许我结交成五友，岭头堪赠白云多。

濩泽试院老桧次汪公韵

绛帐堂深别有天，蟠根百尺长灵泉。枝分松柏知同气，草带文章记宿缘。风过有声清似瑟，秋来无染澹于烟。只看云汉澄波处，洒落庭阴一亩圆。

题卫君定远友山园

友山主人一世豪，少年轻业轻萧曹。思亲忽罢封侯志，白云飞绕行山高。州城大宅旷不处，还向故寻素侣千。古交交情孰久要，惟有山灵默相许。踞山筑园名友山，友山主人乐且闲。啸歌有时互响答，风雨不变真容颜。友山得泉山顶泻，我友心期倍潇洒。伯牙鼓弦钟期听，世间那更知音者。重楼复径相回旋，游人往复迷洞天。蓬莱方丈金银阙，谁云富贵非神仙。我亦青山旧知友，荷衣犹卦门前柳。愿乞友山作主盟，云关他日来重叩。

亦乐堂遗文

武进陶自悦心兑

山西泽州志序（附例言）

域中三大权，史居其一，职独领诸天子，其起封建于变为郡县乎？晋之《乘》、楚之《梼杌》，皆列国史也。逮列国废，小史、外史失其官，郡县始专以志名，实史之权舆。志不信而求信于史，戛戛乎难之，又不徒备史料而已。昭示往来，用垂法戒，民听不惑，乃知劝惩，其必为善也。如水之寒、火之热，其必不为恶也，如驺虞之不杀、窃馐之不谷。匪独性生，风教使然耳。叔季职志，失也久矣，宜书不书，则不宜书而书。夫图经者，辨名者也，功等纪载。故承讹者，失仰观天文以明占验。故袭胶者，失古今建立异名必核，故漏且舛焉。失之唇齿咽喉度其要，险夷潴泄审其用，故夸者失而昧者亦失。兴作以时，故侈张土木者失。俎豆学宫，有其举焉而不录，庙食几非其鬼，胥失也。田赋异等，坟垆异壤，民数盈缩，兵防兴废，一切不稽，其失也略。宦师墨败，安然胪列，而贤良姓氏若存若亡。人材者，一乡之元气也，多掩于秽史之手，乞米同恨，其失也诬。又安论窃曾闵，冒纪共，但夸充隐终南，孰数辽东避地，马医魔外，标榜满纸，其失也离经而乱。正风俗、贞淫人、事根本、礼教衰而民行薄，不为之爬垢索瘢，其失也流荡而难返。寓言幻迹，尽指真铨，虽达官贵人，方为嘘墓，瞻狗之失也。有德则祥降，无德则妖兴，故弃人道而贤鬼及缕称，荒邈不经，好奇之失也。

觇风经国，莫如诗与文，名卿硕士有作，不采则已，采则必关风教，土外此而渔猎空言，溺心耳食，其失也泛滥而无功。悉反是道焉以为之，则得矣。虽然，作者之难，唐宋先之。明《一统志》成于李文达，贤归熙甫当讥其后，更有议姑苏志命名之非者，其他可见。元揭傒斯云，修史在得人，有学问文章，知史事而心术未讲，不可与。志犹史也，今欲举泽之文献，振湮探赜，以缵万绪，故老在，无杞宋何征，不尤有难焉者乎？先是庙堂元辅，臣请诏修天下通志，檄三晋郡县各以书上，当时心凭旧志十八卷，漫漶已不可辨。盖去修志日且百数十年，而启、祯后，绝无闻焉踵事之增。久闻筑舍间有留心考索，不无别录世本而束之庋阁，残文半蚀。昔司马文正《通鉴》成，惟王益柔读一过耳。然后知作者难而心知其意者，尤不易也。有司缺失，将贻人心世道之忧，此独非程纯公过化地乎？顾听法戒茫然，劝惩不立，河江日下，曷砥狂澜？不揣孤执简任之朴学小才，以方曩哲，奚翅上下床之判，准道以为言，删存抉摘，差具发明。

越一载，余辑成三十篇。讵谓选择精详，可拟中衢之罇、供瓦瓯樺杓之随浥满腹，而训方励俗，不援曲笔以滋心术累者，以微当焉。其为有识讥评与否，所不可知。他日征求，或取诸此。外高大父唐荆川先生序证江志，慨然言家籍志，体裁亦殊，的然当实用而非取辨具文，则一也。因及前人以其用心而著之籍记，后人因籍记而得前人所用心而守之。某三载备官，追维绪论，雅思风教，卒未克有所为，而以引年心不易尽如是。会书镌讫工，辄推原志之所以重，并历着修之之失而，且难不获已续修之意，弁其端后。有君子其同心当十百倍某，使缘此知不易尽，姑即书以见其用心所在，则厚幸矣。若取义征事之为得为失，终不敢据一隅自信以行后世，而知罪不复计焉。谨序。

例言(二十八则)

——志专表媺，体与史殊。关中康海志武功并举褒讥说者，谓其参史法、意近古，他志不尽然。往往包罗和会，其失也滥。兹照《通志》分为三十卷，要归简括别类，大旨已见，小序弗复赘论。

——旧志创州守毗陵顾公显仁，本久失传；续者孝感傅公淑训，明穆宗以前事稍稍具，神宗后缺略多矣。矧又阅百数十年，舍此不图，典章放轶，益何可稽？不揣身任举鼎，绝脰安避焉。

——名志书，自德涵而外，若赵浚谷之平凉、程篁墩之新安，文献考，郭美命之江夏，皆大夫贤者，掺不律从事，以灼见易核也。今大学士陈公望于泽，方在日月之际，无暇屈国史，余才就此。一二贤达胜流率逡巡谦让，乃以委之菲陋如某。其间搜幽剔隐，援据疏通，少有一炭之光，而见闻未扩，挂漏不无柳子《非国语》、吴缜《唐书纠缪》，古人用意相成，后有作者，愿是正之。

——事迹丝棼，惟赖稽质。官舍携书不多，除列代史，《山海经》《地理志》及诸名世撰录外，并访得泽贤公卿传集，参互为准。高平毕公振姬有四州文献，未即成书，捃摭颇广，资其什一。名山旧史，必采世本，良有以夫。

——修辞立诚，志亦宜然。某孤位苟禄，备官三年，乙酉夏季始有此役。才学识逊，前修区区续尾，师心是惧。会里中同学老友龚子士荐访，高都素负范长头之目，相与镌诬刺谬，往复讨论为多。前辈宋君鸿以名宿同知州事公余质正，更资参考。越一载，四易稿本，乃克杀青，而分辑汇编。则熟于掌故之沁水孙君如琮、季君恒，高平姬君鼎，燕阳城白君畿及其兄偰，泽州赵君师城，功不可泯也。

——图考照前列境治，而疆域修广则附境图，不另载。添公署、学宫二图。一州四县，悉具名景，差有详略，增所未备。太行一图，起讫亘州，属比旧拓矣，论星野躔次，原属觜参，复及昴毕，不妨并存以需考证，详见图说。

——建置沿革旧志，仿《史记》年表，而上下参错，未便指陈。《通志》暨别乘，依年顺序，盖大事记之遗。今用其法，后附编户盈缩之数序，封爵职官选举亦然。

——学宫，旧不载名宦乡贤姓氏，此自古彝典。末世行之，未免缘饰，或反不关重轻，然而羊存礼存，何可抹煞，特详著于篇。

——形胜山川略，仍旧记。城池公署，有功必书，祠祀尤戒淫谄，因其重而重之。

——贡赋事关邦计，昔有志一统者，欲详载户口田亩，而诮之者以为非黄白册也。然则《禹贡》周职方，亦等黄白册乎？一遵全书，提挈款项，缕具原额。新垦现在，征解实数。屯田驿盐，各以地附，州详于县，统宗之体则然。

——故明宁山卫为防御，设在治东北，今废，但存空趾。国朝兵制并泽于潞矣。识原减兵额于幅,有志安民捍患者,盖变通之。

——名宦久著,仕版尽录,其增入止凭一节,弗概生平。故名实相符,离任即与登记,非同志人物者之必俟盖棺也,若未经论定,不敢滥收。

——选举文武科目及贡士,自旧志增补至今,其以例收官本州,全录四县,但列已仕者,椽史不能悉知,姑有待也。

——传人物,自昔难之,其见称于世,如习凿齿《襄阳耆旧传》,甘伯宗《临川名士遗迹》,黄璞《闽中名士传》,宋濂《浦江人物记》,可指数也。余不能无浮滥矣,泽之患在缺失,旧志不及。后来通志所收亦复落落烂然,名在史宬,乃反脱之,一一搜罗补传,安能窃拟前型,差为群贤,特开生面。

——史臣传,各列一目,通志汇合统称人物,良是。大端足概直书其事而其人见,何必沟而别之,方诩月旦之真也。

——传中官爵当依列朝名例书之,乃合史法。王元美云:今有司马迁亦难成《史记》,以近代官名不古耳,沿其说必窃借汉唐官制以冒今名,读者绝不审为何朝人,兹尽易时号,其艺文相袭则仍文。

——郄鉴、虞溥、徐招、擅翥,《通志》辩非高平人。旧志所收,姑存其名于选举,而不为立传。

——出处之际,有经有权,胜国名流,膺荐从仕国朝者,则标以前进士。例不没其实也。

——孝义别为一门,正非强分名目。夫潜而在下,讵等跃而在上者之所为,可以光明特达乎?不与诏旌,行将草本同腐,激而书之,以阐幽耳。

——概书列女,不分节烈,孰谓丈夫胜妇人?铁肝石肠,巾帼有之,殉死存孤,接踵而出。可传者为之传,次亦标名纸尾,俾愚下闻而知劝,未必无补,弗谓取之太博也。

——隐逸、留遇、方技、他乘轻视之,耰锄之老,卖菜之佣,厕名其中,比比而是。仍旧采而稽新入,兢兢慎之。

——仙释寺观不删,所以示鉴,绝非助流二氏。

——风俗坏于人心,而人事转乎风俗。举其积习,剌剌不休,盖思救矣。念物产有无,重惜民用,亦附载者之意。

——古迹涉附会者,不书。新入陵墓则以人存。

——祥异杂录,或因或补,可作外书观。

——艺文首尊御制,无特颁兹土者,所有诸家诰勅,谨为详注恩赉。高文典册,有为言之。巷语途歌,輶轩可采。关系郡邑,遴选登集,纪事垂戒,意不徒文。否则骋鞶,悦矜侈富,其以兹乘为书仓韵府乎?敬谢不遑矣。

——他志俱载,传志状表无论子孙请乞,谀墓多诬,不足依据乃志,已荟萃立传,又安用此重见叠出且载之不胜,载乎范史论,后赘以赞,尚尔始讥艺苑,而狗人市德致乖体裁,保无为有识揶揄,概削之。

——披阅泽先正之文,立朝谏草,天壤流声而济世弘章,封疆倚重,自当传诸国史,非郡邑可据而私之。倘以为不饱众目,则有诸巨公全集在。

陵川郝文忠公集叙

明道立教之谓文,何代蔑有?其间升降随乎运会,而显晦因之六经。道言无意成文,文之至也。先秦两汉下,由文溯道,叠更盛衰,后或弗逮夫前,变而不失其正,其人类皆娴经术、贯百氏,大放厥辞,力回澜倒,中流一壶,如马、班、贾、董、韩、李、欧、曾之徒,代兴者是情有各深,才非相借,雄长一时,群遂奉之为宗,而旁出唐子,末由窜入正统,则古今一辙。援此以定南渡金元之文,莫不然矣。陵川郝伯常先生崛起冀南,奉使不辱忠诚大节,载在《元史》,闲尝取其世论之。当干戈俶扰之秋,齐盟早渝,邾莒不狎,宁复知有通经学古之事?先生蒙难,艰贞不夷其明,蕴酿载籍,发为赡博宏肆之言。理性得之江汉赵复,法度得之遗山元好问,而独申己见,左右逢源,固自有其文,以之骖騑前哲何愧?嗣后姚氏燧、虞氏集、揭氏傒斯、戴氏表、元黄氏溍、柳氏贯、欧阳氏玄、吴氏莱,咸以其文成一家言,有名元代,非先生导其先路哉!盖作者难,识者尤不易。历下李攀龙创论,不读唐以后书。貌史汉皮毛者靡然从之,以故近世遗文放失,间脱蠹口则烟煤庋阁者多在。昔昌黎起衰八代,必俟二百年后六一居士得旧本韩文,为之演绎,其学始昌,他可知已。故明三数巨儒讲求复古,不以世限,往往掇拾标举,疏通证明。若所称牧庵、道围诸君子之书,次第昭布。先生所著《续后汉书》,暨《易》《春秋》内外传,《太极演》等书,不下数百卷,俱不传。其文集三十九卷,曾一刻于元,迨明武宗朝,沁水李司农叔渊官楚,复镂诸板,江右陈司空文鸣为之序。其本行于北,东南学士罕藏之。余愿见既久,购不会获,移知泽州。

岁乙酉纂修郡志,遍搜得李刻全册于陵,大喜逾望。惜鲁鱼漫漶,访他邑又见一前本,似初刷者,颇明晰,较其可知。余则姑付阙如,因叹先生之文宜冠元儒,遭逢不偶,至宋被留真州十六年,当时其地守臣,请与张垔、吴澄并祀曰“三贤祠”,讫今不可问。陵川故里,庙亦颓废,制作迨将澌灭,此大阙轶事。忝守先生乡,责不在我乎?檄属鼎新其祠,爰举前集,命刊梨以行。敢谓先生异世之桓谭,聊志私淑,且厌求者心尔。然后知处晦之必有时而显,先生实大声弘,光芒终不可掩。旷在易代,一遇于余则表而出之,彼雷同剽窃,庞无一物者,即汗牛充栋,初何异水火之投?抚先生集,于是乎有感,诗文具在,卓为诸大家后劲固也。余览其论,兵议及上宋主万言书,通达国体,指陈利害，务俾守以持重，答天心、惜民命于和议，拳拳三致意，非空言无实可比。其见起矣，经济专门，望洋徒叹，孰云文士弗适于用哉？发微者当自得之，沾沾源流派别，又可置弗论焉。

溧阳宗谱引

在《易·师》之上六曰"开国承家"。国，上者数百年，下者一再传。家或世不常禄，然法与人在，犹可守，故能较国为长有。故家则有遗俗，家于民近而长民，夫代更世远，其人犹称"某氏遗民"，盖传一二家而一方从之。然孟氏曰"纣去武丁未远，故家遗俗犹有存"，则是故家较国为难，何也？左氏曰，"国不弃礼，未可动"，家亦如之，是谓法与人在也。

世禄之家，鲜克由礼，故栾却在晋已夷诸隶，后世国屡易，人则燹余翚散，则彼故家可知，其越在千年又可知。然则故家之难，非以其守之难欤？知其难而幸承其难，可不图所以守之欤？今按天下郡邑志，所谓故家世其守者，得什一于千百，亦可慨矣。《典》曰"亲九族"，《周礼》小宗伯掌三族之别，古注父子孙也。六行之三曰睦。《礼》曰"以亲以睦"，族之有谱，发乎报本，彷乎史、酌乎礼，意亦劝亲睦之一。虽然，其在今则侈门第、着地望云耳。维是之故，甚者影响附会，赝及祖先，不亦悖乎？吾家始东汉，历今千五百余年，始侯服。历布衣儒宦五十余世，派流若井志，溧冠邑姓，盖几乎故居义筥者世微，故侯家尠焉。然力田孝弟，诗书雍雍未坠，是犹可以守维先王父籍。毗陵其去乡二百余里，何以联吾一本而维其后？今者族人以修乘请，兹诚日在予抱乎？维是忽忽四十余年，饥驱宦泊，吾生志焉未逮多矣，兹因其一耳。夫礼以实不以文，矧其行于家者，眉山苏氏作族谱。

故作《族谱序》告族人曰，死讣、冠娶、告字、孤守、无归，又曰无若乡里之望人某，大乱吾族焉。若是者，不虚吾谱矣。亲睦之，大建庙以继孝，立宗以收族，相见以时为礼，以事相养，教以方，皆儒者家法。他如韦氏之花树会，范氏义学义庄，则又在乎其人焉。吾祖靖节翁《与诸子疏》亟称颍川韩元长、济北氾稚春，其义尤高。故曰，诗云：高山仰止，景行行止，虽不能至，心向往之。噫！自悦亦犹，夫此志而未逮也。诗云：绵绵葛藟，在河之浒。谓葛藟犹能庇其本根。余老矣，后之人无忘余志也夫。（康熙四十三年正月）

附：赞唐溧阳宗谱序

皇上御极之六载，年谷顺成，人情镇定。吾族爰续修宗谱，设局义筥仁本堂。溯自康熙四年迄今，谱凡四修，序凡十一篇，得姓之源，分支之派，与夫徙居之迹，靡不详序简端，赞唐复何赞焉！独是数典非可忘祖，论古必求足征。

谱之始，溧阳侯讳谦也。时代既远，文献渐湮，几有不敢尽信之虑。然侯墓之在溧阳，固有确然足征者。墓在县西大石山南麓，距城十四里，而遥距义筥祠五里，而近俗称陶侯岕，是县志载之、宗谱载之，子姓世守祀之，由来已久。《大清一统志》载"墓在镇江府，溧阳县西南陶岕"，又载"墓在徐州府萧县东南陶墟山后"，读孙氏《续古文苑》有汉张昭《溧阳侯陶谦哀辞》，下注《建康志》，陶谦墓在溧阳。原志考证云，后汉献帝兴平元年，陶谦卒且葬，张昭哀之，为作辞云，与谱所载悉合。渊如先生考据之学至博至精，侯墓之见载籍者，度必前此无征。谨按《大清一统志略》《本元岳铉大一统志》《明贤季明一统志》之旧《建康志》，宋景定中和府事马光祖，以建炎三年改金陵为建康府，删改旧志，创为此书。《钦定四库全书》称其体例详明，考证皆有确据，夫溧阳在宋为建康府属县，而《建康志》之载侯墓，在当时必有实迹可凭。况侯本丹阳郡人，溧阳即汉丹阳郡地，揆诸古人返葬之义亦合。而又何不可尽信焉，质之长者，佥以为然，谨即以此为续修序。（咸丰丙辰二月）

亦乐堂制艺文

武进陶自悦心兑

弟子入则孝出则弟

定幼学之准，孝弟其首务也。盖称弟子，以其对亲长耳。将终身孝弟之是修，而幼学可弗先哉。子若曰：万物莫不有其始，孩提少长，人之始也。万物莫不有其本，事亲敬长，人之本也。始之不养，卒于何成。本之不立，继将安及？夫人冉冉百年，稚而壮、壮而老，谁不从弟子来乎？有长孰非弟，有亲孰非子。不才悖德之惧，毕生恒懔，此弟子也。试观纷纷伦类，败者败、成者成，孰不自弟子分乎？长在斯弟名，亲在斯子名。负剑辟咡之诏，一日尤念，此弟子也。充孝子之量，立身事君，扬名显亲，子而克孝者，百不一矣。尚教之以定省，尚教之以温凊。匪昏则晨，定必兼省也。匪冬则夏，温不废凊也。毋令一人而忍忘孝之教也。充弟弟之量，天显克恭，迈征无忝，弟之不弟者，什而久矣。兹教之以隅坐，兹教之以肩随，不坐则已，坐必隅也。不随则已，随必肩也。毋令一出而敢忘弟之教也。对长而肃然，对亲而油然，虽根于弟子之天性，然性不养则漓，漓而复之，难已！何如养之于初，而弗使漓于出入跬步之际乎。行必请于长，命必禀于亲。虽不过弟子之常识，然职不修则旷，旷而补之，后矣！何如修之于早，而弗令旷于出入俄倾之暂乎！以天属发其天良，称弟称子，正厥始也，始正则无不正矣。以人道定其人事，入孝出弟，端所本也。本端则无不端矣。言行交际，尚率此一一教之毋忽哉。

弟子二字读住，领全节，然不可落空，落空便是一节话头。孝弟虽是一节事，然却是终身行不了底，只看《孝经》便知。若说不止此一事，便是谬说。教弟子只是幼仪，固是孝弟末节，然道理只是一串，彻上彻下，自有时位不同。弟子只做得弟子底事，虽圣人天子，方弟子时，亦只做得弟子底事。只就弟子身上平平说去，到年长时，逐节随分做去，道理自在。不得自生翻驳，自添注脚，既害义理，亦碍口吻。须知"谨信亲爱"，其中层次亦不同，进境亦不同，年长后直到老时，亦须谨信亲爱，亦须"学文"，不是为弟子时应如此。将来又别有事做也。谨信亲爱，又何尝不是孝弟里事，只是大概说一做人样子，须在弟子时便培养他，不可走失了这个样子耳。"出入"二字须活看，只是不可斯须忘却意思。评示诸生，逐字理会顿放，又能使深浅恰如本义，不失铢黍，此由义理熟精，故下笔时能逐字称停，中边皆彻如此。

先生平时谆谆命学者，先熟读朱子文字，三复兹篇，知瓣香有在矣。（受业堉储可权谨识）

视其所以

衡人者首用视，而其品分矣。夫君子小人之分，分于其所以也。吾用吾视，而品不已较然哉！且自五性既殊以来，其刚柔善恶，不啻如白黑之不可淆，水火之不相入，而知人之哲，千古难之何哉！吾则谓人固不易知，知之者亦即于其善恶，彼此之间判之而已尔。是故人曰某君子亦从而君子之。人曰某小人，亦从而小人之。此以耳而废目者也。废目者，闻声附和，何能核其实乎？意其人为君子，遂从而君子之。意其人为小人，遂从而小人之，此挟私而用智者也。用智者，影响游移，岂能定其归乎？今夫日用酬酢之间，其趋于善者，君子也。其趋于恶者，小人也。君子之趋于善，小人之趋于恶，曷辨乎？辨之于其所以而已，吾从而视之，孰为君子而趋于善，孰为小人而趋于恶。品类既分，则趋于恶之小人绌，而趋于善之君子乃得而究竟之矣。且夫四肢事业之发，其反乎恶者君子也，其反乎善者小人也。反乎恶而为君子，反乎善而为小人，曷分乎？分之于其所以而已。吾从而视之，孰反乎恶而为君子，孰反乎善而为小人。涂辙既殊，则反乎善之小人绌，而反乎恶之君子固得而论定之矣。盖有善而无恶者，天命也。有善而又有恶者，人为也。衷之天命而善恶之衡定，验之人为而善恶之辙分。夫其所以，非吉凶修悖之亘古无爽者哉！抑有君子不能无小人者，阴阳也。有小人乃益见其为君子者，人事也。类以阴阳而君子小人之介微，判以人事而君子小人之迹显。夫其所以，非形影曲直之较然别白者哉！进而观焉，再进而察焉，而善之真也，君子之贞也，则皆即此所以而始终辨之弥精者也，而知人何难乎！

开眼只是一个善恶，君子小人，分涂别辙，方员冰炭，无丝毫搀和搅杂。所由所安，正从善一边推勘到十分贴骨处，讨一究竟下落，其实元还是这一个善也。若根苗不差，彻底本色，便只所以上一眼看定，无用推敲，为另有一种伎俩，全非本色。故须视了又观，观了又察，其实只要考订得一个善字谛当耳。竞说所以定得人品，则下两句似可抹杀。但将所以作一影象模样，则脱去本根，全无把鼻，下两句又从何凑拍得上。题似浅易，而从无合作，故并赘数言，以示诸子，识得。则不但所以所由所安只是一副头面，而视观察，亦只是一副心光眼光、一副天平算子，丝毫微忽，通瞒我不过。知天知人，知彼知己，只是这些子本事。下两句似一步高一步，其实定盘针还在此句也。（自记）

做一句题，直透全章，吴渊颖以生承还尽为文之法，余谓看理亦然。见得到，当其生处，发端便包二者，读此快心，理法环生，二之则不是。（同学龚复园识）

图说五性感动而善恶分，易通性者刚柔善恶中而已，如此言性，方明且备。大人文融会两书意说入，惟善恶本如水火，如白黑，故观人者必须剖判彻底。起比是人情两种障蔽，故皆目眯，开眼便错。中比趋是分看，反是对看。虽只虚说，而原始结竟，一索穿透，跟随一步亦是趋，背离三尺亦是反也。后比天命阴阳，回合性字，辙迹分善恶，品类分君子小人。万事万化，总由五性变合而出，正是为善为恶，分善分恶之所以然，即是外注知言穷理实义，学者于知言穷理未有体会，未许读是文。（男雍武敬识）

德之不修　一节

圣人示人以日新之要，而切言以勉之焉。盖修德、讲学、徙义、改过，四者交致，所谓日新也。不则圣人以为己忧，其勉人何切哉！若曰：夫人形生神发以来，苟非孳孳汲汲有惟日不足之功，淬励于动静内外之交，则命乎天者日漓，具乎心者日蔽，而践履乎吾身者，且安肆而日偷。岁月易得，习染难除，卒锢于气质之偏，而为圣贤之所弃，其疚心宁有已乎。是故君子之于道也，必先克治于性情之微，而知德禀于继善之初，其固有者不可无，其本无者不可有也。早夜以修之，闲其邪，窒其欲，精之益精，使渐复于高明广大之体，而日新之基于是乎立矣。继乃研索乎事物之理，而知学为集益之事，其未知者不敢安，其已知者不敢恃也，早夜以讲之，晰其端，分其绪，明益求明，使晓然于是非疑似之别，而日新之功于是乎密矣。由是诗书之训，师友之传，一闻义焉，不特欣然慕、爽然失，而直奋然往能舍其故常而徙焉。斯变而日上、而日新之机进，进而未有已也。由是日用之进，酬酢之烦，一不善焉，不特悚然惧、惕然愧，而实毅然克能矫其习惯而改焉。斯知行交进而日新之益，皇皇而无有终穷也。四者有各致之力，而懈其一则四者俱弛，何也？理欲之介其心，无岐用也。始之以因循，卒之以暴弃，希贤希圣，人人共此途焉。而自摈于不才之归，其甘之欤？四者有交致之助而旷其一，则四者俱废，何也？善恶之分，其几无中立也。始之以昏惰，卒之以缪迷，修吉悖凶，明明共此事焉，而自负于生我之意，其忍之欤？是吾忧也。噫！圣人与学者，虽有生安困勉之殊，而其所谓日新之功，则舍四者无由也，罔念作狂，圣人其遂能无忧乎哉。

四件各有地头，各有分量，合并来却又节节关通。有节次，无界限。有表里，无轻重，四路着力，才是日新工夫。如撑上水船相似，四枝篙少下一枝，船便横转，一枝不用力，便三枝都不济事。人生气拘物蔽，循天理是顺事，而势却逆，故必须勇猛精神，四路堵截。初时生费多少气力，方趱上一步，后渐熟渐觉省力，然直到中流自在，犹须时刻抖擞，不得公然放下。四件分得开，合得拢，正面说透，四不字自放手不得。四不字透，则末句自吃紧醒彻，文无别长，只亲切少闲话耳。（自记）

用此提撕愧悔一番，颇胜似吟一首诗，作一篇闲杂文字也，愿与学者勉之。（又记）

此题虽有四个名目，而实一串。德与义，似在内，所讲所改，何非内也。讲与改，似在外，修之徙之，亦于外也。不动心之本知言养气，养气又本集义慊心，道理原自一致，文中各致之力，交致之助，皆从圣人甘苦亲尝立言，直符洙泗心印。继唐薛两毗陵后，闻知见知，先生鼎峙为三，亲切少闲话，谈何庸易，夫子自道也。（同寅宋念蓼评）

子朱子传注，逐字秤量过，作者意亦如是，指上罗纹，历历不爽。理实而气仍空，宜其一时无两，以为艾圃说书可，即以为艾圃学谱亦可。（同学龚复园识）

思翁之圆妙，宣城之贯串，几于题诗上头矣。然四件道理，关通无界限，其贯串正不在字义也。时论反题忌发正面太多，不知正面函胡，则四不所以可忧之故，必不透露。正面实义，乃是忧字全神，故欲求圆妙，又非可索之描摹敷衍诸陋法也。大人每谓学先正，须学其经传精熟，理脉深微，不得但袭其皮毛形似，此一则大凡也。（男雍武敬识）

毋吾以也（再覆试题）

婉辞以诱诸贤，圣人之情见矣。盖圣人无斯须忘天下，故亦斯须不忘诸贤。诱之毋拘于一日之长，辞虽婉而情不甚切哉！意谓，今日者，吾党坐对一堂，何为乎？师以是教，弟子以是学，是弟子固各有师在其意中也。虽然，同术同方，师于弟子，自有考稽之益。而忘年忘分，弟子于师，仅修谨嘿之容，其意适相左矣。若吾一日长乎尔，尔严而尊之，固其素矣，亦思尊闻行知之谓何，而可沾沾形迹间乎？尔从而致敬焉，又其常矣，亦知敬业乐群之谓何，而乃拘拘晤对时乎？将以吾一日之长耶，其毋之也。吾以而切期月有成之思，吾愿之。吾以而徒廑穷年莫殚之虑，吾不愿之。吾以而动岁不吾与之叹，吾惜之。吾以而竟忘斯人谁与之怀，吾尤惜之。三代之英有志未逮，吾殆从车中老耳，犹忍以一日之长而寂寂相对欤？吾以而老安少怀，共此痌瘝之愿，吾望之。吾以而用舍行藏，徒付诸议论之末，非吾所望也。吾以而斯文在兹，共此仔肩之责，吾悲之。吾以而吾道终穷，莫思幹济之具，尤吾所悲也，姬公之梦，久衰不复，吾犹未旦夕忘矣，忍竟以一日之长而郁郁居此欤？俯仰古今，相期在天高地下之间，而仅逡巡于书册几杖之际，其见抑已狭矣！东周可为，吾不尔以，而贷吾之为吾，岂比面有年，尔反吾以，而负尔之为尔哉？盱衡身世，相证在吾性吾命之故，而徒修谨于进退，应对之文所见，抑已陋矣。材非一辙尔，尚不尔以，而必思吾之为吾，岂学有依归，尔反吾以，而竟不念尔之为尔哉！嗟嗟！圣人心乎天下而善诱无方若此，即一侍坐之顷，其天理之行，盛德之至，不已一一可想见耶。

且道圣人开口着此一问时，眼光照射何地，心期并落何所，是悲是喜，是何愿力。太空中作狮子吼，大地震动，诸天合掌，金刚如是我闻四字，山河国土，微尘万劫，尽在里许。（自记）

四贤侍坐气象，肃肃雍雍，圣人老安少怀之念，悠然欲动。“毋以”一言，多少婉曲，多少呜拍，神情却自蔼挚。先生心乎圣人之心，不觉身乎圣人之身，温良恭让，溢于謦咳，不特春风沂水之一班，即以礼字全副身教矣。道子白描，仍有笔墨微痕，此则以化工备天地春温秋肃之气，所谓现菩萨身而为说法也，毗邪摩诘，一时嘿然无言。（同寅宋念蓼评）

一句一声，一字一情，恍然置身宣尼座侧矣。（陈子静昆识）

不泛不激，不支不溢，确是尔时圣人神吻，后学体认得及，人文都进一格。（表侄唐祖命谨识）

圣人诱诸贤言志，是何心胸，沾沾就题摹画，虽颜状粗似，神理大失矣。文将老安少怀印证写照，又能抑扬含吐，虚领全意。既不使题句落空，复不嫌突然径露，一段缠绵恺挚，神味悠然。文至此，殆所谓化不可为者耶。（受业壻储可权谨识）

圣人发端语，轻描既易于落空，重发又嫌其犯实，惟此纡徐委折，适与题

称，而全章神理，无不包举。想踌躇满志时，其光芒直腾霄汉也，才人学人，一齐俯首。（外孙黄秉权谨识）

咏而归夫　点也

言志者叙及于咏归，圣人“与之”之故，可思也。夫咏也、归也，暮春之游乐乎。点志之，子与之，有以也夫。且大道日在当前，知其意者，固不待词之毕也。虽然忘适之适，狂士必畅叙其一时咏陶之情。而无言之言，圣人已深惬其平生教学之意。千载下，如闻其声，如见其心也。鲁论记圣门次问及點，舍瑟之顷，子已不啻心与之矣。而点顾言莫春春服不已，言童冠不已，言浴言风犹不已，而必继而曰咏而归，则又何也？浴则风矣，风则归矣。点何必不浴，何必不风，即又何必不归耶？归则或从而咏矣，点何必不归，即又何必不咏耶？噫！异矣，吾知之矣。莫春数语，犹然瑟声之希，而曰归曰咏，则铿尔之余音云耳。维时夫子，乃不觉喟然叹兴，亟从而嘉与之，则又何也？与其归耶，与其咏耶，与其浴而风，风而咏，咏而归耶？点何必不浴，何必不风，即又何必不归，何必不咏，而子又何必不与耶？顾点何必不浴，而非必于浴，何必不风，而非必于风，即又何必不归，何必不咏，而非必于归心于咏，则子亦何必不与，而又岂必于与而与耶？噫！异矣，吾不得而知之矣。点也高望远志，夷然舍此安归之槃，子也相视莫逆，恍乎无行不与之常。喟然之声与铿尔之韵，直如天籁相响答于太虚之间。一时闻者，皆嗒然自丧其我焉，善学者其可不深思而得之耶。

于无言语处着言语，于无笔墨处着笔墨。他人才议论，便落筌蹄，才点染，便涉色相，不但不能作，并未必能解也。噫嘻！微哉！（自记）

咏归是暮春一截尾声，本是镜花水月。合下喟然二句，则更是虚空幻影，无处可着丝毫色相。作者不但题解难理会，即作法亦大费推敲，真是才情本领，都使不着。（又记）

曾狂即景言情，尼父闻言兴叹，一时情事偶触，如鸢飞鱼跃，云去波潆，余及归咏，尤为空梁燕泥也。先生于通章圣贤气象，对晤生面，数子风仪神韵，一一得之意表，不惟求赤之为大，想见一堂师济，即仲氏之哂，亦属筦尔雅谑耳。作上文须理会下文，口吻神情自见，南华秋水，意在言外，犹有筌蹄织痕，此则春草池塘，采菊东篱，有天花欲落之妙，辅嗣之金声，叔宝之玉振，瞠乎后矣。（同寅宋念蓼先生）

截得清，括得尽，不难，难在一片神行，无离宗语，徒拟蒙庄，见其外耳。（同学龚复园识）

两头若使一呆句笨笔，便全非神理。所谓无言语、无笔墨处也。今将鼓瑟数十言，纳入咏归，并衲入与字。主客截然，而全不费力，不见半丝联缀纽合之痕。盖神理十分融洽，而后有因题布局之妙也。（男雍武敬识）

忠告而善道之

尽友之道者，惟实求所以益吾友而已。夫告而必忠焉，忠告矣。而又道之，且必善道之焉。凡此皆实求所以益吾友也，友之道斯尽也。答子贡曰：交友与求友异，求友则惟虚吾心以受之，交友则必致吾诚以辅之，而要无异也。知我之如何望助于友，则友之所以望助于我者，可知矣。知友之如何望助于我，则我之所以助吾友而慰其望者，又可知矣。赐也，其仅务声华之美，而以应和为友乎？是名也，非实也。其仅矜气谊之高，而以结纳为友乎，是外也，非内也。友有劝善之责，我之见及乎是，则必如是以告而无匿情焉。我之见进乎是，则又如是以告而无留蕴焉。斯乃谓之忠矣，友有规过之义，我信其非是，则恐友之或出乎是，而勤恳以告焉。我信其不当如是，则伤吾友之，将出于是而号呼以告焉，斯亦谓之忠矣，而未也。我以见及乎是者告之友，而友则未必而及乎是也。我以更进乎是者告吾友，吾友则未能遽进乎是也。苟非从容诱掖引之，使入而不出翼，不使前而弗却，则虽日以圣贤相期许，而望吾友之骤进于善，其可得乎？我以为非是而告之友，而友则未必亦以为非是也。我以为不当如是而告之友，而友犹未必竟以为不当如是也，自非反复开陈。别其途使之知所返。指其端使之知所避，则虽严如父兄相诰诫，而望吾友之得免乎过，其可必乎？故忠告矣，又必从而善道之，斯可也。忠告以发其向善之诚，善道以坚其进善之志，此丽泽之象，而君子讲习之所有事也。忠告以动其悔过之机，善道以成其改过之实，此他山之义，而良朋攻错之不敢宽也。故曰：友也，其或情穷势绌，必非口实可争，则当裁之以义，而弗使友之至于离，是又不可不知之矣。

友道只在劝善规过。题六字，便是劝善规过之方，文颇清脱无尘土气。（自记）

极淡极朴，却语语谛当，无数激昂意气，调停议论，都无使处。诸生作多将善道错会，误搅，混入下句，而下句解亦错。可知忠告二字亦体味不真，道不着也。（又记）

清真是本色，其断制一二句，极他人呕心不能者，出之洒洒，要熟须从这里过，信然。（同学龚复园识）

朋友一伦，与性俱来，忠告是尽性事，善道却是尽人性事，尽人性只完得尽其性，善道只完得忠告，文从友道提掇出劝善规过。从劝善规过生出浅深四层。发挥忠告，即将浅深四层，向友身上推勘一笔，抉出所以当善道之故，

上下截真诠透竭无剩,方得恰一串之义。(男雍武敬识)

民之于仁也(附刻)

民生于仁,圣人勉人切思之也。夫民之生久矣,而不知其仁也。切而思之,圣人岂欺我哉!子曰:旷观两间形化以来,大德曰生者,仁也。日用不知者,民也。民寔生于仁,芸芸者谁则知之乎?仁寔生斯民,悠悠者谁则念之乎?嘻!嗟乎!吾其能已于言耶!元为善之长,而二气乃流行复通于不穷,几物之大生广生,皆仁也。惟民会二气之和,故显仁之用,不贵物而贵民。春为时之首,而五行乃错综变合而相得,任人之远取近取,莫非仁也。惟民禀五行之秀,故体仁之责亦不在物而在民。今试逆而溯诸有生之初,正明目而视,而仁不可得而见也。不可得而见,顾可得而离乎?则且为之原其始而恍然于继善者仁,成性者民。不知仁,宁知民?民之资于仁也,何如矣!今试顺而推之,有生以后,倾耳而听,而仁不可得而闻也。不可得而闻,顾可得而忘乎?则且为之反其终而恍然于各正者、民保合者,仁不有仁,宁有民?民之切于仁也,何如矣!民非阳莫与生,民非阴莫与成。一息百年,藐官骸于乾父坤母之中,而舒而为喜乐,惨而为怒哀,其不杂而不离者,仁实为民定性命之极。民有目象乎“离”,民有耳象乎“坎”。百官万物,妙酬酢于日往月来之交,而貌恭以作肃,言从以作乂,其“有物斯有则”者,仁且为民保归,受之全,验诸水火,可弗勉耶!

此与“仁也者人也”等章。另一话头,正是生死关键,须从“水火”二字着思议。仁太极也,水火阴阳也。世间只阴阳二气,东西南北,日月寒暑,貌言视听,喜乐怒哀,皆水火也。二气生于太极,故水火生于仁。无仁并无水火,无太极并无阴阳。阴阳是气,水火便是形,气有聚散,有形便有生死。故水火交有生死,人生水火交则生,火升水降则死,惟仁则生生不息。会得知蹈仁而死,非谐语,乃微言也。阅万泉童子卷,偶触故订之。(辛巳腊八日烛下平阳府署东齐记)

甚于水火,非昏夜扣门之谓。蹈水火,非焚廪浚井之谓。甚于水火,是认他来路。蹈水火,是指他去路。仙家只在水火上立脚,求长生不死,可知是妄。佛氏神通,终有夹带,薪尽火传,近理乱真,切莫被他瞒过。人生于水火,却是生于仁。人死于水火,生理却不死。水火人之形,仁是人之理。先天后天,都是水火,先天后天,都是仁。识得水火,可以长生。识得仁,可以全生。饥可死,饱食亦可死。人死于水火,都只是不仁。仁则水火能生人,不仁则水火能杀人。(又记)

天地间有水火,人身中亦有水火,阴阳坎离,人身中之水火也。汲泉钻燧，天地间之水火也。即以吾身验之，心君泰然，百体从令，则水火既济，即此是仁，即此是所以生之理矣。不仁反是，是仁之甚于水火明矣。此种识议，真足补《集注》所不及，使考亭夫子见之，亦当别存此解，非背注也。先生教人为文，以必五经四子为根柢，拈题时令细心体认注意。及其讲论，则贯穿驰骤，雅不喜饾饤剿袭。虽偶举圣贤一句一字，必探其源而极其支，娓娓数千言不倦，书之便可成文。盖由深造自得，不疑于心，读兹文可窥全豹矣。（受业壻储可权谨识）

我岂若处畎亩之中由是以乐尧舜之道哉

处闲乐而道，元圣之初心也。夫伊尹固不终于畎亩者，然方汤往聘之初，岂遽肯屑屑于此哉？想其嚣嚣然曰：出处之分，决之我而已。出处之由，断之心而已。我之心有所不不乐于此焉，其去而他之，宜也。我之心初无所乐于此焉，其去而他之，亦宜也。而吾何如哉？其以汤之聘币为哉？汤聘之来，以道在耳。道在而汤有意于吾道在，而吾则何事于汤乎？且以尧舜之道在耳，尧舜之道在而汤将引吾为一心。尧舜之道在而吾宁待汤为同志乎？夫吾之处畎亩之中，盖已久矣。日出而作，如与两圣人相揖让也。日入而息，如与两圣人相周旋也。一中授受之旨，寻焉绎焉，悠然而心会神解焉。镜古考德，吾之乐殆有不知其所终极者。而一旦与人家国，奚似安吾畎亩老之顺吾常也。及尔出王，如承二帝之咨儆也。及尔游衍，如闻二帝之赓歌也。中天礼乐之盛，歆焉羡焉，睪然而高望远志焉。读书论世，吾之乐，殆有不知其何以相胥合者。而必欲登人庙堂，宁如忘吾亩亩者之适吾故也。由是一日而一日是乐，由是百年而百年仍是乐。尧舜之去吾虽远，而吾于尧舜，固不啻几席亲之，而羹墙见之矣，而于汤何有哉！由是离亩亩而往，而乐不为之增。由是伏畎亩而终，而乐不为之减。尧舜之道，吾虽志焉未逮，而吾于尧舜之道，早不啻饮食甘之，而梦寐依之矣。而于汤之聘币何有哉？吾岂若处畎亩之中，由是以乐尧舜之道哉？尹之始念如此，此其与成汤咸有一德，而迄今称阿衡佐命之功不衰也。

先须识得底是尧舜之道，如何去乐他。又须知圣人遇合，与后世不同，圣人心事，与常人迥别，全着不得议论翻驳。当下直口冲出这一句，后来幡然，色色变尽，而心事毫无改动。若有意留后文地步，便如说梦。（自记）

“岂若”二字，不是世俗较量。“由是”二字，不是凭空指画，安放处大有分寸。（又记）

题无甚深解，诸生却认得不真，只描摩语气，而语气愈失。故知得语气，全在认题理，小题且然，他题尽然，俗师不知也，故教而正之。（又记）

宋人言作文如下白黑子,有眼者胜。作者着意,又在下子之先,故其点睛分外不同。口气题,当奉此为丹诀。(同学龚复园识)

本题一个"岂若",与下文三个"岂若",金针紧对。识得幡然时三个岂若,即是将本题二句较量生出。则知本题一个岂若,即是将"使是君为尧舜之君"三句较量生出。现成吃饱饭人,初不欲起炉作灶,费手费脚耳。故曰:岂若二字,不是世俗较量也,至由是二字不是凭空指画。盖必须认得道字真,识得乐字透,方是嚣嚣境地话头,自与幡然神态胷合。昔有问禅者云,如何是尧舜之道。答云江上一犁春雨,朱子呵之,万万不得如此错会也。虚齐谓欲观汤意虔否,为此说者,正恐与下文相背耳,然未免抹却三毫矣。大人不喜人看高头讲书,大率为此。(男雍武敬识)

三乐也(覆试题)

次乐之三,育才者知之矣。夫三乐根于二乐,而其难直与一乐同,非育才之君子,孰知其乐哉。孟子曰:吾儒之取乐于外物者恒少,取乐于义理者恒多。是故陶然陋巷之中,一箪一瓢而外,无可指而数也。若夫义理之乐,一不已而再,再不已而三,其推之弥广,传之逾远,不令人指数至此而快然,信其乐事之又在此而无疑耶!今试举君子之三乐,其一得诸天,其二操诸己,乃若教育英才,则岂非操诸己,而亦不能不听之天者乎?千里一圣,百里一贤,有相遇甚疏者矣。此非可担簦而寻,叩门而索也,而一旦得之,同声相应,同声相求,有各从其类者矣,又非可缟纻结之、望地收之也。而居然得之,得之而天亲聚顺之余,不患友朋之未信,得之而俯仰快慊之下,且幸授受之有人。乐乎,不乐乎?非三乐而何哉!以成不独成之理,而吾自私之。以成必兼成之事,而吾自狭之,以此思忧忧可知也。忧在彼则乐在此,旷观古今,洙泗之堂,有是乐焉。此其大慰乎?天地生成之愿而浩乎无憾者也。达则行诸世,而行不得吾与。穷则传诸后,而传不得吾徒。以此思悲,悲何如也。悲在彼则乐在此,遐稽圣哲,孔颜之合称斯乐焉,此其大快乎?君师教养之职而畅然无歉者也。六律相宣而豫象成焉,使镛钟贲鼓高悬于笱簴之间。叩者莫应,唱者莫和,则琴瑟专壹而无铿锵扬厉之致。一旦金声玉振而八音成文,岂非由豫长在人心乎?是三乐之比义也。四时顺序而和气行焉,使乾始坤作,虚位乎穆清之上,萌者不达,折者不遂,则山川蕴结而无鬯茂条达之效。一旦云行雨施,而万物并育,岂非太和长在宇宙乎?是三乐之合德也。于以立教明伦,则三乐着在三之节,于以代天成物,则三乐备参两之功,乐在其中,而浮云富贵,君子有之,又何疑哉?

写得此中乐趣出,便是阿堵传神也。须知此是三代以后圣贤最萧瑟话

头，然千古只尼山老人，方得堪此。子舆氏尚虚此席，故艳称之，文却写得热闹有兴致。（自记）

光曜遐瞩，气象万千，真为文之壮观也。及细按其比物连类，条理密察，构思之工，他人虽百思不到。昔昌黎之文，如江河浑浩，蛟龙鱼鼋，万怪惶惑，而宋儒先生，惟横渠文最奇辨精刻，此种殆堪为嗣音。（受业婿储可权谨识）

三乐也（其二）

乐在育才，可终而数也。夫乐在己者也，三乐且得之人矣，而究孰非已哉，故孟子次一乐二乐终数之。若曰：吾思君子所乐，而至教育英才，或者疑焉。谓天伦无憾，其乐宜矣。俯仰无惭，其乐尚矣。若夫同方同术，乃士之常，曾何足比数于一乐二乐者耶。嗟嗟！此殆未知教育英才之为功于吾道者大，为益于斯世者远，而为快于吾心者更深也。虽然，又有说古今来得天下英才而教育之，莫如我孔子。顾颜渊夭矣，仲路醢矣，伤心之事偏由于弟子日进之。是圣人不得位而聚英才于下，悲方甚耳，乐何有焉？且匡人畏矣，陈蔡围矣，吾道之穷无解于贤豪之困厄。是圣人不逢时而老英才于路，忧方大耳，乐何有焉？虽然，唐虞师济以来，洙泗得人为盛，吾徒吾与，千古为昭其乐，盖至今存也。将竟指此为一乐，则得朋之庆，先于天亲，失其序矣，不可也。但念吾父母之身，不能以一手足营天下之务，不能以数十年衍大道之传，得兹英才，而天下后世皆吾身教育之所及，后之尊圣人之身者，并尊圣人之亲。而且一乐以三乐而弥快乐，何如矣？或遂列此于二乐，而心性之事后于声气，忘其本矣，亦未可也。但念吾俯仰之心，不能向千里而远告语之，不能尽百世而下提命之。得兹英才，而天下后世，皆吾心教育之所孚，后之奉圣人之教者如见圣人之心，则二乐且以三乐而弥慰乐，可知矣！是故方其会英才于一时也，或散而友教于四方，或出而筮仕于他国，初何尝返而思之，以为所乐在是。况遭逢缺陷，圣人或且恨一乐之未全，岂尽兼而有之。信所乐之此必其三也，而旁观者窃为斯道幸，曰乐又在是矣。由一乐数之，比列而三，夫宁复有他乐之足参乎其间者哉？即其集英才于一堂也，或虑才艺未足酬知我，或虑狂狷未足造中行，虽亦尝顾而喜之，以为斯致足乐。第好古敏求，圣人方且忘二乐之在我，何从数而计之，谓所乐之，此乃其三也。而后之人大为斯文快，日乐又在此矣。由二乐推之递及而三，即又宁有他乐足继乎其后者哉？是故君子必乐，乐必有三，盖一一常存天壤间矣。

前作自喜写得“乐”字淋漓，移换不得。友人云：若将三字拈弄，定开别境。因更作此首，似颇写得也字出，无句字侵涉首尾三乐字，友人曰得之矣，并录以示诸生。（自记）

首作洋溢浩瀚,有山雨欲来之致,一时兴会勃然,此义合德二义,自然巧合,庭前柏子,有此神悟,次作慷概悲凉,以一乐二乐互较,天然位置,觉当日泗水一堂,寔不假南面百城也。构首作,原不知又有次作,构次作,居然又出于首作,意匠之外,情文斐亹,生何可已?以绣鸳为金针之度,一题立可百篇。后生知此,则大地皆黄金矣。鸿钧为心,化工在手,三十二相,不知于何相见如来也,门外汉谬加蠡测,幸祈喝示。(同寅宋念蓼评)

意外搜奇,其构造皆于绝险处委折穿透,却句句奇确。不至以纤巧害理,学者熟读此种,如井泉浇注,虽心源枯涸者,无不应时而开。(受业壻储可权谨识)

惜分阴斋遗稿

武进陶祥武哲维

诗

惜分阴斋(有引)

大禹惜寸阴,凡人当惜分阴,八州遗训也。而六朝词令中惜分飞一阕,又有骑省鬓丝之感。嗟夫窗前野马,系乏长绳,天畔孤鸿,书成断影。慨时乎之不再,辄唤奈何。感逝者之如斯,谁能遣此。仆也运甓未遑,碎琴已久。十年回首,空怜荒草,腰肢百事,灰心窃悔。浮萍踪迹,寄烟霞之啸傲。将老菟裘,钟泉石之膏肓。请盟息壤,爰于斗室,颜以惜分阴系诗二律,俟同志之过余斋者,属和焉。

谁向萧斋解惜分,半缘修道半缘君(用元句)。空山花鸟能偕隐,一室琴书自乐群。顾我情怀幽似水,逼人富贵淡于云。闲来把酒东篱下,静对南山送夕曛。

闲情壮志两消除,尘境无喧乐有余。雨歇春林晨漏静,月明秋梦夜窗虚。种松自爱先征士,采药人呼小隐居。安竟此心狂亦好,所期吾不负吾庐。

咏凤仙花

云翼霞裳互剪裁,半分阿阁半瑶台。士元经济初难识,太白风流不易才。羽铩暂容栖枳棘,丹成终许住蓬莱。一鸣九转知何日,倦翮尘襟漠漠开。

绝句四首

仲宣楼上几回思，随分生涯任所之。鹳雀自知无远志，春光不乞上林枝。

驿使殷勤远寄诗，寻春春去未多时。断肠偏是梅花信，开落南枝又北枝。

憔悴年光鬓有丝，六街尘染素衣缁。荒鸡夜半犹催枕，不舞吴钩舞柘枝。

疏狂消尽略余痴，半枕槐阴午梦迟。但得青山堪驻足，结巢常伴海棠枝。

内弟昌幹赠诗依韵答意

哭遍穷途类阮狂，感君珠玉赠成行。闻鸡舞剑心犹壮，倚马挥毫业就荒。梦有回时终有碍，醉无醒候便无妨。百年冷暖浑如此，谁共西风话断肠。

三十感遇十首（有序）

生来命薄，到处途穷，四海为家，一身作客。燕山晋岭魂销马足车尘。越水吴江，目断橹声帆影。金台日下，市骏谁媒。玉阙云中，乘龙无梦。十年回首，阮步兵痛哭依然。百事灰心，潘骑省蹉跎类是。慨头颅之如许，谁怜荒草腰肢。伤姓氏之无闻，自悔浮萍踪迹。当马齿加增之日，正羊肠踯躅之时。日暮途遥，尚靡靡其行迈。灯残酒醒徒，咄咄以书空。短句书怀，大非得已。长歌当哭，不知所云。

三十平头万念枯，骏难求市玉难沽。磨来铁砚穿还未，认取金针度也无。后死立身羞祖父，余生存舌傲妻孥。寒酸消尽昂藏气，六尺空惭彼丈夫。

酒痕泪迹满衣襟，收拾牢愁付醉吟。少小有怀曾学剑，蹉跎终悔未知琴。牛衣两点寒儒涕，马革千秋烈士心。一自沧桑亲阅历，英雄气短到而今（指晋阳往事）。

封书十上怨知希，辛苦天涯一布衣。四世簪缨惭贵介，五陵裘马让轻肥。江南春老梅无信，塞北风高雁不飞。若问近来游子状，头颅别后已全非。

壮不如人老渐催，尊前击筑独成哀。诗堪写恨天为纸，酒可驱愁斗作杯。眼界欲凭高处望，情怀除向醉中开。软尘羸马长安道，往日雄心似死灰。

黯然清泪点心窝,直欲搔头唤奈何。屈曲回肠愁作结,嶙峋瘦骨傲难磨。一生大半穷途哭,百岁无几酒后歌。寂寞心情谁共解,满天风雨晚来多。

百折千磨劫里人,飘蓬落絮遍风尘。长贫久已嗟无命,大患还应恨有身。搔首欲呼天似瓮。挥戈莫挽日如轮,新来草创埋愁地,尺幅烟霞号柳滨。(近图柳滨渔老照卷)

秃笔随身砚作田,青衫席帽自年年。歌弹短铗还堪鄙,赋献长门不值钱。故国神游时十二,高堂梦绕路三千。倦游踪迹空回首,白日黄尘尽可怜。

青毡一片老寒儒,顾影萧然赋索居。骨肉零丁梅伴鹤(向悼亡之痛,近复遭丧子之厄),生涯惨淡剑兼书。穷能困我心徒壮。志欲高人命不如,无路寄愁天上去,临风俯仰独踌躇。

蝇头蜗角一毛轻,底事劳劳叹不平。何以文为羞煮字,未之学也愿谋耕。操瓢敢信贫骄富,荷锸翻疑死胜生。但得秫田刚二顷,此中真足葬浮名。

泽畔行吟曲未终,楚骚涕尽辄书空。长江化酒难浇恨,大块成文不送穷。洗盏欲寻千日醉,抽毫枉费十年功。生平检点伤心事,太华峰头一恸中。

饼杏惜分斋叠前韵

不羡蓬莱五色妆,还从上苑借韶光。含章殿里垂垂露,碎锦坊头漠漠香。沽酒偶怀行路客,挥毫齐让少年郎。天涯好景多嘉会,春雨江南忆故乡。

雪夜感旧

瑶姬奉勅署花神,一夕西园点缀新。碎剪琼葩风作片,细砻玉树扫为尘(何处飞来九斛尘,先仲兄遗句,碎剪琼瑶片,亡内遗句)。题诗重感寻梅约,对酒空怀咏絮人。拟向梦中期邂逅,夜寒有梦恐难亲。

赏桃花戏仿集字体(辛亥)

荏苒芳华暮,憨愁思忽殷。暖烟烧烂漫,绛彩缀缤纷。溪浪浮清涨,晴晖映晚曛。客窗空寂寞,醉酌酥醽醺。

午日书怀(甲寅)

十度天中总异乡,蹉跎犹忆少年狂。盈盈蒲酒倾珠露,冉冉钗符颤豆娘。夺锦似龙偏不信，系丝续命较谁长。闲征胜事都陈迹，读罢离骚第九章。

秀水黄南怀秋江垂钓图（甲寅）

鸳湖烟雨最宜秋，万顷苍茫尺幅收。树隐夕阳船似叶，个中谁掷钓璜钩。

秋水泠泠没钓矶，荻花风起羡鲈肥。柳滨我亦称同调，极目遥岑数雁飞。

甲寅九月送黄玉邨南归次留别原韵四首

金台有客倦思归，塞北秋高木叶飞。萧瑟暮笳吹别绪，不堪尊酒送斜晖。

软尘懒趁六街游，一曲阳春客邸留。翠壁丹峰行入画，锦囊好句不胜投。

拂鬓金飕透袷衫，疏林落日暮山衔。荻花风里鲈鱼兴，归思随君满布帆。

客中送客难为别，极目云山怕举头。千顷烟波怀叔度，相思梦绕白苹洲。

词

蝶恋花（星江秋夜杂和尤西堂百末词韵四首）

客里惊秋寒转肃。唧唧虫声，午夜秋风哭。一片离魂天外逐。和愁飞出深深屋。　　树卸红衣花褪绿。月苦风酸，人在阑干曲。漠漠关山云断续。新鸿不寄平安牍。

飒飒西风吹小院。雁阵惊寒，声向衡阳断。寡鹄孤鸾愁各半。萧萧一曲啼乌怨（新赋悼亡）。　　人对残灯灯对面。咄咄书空，空向愁中唤。月破黄昏清泪溅，相思半枕秋声伴。

寒夜愁如年样度。败叶疏风，冷韵敲残句。剔烛闲评秋水註，秋声暗逐梧桐住。　　梦里伤心愁里语。争奈牵愁，梦也无凭据。遮莫愁魂风到处，无端落木惊回去。

疏雨梧桐催半枕。点点声声，滴入空阶冷。蓦地天涯客梦醒，窗前枕上珠同滚。　　雨底碪声来夜永。捣碎乡心，敲断思归引。纸帐双眸终夜炯，啼痕溅泾梅花影。

疏影(幽居)

午窗睡足,喜芭蕉送到,满庭新绿。徙倚南轩,好鸟歌残,帘外正逢茶熟。隐囊麈尾偏潇洒,娱赏处、豁然心目。有阶前、花气迎人,架上离骚堪读。　　不羡长安车马,任山林啸傲,长伴麋鹿。一派松声,谡谡天教,付与清吟万斛。凭阑正待寻新句,忽树底、柴关剥啄。有故人、过我幽斋,相对间敲棋局。

沁园春(秋夜闻哭声)

无可奈何,宛转伤心,声自何来。想仰面青天,情深一往。抚心黄土,肠断千回。雁叫九秋,猿啼三峡,断续西风解送哀。何为者,早眼中流血,心内成灰。　　那堪羁旅心悲,更彻耳凄其半枕催。叹憔悴灵均,冤沉水底。猖狂阮籍,泪竭山隈。奉倩神伤(向有悼亡之痛),延陵痛定(近复遭丧子之厄),百倍酸辛未许猜,应结伴,向华峰绝顶,万点齐挥。

春云怨(忆梅三阕次星带轩元韵　壬子)

绡裳玉骨,想江南此际,四山如雪。移得瑶台数树,雅不羡上林靓色。老幹扶疏,横枝瘦削,天付幽贞伴清洁。索笑轩头,悟香亭畔,几醉花梢月。

美人高士浑难别。记酒阑曲罢,旧曾攀折。拂袖余芬未销歇。世外风神,个中真意,素心相得。待向罗浮,师雄梦里,觅取寒香亲切。

飞琼缀雪,叹林逋去后,故交稀绝。寂寂晚风溪路,遭多少游人慢媟。玉魄冰肌,淡妆缟袂,若个真情解怜惜。三竺寒烟,六桥晴景,憔悴年年色。

知心只有昏黄月。照暗香疏径,几多纡折。莫向空山怨离别。粉蝶魂销,霜禽梦断,春归南陌。还结同心,孤松修竹,珍重岁寒时节。

封姨薄劣,感故园花信,几经摧折。便道寻芳剪彩,早林下风姿难得。清晓楼前,嫩寒帘外,仿佛香痕点妆额。何逊诗成,广平赋罢,惆怅芳尘绝。

十年旧梦伤离别。问一枝谁寄,寸心如结。独绕阑干倚明月。蓦地关情,夜深羌管,断肠音节。纸帐凄清,冰魂缥缈,辜负半窗虚白。

曲

醉扶归(客秋)

猛回头,旅馆金风早。渐惊心,空庭玉露飘。凭几兀坐转无聊。听疏林叶落梧桐悄。只这天涯,何处话牢骚。待上危楼,独把阑干靠。

皂罗袍

望里云山缥缈。正丹枫变色，黄叶辞条。乡心万点暮云飘。离情一片秋天老。鱼沉雁杳。山长水迢。西风古道。斜阳板桥，霎时间月上楼头了。

江儿水

一寸心如死，千回骨欲销。厌纷纷败叶虚窗闹。听清清砧杵间庭捣。感凄凄蟋蟀空阶告。无限酸辛懊恼，泪眼愁眉，生怕银缸低照。

玉交枝

暗伤怀抱。待翻书才看便抛。伤心宋玉怜同调。赋悲秋摇落难敲。孤吟渐减沈郎腰，多愁易老冯郎貌。守他乡长宵短宵，盼家乡来遥去遥。

川泼棹

知音少。伴愁魔耐久，交便由他百斗醇醪。便由他百斗醇醪，无奈把愁城遍浇。梦魂儿未许招，旅魂儿转易飘。

侥侥令

五更天欲晓，残焰不堪挑，只索打叠和衣暂，时倒又早纸。帐外霜，风刮缊袍。

尾　声

不眠数尽鸡三报空，谱出秋声图稿，问谁向西风和寂廖。壬寅秋日，独客星江，回首兴怀，情殊怅恍。偶拈短调，学步长歌，一往凄其，临风当哭。中秋前三日，滞客哲维并识。

附录

濑江遗诗

陶雍武垚农

癸卯秋有感

零雨萧萧遍绿畴，花邨霁霭喜盈眸。勤耕自是农家事，占获应知岁有秋。月色辉辉花灼烁，犬声寂寂户绸缪。太平有象堪追话，何事咨嗟万斛

愁。（是岁奇旱）

怀山立第公车北上

耕耨诗书草莽臣，先畴食德近清旻。菊篱承露黄裳吉，桂魄分香紫殿春。（癸卯恩科试期展至九月）野外别饶秋思远，望中休恼月光轮。老来幸际时雍日，跖犬穿花噤不狺。

和婺源李润苍祭酒韵

白雪歌成孰与删，琳琅酬句遍人间。杏林春色群黎供，宝枕丹经上帝颁。龙尾溪深珍莹润，莲花洞口笑痴顽。江湖漫士钦高隐，遥望云栖鸟倦还。

陈渡散人诗词

陶绳武山立

东圃表兄以行乐图见示率题七律一首

翩翩王谢旧知名，图画偏传塞漠情。雉堞长连千嶂出，琴书轻背五花明。虬髯如戟堪投笔，宝剑悬腰合请缨。万里边云舒望眼，逢君谁信是儒生。

金缕曲

月冷霜清夜。展半幅、虎头落墨，传神蕴藉。少小吾家非归子，壮日鲜衣怒马。弃繻去、游行紫塞。一片孤城万仞山，望穹庐瑟瑟酸风射，长啸罢，悲声咤。　　飘零我亦伤心者。喜今日、蛮烟瘴雨，与君情话。可怪羁愁都不管，白眼惟工嫚骂。空踏遍、三韩二华。须倩丹青重写时，只骑牛负耒真潇洒。好收拾，琴书债。

寓园遗诗

陶宗正备五

赠七叔父北闱应试

簪缨五世继元魁，臣叔尤兼作赋才。肯为蛩吟排恨蒂，须将虎啸破愁媒。多情话别诗千句，无意抒怀酒一杯。从此上林春色好，不分南北笑颜开。

长庚遗草

陶锡珪季玉

题永康舆诵编后(七律二首　有序)

岁光绪丁丑春,仲珪奉大府檄承乏是邦,年华荏苒,不觉十有五载矣。自问抵任后,于囹圄缉捕循分供职而外,未尝少有恩惠及民。兢兢自励者,严以驭丁役,俭以持一已,不敢妄取民间一钱。遇邑侯为民兴利,则代为襄赞。遇民间或有疾苦,则悉以上闻。区区寸衷,亦不过尽吾分之所当为,敢云有裨地方哉?会今夏五月朔,为珪五句初度之辰,马齿徒增,驹光虚掷,知非寡过,愿让前贤。乃承都人士各制诗章,积多成帙,醵资为刻舆诵编见贻,并蒙盛广文诸君子远道邮寄诸作,一并汇刻。卷首鸿篇巨制,高谊英辞,荷藻饰之过情,抚芜衷而滋愧,勉成七律二章,谨鸣歉忱并以志感。

自惭作吏溷风尘,承乏桃溪十四春。任久渐于民事熟,官卑转觉下情亲。才添马齿遑言寿,未免猪肝总累人。展布才疏虚誉盛,传家清白励吾身。

五柳家风仰慕余,折腰只为斗升储。敢将微禄私囊橐,那有深恩及里闾。父老多情偏爱我,赞襄乏术幸匡予。行年已到知非侯,寡过何堪比卫蘧。

公幼遭兵乱,长入参军,飞书驰檄,卓荦不群。秉性淡泊,不卑小官。年甫强仕而卒,遗稿尽失,仅得此以志鸿爪。

五柳堂遗稿

陶钧郢声

游飞来峰记

灵竺两山皆莹滑瘦润,皴叠多姿。其间有峰尤嵌空玲珑,小而奇、卑而秀曰“飞来”。按晏元献地理志,晋咸和中,有僧慧理西来登兹山,叹曰,此灵鹫之小岭,不知何年飞来,后因以名峰。峰高不盈十寻而阳崖阴房,诡态千万。层而皴者,若花之附萼。耸而锐者,若笔之露芒。屹而立者,若狞狮之昂头。悬而坠者,若疾隼之侧翅。离奇变怪,怵胆媚魂,石根踊空,下绝土壤。岩窍吞吐,时有烟云。寿藤千年,络削壁而成格。奇卉五色,披朝曦而为霞。峰下有洞,勃窣而入。数武之间,宽仄异形,明晦殊致,石乳倒悬。时复碍眉壁齿横,森怒欲啮,颡诘屈而行。忽失同侣,相呼以声,乃隔重壁。深处黝泾,疑有蛟龙之卧。阳光曲透,瞥见蝙蝠之飞。石气愔愔,扪之指冷。土花漠漠,蹴之履湿。洞之内外,布镌佛像,臂袒足趺者数百计,藓斑石发,俨然璎发之垂。雀粪蜗涎,半掩庄严之相。朱蓝漫漶,不可枚察。洞凡三户,窈折透达,游之者不啻蚁之穿曲珠也。

游冷泉亭记

亭高可倍寻,方仅数武,侧偎云林之寺,前面飞来之峰。周以短阑,倦宜小凭,不设屏障,畅可四瞩。按邑志建自唐刺史元屿,旧峙水央,宋毛友守郡始移岸上。石泉抱足,四时长流,直亭之前潴而为池,甃石周绕,宽广逾丈,湛净寒碧,如冰在壶。源出寺西百武外,石骨碎裂,云髓迸流,细响佩环,猛激珠箭。截晴雷于山趾,喷团雪于楹间。余波涓涓,浮闸而下。诘屈旁迤,形如古籀,探以一指,冷彻心腑。倭立注目,澄鉴发毛。亭影摇漾于流湍,水光浮游于疏槛。秀石屏列,时滴奇青。老树盖张,高蔽曦赤。眼耳之垢,不涤已鷁。胸衿之烦,至此尽洗。徘徊时久,觉罗裳之忽单。衣袂凉生,疑细雨之霏洒。避炎析醒,当无驾斯亭也。

游韬光寺记

由灵隐寺旁折而西,一径通云,万木翳日。落叶在地,踏之有声。瘦篁夹途,时韵虚籁。路窈修而善转,气疏爽以宜秋。泉流琤琮,承曲筧于石罅,松格磥砢,滴古翠于衿裾。缘麓而行,约可里许则韬光寺在焉。屋嵌岩腹,阶飞树巅。按郡志建自萧齐,旧额广严。唐代宗时有蜀僧韬光者,飞锡远来,布金增构,后因以僧名颜之。绀宇中峙,缁庐四围。山深客稀,地僻僧拙。松盖承殿,缀以鹳巢。苔衣被阶,更钤鸟迹。秋英媚古佛之座,闲云护定僧之扉。循廊而右,清池玉泻,明镜奁开,尺鳞呷波,自秘厥乐,飞鸟过影,忽复惊匿。触此活泼之致,颇悟化机之微。老僧辍经,延客入室,瀹苦茗而作供,假禅榻以舒倦。昵枕片晌,神魂为闲,明窗洞开,耳目俱爽。山蝉树午,噪之而愈静。风涧韵琴,听之而渐近。闲接僧话,喜无禅语。杂以谐谑则无我之相,偶齿山水则移人之情。铜瓶供花,时落一瓣,玉炉檀炷,已消寸灰,遂曳侣起行,与僧别去。

游北高峰记

既揽灵隐之胜,穷韬光之趣。同侣告惫,羲轮欲斜,余亦兴尽将返矣。

寺僧复指峰顶曰，此北高也。凌霄结姿，排云表峻，儿抚诸岭，宾揖南高。跻其巅，足以扩豪衿而豁遐瞩，盍登之乎！僧语未竭，余兴复起。急曳同人之袂，牢缚游山之屩，侧影而上，屏喘捷登，稜石荦确以削趾，败叶萧骚而击头。丛筱受风，飒飒厉响。悬崖迎面，摇摇欲坠。扳萝磴之千盘，历铜梁之九折。林尽飙健，揭箨冠而欲飞。巅近足疲，选苔石而各据。小憩愈刻，筋骨复振，下瞰万丈，心胆暗堕。自麓行约六七里，始穷其顶，顶之上铲地十笏，结宇三楹。古佛迎门，悬祖灯而若漆。老僧欵客，敲石火以煮茶。旧峙浮屠，烬于雷火。后余殿址，没于芜烟。巡览四围，遐眺千里。云影所覆，倏变阴晴。目量所穷，接以芒昧。渺湖波于杯勺，辨江帆于毫末。山风横刷，时涨尘雾，人烟冥浮。下有墟落，旁罗万象，运寸眸而毕收。戏投片石，落千仞而灭响。松涛滚滚，涌乎足底。云气魂魂，荡乎胸次。乃发苏门之啸，披楚子之襟，烦懑尽宣，俦侣匿笑。既而日车渐税若木，晚钟遥度林坳。投寺之僧，尽裹云气。归樵之步疾于鸟影。于是接裾而下，行歌互酬，循旧径之盘盘，踏落叶而簌簌。回视岩穴，尽锁于暝烟。长揖山灵，更覆盟于异日。

观潮记

凡江皆有涛。然涛皆直泻千里、并骋万派，有一气奔腾之势，无拘束阻挠之形。独曲江之潮，则自海逆流而上。厥势横张而为龛山、赭山所束缚，故不得不狂掀怒鼓、猛击力撞襄陵而过。与山竞峻，亦犹千夫之夺一隘，万夫之争一关。并驱竞进，不至腾踊奔蹶，不止也。又闻其下，沙潭横亘，愈激愈怒，故朝潮夕阴，一日再至，雪阵银山，万古不杀。而四时之潮，八月尤盛，枚生所赋岂夸诞哉。尝于清秋之节徯潮沙岸之上，渺渺浩浩，漭漭泱泱，合势横门，平吞罗刹。神魂为之聊栗，心胆为之怵栗。然斯时涛犹未至。俄焉，白线走乎丛山之罅，目未转而碉砰一声，裂岸而起，滚雪万丈自天而下，霜戈银甲如万马之奔至。摧山仆岳，如六鳌之腾翻。訇隐匈磕，如天鼓之轰鸣。起落掀掷，如地轴之倾陷。彗扶桑而逆捲，汩堤树而尽没。日车簸摇而欲堕，连崖迫挟而俱驰。冯夷逞决荡之威，风伯奋前驱之勇。斯时也，回顾同立，万肩互摩。或徜恍而丧精，或倾踣而失色。诚造物之诡状，天下之大观也。少焉，浪平天高，云净日洁，而洪波骇涛迅扫乎一瞥。

游孤山记

一屿特耸水央，旁无联附。石格皱瘦，疑来画图。湖波萦环，荡洗日夕。遥望之，如墨花之点莹镜，碧螺之拥晶盘。命名曰孤，肖形也。翼以长堤，左跨西泠，右驾锦带，今所称孤山路是矣。山自宋处士林君复结庐于上，遂齿响遏迩，犹萧山之有许询也。尝于清秋佳日，放舟湖心。系缆屿足，玩水木之明。瑟升山椒而徘徊，尘气尽蠲，古衿遥结。旋为夕阳迫促，惘惘别去。归棹回首，已障暝烟。幽境萦心，致结宵梦。都人士为言，斯山之景，雪后尤胜。裂袂志之，飘忽数月，漫飞六花。喜前游之可续，爰蹑屐而孤往。出涌金之门，历钱塘之闸，宿雪初霁，遍铺碎琼，杲日已升，犹蒙薄谷。送睇眄于无极。讶峰峦之易容。及抵山麓已迷故蹊，地僻雪深，浮踝逾寸。天寒梅醒，着树万花。(下缺)

苏　堤

堤起南讫北，横截湖面，袤亘六七里，高广数十尺。宋元祐中苏轼守杭，奏浚湖水以积葑筑堤，中置桥六。映波、锁澜、望出、压堤、东浦、跨虹，行者便之。歌公之德，因以姓姓堤，堤之上夹植杨柳，间以杂花。方春之时，五色组杂，如锦带之横波。万株骈阴，喜翠幄之障日。树烟花雾，匼匝数重，宝勒钿车，喧沓彻昼。细铺茵草，香尘不飞。横阁晴丝，游踪欲住。穚惊浴鹭，乾雪飞其一丝。叶翳稚莺，新簧调其百曲。两行浓翠，争扑衣裾。一缕微风，斜梳鬓发。行行回首，自疑身入画图也。

游三潭记

放生池后，植木为楔，俯瞰湖漘，额曰小蓬瀛。凡游三潭者，此为借迳。维艇于树，呼俦登岸。古木交荫，漏曦光而纯青。丛筱夹途，黏游袂而增绿。委折十余武，云水豁然，上下一碧。白石成梁，随漩澴而争曲。朱阑倒影，与荇藻而俱流。侧径编篱，静筑精舍(彭刚直公毓麐退省庵)。小桥跨水，冠以角亭。更前数十步，石梁矩折，隙中为池。方广逾席，秀石数笏，玲陇有致。幽花一丛，点缀其际。由此而进，当堤之左，辟地十弓，结宇数楹。肩承壮缪之祠，背拊永明之院。额曰迎翠轩，为巨公游燕之所，而齐民亦得与焉。绮疏洞开，曲阑低亚。烟云走乎几榻，诗帖辉乎栌楣。湖波平阶，狎闲鸥于座次。水气升槛，动微飙于鬓尖。屏后左折，一轩悬水，万景交眸。疏芦聚声，凉分回壁，遥峦送媚，翠攒一窗，竹箪齐。滑于琉璃茗泉斗，清于玉液客稀座多伽趺。任意牖宽风厉图帧击响。或卧游而选榻，或散步以循廊，足以瀹疏滞怀，莹发灵瞩。游鲦绕砌，十百成群任天忘。机与人相习试落，微唼唼喋竞来戏。投片砾泼剌惊去，濠濮之乐。存想即是时当朱夏，荷覆青沼战风万叶凉，碧裁云深处数花嫩。红媚日幽秀之趣，情不给赏，顾所谓三潭者，犹未睹也。循梁而进，有亭翼然穹碑屹立。

御书"三潭印月"四大字，亭之前缭埂界湖，杂以蒲蒋，就堤筑榭，不设椇牖。凭栏延睇则潭中三塔在焉。塔形如瓶，白石为之鼎足，湖中离峙。各数丈冒，水可弥仞。按志称，东坡浚湖后揆湖正中，表塔为准，着令近塔不得，栽菱藕之属。土人称为三塔基。又传湖心有三潭，深不测底。建浮屠以镇之，故名三潭。云虚涵远碧清无点，尘荡水影于栌间，铺蔚蓝于波底，回风织谷近塔而成。涡鲜霞明水譬花之在镜，叶无葑菱之翳。声绝渔榔之喧，横湖数峰面阁成障。隔岸孤塔如笔露芒。闲鹭浴波惊人语而鼓翼，飞鸟落影逐游鳞而为伍胜。赏溢乎眼底，奇兴交乎胸次。临流眷影，长歌寄怀，湖堧之游，此为极选。客有谓潭之名以月著，子既卜昼，宜更卜夜。余掉首咏放翁句曰，得月固自佳，转恐掩本色。遂牵客袂相率俱去。

游紫云洞记

出钱塘门五里，有栖霞岭在焉。岭之巅结茆像佛，额曰观音寺。寺侧有洞曰紫云，深约数十尺，广可容千人。谽呀豁閜，纳景敛霏。洞口累石为梯，缘级可入。时当隆暑，骄阳轮直，火云织张。风无力而歇树，气蕴虫而涨空。由麓跻巅已汗溢如沈，吻燿欲焦。喘热之形，鲜可伦拟。比抵洞口，阴寒陡至，疑临冰窖。清凉竟体，恍脱重裘。燥渴既消，心胆转怯。逡巡而入洞底，平坦如轩。如堂罗布几墩，排设茗具以待游客。石溜滴地，清响跫然。土花上岩，泾痕斑驳。洞后有窦，狭仅容躯，低欲摩颡，伛偻数武，天光豁开，更辟一境。峭壁横裂肖口之张，盘石倒悬如檐之覆。阴阳象其辟阖，烟雾恣其歙喷。疑经鬼斧之劈，迥异人工所为。深处有穴，石泉镜涵，深不测底。其色琉璃，其寒冰雪，试探以手，冷欲沁脾。左镌弥陀形，风雨剥蚀，藻鬟依稀。洞底碎石，或椭或觚，如拳如掌，皆绿苔遍绣，色齐古铜，润夺翡翠。袖归供几案间，当不亚米氏研山也。

五柳堂遗稿　婿管葆元任伯校字

绿云山房诗存

兰陵女士适陶吕福清岩氏稿

序

适陶氏第五女，幼颖悟，善记诵，年十三岁即喜学诗。生甫期，携之南武。十六年，其所录诵唐宋名家诗甚多，亦耽《昭明文选》，博观温公《资治通鉴》，识解甚异流辈。所为小诗，吐属灵秀。闲作古风，亦洒然出尘外。予先后自南武旋里，自里之青溪，女皆从。女工暇，每问学，而性孝友，自失母，永慕勿衰。陟岵瞻望，尤如弗及，体气弱，自归陶甥郢生，从之楚，又自楚以尊章命，从筮仕入川。郢生急到省，乃与水陆分程。女道巴江奇险，值江涛震厉，邻舟漂荡倏忽惊眩，遂患。停积屡疗之，未痊。及其抵成都，同日见其弟赴赘而到所患若失亦奇绝，而所患究未能脱然。盖其别亲至今，赍志良苦，闲托之诗，故病。少自遣益展旧诗，诗少再删。怅然于趋庭之日远也。郢生思慰之，而劝以辍吟养生。爰录所存，乞余序言。余一再展阅，深为女慨，亦自慨也。慨予年来，形神日乏，而役用之日烦，必谢人事，逸神智于以雍容，优游以引其年资，其生凡劳其心以图，其身之不得已。姑任天以行而急自返求其止息，若夫苦吟以劳其心冀，以白其志者，谁与白也，亟谢也，女亦如是可已。

嘉庆二十三年九月，望后十日，叔讷吕星垣书于蓟州西关外五里桥太平社之益宅旅邸。

细　雨

细雨落如烟，西风应着绵。小晴寒扑面，秋信在帘前。

黄　蝶

秋来何处寻芳草，淡淡金衣栩栩行。碎剪新葵含露色，轻飘落叶弄风情。

龙井茶

雨泉疑绿又疑黄，淡瀹新芽细细尝。风韵别存芳韵外，兰花犹逊一分香。

棋　枰

一局争如此，果关成败无。朝天占宰相，换世误樵夫。妙算穷千劫，雄心起四隅。星罗方罫内，先着究难输。

秋夜步月

遍地露华满，清辉月照扉。步来秋草路，满面暗霜飞。

八月九日侍祖母钱太孺人访玉山秋色

节近观涛放小晴，娄江绿水访秋明。桐音隔院清于磬，竹籁回轩韵若笙。好水好山皆画谱，微云微雨总诗情。江南佳处斯为最，绝爱高峰玉削成。

月夜闻笙

竹影横窗月上迟，乍闻隔院奏参差。风吹断续声无力，只似娇娃病起时。

晓起惜残花

手攀早桂惜如雨，满面残香满身露。秋草碎剪零落风，遮去玉阶青草路。

晚山月出

湾湾复团团，寒翠得清景。但见接天痕，不见临水影。彩绣霞囊启，移来近碧峦。嫦娥理妆罢，拭向镜台端。山前光始飞，山后光应满。不识几重山，海山来缓缓。屡屡夜眠迟，只爱此清景。又去倚栏杆，纱窗画层岭。

秋夜喜晴

初晴夜色尚朦胧，散尽轻云见碧空。修竹影中深透月，晚花香里远来风。惊心促织鸣幽迳，醒眼流萤扑绮栊。一夕新凉生雨后，且停葵扇听来鸿。

风

吹开云际月，清影入兰房。三月春光晚，残花亦可伤。

雨

春院推窗后，春云散未曾。乱山青滴滴，苔影绿层层。

雪

寒夜开帘看，分明月满阶。扫来茶鼎内，湿尽绣弓鞋。

月

愈觉碧云远，清光亦近人。虚明心似尔，秋夜看如春。

夜读明史

一代兴亡仔细看，更深掩卷夜灯残。如何妇寺参朝局，戮尽忠良召揭竿。

虎耳草

虎耳阶前帖，丛丛发细花。绣金围翡翠，粉点又攲斜。

十五夜雨后玩月

今夜逢三五，清光喜满庭。镜台环湿翠，雨后最天青。

正月二日偕三姊看早梅

几树寒香隔枳篱，横斜初放向南枝。映波清浅无颜色，尽配凌霜斗雪姿。

霜雪清寒照玉颜，交柯萼绿映溪湾。未容松竹为凡弟，想见婵娟韵一般。

玉兰歌

二月东风吹素英，非兰绝似兰之清。兰香飘自最高处，千朵玉花开晓晴。玉花开处射光耀，帘外檐端惊四照。我未乘风上碧云，如看蓬岛琼花笑。百花虽如冰雪姿，羡他传粉与凝脂。一逢烂熳芳菲候，恍见霓裳舞月时。此花色好香尤好，二月尽边春未老。可将花事伫春光，惜比兰花开落早。我爱花巅独上楼，楼头赏尽此花幽。几将桃李浓春艳，洗作凉风白露秋。不爱浮华爱清景，道心于此耽明静。惟同寒雪论平生，悠然相对凌云镜。数声莺转不知处，随风两两忽飞去。一树玉花分外妍，为有流黄映寒素。昨夜东风起暮寒，吹花跌碎千银盘。花飘乱草香冷冷，令人长叹凭阑干。反悔爱花不早折，供人瓶中玩香洁。一夜春寒风不停，来朝满院如飞雪。

雨　后

清风迎面起，淡月着衣生。步向阶前立，松枝满地横。

紫箬兰

蕙落无兰后，兰从箬上开。似嫌春色淡，偏与斗玫瑰。

暑　夜

暑夜玩兰坐，轻蕉静不飏。月明云去也，凉雨落何方。

西楼听雨偕二弟作

梧叶萧萧响未停，最难剪烛语丁宁。追随方幸从经幄，温清尤欣侍寝庭。深院滴残三径绿，寒窗冷透一灯青。联床且与吟春草，读杜论苏说典型。

竹　影

幽径何人过，萧疏映画棂。秋来风雨后，返照一园青。

秋　夜

帘幕重重疑有烟，月窗淡淡夜凉天。新寒未许诗人语，一片虫声绕砌前。

秋夜听雨

悄悄复悄悄（用香山句），雨声窗上小。风从何处来，冷觉秋衫少。

日　暮

疏影庭前绿，风凉觉衣薄。日暮野草荒，斜阳透帘箔。

雨窗夜坐

雨夜摊书处，消凉坐二更。寺钟遥送后，漏鼓递传声。砌竹风多响，窗梅月不明。来朝应早起，阶下绿苔生。

新秋夜坐

松林碎影上秋堂，乍使轻寒透体凉。庭下一盆兰放处，轩风送到几番香。

十三夜偕三姊看月华

月有英华吐，云笼几片轻。一轮初隐约，五色反横生。濯锦从银汉，盘绡缀玉衡。浓舒方匝叠，淡渲最分明。乍见悬钲挂，旋疑曳练成。层层红护璧，转转翠围晶。风定鱼鳞灿，天高兔魄清。凭栏吟望处，无限绣帏情。

闲　坐

晴光来满院，树影入层墀。洗砚磨新墨，拈毫改旧诗。一花才隐约，双蝶正差池。坐到斜阳晚，林梢月上时。

咏早梅

斜幹横篱落，寒香吐淡红。不知春色早，几日有东风。每使含情远，谁能写意工。羡他花影瘦，点点夕阳中。

芙　蓉

秋后园林落叶堆，东篱霜冷又争开。先春木末皆红萼，芳信应催岭上梅。

忆春夜草月

可忆春芜路，茸茸软似罗。步来明月地，遮尽落花多。

雨窗闲坐

久雨窗明暗，秋云去复还。风泉堪倚槛，尽日听潺湲。

雨后偕三姊玩窗前新柳，因忆大姊在京师

转眼春光到绿杨，无端惜别为情伤。攀条折向燕台路，晓月芦沟应断肠。

溪上松声

一水依秋碧，孤松夹岸疏。涛声来雨后，远籁在风初。

盆　荷

朝阳吐处艳红随，开落三晨惜卷帷。明月有情留绿韵，清风只向玉阶吹。

秋　夜

月明觉秋冷，人定觉秋清。帘透疏梅影，无花亦有情。

早秋雨晴

散尽秋云雨亦晴，夕阳斜照入帘明。蝉声忽到疏杨柳，似报西风信息生。

立秋日晓起

晓起推窗后，浓云自满空。凉生一夜雨，秋到五更风。冰簟寒初至，疏

帘冷乍笼，盈庭愁思在，断续两三虫。

残暑雨后

抵暮开帘处，苔痕照眼明。露珠含的的，云黛落轻轻。疏雨忽几点，残蝉曳一声。凉风时不绝，好鸟咽还鸣。

雨过试茗

将夜廉纤处，萧然暑气收。艾香寻石脚，草色爱阶头。细雨偏来暮，斜风似做秋。凉蝉声断续，湿燕语温柔。忽扫云千片，平悬月一钩。松涛偏拂拂，竹籁更飕飕。人静开青琐，心清玩绿瓯。凭阑还拭砚，细写草堂幽。

将去玉山归兰陵

竹阴无际围草堂，竹下时有丛花香。就中花竹最幽处，玉山广文启绿窗。窗中积卷供训纂，槛外群芳接寒暖。经笥稗帙比兰台，瑶草琪花似仙馆。家君手辟荒寒区，种梅廿株桂四株。高梧一株高五丈，凌梅出竹西南隅。我生甫周到南武，南武生成等乡土。早从几席问诗书，后列针筐习綦组。回首惊心十六年，重慈弃养举家迁。传舍箅经流寓久，客廛那更再流连。留连无计仓皇去，素衣将别含香署。绯映方舒百饼桃，雪霏乍见千层絮。兄弟姊妹话连宵，篱角墙阴极目遥。绿野绣痕萦雾谷，玉山塔影插云标。前墀后院趋庭所。色笑追随闲侍坐。请益争求绿字文，有情最是青灯火。官斋如斗集时英。湜籍生徒气谊真。偶来画士传风趣，闲到琴师赏月明。洗盏传餐服劳喜。炊粱剪韭相攀止。不少琼瑶缟纻贻，尽供欣赏罗甘旨。绣余煮茗助连吟。夏五冬三听漏深。棣萼总开联蒂蕊，雁行常有并飞禽。弹指年华去何早，霎时抛撇初禅道。莺啭春光正满庭，我行春暮徒烦恼。

舟行至湖口作

谁向风前吹竹箫，箫声呜咽还飘摇。我从南武过湖口，肖我离思为写描。晚来湖畔行人少，惟有湖边双白鸟。箫声渐远风篁来，篁杂水声鸣未了。湖边隐者谁家宅，门对澄湖映寒碧。水竹之间客卜居，征人愿此开荆栅。

抵常州僦居汤氏惠风阁水轩，夏月纳凉有作

水槛推窗向晚时，清风摇影弄参差。幽人独坐虚堂上，闲玩茶瓯偶

咏诗。

远向桑林望碧空，层云闪电不时红。虫吟暗月疏星夜，蝉曳残声断续风。

中秋夜玩月

水轩八月高秋天，夜深独坐横阑边。月因雨洗光逾洁，人遇秋清兴倍添。中秋月出天不夜，又有长河围曲榭。桂轮得露景益清，天河无声势欲泻。秋风萧瑟仍悠扬，凭阑久支夜未央。院似碧波浮隐隐，庭看白露飞苍苍。阶下苔深百虫静，庭中徐翻桂花影。推窗俯玩水中月，冷过玉波贮金井。回身不忍卸帘钩，欲取清光到晓留。十五六间真似镜，冬春夏月那如秋。去岁中秋秋雨响，今岁中秋秋月朗。今秋去秋似昨今，又见秋光发新爽。四壁无声夜悄悄，月轮一到天心小。月光接水水接天，一洗长天静四表。橹声咿哑来上流，渔人清兴吟清秋。月明长歌泊何处，夜久荡波溪云头。渔歌荡波秋转洁，酬此清光亦清绝。橹声响入月轮中，划碎玻璃千片雪。水轩侨寓倏经年，玩月中秋水槛边。忆在玉山早桂吐，未辜此夜月明天。当时想博重慈喜，长笛横吹月明里。更有登楼共卯君，红纱句好题蕉纸。溯昔中秋百感牵，小时光景在当前。幸依慈寝承欢近，长祝全家比月圆。

和吴兴闺秀刺绣词

绝爱针神巧，花开架上缫。绣余堪索笑，纱牖抵巡詹。碧梧宜集凤，翠竹配栖凰。绣出瑶宫景，凡禽亦恐惶。细意熨贴平，一片潇湘水。妾貌在菱花，何如洛神美。几片碧桃花，点缀流红景。省事反摹神，钓丝单线影。新篁描一幅，刺入万千丝。一缕嫩黄线，笋梢知未知。满志停针处，荷花欲言语。谁比荷花娇，难绣采莲女。女工如翰墨，得意赛毫拈。绣到斜阳晚，了鬟来卷帘。样本溪山远，微茫绣叶舟。最难帆几折，风浪写悠悠。刀剪苦春纤，卖绣归何处。古有薛夜来，曾向仙宫去。稽首大士前，我本菩提子。愿绣落伽山，莲台倘来止。

暮春月家严自青浦寄截句，言所寓凄凉

尊师传经以造士，不承权舆乃至此。此邦士夫复何俟，勿亟筑宫请杖履。荒祠一椽避风雨，居陋何足病君子。

己巳五月将之青溪，追忆玉山学舍

忆昔玉山与诚堂，群木耸秀四季芳。窗前古梅弄疏影，帘外丛竹生幽

凉。编篱一桁遮几曲，林花草卉纷丹绿。重慈忽殒北堂萱，惊心岁月风驰促。羁人转瞬十六年，别归时忆草堂前。值今五月笋争发，低筱透楹高出檐。谁期咫尺成今古，远闻芳径为荒圃。兰陵三载忆初地，枉逢佳节思南武。水阁黄梅接雨风，潺湲声杂橹声中。恰才侨寓谋安席，那更移家再挂篷。我生孩小捐乡宅，早随亲任劳行役。故园归后仅三秋，如何又去家为客。

重过玉山有感

又到昆山感岁华，四年前事最咨嗟。新愁忍对船头月，旧恨憎看陌上花。故土再抛怜是客，异乡重过忆如家。可怜两岸疏杨柳，犹自依依几面斜。

青溪守冻歌

豳风凿冰纳凌阴，狐狸为裘羔酒吟。如何瓠篷苦守冻，欲叉寒鱼不可寻。青溪一夜白漼漼，上接寒江下寒海。满地渔翁罢钓归，几湾舟子停篙待。舟行冰路何迂迟，进尺退咫将安之。舳舻艒艄并舣守，跛蹇篮舆快一时。始知天堑东南险，大壑奇如陡峰掩。凿栈曾堪役五丁，凿冰苦甚开双崦。鹍鹈倦飞騕褭愁，铿锵鸣玉响冻流。天工铸镜怪如此，飞落蓬岛金银洲。君不见，光武昭成好身手，铁骑尤难踏冰走。囊沙散草结浮桥，能用冰推凿冰否。不如且赏玻璃泉，更约明月看虚圆。日消美酒酌金斗，呼出霁轮徐放船。

己巳嘉平月望前八日送三姊于归吴氏

冷意侵人欲雪天，北风倍紧感残年。趋庭暂喜从羁舍，接榻俄惊遇别筵。友爱岂忘同气伴，孝思应绕二亲前。沉吟何计留君住，只望归宁指日旋。

西窗剪烛话相知，无限情怀数往时。挑线玉义搴箔早，拥书铜箭落阶迟。阑干几曲轮供茗，妆□频番互理丝。倏忽临岐抛别泪，廿年前度最堪思。

故意新愁那可云，离情终日思纷纷。苇航宁必君怀我，雷岸谁知我忆君。圆月转分鸿雁侣，好风偏散鹡鸰群。原知几许长洲路，也似江关隔暮云。

湿遍罗巾语不成，满天风雪画船横。君思北渚乘春返，我怨东风解冻迎。三泖浪生无限想，九峰高处不胜情。生难冠栉为兄弟，并侍晨昏不远行。

二月廿四日侍太孺人及两姊登佘山皆山阁

九峰胜也溯畲峰，秀峙青溪二月中。航韦并来趋子舍，雁行欣与看山容。轻帆南指佘山路，二九行程翠回互。松篁百转水边交，鸥鹭千群霭闲度。傍水依山去叩门，眉公遗址今犹存。纔逢嫩绿新红处，恍入桃源别有村。曲径回廊路旋绕，登山倍觉山光好。数百年林供翠楼，无双品石环芳沼。指点康熙南幸时，御题兰笋墨淋漓。瀹泉且作酬兄酌，煮茗权充上寿卮。却笑眉公饰高隐，射利要名尽堪悯。抛却家人父子欢，只将宾客僧寮引。几经易主到今朝，空山松柏含虚涛。谁縻百万新营构，又作西庄锁寂寥。揽衣并上皆山阁，恣我清游畅心目。暂同一舸快登临，不枉全家住清福（家严题署齐额）。推窗四望尽皆山，浓妆淡抹青斓斑。东佘西佘相对出，弟兄指点溪云湾。后峰逶迤补林隙，前岭嵯峨绕楹碧。翡翠屏含侧鬓痕，玻璃窗映修眉色。对榻何由寓此楼，夕阳斜影促归舟。归来剩作挑灯话，不惜濡毫纪胜游。十年重聚欣相守（大姊辛酉入都，此已十年再见），一月重逢亦非偶（三姊上冬归，吴氏今始归宁）。两兄返棹到姑苏，问有名山若兹否。

夜坐清福堂偕二弟作

雨过莎厅景更幽，一庭夜色是新秋。松声远送风三面，花影微分月半钩。书满牙签排列架，茶香铜鼎拭新瓯。何如风雨联床咏，且免看云学杜讴。

夜坐偶成

高阁萧闲爱月斜，恰逢洗砚煮新茶。夜停针线批文选，灯底惊看五色花。

重九日清福堂偶成（时闻家大人迁任海州）

草堂卜筑庆初成，园圃新栽众绿盈。佳节又逢愁里至，好花偏向客中生。三更霜冷思归策，九月秋深计去程。卅载江乡耽吏隐，那堪千里复长征。

三月初八日寄二弟海州

闲看孤云读杜诗，池塘芳草梦何之。有花有月三春候，无酒无人独坐时。栖树早莺争睍睆，拂帘新燕正差池。去年此日韶华节，忆在青溪未别离。

寄和二弟灯花四律于海州

短檠何事破闲愁，赖有残灯结紫虬。淡曳爪痕金雁足，浅拖弓影玉蟾头。丹心巧吐双花嫩，红艳偏萦一缕柔。看到更深犹未落，培根细与润膏油。

蕉窗夜静影摇摇，剔到残茎长嫩条。徐绘繁葩疑蝶眼，细抽弱线讶蜂腰。珑松迸朵偏增媚，窈窕环丝宛助娇。独对银釭足消遣，未嫌寂寞度清宵。

釭花明暗卜晴阴，密穗疏英仔细寻。蛾拂瓣残光渐澹，螯飞蕊碎色尤深。吹开庾信千重意，吐出江淹一片心。已落又生浑未散，重吟细听送流香。

闪焰霏纹语一宵，似言情绪恨难消。乍圆乍缺萦书案，非雨非风落苇苕。叠叠结成宜静护，层层开出未堪挑。家书珍过千金饼，喜有灯神报昨朝。

重九日泪墨寄二弟

慈帏卷后痛伤情，岁在何年值此惊。斯恨竟成千古恨，再生怎向九幽生。他方夜雨肠应断，苫次凉风泪独倾。萱草忽摧哀恸绝，菊花犹自向窗横。

微云片月被风吹，昔是团圞今是亏。浅淡宦情人未识，苍茫身世自堪危(外子述知翁姑清宦之情)。几枝红蓼心先澹，一树丹枫意益衰。愁思至今尤惨切，伤情杨柳寄将谁。

九月十三日月夜忆二弟偶成

回首青溪每忆之，灯窗共子夜迟迟。去年此日常联句，今岁今宵独赋诗。别恨各增风木恨，梦思弥结露兰思。可怜哭母清霜月，少授衣人泪血时。

十月初七夜坐，追忆去年清浦归里即此夕，也成七律二首寄二弟

启户惊看月似弦，青溪归里甫经年。诗因境迫难成句，书为途遥懒劈笺。旅雁断群声惐惐，悲鸟失母泪涓涓。知君亦倚阑干望，远隔江河百绪牵。

欲去频猜后会期，倘经重见各凄其。殊方应感杨朱泪，故里还悲阮籍岐。满架书签君展玩，几函画本母留贻。伤心莫诉难消遣，握管奚从写

别离。

夜坐吟

虞歌楚些泪纵横，肠断人闲继此声。邻笛最堪伤往事，酒垆那更忆前清。月含别恨圆还缺，云隔离愁暗复明。独坐茅斋萧瑟甚，素帷风起自悲鸣。

死别生离各一州，伤心无地可埋忧。愁来那复能支夜，病后何堪再遇秋。枫叶萧萧愁更瘦，霜条淅淅恨偏幽。于今懒向阶前立，不尽荒凉泪涩眸。

九月十六日开先慈内寝感恸述哀

寂寂轩窗向晚来，蜘蛛织户网流埃。帘旌欲断无人捲，纱槅斜欹怯手开。向日箱笼皆上锁，昔年衣桁尽浮灰。伤心那再闻言笑，血泪无端落满腮。

慈帏一望一伤悲，遗寝无人风暗吹。远有偏亲睽海角，独携幼弟向天涯。当时画荻传书处，积岁悬纱请业时。今日总为生世恨，二年前事不堪思。

九月廿二日封家言

故园此日正西风，入手家书意万重。无限离愁说不尽，几番封就又开封。

壬申四月赴楚，舟泊九江，夜闻风雨江涛有作

夜泊听奔泷，涛声动缆樁。暗风侵纸帐，冷雨透纱窗。忆别愁如海，思亲怨似江。伤心同蜡炬，滴尽泪双双。

八月初一日见雁

节物惊心往事非，思乡忆旧故依依。离家一百二十日，又见横空雁字飞。

久不得家书寄二弟

高树凉生八月余，思亲忆弟迴愁予。鸿归塞外仍无信，客到衡阳未有书。为见秋风悲远别，偶因落叶感离居。楚中三见团圞月，霜染枫林忆敝庐。

自春至六月无雨，余病不已，作此遣闷寄二弟

忧愁苦恨病相寻，更值炎天暑气侵。木未到秋先落叶，人才及壮已灰心。昼余临帖悲传笔，夜静摊书忆授吟。何日与君重聚首，剪灯对语洗烦襟。

夜　坐

境与心违志亦休，回思往事不胜忧。身羁巾帼如秦赘，程阻舟车类楚囚。每切怀归难自主，未能脱绊恨长留。此生此世多惭恨，那问苍天出品流。

秋夜感怀

良夜沉沉奈若何，挑灯独自费吟哦。数千里外因循久，一二年中倏忽过。每见疏帘笼淡影，更看微月照明河。不胜渺渺乡关思，无限牵怀意绪多。

又夜坐吟

吟虫唧唧鸟啾啾，月色微茫又一钩。病后最难消迥夜，客中最苦见初秋。回思往事推今事，但觉新愁续旧愁。遥计故园亲手足，不知曾亦念予不。

中秋感怀

惊看圆月又当头，往事从今起百忧。长记慈亲含敛日，一生抱恨过中秋。

人　日

入春阴雨听鸠鸣，人日天清似乍晴。别恨与苔争共长，乡愁和草一齐生。缕金独自无心绪，剪彩千端少性情。我自思归归未得，道衡好句漫酬赓。

壬申冬至癸酉春，随州不雨，家翁牧州虔祷，得雨命诗

为民作牧忧三农，自冬徂春日丽空。无雪无雨无云踪，播种不发耕作穷。岁事无始奚岁功，于门于社奏鼓钟。吏兵扰扰民汹汹，得勿焦计小大东。使君肃齐清宵中，自疚自责涤寸衷。志气炳然昭苍穹，雷风忽交山泽

通。电翔一旗驱群龙，天边霎焉晕密蒙。倏倾滂沱骤泷冻，地上顷刻奔银烘。雨珠雨玉金粟同，合州仰首谢帝工，谢格帝心惟黄龚。

秋夜病中

年来长恨病相寻，卧度流光意不禁。数畏凉风知夏尽，又惊疏雨觉秋深。衣忘冷暖何人问，饮辨寒温且自任。静里益思亲骨肉，每需汤粥便沾襟。

乙亥小除夕忽发寒热出痧症，至丙子上元方病愈

久客思乡乱似麻，独欹绣枕听喧哗。愁逢除夕偏伤母，病过新年倍忆家。爱弟反教违海角，衰亲矧又隔天涯。搴帷无限伤心处，爆竹频惊梦转赊。

家翁命送外子北行

丈夫及壮将致身，行矣睠顾高堂亲。双亲康强奉亲命，北行益自砥忠信。练才那惜试迍邅，得力要须守谨慎。如宾礼敬敬有将，赠言有采偕允臧。此日鸡鸣彼日旦，耸云千尺将翱翔。

除夕独坐

屈指离家已六年，每逢除夕一凄然。挑灯自记从前事，难免伤心涕泪连。

六年前事不堪思，每值佳辰辄赋诗。最忆影堂供火后，弟兄相与画弓时。

年来愁说岁云徂，客里倾觞柏酒沽。分岁了时无别事，独吟谁与话居诸。

哦诗独坐已三更，感昔怀今总不成。蜡烛与人数心事，也同垂泪到天明。

入春雨雪，花信杳然，径兰忽开一花，数叶香韵殊绝，有感作此

冰雪逗春寒，百卉冷莫舒。独有幽草秀，作意吐萧疏。数叶布清影，一花香有余，欹斜篱落下，尔我恰相如。

春阴月余未晴，散步后庭，感而作此

连旬阴雨涨芳洲，洗得春光淡似秋。久客有怀清倍黯，独行无伴意偏

幽。临风弄笛声声恨，听雨闲吟字字愁。惆怅倚阑人不见，归鸿一带过南楼。

清明后二日至后山闲步

连绵阴雨积三旬，枉过中和二月春。萝径久芜人不到，柴门重叠锁松筠。朝来忽喜天晴朗，檐漏无声景萧爽。约同三五作清游，散步联行后山上。溪流新涨初有声，纷如琴筑交锵鸣。山因雨后看逾碧，草为春深望欲平。茸茸踏处弓鞋湿，闲遇幽花自捃拾。一群飞鸟去还来，远向苍崖雾中立。照眼林光绿似油，翠痕斜映入溪流。千章木绕岩增碧，百折风回路转幽。迢迢山色连宵际，盘转山如伏蛇势（山名蛇山）。重重步上最高峰，飘飘恍出人间世。山气苍茫雾气蒙，山城二月少春工。但看处处浓阴绿，少见零零艳影红。往还踏遍青春路，寻春已晚春将暮。断桥疏柳曲阑干，野岸渔舟钓矶渡。杨花舞雪草铺茵，下有石潭鉴影清。水镜有光生觉悟，客愁无底愧空明。天涯极目飞鸿少，望断故乡音信杳（自去腊至今未得家信）。苍苍昙翠逼人衣，独立傍徨自孤悄。

偕外子分发赴蜀中途分程遇险

涪江内水行赴蜀，江流如虹破空落。百万金鼓荡心魄，涛声震耳光眩目。我生忠信质幽独，人坎出坎奚不足。忽焉沸腾骇僮仆，指告邻舟顿颠覆。得毋顷刻賫鱼鹿，时方投匕啜哺粟。方寸隐然患结伏，欲吞清江涤滓浊。如割吴淞快未速，翻然自笑胆力薄。愿为男儿脱缠缚，壮其腓趾穷水陆。乃兹小惊被迫蹙，偭于古人思角逐。谁行此江出盘错，我思刘宋王镇恶。

十月望日，喜遇二弟，同到成都，惊喜无似，剪烛纪此

此生再见已惊奇，万里征人到一时。七载并衔伤母恨，四方那诉孔怀思。翻成佳话堪为记，信有神明暗护持。多恐相逢仍是梦，夜阑秉烛更堪疑（用杜句）。

与二弟各出别后诗相质偶成二首

生岂耽吟写百忧，我伤出语总如秋。愿兹了却鸣虫响，废蓼莪篇矢蹇修。

旃檀海路迭生莲，落溷飘茵有自然。枉慕郊祁擅先后，此生让弟尽加鞭。

·附　编·

涉园收集影印金石图籍字画墨迹丛书十帙目录

影印丛书十帙目录卷一

武进陶湘涉园辑录

甲　帙

第一函　八册

《西清古鉴》(上)(乾隆十四年敕撰,武英殿刻,光绪十四年戊子,鸿文石印)八册。

第二函　八册

《西清古鉴》(中)八册。

第三函　八册

《西清古鉴》(下)六册。

《钦定钱录》(乾隆年敕撰,武英殿刻在《西清古鉴》之后,二册,鸿文石印)。

第四函　十册

《西清续鉴》(甲编乾隆年敕撰未刻,宣统二年庚戌商务书馆依写本石印)上函十册。

第五函　十册

《西清续鉴》(甲编下)十册。

第六函　十册

《西清续鉴》(乙编上)(乾隆年敕撰写定未刻,美利坚福开森无锡廉南湖石印)十册。

第七函　十册

《西清续鉴》(乙编下)十册。

第八函　十二册

《宁寿鉴古》(上)(乾隆间敕编未刻,民国二年癸丑商务书馆依写本石印)十二册。

第九函　十册

《宁寿鉴古》(中)十册。

第十函　十册

《宁寿鉴古》(下)十册。

第十一函　六册

《影宋余氏刻礼记郑注》(上)(六册,宋绍熙建安余氏万卷堂刻,民国二十六年上海来青阁精印,有王大隆序、杨彭龄序)。

第十二函　六册

《影宋余氏刻礼记郑注》(下)六册。

第十三函　十册

《封泥考略》(陈介祺、吴式芬)同辑(光绪三十年甲辰,潍县陈氏石印)十册。

第十四函　八册

《十钟山房印举》(潍县陈介祺藏印,商务书馆石印,有陈敬第序)八册。

第十五函　四册

《三希堂法帖释文》(武英殿聚珍本,光绪二十三年丁酉上海石印)四册。

第十六函　六册

《泉货备考》(同治间诸城王锡棨戟门氏纂,王氏石印,有王懿荣跋)六册。

第十七函　七册

《昭代名人尺牍石刻》(上)(附小传,道光年海盐吴修思亭氏石刻,光绪三十四年戊申上海集古局石印)七册。

第十八函　七册

《昭代名人尺牍》(下)七册。

第十九函　七册

吴氏《写定尚书》(桐城吴汝纶挚甫氏写,有自记,光绪十八年壬辰吴氏石印)一册。

《金薤留珍》(故宫藏印,民国十五年丙寅故宫传拓石印,有武进庄蕴宽序)五册。

《乾坤正气歌墨迹》(欧阳渐书,民国二年癸丑中华石印)、《谭组庵行楷墨迹》(谭延闿书,中华石印),合一册。

第二十函　八册

《铁云藏龟》(刘铁云有自记,光绪二十九年癸卯刘氏石印,有罗振玉、吴昌绶序)五册。

《铁云藏陶》(有刘铁云自记,光绪三十年甲辰刘氏石印)二册。

《刘铁云藏龟拾遗考释》(镇江叶玉森洪渔氏辑,有刘铁云序,民国十五年乙丑石印)一册。

第二十一函　二册

《西京职官印录》(乾隆年徐坚辑,有谢淞洲序沈德潜序,徐氏刻印本,商务书馆石印,有陈群序)二册。

第二十二函　九册

《龟甲兽骨文字》(日本文学博士林泰辅纂,有自序,大正六年石印,有丹阳吉城序)一册。

《殷虚书契考释小笺》(丹徒陈邦怀有自序,陈氏石印)一册。

《明卢忠肃手翰》(明,宜兴卢象升,有正石印)一册。

《千唐志斋藏石目》(新安张钫藏石,洛阳郭玉堂编目,张氏石印)、《涉园藏石目》(武进陶涉园藏石,有自记,陶氏石印)、《武梁祠画像题字补考》(镇江陈培森撰,陈氏石印),合一册。

《升平署岔曲》(内府原本,高阳齐如山序,民国二十四年甲戌故宫石印)、《陈老莲绘博古叶子》(明,陈洪绶图绘,罗振常石印,有序),合一册。

《闺范》(明,吕坤叔简氏辑,明刻本,民国十六年丁卯释,印光石印,有序)四册。

第二十三函　八册

《集古求真》(泰和欧阳丞棠辅之氏著,自书石印)八册。

第二十四函　八册

《集古求真续编》(同上)四册。

《集古求真补编》(同上)四册。

第二十五函　四册

戴文节《古泉丛话》(钱唐戴熙醇士氏著并手写,上海石印)四册。

第二十六函　十二册

《昭代名人尺牍续编》(上)(每卷之首均附小传,武进陶湘辑,宣统三年辛亥石印)十二册。

第二十七函　十二册

《昭代名人尺牍续编》(下)十二册。

第二十八函　六册

《陶斋藏石记》(上)(浭阳端方陶斋氏录,宣统元年己酉陶斋石印)六册。

第二十九函　六册

《陶斋藏石记》(下)四册。

《陶斋藏砖记》(同上)二册。

第三十函　五册

《点石斋画报大全》(一)甲至戊五册。

第三十一函　五册

《点石斋画报大全》(二)己至癸五册。

第三十二函　六册

《点石斋画报大全》(三)子至巳六册。

第三十三函　六册

《点石斋画报大全》(四)午至亥六册。

第三十四函　八册

《点石斋画报大全》(五)金至木八册。

第三十五函　六册

《点石斋画报》(六)礼至数六册。

第三十六函　四册

《点石斋画报》(七)文至信四册。

第三十七函　四册

《点石斋画报》(八)元至贞四册。

(按,画报起于光绪十年甲申闰五月,至二十四年戊戌八月止,共计连闰一百七十六个月。四个月装一册,共有四十四册,即历十四个足年,又三个足月也。共分六种。)

共四十一种,三十七函二百七十六册。

影印丛书十帙目录卷二

武进陶湘涉园辑录

乙　帙

第一函　八册

《宋薛尚功历代钟鼎款识》四册。

(清康熙年陆友桐临写宋校本,有自记,有明南州朱谋垔序,清仪征阮元跋,阳湖孙星衍跋、江阴缪荃孙详校古书流通处影印。)

《朱茶堂积古斋彝器款识》稿本四册。

（原名锄经堂，阮文达公改名积古斋，茶堂从侄之榛编次，光绪十六年庚寅以稿本石印，有清贵筑黄彭年、独山莫友芝、德清俞樾、归安吴云各跋，合一函。）

第二函　八册

《殷虚书契前编集释》（镇江叶玉森浜渔氏纂，有序，督印叶氏遗著，同人会石印稿本）八册。

第三函　八册

《奇觚室吉金文述》（嘉兴刘心源幼丹氏辑，有江夏、吴光耀序，北平陶钧序，光绪十八年壬寅刘氏石印）八册。

第四函　八册

《毛公鼎斠释》（永嘉张之纲著，鼎文整张摄影释文排印，张氏一并石印）、《周虢季子伯盘释文》（阳湖徐燮钧藏器，原样整张一，放大剪装一，均装入潍县陈介祺、嘉定瞿宝树释文，钱塘何溱跋，有正石印），合一册。

《楚宝斋藏器图释》（定远方焕经伯常氏藏器，北平孙壮考订，定远方燕庚记，天津大公报馆石印）一册。

《张叔未金石文字》（嘉兴张廷济叔未氏辑，四会严荄根复序，严氏鹤缘斋石印）一册。

《明拓石鼓文》（临清徐枋梧生氏志隐堂藏拓本，平等阁狄氏石印）、《旧拓泰山二十九字真本》（浭阳端方匋斋氏藏拓本，有诸家题跋，有正石印）、《宋拓鲁孝王石刻》（浭阳端方匋斋氏藏拓本，有诸家题跋，有正石印），合一册。

《宋拓孔宙碑》（无锡俞复跋，文明精印）一册。

《旧拓孔宙碑》（字之最多者，有明黄道周跋，清阮元、翁方纲、张廷济、杨振麟各跋，有正石印）、《旧拓孔宙碑阴》（浭阳端方匋斋氏藏拓本，有诸家题跋，有正石印），合一册。

《刘熊残碑》（刘铁云氏藏，海内孤帙，有正石印）、附《会稽顾燮光考》，合一册。

《杨震碑》（江西欧阳氏藏拓本，海内孤帙，上海鸿宝斋石印）、《东海庙碑残字》（刘铁云藏拓本，海内孤帙，有正石印）、《杨量买山记》（无锡秦氏古鉴阁，旧拓艺苑真赏社缩印，整张装入），合一册。

第五函　八册

《宋拓汉熹平石经残字》（钱泳梅溪氏藏，有正石印）、《汉熹平石经残字集录》并《补遗》（上虞罗振玉辑，有序，罗氏双钩石印，近年洛阳新出土本），合一册。

《汉石经残字集录续编》并《补遗》(罗氏双钩石印)二册。

《汉石经残字集录三续》并《补遗》(罗氏双钩石印)一册。

《汉石经残字集录写定本》(罗氏双钩石印)二册。

《重订汉石经残字集录上卷》(罗氏双钩石印)二册。

第六函　八册

《重订汉石经残字集录下卷》(罗氏双钩石印)二册。

《重订汉石经残字集录补遗又续补遗》(同上)一册。

《西充白氏藏汉石经残字》(白坚武氏藏石,有目录、说略,白氏石印,此为陶北溟原藏)、萍乡文氏藏汉石经残字(文素松氏藏石,有说略,文氏石印),合一册。

《魏正始三体石经五种》(新安王广庆记,无锡俞复记,有正石印,各种缩印整张装入)、《魏正始三体石经〈尚书〉〈春秋〉》(新出土时拓印二十三份,后士人因争藏,将两大石破为四石,损坏数十字,江苏武进陶氏涉园藏,未裂时拓片两大张,按原样字体大小付诸石印装入)、《陆象韩藏三体石经〈尚书〉〈春秋〉残字》(南通陆肇兴象韩氏藏剪装拓本,有正石印),合一册。

《三体石经〈尚书〉〈春秋〉放大本》(求古斋放影石印)一册。

《新出土汉魏石经考》(吴维孝峻甫撰,文瑞楼石印)二册。

第七函　八册

《宋拓石鼓文》(明无锡安氏十鼓斋藏本,马氏考为周秦雍邑刻石,有唐兰跋、马衡跋,中华精印)一册。

《宋拓孔宙碑》(无锡俞复跋中华精印)一册。

《汉碑额三十六种》(中华石印)一册。

《精选龙门造像二种》(杨大眼始平公,榆园许氏藏,有正石印)、原石拓本《唐王居士孝宽砖塔铭》(中华精印)、附翻刻本(赵叔孺秘笈,有郭兰石等跋),合一册。

《宋拓温虞恭公碑》(叶东卿藏,有翁方纲、杨守敬跋,中华精印)、《宋拓皇甫诞碑》(翁方纲跋,中华精印),合一册。

《宋拓九成宫醴泉铭》(汪秋泉、何义门、徐画堂、翁覃罩溪、吴荷屋跋,南海孔氏岳雪楼藏,后归仁和王存善子展氏,中华精印)、《唐泉男生墓志》(有盖,欧阳通书,新出土本,有正石印),合一册。

(此志民国初年在洛阳出土,竟体完善,予费一千五百元得之,丁卯由洛阳火车运天津道经开封,彼处人士扣存,河南通志馆并以一千五百元缴还于予,又拓赠十套地方保留,古物亦应然也,特此识感。)

《蔡襄书画锦堂记》(中华精印)一册。

赵松雪书《度人经》墨迹、《汲黯传》墨迹(同上)、《董文敏临钟可大〈灵飞经〉》(同上),合一册。

第八函　八册

《张迁碑》(有额阴)、《郎中郑固碑》(有额)、《郑季宣碑阴》(有额)、《执金吾丞武荣碑》(有额),合一册。

(以上四种为明拓本,翁苏斋所藏有正石印,较原石字体缩十分之二。)

《幽州刺史朱龟碑》(有额)、《成阳灵台碑》、《凉州刺史魏元丕碑》(有额),合一册。

小黄门谯敏碑(有额)、庐江太守范式碑(有额),合一册。

(以上四种为小蓬莱阁黄易小松氏所藏,有正石印,字体较原石缩十分之三。)

《许氏双钩宋拓夏承碑真本》(明,孙仲墙藏建宁原拓古韵阁许氏审定,双钩锓木,商务馆石印,许氏双钩本)一册。

《豫州从事孔褒碑》(商务馆石印)、《晋齐太公吕望表》(同上),合一册。

《三国吴皇象书急就章》(西泠印社石印)、《晋索靖月仪帖》(同上),合一册。

《晋临廱隆熙颂》(洛阳新出土有正石印,有额无阴)一册。

《晋前秦广武将军碑》(有阴,无额及两侧,王瓘孝禹氏藏原拓本,商务馆精印)、又,附重出现本(缩印整张四页装入),合一册。

(按此碑于民国初年重行出现,传说在宜君原处拆屋嵌在墙中,寻得拓本流行,北平有数十份,额阴两侧均完善,与原石字体毫厘不爽,惟有数字较原拓笔画破损。于今二十年矣,未得再见流行,又不知散佚何所。或称好事者重摹,以资射利,利得即毁。未知孰是。予曾获重出拓本全份,特按整张缩印装入,以俟来者考订焉。)

第九函　八册

《城武本夫子庙堂碑》(有正石印)一册。

《唐虞永兴汝南公主志稿墨迹》(端方匋斋氏藏,有跋,有明人题跋,杨守敬跋,宗源瀚跋,完颜景贤跋,文明精印)一册。

《化度寺碑》(明陆深、胡缵宗均有跋,清翁方纲、王文治、刘墉均有跋,李临川藏,文明石印)一册。

《皇甫诞碑》(翁方纲跋,文明精印)一册。

《皇甫诞碑》(景朴孙藏,王瓘、端方均有跋,文明精印)一册。

《虞恭公碑》(叶东卿藏,翁方纲、杨守敬跋,文明精印)一册。

《定武兰亭》（孙退谷藏，附修禊图及题诗人名，文明精印）一册。

《宋拓王圣教序记》（崇恩藏并跋，何绍基跋，文明精印）一册。

第十函　八册

《颜鲁公东方朔画赞》（有刘铁云跋，有正精印）一册。

《颜鲁公元次山碑》（同上）一册。

《颜鲁公八关斋会报德记》（有正精印，字体较原拓缩十分之三）一册。

《颜鲁公家庙碑》（同上）二册。

《颜鲁公李玄靖碑》（翁方纲跋，文明精印）二册。

《颜鲁公麻姑仙坛记》（常熟翁氏藏，张叔未、梁鼎芬、张祖翼均有跋、文明精印）一册。

第十一函　八册

《明拓魏贾使君碑》（有阴，王瓘孝禹氏跋，有正精印）一册。

《刁惠公墓志铭》（无阴，刘克纶跋，有正印）、《大代华岳庙碑》（为福山王文敏公藏本，后归刘铁云藏，有正精印），合一册。

《魏孝昌石窟碑》（赵世骏跋，有正精印）一册。

《明拓中岳嵩山灵庙碑》（又名寇谦之碑，端方匋斋氏藏，有李葆恂、金镜蓉、张祖翼跋，文明精印）一册。

《明拓朱岱林墓志》（有翁方纲跋，文明精印）、《司马景和妻墓志》（有王昶、朱文藻跋，文明精印），合一册。

《龙藏寺碑》（有额，有正精印）一册。

《唐拓温泉铭》（敦煌石室本，有俞复跋，文明精印）、《褚遂良书唐太宗哀册》（有何栻悔余氏跋，有正精印），合一册。

《等慈寺碑》（有额，有康有为跋，有正精印）一册。

第十二函　八册

《唐姜柔远碑》（端方陶斋氏藏，有王闿运、胡棣华、褚德彝、程颂万、邓邦述、王存善、俞廉三、李葆恂、杨守敬等跋）一册。

《李北海叶有道碑》（一名定风碑，俗名丁丁碑，有梁山舟跋，俞复藏并跋，文明精印）一册。

《宋拓云麾碑》（有明王世贞跋，翁方纲、刘铁云各跋，有正石印）一册。

旧拓《李北海东林寺碑》（有正石印）一册。

《淮阴县李北海娑罗树碑》（明隆庆摹本，有正石印）一册。

《圭峰定慧禅师碑》（有正石印）一册。

柳公权书《金刚经》（敦煌石室本，文明精印）一册。

怀素《自叙帖》（明文氏藏本，有正石印）、《南唐李后主墨迹》（福州梁茝林藏，文明精印），合一册。

第十三函　八册

《蔡忠惠帖》（三希堂本，佟氏石印）一册。

《苏文忠公赤壁赋墨迹》（内府藏本，佟氏石印）、《苏文忠公墨迹四种》（内府藏本，佟氏石印）、《苏文忠公武昌西山诗》（商务馆石印），合一册。

《苏文忠公颍州祷雨诗话墨迹》（白坚武考证，白氏石印）一册。

《黄山谷狄梁公碑初拓本》（艺苑真赏社石印）一册。

《米海岳方圆庵记》（临川李氏藏，文明精印）一册。

《蜀先主庙碑》（王庭筠撰并书，有正石印）一册。

《萧山县学重建大成殿记》（赵孟頫书，有正石印）一册。

《杭州福神观记》（同上）、《大川济禅寺塔铭墨迹》（赵孟頫书，艺苑真赏社石印），合一册。

第十四函　八册

《元龙兴禅寺无上帝师碑》（即《胆巴帝师碑》）（赵孟頫书，原为墨迹，有正按碑式石印）一册。

《虎丘隆福禅师碑》（赵孟頫书，有正石印）一册。

《乾明广福禅师观音殿记》（同上）一册。

《道教张公碑》（同上）二册。

《兰亭十三跋》（同上）、《稽叔夜绝交书》（赵孟頫书，商务馆石印），合一册。

《六体千字文足本》（赵孟頫书，有正石印）一册。

《元宋仲温书谱墨迹》（孙雪居旧藏，文明精印）、《张得天岳阳楼记》（中华石印）、《包安吴论书诗真迹》（同上）、《王惕甫夫妇墨迹》（同上），合一册。

第十五函　八册

《刘石庵楷书古本大学墨迹》（梁同书补写程子序文，文明精印）、《赵㧑叔六朝别字记墨迹》（商务馆石印），合一册。

《邓石如今隶书》（严筱舫藏，陶涉园石印）、《张季直书四时读书乐》（商务馆石印），合一册。

《王梦楼书颜念斋七十寿序》（中华石印）一册。

《杨藐翁临礼器碑》（求古斋石印）一册。

《王福庵书说文部首》（西泠印社石印）一册。

《清代名人书札》（中华石印）一册。

《御制避暑山庄图咏》（满文）（有图，朱圭刻，陶涉园精印）二册。

第十六函　九册

《影宋淮海居士长短句》（故宫影印）一册。

《秦楼月》(有图,陶涉园精印)二册。

《鸳鸯绦》(同上)二册。

《幽闺记》(同上)二册。

《绣繻记》(同上)二册。

第十七函　八册

《盛昱手书康熙几暇格物论》(北平石印)一册。

《翁瓶庐丛稿》(商务馆石印)五册。

《袁寒云自书日记》(上海石印)二册。

第十八函　九册

《松禅老人遗墨》(夏口邹王宾石印)一册。

《松禅老人手扎》(北平石印)一册。

《松禅老人家书》(北平石印)一册。

《张印翁松禅遗墨》(张寿龄石印)一册。

《翁致张啬老手扎》(商务馆石印)一册。

《康有为墨迹》(程湆伯葭氏石印)四册。

第十九函　八册

《伊阙佛龛碑》(赵世骏藏,有跋,有正石印)一册。

《雁塔圣教序》(郭尚先藏,赵世骏跋,有正石印)一册。

《同州圣教序》(河间庞氏藏,有正石印)、《褚河南书儿宽赞》(赵孟坚跋,邓文原跋,商务馆石印),合一册。

《李英公碑》(杨守敬跋,文明精印)二册。

《张长史郎官石记》(翁方纲跋,文明精印)一册。

《纪国陆妃碑》(同上)一册。

《薛少保信行禅师碑》(何绍基藏,吴荣光跋,文明精印)一册。

第二十函　九册

《宋拓晋唐小楷内宣示表残本》《宋拓晋黄庭经》《宋拓黄庭经残本》《宋拓晋乐毅论》《宋拓乐毅论》(止海本)《宋拓晋洛神赋十三行》《宋拓破邪论》《宋拓晋阴符经》,合一册。

《宋拓鼎帖内宣示帖》《宋拓鼎帖内还示帖》《宋拓丙舍帖》《宋拓鼎帖内黄庭经》《宋拓曹娥碑》《宋拓绛帖内霜寒帖》《宋拓大观楼帖内萧子云书列子》《宋拓群玉堂帖本曹娥碑》《宋拓米南宫小楷》《宋拓西楼帖》,本文与可字说,合一册。

《宋拓小楷本戎路帖》《宋拓宣示帖》《宋拓还示帖》《宋拓南城未断本麻姑仙坛记》《宋拓星凤楼本十三行》《宋拓黄庭经》《宋拓黄庭经残本》《宋拓

东方朔画赞》《宋拓曹娥碑》《宋拓乐毅论》《宋拓宣示表》《宋拓调元表》《宋拓力命表》《《宋拓褚临黄庭经》,合一册。

《宋拓临江戏鱼堂帖本黄庭内景经》《宋拓乐毅论》《宋拓乐毅论》《宋拓曹娥碑》《颖上本思古斋刻黄庭经》《杭州绿玉本出水时初拓十三行》《玉枕原石本兰亭序》《停云馆帖初拓本宣示表》,合一册。

(以上四十种仁和王存善子展氏藏,文明精印。)

《宋刻王右军金刚经》(有正石印)一册。

《精选王右军丛帖》(日本芳贺删太郎精印)一册。

《精选王大令丛帖》(日本冈本晋介精印)一册。

《旧馆坛碑》(晋,陶宏景书,临川李氏藏,曾熙跋,曾氏石印)一册。

《宋拓智永真草千文》(明,玉兰草堂文氏藏本,有正石印)一册。

第二十一函　八册

元本《中原音韵》一卷(元,周德清常熟瞿氏藏本,铁琴铜剑楼石印)二册。

《洛阳城南伽蓝记》五卷(明,如隐堂本魏杨衒之撰,董氏诵芬室精印)二册。

《影宋本友林乙稿》一卷(宋史弥宁袁寒云精印)一册。

《民国祀天通礼》一卷(政事堂编纂石印)一册。

《民国祀孔典礼》一卷(同上)一册。

《民国祭祀冠服图》一卷(同上)一册。

第二十二函　八册

《词馆分写太上感应编惠注》(北平龙文斋刻本,北平石印)一册。

《改七芗绘阴骘文图证》(道光年改七芗绘图,海昌别下斋刻,淮安朱氏石印)一册。

《图绘释迦如来应化事迹》(嘉庆豫亲王府刻本,有正石印)三册。

《翁覃溪楷书金刚经墨迹》(有吴熙载跋,有正石印)一册。

《张樵野侍郎行状》(张氏精印)、《盛旭存侍郎行述》(盛氏精印),合一册。

《盛杏荪宫保行述》(盛氏精印)一册。

第二十三函　八册

《菜根谭》(明,洪应明内府写本,有乾隆遂初堂主人跋,涉园精印)一册。

《牧牛图颂》(有图,涉园精印)、《捋扯集》(南昌万绳栻公禹氏集唐李义山诗句,涉园精印),合一册。

《云台二十八将图赞》(掖县张士保图绘,涉园精印)、《凌烟阁功臣图像》(开封刘源图绘,上元朱圭木刻,涉园精印)、《宋名公纪述老苏事实》(江安傅增湘沅叔氏藏宋本,涉园精印),合一册。

《洪文襄公奏对笔记》(此书系伪托德宗毓庆宫讲本,寿州孙家鼐、常熟翁同龢恭跋,涉园精印)一册。

《于文襄公四库总裁时手札》(金坛于敏中墨迹,有陈垣跋,故宫精印)一册。

《姚姬传手札》(寿州孙多巘陟甫氏跋,商务馆精印)二册。

《姚姬传文稿》(同上)、姚姬传家书(同上),合一册。

第二十四函　八册

《涉园墨萃》(上)(武进陶湘兰泉氏辑,涉园精印)八册。

《墨谱法式》三卷(宋李孝美,有图,四库本)、《墨经》(宋晁贯之,晁氏丛书本)、《墨史》(元陆友)(知不足斋本),合一册。

《中山狼图》(程君房,程氏墨苑本)、《利玛窦宝像图》(同上),合一册。

《方氏墨海》(有附录)(明方瑞生澹玄氏辑,有王式通序)、《万氏墨表》(万寿祺,士礼居刻本),合六册。

第二十五函　八册

《涉园墨萃》(下)八册。

《汪氏墨薮》(有附录,汪近圣等初刻本)三册。

《袁氏中舟藏墨录》(袁励准)、《内务府墨作则例》(摘录大清会典本)、《南学制墨札记》(湘乡谢崧岱述,国子监刻本,涉园精印),合三册。

《闵刻传奇图像十种》(明,闵齐伋等刻,涉园精印)二册。

(《琵琶记》《红拂传》《董西厢记》《西厢记》《明珠记》《牡丹亭》《邯郸梦》《南柯记》《紫钗记》《燕子笺》。)

第二十六函　八册

《陈簠斋尺牍》(商务馆精印)八册。

第二十七函　八册

《宣德鼎彝谱》八卷(四库本,涉园精印)一册。

《宣德彝器图谱》二十卷(旧抄本,有图,涉园精印)、《宣德彝器谱》三卷(项世骏藏本,涉园精印)、《宣炉小识》一卷(旧抄本沈氏著失名,涉园精印),合二册。

《素园石谱》四卷(明,林有麟撰,万历刻本,内府藏,故宫精印)四册。

《吴县沈雪宧绣谱》一卷(吴县女士沈寿口述,南通州张謇笔述,涉园精印)、《云间丁氏绣谱》一卷(云间女士丁佩著,涉园精印)、《曹州牡丹谱》一卷(怀宁余鹏年百扶氏著,有翁方纲题诗,涉园精印)、《顺天养兰经历略法》

一卷(佚名,涉园精印),合一册。

第二十八函　九册

《萧尺木离骚图》(原刻本,涉园精印)、《陈洪绶离骚绣像》(原刻本,涉园精印),合一册。

《乾隆敕补离骚图》(四库写本,涉园精印)三册。

《天工开物图考》(明刻本,涉园精印)三册。

《天禄琳琅四库荟要排架图》(故宫写本,涉园精印)一册。

《行素堂校写燕儿图》(朱氏精校精印本)、《行素堂戈汕蝶儿图》(同上)、《行素堂匡儿图》(同上),合一册。

第二十九函　八册

《阮氏积古斋钟鼎款识》四册。

(常熟鲍氏后知不足斋以文选楼原本重刻。盖本帙专集石印本及玻璃板本,如木刻则不入。只因本书乙帙第一函积古斋钟鼎款识系朱菽堂一部分之著录,恐阅者疑之,特以此木板编入,以资考订。)

《峿台铭》(中华精印)、《宋拓潭帖残卷》(中华精印)、《明拓晋索靖月仪帖》(中华精印),合一册。

司马温公神道碑(苏轼书,中华精印)二册。

《翁覃溪墨迹》(中华精印)、《戴文节公墨迹》(同上)、《钱南园正气歌墨迹》(同上),合一册。

第三十函　五册

《簠斋吉金录》(潍县陈介祺著,上海石印)五册。

共计三百十六种,三十函二百四十一册。

影印丛书十帙目录卷三

武进陶湘涉园辑录

丙　帙

第一函　六册

《古今泉币拓本》(上)(鲍康子年氏藏币,中国银行保存,冯耿光模拓精印)六册。

第二函　六册

《古今泉币拓本》(下)(同上)六册。

第三函　九册

《安刻孙过庭草真书谱合刊》(安氏重模本缺字,按薛刻书谱补足,附陈香泉校正楷书释文,上海碧梧山庄精印)四册。

《颜鲁公郭家庙碑》(有阴,有张宗苍、蔡廷锡、王文治、戴熙各题跋,上海碧梧山庄石印)三册。

《张皋文手书墨子经说解》(国学保存会石印)一册。

《江慎修手写音学辨微》(同上)一册。

第四函　八册

《司马元兴志》(艺苑真赏社石印)、《元显儁志》(吴江杨天骥跋,丹徒吴定石印)、《元珍志》(同上),合一册。

《皇甫驎志》(天津金氏、石金氏精印)、《司马景和妻志》(艺苑真赏社石印),合一册。

《刁遵志》(仁和张氏石印无阴)、《崔敬邕志》(艺苑真赏社石印)、《李超志》(同上),合一册。

《王僧志》(同上)、《高湛志》(同上)、《刘懿志》(同上),合一册。

《王偃志》(有正石印)、《崔頠志》(同上)、《陶贵志》(同上)、《董美人志》(同上,有张廷济跋),合一册。

《张贵男志》(同上)、《姚恭公志》(同上)、《元公志》(同上)、《姬夫人志》(同上),合一册。

《李氏女尉富娘志》(杨守敬有跋,文明精印)、《七姬权厝志》(有翁方纲跋,有正精印),合一册。

《荥泽令常丑奴志》(徐积余藏石,有罗振玉、郑孝胥、吴昌硕题跋,文明精印,附整张一张)一册

第五函　六册

《魏灵藏等造象记》(无年月)、《优填王等造象记》、《郑长猷等造象记》(景明二年九月三日)、《高树等三十人造象记》(景明三年五月)、《长乐王尉迟造象记》(太和元年十一月)、《广川王贺兰汗造象记》(景明三年八月)、《北海王元详造象记》(太和二十二年九月廿三日)、《洛川王史始平公造象记》(太和二十二年九月)、《杨大眼等造象记》(无年月)、《孙秋生等造象记》(无年月)、《维那程道记等造象记》(景明三年五月廿七日)、《广川王祖母太妃侯造象记》(景明四年十月七日)、《步輦郎造象记》(太和二十年)、《王元燮造象记》(正始四年一月)、《比丘尼法生造象记》(景明四年十二月)、《比丘尼慈香造象记》(神龟三年三月)、《北海王太妃高造象记》(无年月)、《司马解伯造象记》(太和年)、《齐郡王元祐造象记》(熙平二年七月)、《比丘道

匠造象记》(无年月),合一册。

(以上为龙门造象二十品,有正石印。)

《冯善廓浮图铭》(万岁通天二年)、《净域寺法藏禅师塔铭》(开元四年)、《幽栖寺尼正觉浮图铭》(开元六年)、《易州新安府折冲李公石浮图铭》(开元十年)、《大德敬节法师塔铭》(开元十七年),合一册。

《宣化寺坚行禅师塔铭》(开元二十一年)、《义福禅师塔铭》(开元二十四年)、《嵩山会禅寺景贤大师身塔记》(开元廿五年)、《大安国寺惠隐禅师塔铭》(天宝五年),合一册。

《少林寺灵运禅师功德塔铭》(天宝九年)、《优婆姨段常省塔铭》(天宝十二年)、《少林寺神王师子记》(天宝十四年)、《张禅师墓志铭》(大历三年)、《真化寺如愿律师志铭》(大历十年),合一册。

《龙花寺韦和尚志铭》(元和十三年)、《大德塔志》(元和十四年)、《大慈恩寺大法师基公塔志》(开成四年)、《翛空和尚塔志》(太和七年)、《慈润寺灵琛禅师灰身塔文》(贞观三年),合一册。

(以上为唐代释氏志二十种商务馆选集石印。)

第六函　四册

《善斋吉金十录》(一)(庐江刘体智藏器刘氏石印)四册。

第七函　四册

《善斋吉金十录》(二)四册。

第八函　五册

《善斋吉金十录》(三)五册。

第九函　五册

《善斋吉金十录》(四)五册。

第十函　五册

《善斋吉金十录》(五)五册。

第十一函　四册

《善斋吉金十录》(六)四册。

第十二函　八册

《显祖第一嫔侯夫人志》《江阳王次妃石敬姿志》《安乐王元诠志》《元飏妻王夫人志》《高宗嫔耿氏志》《兖州刺史元飏志》,合一册。

《敦煌镇将元倪志》《齐郡王元祐妃常季繁志》《青州刺史元暐志》《豫州刺史元显魏志》《雍州刺史元固志》《赵郡宣恭王元毓志》,合一册。

《钜平县开国侯元钦志》《元景略妻兰夫人志》《平南将军元珽志》《冀州刺史元鸷志》《华山王妃公孙甑生志》《广阳文献王元湛志》合一册。

《梁州刺史元显志》《雍州刺史孝武王元宝建志》《文献王元湛妃王令媛志》《冀州刺史元均志》《章武王妃卢贵兰志》《文宣王太妃冯令华志》《东安王太妃陆顺华志》,合一册。

《晋关中侯房宣志》《晋中书侍郎荀岳志》《晋关中侯郑舒夫人刘氏志》《宋刘怀民志》《韩显宗志》《广陵惠王元羽志》,合一册。

《郢州刺史寇臻志》《泾州刺史齐郡王元佑志》《皇甫驎志》《昌国县开国侯王绍志》《济州刺史穆胤志》,合一册。

《乐陵王元彦志》《寇凭志》《汝南太守寇演志》《宫内大监刘阿素志》《宫内司高唐县君杨氏志》《宫内第一品张安姬志》,合一册。

《鞠彦云志》《恒州刺史元纂志》《吴高黎志》《介休县令李谋志》《林庐哀王元文志》《兖州刺史张满志》《乐陵王妃解律氏志》,合一册。

第十三函　八册

《镇北大将军元思志》《王诵妻宁陵公主志》《故处士元显儁志》《梁州刺史元演志》《冀州刺史元珍志》《高宗嫔耿寿姬志》《世宗嫔司马显姿志》,合一册。

《张檷夫人李淑真志》《女尚书王僧男志有盖》《彭城武宣王妃李媛华志》《中山王元熙志》《寇治志》《寇偘志》,合一册。

《王诵妻元贵妃志》《徐州刺史王诵志》《怀令李超志》《凉州刺史元维志》《安丰王元延明志》《城阳王王元徽志》,合一册。

《西河王元悰志》《渤海太守王偃志》《伏波将军诸冶令侯海志》《汝阳王元睟志》《骠骑大将军元贤志》《乐陵王高百年志》,合一册。

《晋武威将军魏德义枢志》《乐安王元绪志》《恒州刺史元譿志》《傅姆王氏志》《恒州大中正于景志》《岐州刺史于纂志》,合一册。

《东平王元略志》《东海王元顼志》《太原太守穆子岩志》《临淮王元彧志》《开府参军崔頠志》《窦夫人娄黑女志》,合一册。

《淳于俭志》《洪州总管苏孝慈志》《仪同三司冯君夫人庐旋芷志》《又》《又》《李玉婍志》《邯郸县令蔡夫人张贵男志》《高建妻王夫人志》,合一册。

《梁瑰志》《成公夫人志》《陶丘简侯萧玚志》《张夫人萧餝志》《吴氏女尉宣娘志》《隋姞注志》《滕王长子杨厉志》,合一册。

(以上二函十六册九十九种名六朝墓志精华,有正选集石印。)

第十四函　七册

《宋拓苏东坡西楼帖》(端陶斋藏文明精印)七册。

第十五函　八册

《钟繇宣示帖》(二种)(以下均艺苑真赏社精印)、《王右军黄庭经》(古鉴阁藏宋本)、又(聚学轩刘氏藏宋拓)、又(高江邨藏本)、又(永和十二年写),《佛遗教经》(古鉴阁藏本),合一册。

又,《孝女曹娥碑》(二种)(古鉴阁藏宋拓)、又,《东方画赞》(二种)(古鉴阁藏宋拓)、又,《乐毅论》(古鉴阁藏)、《王大令玉版十三行》(二种)(古鉴阁藏)、《洛神赋》《王右军行草帖》(《宋拓淳熙秘阁续帖》之一),合一册。

《六朝人写经墨迹》(南海吴荷屋藏)、《唐人写经墨迹》(同上)、《初拓兴福寺半截碑》,合一册。

《虞永兴破邪论》《钟绍京〈灵飞经〉》(渤海藏真本)、《颜鲁公麻姑仙坛记》,合一册。

《定武兰亭》(吴平斋藏)、《初拓思古斋石刻》(二种)(黄庭经兰亭二种皆褚河南临本)、《王右军书道德经》(古鉴阁宋藏拓),合一册。

《智永真草千文墨迹》一册。

《赵松雪无量义经墨迹》一册。

又,《真草千文墨迹》《董香光行楷琵琶行墨迹》《王雅宜楷书洛神赋墨迹》《恽南田行书真迹》(以上均艺苑真赏社精印),合一册。

第十六函　五册

《许氏藏宋拓淳化阁帖》(十集)(李临川旧藏,后归山阳许福昞氏,许氏精印)五册。

第十七函　九册

《三希堂法帖正集》(一)(内府精拓,有正石印)九册。

第十八函　九册

《三希堂法帖正集》(二)(同上)九册。

第十九函　九册

《三希堂法帖正集》(三)(同上)九册。

第二十函　十册

《三希堂法帖正集》(四)(同上)五册。

《三希堂法帖续集》(同上)五册。

第二十一函　五册

《入唐求法巡礼行记》(大正十五年日本文库精印)五册。

第二十二函　五册

《殷契萃编》(郭沫若编并精印)五册。

第二十三函　四册

《参加伦敦中国艺术国际展览会出品图说》(商务馆精印)四册。

第二十四函　四册

《晋唐宋元明清名画大观》(刘海粟精印)四册。

第二十五函　三册

《两周金文辞大系考释》(郭沫若纂并精印)三册。

第二十六函　四册

《金文丛考》(郭沫若纂并精印)四册。

第二十七函　六册

《历代著录金文》(美利坚福开森编并精印)六册。

共二百十种,二十七函一百六十六册。

影印丛书十帙目录卷四

武进陶湘涉园辑录

丁　帙

第一函　一册

《文求堂善本书影》(日本精印)一册。

第二函　六册

《宋绍熙本礼记正义》(一)(即宋黄堂校刻本,现归南海潘从、周明训氏藏,董氏精印,共分四函二十四册)六册。

第三函　六册

《宋绍熙本礼记正义》(二)六册。

第四函　六册

《宋绍熙本礼记正义》(三)六册。

第五函　六册

《宋绍熙本礼记正义》(四)六册。

第六函　六十幅一册

《十三经注疏影谱》(日本长泽规矩也说略,日本精印)六十幅一册。

第七函　八册

《唐拓石鼓文》(明,锡山安国桂坡氏十鼓斋藏,第一本有倪瓒题字,桂坡题诗,艺苑真赏社精印)、《宋拓石鼓文》(明,锡山安氏十鼓斋藏,有嘉靖癸巳安桂坡跋,同上印)、《元潘迪石鼓文音训》(安氏藏明拓本同上印),合一册。

《马衡考石鼓文为周秦国石刻说》(有图,马氏石印)一册。

《唐拓泰山石刻残字》(原石拓本,安桂坡藏,有跋,艺苑真赏社精印)、《宋拓泰山石刻残字》(原石拓本,安桂坡藏,有嘉靖癸未年安桂坡跋,同上)、

《会稽石刻》(南唐徐氏摹本明安氏藏,同上)、《碣石颂》(徐鼎臣摹本锡山华氏藏,同上),合一册。

《琅琊台石刻》(无锡秦氏藏,原石拓本)、《琅琊石刻全文》(明重摹本有翁方纲跋),合一册。

《汉开母庙石阙铭》(海昌沈氏藏,同上)、《汉嵩山少室神道石阙》(海昌沈氏藏,同上),合一册。

《孟孝琚碑》(光绪二十七年辛丑云南昭通出土,同上)、《裴岑纪功刻石》(旧拓本,同上)、《樊敏碑》(此为重摹本,有额,同上),合一册。

《礼器碑》(有阴及两侧,同上)一册

《史晨奏祀孔子庙碑》(同上)、《史晨飨孔子庙碑》(同上)、《乙瑛碑》(即卒吏碑,又名孔龢碑),合一册。

第八函　九册

《孔宙碑》(有额无阴,艺苑真赏社精印)、《张寿残碑》(初出土拓本,同上)、《张表碑》(明,安国桂坡氏藏,宋拓本,有额,同上),合一册。

《西岳华山庙碑》(此为宋拓即名长垣本,上元宗源瀚湘文氏藏,有诸名人题跋,同文局石印)、《西岳华山碑长垣本》(艺苑真赏社精印)、《曹全碑》(无年月碑阴,同上),合一册。

《韩仁铭》(有额,同上)、《尹宙碑》(有额,同上),合一册。

《北海相景君铭》(有额有阴,同上)一册

《博陵太守孔彪碑》(无额无阴旧拓本,同上)、《李孟初神祠碑》(出土时初拓本,有额,同上)、《袁博残碑》(同上)、《朝侯残碑》(同上),合一册。

《武荣碑》(有额,同上)、《郑固碑》(有额,同上)、《鲁峻碑》(有额无阴,同上),合一册。

《衡方碑》(有额无阴,同上)、《张迁碑》(有额无阴,同上),合一册。

《石门颂》(有额,同上)、《杨淮表记》(同上),合一册。

《封龙山颂》(有前题,同上)、《白石神君碑》(有额无阴,同上),合一册。

第九函　八册

《西狭颂》(有额无题名,同上)、《郙阁颂》(明重摹本,同上),合一册。

《安阳汉残石》(允字子游,名重字元,正直刻辞,岁在辛酉)四种(同上)、《魏曹真残碑》(同上)、《晋爨宝子碑》(同上),合一册。

《张猛龙碑》(有额有题名,同上)、《吊比干文》(明重摹本,同上),合一册。

《郑文公下碑》(有额,同上)一册。

《敬使君碑》(同上)、《张黑女志》(何绍基藏真本,同上),合一册。

《魏王远石门铭》（同上）、《文殊般若经》（同上），合一册。

《温虞恭公残碑》（同上）、《李阳冰先茔记》（同上）、《李阳冰城隍庙碑》（同上），合一册。

《孙过庭书谱》（同上）、《怀素草千字文》（同上）、《圣母帖》（同上），合一册。

第十函　九册

《王稚子双阙》（原石拓本，同上）、《桐柏庙碑》（吴炳重摹本，同上）、《郭有道碑》（有额重摹本，同上），合一册。

《夏承碑》（重摹本，同上）一册。

《唐拓化度寺碑》（日本岸本氏藏，陶涉园精印，有元欧阳玄跋，陶珙书释文，同上）、《唐拓九成宫醴泉铭》（姚姬传跋，同上）、《秦刻宋拓九成宫醴泉铭》（艺苑真赏社精印），合一册。

《怀仁集王右军圣教序记心经》（即崇禹舲藏北宋拓本，称墨皇之一，现归天津徐世章藏，陶涉园精印）一册

又，藏宋拓本称"墨皇"之二（北京精印）、又，明王孟津藏本（艺苑真赏社精印），合一册。

《颜鲁公中兴颂》（同上）一册。

《怀素草书自叙帖墨迹》（同上）一册。

《唐叶慧明碑》（同上）、《金党怀英篆书王荆公绝句》（同上），合一册。

《宋拓绛帖残本》（吴县孙伯渊藏宋拓，内有宋太宗法书，与常本迥异，孙氏精印）一册。

第十一函　八册

《开皇本兰亭》（艺苑真赏社精印）、《唐拓十七帖》（同上），合一册。

《宋拓王右军书》（即南唐昇元帖也，商务书馆精印）、《宋拓大观帖》（翁苏斋旧藏，艺苑真赏社精印），合一册。

《宋徽宗瘦金体三图题识》（艺苑真赏社精印）、《米襄阳辨法帖墨迹》（同上）、又，《草书天马赋墨迹》（同上）、《苏东坡黄州寒食帖》（颜世清藏墨迹，同上），合一册。

《苏东坡寄参寥子诗墨迹》（同上）、《苏东坡赤壁赋真迹》（同上）、《黄山谷题中兴颂崖下诗石刻》（孤本，同上）、《黄山谷行书松风阁诗帖墨迹》（同上），合一册。

《赵松雪天冠山题咏墨迹》（同上）、《赵松雪归去来兮辞墨迹》（同上）、《赵松雪信心铭真迹》（同上），合一册。

《赵松雪龙兴寺墨迹》（即《胆巴帝师碑》，同上）、《王守仁矫亭记墨迹》

(同上),合一册。

《沈石田行书诗册墨迹》(同上)、《祝京兆草书五云裘歌墨迹》(同上)、《文徵明行书西苑诗墨迹》(同上)、《唐荆川行书诗稿真迹》(同上)、《陈白阳草书诗帖墨迹》(同上),合一册。

《董文敏行书墨迹》(同上)、《王觉斯草书入奏行墨迹》(同上),合一册。

第十二函　六册

宋相台本《孝经》(内府藏,现归周叔弢藏,周氏精印)一册。

《洪氏集验方》(原藏文徵明家,后归黄士礼居,今归南海潘明训,潘氏精印)一册。

《钱杲之离骚》(常熟瞿氏铁琴铜剑楼藏,瞿氏精印)一册。

《李贺歌诗》(同上)、《周贺诗集》(同上),合一册。

《李丞相诗》(同上)、《朱庆余诗》(同上),合一册。

《鹤山渠阳诗》(同上)、《写本杨太后宫词》(同上),合一册。

第十三函　四册

《唐拓顺陵全碑》(即武则天神道碑,海内孤本,中华精印)四册。

第十四函　六册

《瘗鹤铭》(杨大瓢藏水拓本,有陆恭跋,罗振玉戊午精印,附考,并张开福山樵书外纪)一册。

《云麾将军李思训碑》(南皮张氏藏宋拓,艺苑真赏社精印)、《麻姑仙坛记》(锡山孙文靖藏本,艺苑真赏社石印)、《争坐位论稿》(无锡秦氏藏本,同上印),合一册。

《多宝塔碑》(锡山华氏藏北宋拓本,同上印)、《李北海曹娥碑》(重摹本,同上印),合一册。

《玄秘塔碑》(寿县孙涉甫藏宋拓本,商务书馆精印)一册。

又(古鉴阁藏宋本,艺苑真赏社精印)、《王虚舟集柳书反经箴》(王虚舟集,宋拓玄秘塔字为句,同上),合一册。

《宋拓道因碑》(故宫藏,故宫精印)、《宋拓岳麓寺碑》(故宫藏,故宫精印),合一册。

第十五函　十册

《福氏所藏甲骨文字》(美利坚福开森藏甲骨,番禺商承祚考释,金陵大学精印)、《毛公鼎文正注》《南公鼎文释考》《周明公彝文释考》(以上三种为河南潢川吴宝瑞宜常氏著,吴氏精印),合一册。

《削瓦文字谱》(萍乡文素松编,商城何日章校,思简楼精印)一册。

《史晨前后碑》(商务馆精印)一册。

《曹全碑》(有年月,碑阴,商务馆精印)一册。

《韩仁铭》(宋拓本,商务馆精印)一册。

《夏承碑》(李临川藏宋摹本商务馆精印)、《李仲璇碑》(有额,有正精印),合一册。

《张猛龙碑》(有额有阴,有正精印)一册。

《宋拓皇甫碑》(全文清楚,商务馆精印,或为宋摹本)一册。

《唐拓九成宫》(有董其昌跋,各名人跋,有正精印)一册。

又(有钱大昕等跋,有碑额,商务馆精印)一册。

《宋拓九成宫》(常熟翁氏藏,有正精印)一册。

第十六函　九册

《北宋拓王圣教序记》(墨皇本,有正精印)一册。

《宋游丞相藏兰亭序》(玉泉本,商务馆精印)一册。

《华阳观王先生碑》(即王洪范碑,海内孤本,罗振玉精印)一册。

《卫景武公碑》(有额,王存善藏,有正精印)。

《张从申李玄靖碑》(铁琴铜剑楼藏,商务书馆精印)一册。

《薛刻书谱》(附释文,商务书馆精印)一册。

《颜鲁公争坐位帖》(有正精印)、《颜鲁公祭侄稿》(有正精印)、《柳公权临王大令十三行》(商务书馆精印),合一册。

《苏东坡天际乌云帖》(商务馆精印)一册。

《米襄阳行书》(商务馆精印)、《宋拓鼎帖残卷》(刘石庵旧藏,商务馆精印)、《覃研斋金石书画第一辑》(北平大业印刷局精印),合一册。

《赵松雪草书墨宝》(有正精印)、又,《庐山草堂记》(有正石印),合一册。

第十七函　九册

《方正学临麻姑仙坛记墨迹》(有正石印)一册。

《黄石斋榕坛问业真迹》(有正石印)一册。

《明贤墨迹》(商务馆精印)三册。

《汲古阁图咏》(李木斋藏本,陶涉园精印)、《刘石庵墨迹》(商务馆精印)、《邓石如四体书真迹》(西泠印社精印)、《王可庄千字文墨迹》(商务馆精印)、《王一亭二十四孝图咏》(上海石印),合一册。

《阎立本帝王图真迹》(商务馆精印)、《吴越银龙简》(有正精印),合一册。

《吕晚村墨迹》(商务馆精印)一册。

《姚惜抱墨迹》(商务馆精印)一册。

第十八函　五册

《何子贞临礼器碑》《何子贞临卒史碑》,合一册。

《何子贞临史晨前后碑》《何子贞临武荣碑》,合一册。

《何子贞临张迁碑》《何子贞临衡方碑》,合一册。

《何子贞临石门颂》《何子贞临西狭颂》,合一册。

《何子贞临西岳华山碑》《何子贞临曹全碑》,合一册。

(以上为何子贞临汉碑十种墨迹,商务馆精印,共五册。)

第十九函　八册

《蜀石经残本》(庐江刘体乾藏,刘氏精印)八册。

第二十函　十五册

《唐人写本文馆词林残卷》(日本文库藏,唐人写卷子本,董康氏在日本精印)十五册。

第二十一函　四册

《李明仲营造法式》(上)(宋李明仲诚奉敕,编清朱启钤考订增今释,郭葆昌按宋本填彩,陶涉园精印,仿熙宁本锓木印行)四册。

第二十二函　四册

《李明仲营造法式》(下)(同上)四册。

第二十三函　一册

《汉代圹砖集录》(王振铎撰,考古学社精印)一册。

第二十四函　六册

《缀遗斋彝器考释》(上)(定远方濬益辑,商务馆精印)六册。

第二十五函　六册

《缀遗斋彝器考释》(下)六册。

第二十六函　一册

《濬县彝器》(孙海波序,河南通志馆精印)一册。

第二十七函　四册

《梅花喜神谱》(吴湖帆藏,宋本,吴氏精印)二册。

《宋贤笺牍》(故宫藏,故宫精印)、《明宣宗书画合璧》(故宫藏,故宫精印)、《名画琳琅》(故宫藏,故宫精印),合一册。

《赵松雪临史游急就章草书》(故宫精印)、《宋孙仲温书张怀瓘用笔十法》(故宫精印)、《清吴子静仿古山水册》(艺苑真赏社精印)、《王石谷画前人词句十二章》(同上)、《王石谷山水》(同上),合一册。

第二十八函　五册

《艺圃留真十四种》(锡山秦氏藏,艺苑真赏社精印)、《华鸟画范》(初二集，锡山秦氏藏，同上）、《明关九思石谱》（锡山秦氏藏，同上）、《清吴渔山山水册》（锡山秦声洁藏，同上）、《清吴渔山山水册》（清内府旧藏，同上）、《秦邻烟姑苏十景》（锡山秦祖永，同上），合一册。

《燕寝怡情》（明人画册，内府藏，同上）、《及时行乐》（明人画册，内府藏，同上）、《仇十洲有女怀春》（内府藏，同上），合一册。

《百砚室藏名人书画轴》（许修直藏，同上）一册。

《顾亭林祠祭会题名卷》（顾祠藏卷，顾祠石印）一册。

第二十九函　二册

《邺中片羽初集》（江夏黄濬北平彩华精印）二册。

第三十函　二册

《甲骨文字》（河南博物馆藏甲骨，孙波编述文字，河南通志馆精印）二册。

第三十一函　五册

《鸣沙石室佚书十八种》（罗振玉精印）四册。

（《隶古定尚书》《春秋谷梁传解说》《论语郑氏注》《春秋后国语》《晋纪》《阃外春秋》《张延绶别传附春秋后国语背记》《水部式》《诸道山河地名要略》《残地志》《沙州图经》《西州图经》《太公家教》《星占》《阴阳书》《修文殿御览》《兔园策府》《唐人选唐诗》以上鸣沙石室佚书十八种详目。）

《白行简行书大乐赋墨迹》（敦煌石室本，董氏精印）一册。

第三十二函　八册

《殷文存》（罗振玉丁巳精印）二册。

《泰山二十九字残石原本》（罗振玉癸丑精印）、《会稽石刻摹本》（罗振玉精印），合一册。

《秦公敦》（罗氏精印）、《汉朝侯残碑》（同上）、《新莽量铭》（同上）、《袁敞残碑缩本》（同上），合一册。

《汉晋书影》（同上）一册。

《宋拓九成宫》（同上）、《水拓瘗鹤铭》（同上）、《张长史郎官石柱记》（同上），合一册。

《宋拓北宋二体石经残本》（同上）一册。

《元明诸名人小行楷墨迹》（同上）一册。

第三十三函　二册

《十二家吉金图录》（海城于省吾集，燕京学社精印）二册。

《双剑簃》（海城于思泊省吾氏著）、《宝楚斋》（定远方伯常焕经氏）、《旧雨楼》（定海方若药雨氏）、《贮庵》（北平王辰铁厂氏）、《居贞草堂》（旌德周进季木氏)、《雪园》(北平孙壮伯衡氏)、《镜菡榭》(固始张玮效彬氏)、《式古斋》(衡水孙政秋帆氏)、《补萝庵》(山阴张允中致和氏)、《尊古斋》(江夏黄濬百川氏)、《契斋》(番禺商永锡承祚氏)、《遐厂》(番禺叶恭绰玉甫氏)。

(以上为十二家姓氏目。)

第三十四函　一册

《殷契佚存考释》(番禺商承祚,金陵大学精印)一册。

第三十五函　三册

《殷契卜辞》(东莞容庚,燕京学社精印)三册。

第三十六函　五册

《颂斋吉金录续录》(东莞容庚,考古学社精印)三册。

《颂斋书画录》(东莞容庚,考古学社精印)一册。

《仇十洲摹清明上河图卷》(有文徵明跋,霍邱裴氏藏画,无锡理工制板所影印)一册。

第三十七函　二册

《武英殿彝器图录》(东莞容庚,考古学社精印)二册。

第三十八函　二册

《旧写本古文孝经》(附解说,日本山水近彰稿,日本精印)二册。

第三十九函　二册十八幅

《清代营造则例》(梁思成著,营造学社精印)一册。

又,《算例》(同上)一册。

又,《则例图版》(同上)廿八幅。

第四十函　一册

《佛说四十二章经》(唐怀素草书墨迹,有正精印)一册。

共二六一种,四十函二〇四册八十八幅。

影印丛书十帙目录卷五

武进陶湘涉园辑录

戊　帙

第一函　九册

《吴恪斋籀文孝经》(吴大澂写本,上海同文书局石印)一册。

《吴恪斋籀文论语》(吴大澂写本,上海同文书局石印)二册。

《吴恪斋古玉图考》(吴大澂写本,同上)二册。

《吴恪斋宝六瑞轩古玉图》(吴大澂手拓本)二册。

《吴恪斋周秦汉印》(吴大澂手印,上海石印)一册。

《吴恪斋摹彝器款识墨迹》(吴大澂书,中华石印)一册。

第二函　十四册

《恪斋集古录》(上)(商务馆石印)十四册。

第三函　十四册

《恪斋集古录》(下)(同上)十三册。

又《续录》(同上)一册。

第四函　八册

《支那名画宝鉴》(上)(晋唐至清共四一四家一千页,昭和十一年原田谨次郎纂,日本大冢巧艺社精印)八册。

第五函　九册

《支那名画宝鉴》(下)八册。

《汤雨生全家夫妇子女画册》一册。

第六函　十册

《峄山刻石》(有正石印)一册。

《礼器碑》(同上)一册。

《礼器碑》(同上)一册。

《娄寿碑》(同上)一册。

《鲁竣碑》(同上)一册。

《太尉杨伯起碑》(欧阳辅之石印)一册。

《王基断碑》(有正石印)、《孔羡碑》(有额,有正石印),合一册。

《爨宝子碑》(有正石印)一册。

《爨龙颜碑》(同上)一册。

《龙藏寺碑》(同上)一册。

第七函　八册

《夫子庙堂碑》(长安本,同上)一册。

《孔颖达碑》(商务馆石印)一册。

《宋拓未断王圣教序记》(同上)一册。

《房梁公碑》(有正石印)一册。

《李秀全碑》(同上)一册。

《法华寺碑》(真本,同上)一册。

又(何绍基子贞氏摹本,同上)一册。

《颜勤礼碑》(新重现本,有正石印)、《颜书清远道士诗墨迹》(有正石印),合一册。

第八函　八册

《苏东坡醉翁亭记》(同上)一册。

《苏东坡丰乐亭记》(同上)一册。

《苏东坡西楼残帖》(同上)一册。

《赵文敏湖州妙岩寺碑》(同上)、《赵文敏兰亭十三跋》(同上),合一册。

《文衡山阿房赤壁赋墨迹》(同上)一册。

《翁方纲墨迹》(同上)、《康有为墨迹》(同上)、《梁启超墨迹》(同上),合一册。

《千秋绝艳》(董氏精印)二册。

第九函　十册

《乾隆淳化阁帖》(有正石印)十册。

第十函　十八册

《宋椠尚书正义》(日本藏宋椠,昭和四年小林忠治郎精印,内藤虎跋)十八册。

第十一函　四册

《宋熙宁本北山录》(袁寒云藏,袁氏精印)四册。

第十二函　三册

《清道人临周散氏盘文》(李梅庵墨迹,中华精印)一册。

《紫江朱氏三世墨宝》(朱启钤藏,郭葆昌精印)一册。

《听自然斋铁笔拓本》(同上)一册。

第十三函　五册

《宋汪藻刻世说新语》三册。

附《叙录考异人名谱》二册。

(日本尊经阁藏,前田侯爵精印。)

第十四函　九册

《常熟瞿氏铁琴铜剑楼宋元板书影》(瞿氏石印)九册。

第十五函　六册

《宋监本周易正义》(傅增湘藏,日本小林忠治郎精印)四册。

《宋礼记正义残卷》(日本精印)二册。

第十六函　五册

《清仪阁集古类识》《东武刘氏类识》,合一册。

《传古别录》一册。

《簠斋藏古目》二册。

《十钟山房藏齐鲁周秦三代两汉瓦当文字目》《簠斋藏古泥封目》，又《藏泉范目》，合一册。

（以上均潍县陈介祺辑录手写本，其曾孙陈文会石印，共五册。）

第十七函　八册

《白氏六帖事类》（傅增湘藏宋本，陈乃乾影印）八册。

第十八函　七册

《艺术丛编》（上）（广仓学窘精印）七册。

第十九函　七册

《艺术丛编》（下）（同上）七册。

第二十函　五册

《周金文存》（杭州邹安编，广仓学窘精印）五册。

第二十一函　七册

《周金文存》（同上）七册。

第二十二函　五册

《陶斋吉金录》（上）（端方辑录，端氏石印）五册。

第二十三函　五册

《陶斋吉金录》（下）（同上）三册。

《陶斋吉金续录》（同上）二册。

第二十四函　六册

《刘梦得集》（上）（日本平安福井氏崇兰馆藏宋本，董氏精印）六册。

第二十五函　六册

《刘梦得集》（下）（同上）六册。

第二十六函　六册

《宋皇祐新乐图记》一册。

《宋绍熙州县释奠仪图》一册。

《宋家山图书》一册。

《钦定补绘萧云从离骚全图》三册。

（以上四种为《四库全书》书影，商务馆选集精印。）

第二十七函　八册

《宋本三谢诗》（海源阁康藏，大连图书馆精印）一册。

《吴恪斋尺牍墨迹》（商务馆精印）三册。

《小檀栾室镜影》（徐乃昌藏器，商务馆精印）三册。

《镜影楼钩影》（徐乃昌藏器，商务馆精印）一册。

第二十八函　七册

《涉园所见宋板书影(一二)辑》(涉园精印)二册。

《故宫善本书影初编》(故宫精印)一册。

《内阁大库残编书影》(同上)一册。

《陶斋古玉图》(端方藏玉器,来青阁精印)二册。

《故宫瓷琴辨说》(郭葆昌精印)一册。

第二十九函　八册

《宋板古今注》(涉园精印)一册。

《郑世子瑟谱》(汲古阁抄本,同上)、《周孝子血疏》(白坚武藏真迹,涉园精印),合一册。

《晚笑堂画传》(上官周竹庄氏绘,同上)一册。

《杨忠愍公传家宝训》(原刻本,同上)、《瓶笙馆修箫谱》(大典舒位铁云氏撰,汪氏振绮堂刻,同上),合一册。

《程氏心法三种》(程忠献原刻本弩刀枪三种,同上)一册。

《褚河南阴符经墨迹》(叶恭绰藏,同上)一册。

《乾隆宝谱》(故宫藏宝,同上)、《清内府藏古玉印》(同上,汉玉十印附)、《金轮精舍藏古玉印》(陶北溟藏,同上),合一册。

《四司马志》(方药雨藏原拓,同上)、《司马元兴志》《司马景和志》景和妻孟敬训志》《司马昇志》《崔敬邕志》(罗振玉藏原拓,同上),合一册。

第三十函　六册

《孟东野集》(李木斋藏宋本,有黄荛圃跋,涉园精印)三册。

《孟浩然集》(杨寿枏藏宋本,有黄荛圃跋,同上)一册。

《宣和宫词》(周叔弢藏宋本,周氏精印)一册。

《三家宫词》(周叔弢藏宋本,周氏精印)一册。

第三十一函　三册

《选印善齐彝器图录》(庐江刘体智藏器,容庚选辑,燕京学社精印)三册。

第三十二函　二册

《敬吾心室彝器款识》(朱之榛藏器,朱氏石印)二册。

第三十三函　四册

《尊古齐所见吉金图录初编》(江夏黄濬撰集,北平彩华局精印)四册。

第三十四函　二册

《十六长乐堂古器款识考》(嘉善钱坫番禺商承祚校印,北平开明书局精印)二册。

第三十五函　三册

《新郑古器图录》(开封关百益考商城何日章校,河南图书馆精印)三册。

第三十六函　一册

《铁云藏龟零拾》(江津李旦丘编,孔德图书馆精印)一册。

第三十七函　一册　五十八页

《支那古器图考兵器篇》(日本原田淑人、驹和爱同辑,日本精印)一册五十八幅。

第三十八函　一册　六十七页

《支那古器图考舟车马具篇》(同上)一册六十七幅。

共一〇八种,三八函二四八册一二五幅。

影印丛书十帙目录卷六

武进陶湘涉园辑录

己　帙

第一函　二册

《清代帝后像》(内府藏,故宫精印)二册。

第二函　七册

《故宫》(上)(一期至二十一期内府藏物品,故宫精印)七册。

第三函　七册

《故宫》(下)(二十二期至四十四期,同上)七册。

第四函　七册

《故宫书画集》(上)(一期至二十一期内府藏书画,故宫精印)七册。

第五函　八册

《故宫书画集》(下)(二十二期至四十五期,同上,附宋蔡、苏、黄、米四大家墨迹)八册。

第六函　八册

《满洲实录》(奉天内府藏本,附有详图,又名《满洲开国方略》,乾隆钦定,辽东通志馆精印)八册。

第七函　四册

《清代学者像传》(番禺叶恭绰集像,商务馆精印)四册。

第八函　六册

《石鼓文》(临清徐枋梧生氏藏,宋拓,有正精印)一册。

《大观帖》第六卷(榷场本,有翁方纲等跋,有正精印)一册。

《杜牧之冯好好诗墨迹》(内府藏本,有正精印)、《刘石庵墨迹》(平等阁狄氏藏,有正精印),合一册。

《太平天国之书》(内府藏,故宫精印)一册。

《辽陵石刻集录》(罗振玉集录,金毓绂精印)二册。

第九函　十册

《赵悲盦剩墨十集》(赵之谦书画,西泠印社精印)十册。

第十函　十册

《中国名画四十集》(上)(有正选辑精印)十册。

第十一函　十一册

《中国名画四十集》(下)(同上)十册。

《翁松禅遗墨》(翁同龢画,商务馆精印)一册。

第十二函　五册

《历代帝后像》(伏羲起清代止,清初摄政王像附,有正精印)五册。

第十三函　三册

《静嘉堂善本书影》(日本精印)三册。

第十四函　一册

《有竹斋藏古玉图》(日本滨田青陵概说,日本精印)一册。

第十五函　二册

《武梁祠画像及题字并考释》(东莞容庚考古学社精印)二册。

第十六函　三册

《贞松堂吉金图》(罗振玉辑,丁丑精印)三册。

第十七函　五册

《三代吉金文存》(一)(罗振玉辑,丁丑精印)五册。

第十八函　五册

《三代吉金文存》(二)(同上)五册。

第十九函　五册

《三代吉金文存》(三)(同上)五册。

第二十函　五册

《三代吉金文存》(四)(同上)五册。

第二十一函　一册　十五幅

《端陶斋藏古禁全器》(现归美利坚福开森藏,福开森考释精印)一册十五幅。

第二十二函　六册

《柯九思藏定武兰亭真本》(内府藏,故宫精印)一册。

《夏珪长江万里图卷》(同上)一册。

《黄孝子万里寻亲图》(明黄向坚端木氏,商务馆精印)一册。

《金拱北遗画》(吴兴金城,北平精印)一册。

《陆廉夫画苹》(吴江陆恢,上海精印)一册。

《吴子玉将军墨竹》(蓬莱吴佩孚,天津精印)一册。

第二十三函　二册

《宋本草窗韵语》(密韵楼藏,宋椠,董氏精印)二册。

第二十四函　七册

《鸣沙石室古籍丛残》(罗振玉辑并精印)六册。

《鸣沙石室佚书续编》(同上)一册。

第二十五函　一册

《尊古斋陶佛留真》(江夏黄濬,北平彩华局精印)一册。

第二十六函　四册

《流沙坠简》(罗振玉甲寅精印)三册。

《秦金石刻辞》(同上)一册。

第二十七函　五册

《秦汉金文录》(东莞容庚,中央研究院精印)五册。

第二十八函　二册

《王复斋钟鼎款识》(积古斋刻本,王富晋精印)一册。

《焦山鼎铭考》(翁方纲刻本,王富晋精印)一册。

第二十九函　五册

《宋拓淳化阁帖》(张得天原藏,罗振玉精印)五册。

第三十函　六册

《宋本郭青山集》(密韵楼藏,宋椠,董氏精印)六册。

第三十一函　七册

《殷虚文字类编》(罗振玉)三册。

《增订殷虚书契考释》(同上)二册。

《待问编》(番禺商承祚)一册。

《又类编通检》(同上)一册。

第三十二函　三册

《殷契遗珠》(秀水金祖同类次,中国书店精印)三册。

第三十三函　三册

《新郑出土古器图志》初、续、附编(任城靳云鹗精印)三册。

共计四十四种,三十三函一百六十六册十五幅。

影印丛书十帙目录卷七

武进陶湘涉园辑录

庚 帙

第一函　八册

《影南宋建本黄善夫史记》(一)(日本篁邨岛藏,宋椠,商务馆精印,共分四函三十二册)八册。

第二函　八册

《影南宋建本黄善夫史记》(二)八册。

第三函　八册

《影南宋建本黄善夫史记》(三)八册。

第四函　八册

《影南宋建本黄善夫史记》(四)八册。

第五函　五册

(以下为续古逸丛书四十六种十八函一百〇八册,商务馆选集精印。)

《宋大字本赵注孟子》(一)(乾道时重刻,蜀大字本)四册,附钗目一册。

第六函　五册

《庄子南华经》(二)(第一至第六卷南宋本,第七至第十卷北宋本,珠联璧合,首尾完善)五册。

第七函　八册

《尔雅疏》(三)(吴兴蒋氏密韵楼藏,宋本)三册。

《说文解字》(四)(士礼居黄氏藏北宋本,有标目)五册。

第八函　六册

《曹子建集》(五)(常熟瞿氏铁琴铜剑楼藏,宋本)三册。

《啸堂集古录》(六)(萧山朱翼盦藏,宋本)二册。

《窦氏联珠集》(七)(吴兴刘氏藏,宋本)一册。

第九函　七册

《张文昌集》(八)(萧山朱翼盦藏,宋本)一册。

《皇甫持正集》(九)(江安傅增湘藏影,宋本)一册。

《李长吉集》(十)(萧山朱翼盦藏,宋本)一册。

《许用晦集》(十一)(同上)二册。

《郑守愚集》(十二)(同上)一册。

《孙可之集》(十三)(同上)一册。

第十函　六册

《司空表圣集》(十四)(同上)二册。

《龙龛手鉴》(十五)(江安傅增湘藏,宋本)三册。

《文中子中说》(十六)(同上)一册。

第十一函　七册

《老子古本集注》(十七)(同上)二册。

《汉官仪》(十八)(萧山朱翼盦藏,宋本)一册。

《诸葛武侯传》(十九)(吴兴刘氏藏,宋本)一册。

《宋王颐堂集》(二十)(江南图书馆藏,宋本)一册。

《珞琭子三命消息赋李燕阴阳三命》(二十一)(涵芬楼藏,宋本)一册。

《山谷琴趣》(二十二)(同上)一册。

第十二函　五册

《公是先生七经小传》(二十三)(涵芬楼藏,宋本)一册。

《礼部韵略》(二十四)(涵芬楼藏,宋绍定本)四册。

第十三函　七册

《孔子祖庭广记》(二十五)(涵芬楼藏,蒙古重开金正大本)四册。

《汉隽》(二十六)(涵芬楼藏,宋淳熙本)三册。

第十四函　七册

《张子语录》(二十七)(涵芬楼据宋福建漕治本)一册。

《龟山语录》(二十八)(同上)二册。

《酒经》(二十九)(涵芬楼据绛云楼藏,宋本)一册。

《清波杂志》(三十)(涵芬楼据宋绍熙本)三册。

第十五函　五册

《续幽怪录》(三十一)(涵芬楼藏,南宋书棚本)一册。

《通玄真经》(三十二)(涵芬楼藏,南宋椠本)二册。

《洞灵真经》(三十三)(同上)一册。

《陶渊明诗》(三十四)(涵芬楼藏,宋绍熙本)一册。

第十六函　八册

《郡斋读书志》(三十五)(故宫博物院藏,宋淳祐袁州本)八册。

第十七函　三册

《乐善录》(三十六)(日本东洋文库藏,宋本)三册。

第十八函　五册

《名公书判清明集》(三十七)(日本小石崎氏静嘉堂藏,宋本)五册。

第十九函　四册

《武经七书》(三十八)(同上)三册。

《搜神秘览》(三十九)(日本福井氏崇兰馆藏,宋本)一册。

第二十函　七册

《公羊传疏》(四十)(南海潘明训氏藏,宋本)二册。

《张乖崖集》(四十一)(吴县潘氏滂喜斋藏,宋本)四册。

《中庸说残卷》(四十二)(日本东京东福寺藏,宋本)一册。

第二十一函　八册

大典本《水经注》(四十三)(内府藏《永乐大典》写本)八册。

第二十二函　六册

《谢幼盘集》(四十四)(吴县潘氏滂喜斋藏,宋本)二册。

《程氏演繁露》(四十五)(卢江刘氏远碧楼藏,宋本)三册。

《梅华喜神谱》(四十六)(吴县吴氏梅景书屋藏,宋本)一册。

(查《续古逸丛书》,商务书馆《续黎氏之古逸丛书》而作也。其自《宋本赵注孟子》起至《梅花喜神谱》止。共印行四十六种,即逢世变中止,以后有无继续印行则不可知,特识备考。)

第二十三函　四册

《权衡度量实验考》(吴大澂考,罗振玉乙卯精印)一册。

《古器物范图录》(罗振玉丙辰精印)一册。

《古明器图录》(同上印)一册。

《古镜图录》(同上印)一册。

第二十四函　八册

《元本困学纪闻》(江安傅氏精印)八册。

第二十五函　七册

《天禄琳琅精印宋本丛书》(第一集十五种,共分四函二十八册)

《论语集解》(一)(影元盱郡重刻廖氏九经本)二册。

《赵注孟子》(二)(同上)四册。

《尔雅郭注》(三)(影南宋监本)一册。

第二十六函　七册

《宣和奉使高丽国图》(四)(影乾道澄江郡本)三册。

《周髀算经》(附)《音义》(五)(以下算经七种,影明汲古阁抄宋本)二册。

《九章算经残存》(六)二册。

第二十七函　八册

《孙子算经》(七)一册。

《五曹算经》(八)一册。

《夏侯阳算经》(九)一册。

《张丘建算经》(十)二册。

《缉古算经》(十一)一册。

《历代名医蒙求》(十二)(宋临安府书棚本)二册。

第二十八函　六册

《老子道德经章句》(十三)(影宋麻沙刘氏本)一册。

《常建诗存》(十四)(影宋临安陈氏本)一册。

《佩韦斋文集》(十五)(影元皇庆本)四册。

共计六十七种,二十八函一百八十一册。

影印丛书十帙目录卷八

武进陶湘涉园辑录

辛　帙

第一函　四册

《王石谷绘康熙南巡回銮图》(内府藏本,北平铸新馆精印)四册。

第二函　六册

《散氏盘文》(内府二次出现器,赵秉冲书释文,故宫精印)一册。

《曶鼎文二种》(镂香阁藏原拓,上海精印;涉园藏原拓,有吴士鉴、罗振玉等跋,涉园精印)一册。

《苏东坡黄州寒食诗帖真迹》(内府藏本,有黄山谷跋,张演、颜世清等跋。今归东京菊池君惺堂所藏,内藤虎跋并精印)一册。

《赵子昂鹊华秋色真迹》(内府藏,延光室佟氏精印)一册。

《吴墨井仿宋元十帧》(内府藏,故宫精印)一册。

《王石谷仿宋元十二帧》(内府藏,瑶华道人题诗,有各名人跋,文明精印)、又,《寒竹烟泉图卷》(陶涉园藏,涉园精印),合一册。

第三函　三册

《清仪阁研铭集拓》(张廷济藏,砚上海精印)一册。

《归云楼砚谱》(徐世昌藏,徐氏精印)二册。

第四函　一册

《明项氏天籁阁藏宋人名画》(李拔可藏,商务馆精印)一册。

第五函　二册

《明王文成公遗像》(附名人题跋,上海石印)一册。

《黑龙江全省地图》(武进屠寄监制,西洋工程司测绘,黑龙江省志局精印)一册。

第六函　一册

《黄小松得碑图缩本》(翁方纲黄小松自绘,天津精印)、《元四大名人遗像》(北平精印)、《明十三陵总图缩本》(北平缩印),合一册。

第七函　一册

《恒农冢墓遗文》(罗振玉精印)一册。

第八函　一册

《张得天临董文敏书太上感应颂墨迹》(盛氏家藏,盛氏精印)一册。

附《姚司寇书感应颂》《许文恪公(乃普)日记》《盛宫保(宣怀)日记》。

第九函　五册

《实测河南直隶山东三省黄河图》(吴大澂监制,西洋工程司测绘,山东河防局精印)五册。

第十函　三册

《六朝造像精华》(有正选集精印)一册。

附《隽修罗碑》。

附《隋龙山公墓志》。

《李北海古诗墨迹》(霍邱裴氏藏,无锡文华局精印)一册。

《朱子尺牍墨迹》(内府藏,故宫精印)一册。

第十一函　三册

《百爵斋藏历代名人法书》(罗振玉精印)三册。

第十二函　一册

《永乐大典》(皆字韵,傅增湘藏,原本商务馆精印)一册。

第十三函　二册

《孝经善本集影》(大阪府立图书馆纂集,小林忠治郎精印)一册。

附《孝经展览会目录》。

第十四函　二册十二幅

《文渊阁藏书全影》(《实测图说》一册,《简明目录》一册,彩印内外图景十二幅,北京营造学社精印)。

第十五函　一册

《汉晋西陲木简汇编》(有正精印)一册。

第十六函　五册一大幅

《西岳华山庙碑》(三种,有正精印)。

《长垣本》一册。

《华阴本》一册。

《四明本》一册。

四明原本整张一大幅。

(原石为整张拓印,洵为至宝,有正书局以摄影本改为剪条装裱,殊觉失真。兹经潘氏以原石整本,按大小尺寸摄影整张附集于后,以存真本,特识于此。日本山本精印,涉园监制。附《丹徒秦更年曼云氏续考》二册。)

第十七函　二册

《项子京彩绘历代名瓷图谱》(定兴郭葆昌校注,美洲福开森参订,郭氏觯斋书社美术精印)一册。

《中国磁器概说》(附《美洲福开森英文考说》,附觯斋彩印瓷器写真样张一页)一册。

第十八函　二册

《历朝名画观音图像》(上海净缘社编集,净缘社精印)二册。

第十九函　一册

《陈氏百梅图》(陈叔通集,余绍宋序,商务馆精印)一册。

第二十函　八册

《明拓天发神谶碑》(宗礼白藏,有李文田跋,中华局精印)、《宋拓吴天发神谶碑》(罗振玉跋,丁巳精印)、又,《原石三段整张缩印本》(同上),合一册。

《黄山谷松风阁诗墨迹》(内府藏,故宫精印)一册。

《赵松雪一门法书》(内府藏,故宫精印)一册。

《徐熙百花图长卷》(霍邱裴氏藏本,文明局精印)、《沈石田山水册》(内府藏,故宫精印)、《恽南田真迹》(内府藏,有王石谷题,故宫精印)、《华新罗花鸟》(文明局精印),合一册。

《傅青主墨迹》(商务馆精印)一册。

《陶鉴泉遗墨》(武进陶氏精印)一册。

《关百益河南金石志图正编初集》(关百益精印)一册。

《当代名人画海》(蜜峰画社选集,中华局精印)一册。

第二十一函　一册

《旧都文物略》(民国廿四年杭县袁良印于北平市政府)一册。

第二十二函　一百零四幅

《佛面图》一百零四幅。

(前十幅系彩印,后九十六幅无彩色。不详所自及摄影处之姓氏。以意揣度殆本于释藏之图录。其摄影之法决非中国人所制。其为数一百六图，亦无从断其全残。或云罗汉五百尊之由来，其理似远或云雍和宫打兔面具，即论语乡人傩之遗意，其情颇近。未知熟是，收入此帙，以资后来博雅考证焉。再后九十六幅中尚短八十三、八十五两幅，又识。）

第二十三函　九册

《故宫周刊总索引》（故宫精印）一册。

《故宫周刊》（第一期至一百七十五期止，同上印）八册。

第二十四函　八册十一幅

《故宫周刊》（第一百七十六至三百七十五期止，同上印）八册。

《郎世宁艾启蒙十骏图》（廿四年双十节故宫精印）十一幅。

第二十五函　十三册

《故宫周刊》（第三百七十六至五百十期止，同上印）五册。

《宋人风水二十景》（十九年双十节，同上册）一册。

《周栎园读画楼书画集粹》（廿年双十节，同上印）一册。

《恽王合璧》（廿一年双十节，同上印）一册。

《宋四家真迹》（廿二年双十节，同一印）一册。

《明陆治蔡羽书画真迹》（廿三年双十节，同上印）一册。

《唐徐季海书朱巨川告身墨迹》（廿四年双十节，同上印）一册。

《历代功臣图像》（廿四年双十节，同上印）一册。

《清释石涛画罗汉册》（廿四年双十节，同上印）、《宋米芾诗牍墨迹》（内府藏，故宫精印），合一册。

第二十六函　六册

《高昌庙壁画菁华》（罗福苌译述，罗振玉丙辰精印）一册。

《两浙金石佚存》（罗振玉丁巳精印）一册。

《四朝钞币图》（罗振玉甲寅精印）一册。

《二十家仕女画存》（罗振玉戊午精印）一册。

《启发寺碑》（罗振玉精印）一册。

《苏氏一门法书》（内府藏，延光室佟氏精印）一册。

第二十七函　七册

《宋拓孔彪碑》（有额，有正精印）一册。

《汉娄寿碑》（缺额及首行，常熟翁氏藏，宋拓，有正精印）一册。

《宋拓圉令赵君碑》（有正精印）一册。

《天发神谶碑》（贵池刘世珩藏旧拓本，商务馆精印）一册。

《宋拓化度寺舍利塔铭》（吴县吴湖帆藏，中华局精印）一册。

《观沧阁造魏齐造像记十七种》（商务馆精印）、《北魏神䴥四年长庆寺造舍利塔并记》《北魏和平元年王苌造像并造像记》《北魏皇兴元年李禄造像并造像记》《北魏永安三年比丘僧东朗造像记》《东魏天平二年金明心等造须弥塔佛像并造像记》《东魏天平三年比丘慧寂等造像并造像记》《东魏兴和三年九门安乐王寺道遇等造像记》《东魏武定七年王光造像并造像记》《北齐天保二年李坦造像并造像记》《北齐天保四年曹普造像并造像记》《北齐天保八年周洪等造像并造像记》《北齐天保九年景寺僧造像并造像记》《北齐皇建二年邵翊造像并造像记》《北齐河清三年周贞造像并造像记》《北齐天统元年孟元洪造像并造像记》《北齐天统四年董宣造像并造像记》《北齐武平六年姜河妃造像记》《古鉴阁精选龙门造像四种》（艺苑真赏社精印）、《曹秋生等造像》《始平公造像》《杨大眼造像》《魏灵藏造像》，合一册。

《赵松雪书胆巴帝师碑》（武进费念慈藏，有正精印）一册。

第二十八函　八册

《宋拓王帖三种》（武进董康藏，商务馆精印）一册。

《十三行》《济美帖》《乐毅论》。

《唐贤首国师墨宝》（岳雪楼藏，南海孔氏精印）一册。

《赵飞燕外传》（仇十洲绘图，文徵明写传，文明精印）、《西厢记》（同上，俗称文仇合璧，同上印），合一册。

《默庵集锦并续》（李拔可藏，伊秉绶墨迹，商务馆精印）三册。

《柴翁书画集锦》（郑珍子尹氏，商务馆精印）一册。

《双辛夷楼书画》（闽县李墨巢次玉氏，商务精印）一册。

第二十九函　六册

《最初拓张迁碑》（有额有阴，有正精印）一册。

《库藏陕本虞世南夫子庙堂碑》（有正精印）一册。

《隋启发寺碑》（以下临川四宝，有正精印）一册。

《唐拓夫子庙堂碑》一册。

《褚河南书孟法师碑》一册。

《魏栖吾书善才寺碑》一册。

第三十函　三册

《贞松堂藏历代名人法书》（罗振玉藏，罗氏精印）三册。

第三十一函　五册

《两周金文辞大系图录》（郭沫若著，郭氏精印）五册。

第三十二函　一册

《三愿堂遗墨》（丹徒赵彦偁君举氏手书，柳诒徵精印）一册。

共一百卅九种,三十二函一百廿一册一百廿八幅。

影印丛书十帙目录卷九

武进陶湘涉园辑录

壬　帙

第一函　一〇三幅

《大清一统舆图》(康熙御制,西洋教士测绘,乾隆铜版印行内府藏,故宫精印,有翁文灏序)一〇三幅。

第二函　一厚册

《文渊阁四库全书简明目录》附《文渊阁藏书全景》(朱启钤精印)一厚册。

第三函　上一百幅

《大清皇城图》(原名《清国北京皇城写真帖》,东京帝室博物馆编纂,小川一真摄影印行。明治三十九年发行。当光绪三十二年丙午。共图一百七十二页,说明及目录一册,今缺图一〇三至一百十二止,共缺十页。尚有木样填色制度一册,缺上函一百幅)。

第四函　下一册六十二幅

《大清皇城图》(说明及目录一册,一百〇一图至一百七十二图止,下函一册六十二幅)。

第五函　八册

《美术聚英》(上)(日本东京审美书院精印)八册。

第六函　八册

《美术聚英》(中)(同上)八册。

第七函　九册

《美术聚英》(下)(同上)九册。

第八函　八册

《殷虚书契前编》(罗振玉丙辰精印)八册。

第九函　四册

《殷虚书契后编》(罗振玉丙辰精印)一册。

《殷虚书契考释》(罗振玉甲寅精印)一册。

《殷虚书契菁华》(同上印)一册。

《殷虚书契古器图录》(罗振玉丙辰精印)一册。

第十函　十册

《唐人写尚书残卷墨迹》(罗振玉丙辰精印)一册。

《六朝人写礼记卷子本疏义残卷》(同上印)一册。

《唐人写玉篇残卷》(同上印)一册。

《唐人写玉篇残卷》(罗振玉丁巳精印)一册。

《古写本史记残卷》(罗振玉戊午精印)一册。

《唐人写世说新书残卷》(罗振玉丙辰精印)一册。

《毛诗残卷》(狩野直喜藏,小林精印)一册。

《毛诗秦风正义残卷》(同上印)一册。

《旧写本翰林残帙》(内藤虎跋,小林精印)一册。

《旧写本王勃集残卷》(同上印)一册。

第十一函　六册

《六朝墓志菁华》(罗振玉丁巳精印)一册。

《六朝墓志二编》(同上精)一册。

《隋唐以来官印集存》(罗振玉丙辰精印)一册。

《昭代经师手简》(罗振玉戊午精印)一册。

《昭代经师手简二编》(同上印)一册。

《贞松堂官印集存》(罗振玉癸亥精印)一册。

第十二函　四册

《梦郼草堂吉金图》(罗振玉丁巳精印)三册。

《梦郼草堂吉金续图》(罗振玉戊午精印)一册。

第十三函　六册

《墨林星凤》(敦煌石室藏本,罗振玉丙辰精印)一册。

《温泉铭》《化度寺碑》《柳公权书金刚经》《石鼓文考释》(罗振玉丙辰精印)一册。

《蒿里遗珍》(罗振玉甲寅精印)一册。

《金泥石屑》(罗振玉丙辰精印)一册。

《秦汉瓦当文字》(罗振玉甲寅精印)二册。

第十四函　一册

《光绪山东全省州县自治区域图》(全省一百七州县,共图一百七十二幅,地方自治筹备处印行)一册。

第十五函　二册

《宋元明清名画大观》(昭和六年当民国十年辛未,日华古今展览会精印,共一百二十幅)二册。

第十六函　二册

《潘孺初临郑文公碑》（有杨守敬跋，日本山本竟山精印）二册。

第十七函　一册

《石雅》（地质学专报之一，章鸿钊排印）一册。

第十八函　一册

《康南海戊戌奏稿》（麦仲华编印）一册。

共计三十九种，十八函七十二册二百六十五幅。

影印丛书十帙目录卷十

武进陶湘涉园辑录

癸　帙

第一格

《宋拓熹平石经》（钱泳原藏，宋拓，后归常熟翁文恭公藏，博文堂精印）一册。

《定武兰亭五字未损本》（博文堂精印）一册。

《颜鲁公墨迹四种》（罗振玉藏，罗氏精印）一册。

（《送刘太冲序》《蔡远明帖》《文殊帖》《春田诗帖》。）

《颜鲁公裴将军诗帖墨迹》（内府藏，商务精印）一册。

《宋拓甲秀堂帖残卷》（博文堂精印）一册。

《宋米元章乐兄帖》（博文堂精印）一册。

《唐拓十七帖》（博文堂精印）一册。

《南宋拓论坐帖》（博文堂精印）一册。

《研田居士仿宋元小景册》（即王建章仲初氏仿宋元廿四幅，博文堂精印）一册。

第二格

《北宋拓圣教序》（飞香馆藏本，博文堂精印）一册。

《南唐拓澄清堂帖残卷》（博文堂精印）一册。

《北宋拓化度寺碑》（成亲王藏，博文堂精印）二册。

《赵文敏公道德经墨迹》（阳湖汪叔明藏，博文堂精印）一册。

《天发神谶原石三段全部缩本》（文明局精印）一册。

第三格

《陶靖节草书真迹》（中国图书公司精印）一册。

《隋丁道护书启法寺碑》(博文堂精印)一册。

《龚野遗山水真迹》(即龚半千博文堂精印)一册。

《龚半千山水册》(博文堂精印)一册。

《崔敬邕墓志铭》(同上)一册。

《司马昞墓志铭》(同上)一册。

《宋拓罗池庙碑》(同上)一册。

《洙泗五泉碑》(此因文教之根据有关掌故,上海济生公会石印)一册。

第四格

《东亚钱志》(日本奥平昌洪发著,日本精印)十八册。

共计廿六种,四十一册。

照片资料

1917 年摄于天津。前排右一为陶湘，右二为陶湘的哥哥陶珙，后排站立者为陶湘的双胞胎弟弟陶瑢。

陶湘使用过的书桌
（李建军摄影）

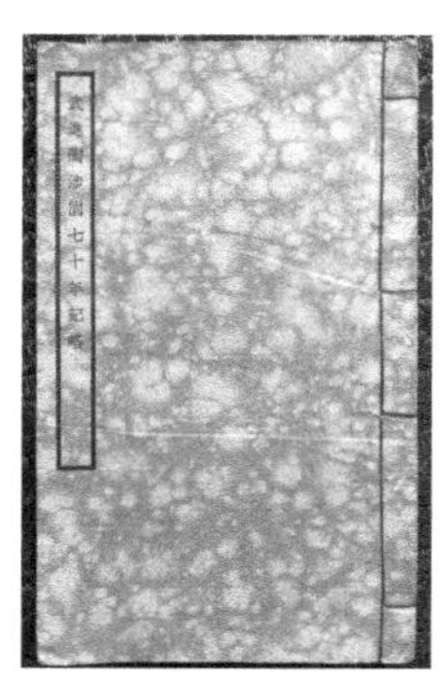

《武进陶涉园七十年记略》书影
（李建军摄影）

《溧阳陶氏迁常支谱(第一册、第二册、第三册)》《陶氏家集》书影
(李建军摄影)

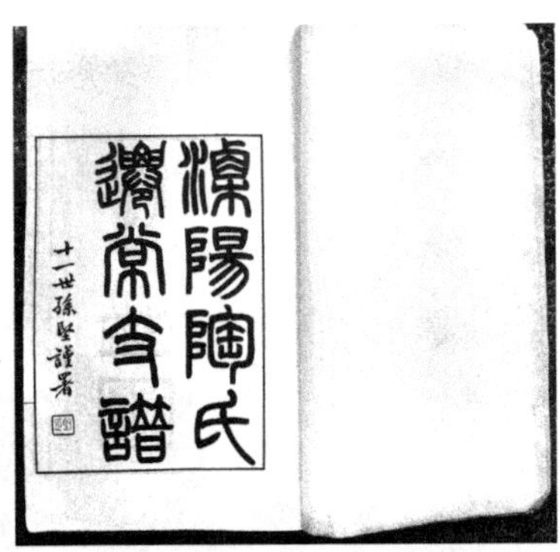

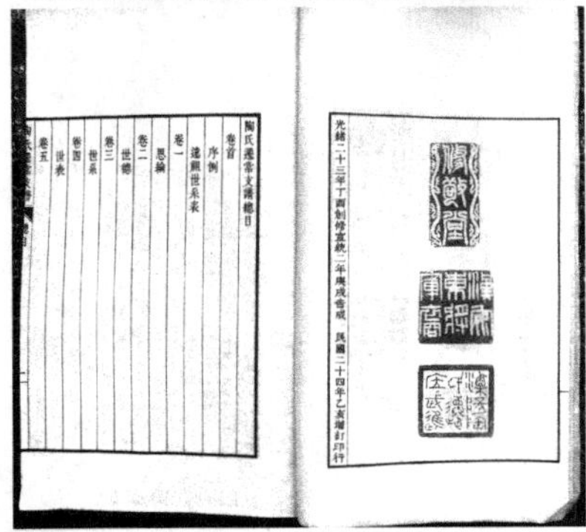

《溧阳陶氏迁常支谱》第一册内页
(李建军摄影)

陶本《营造法式》书影
(李建军摄影)

陶本《营造法式》内页
(李建军摄影)

后 记

陶湘，字兰泉，号涉园，江苏武进人，生于1870年，卒于1940年，享年七十岁。为传承和捍御伟大的中华文明，毕其一生，倾其家财，藏书三十万卷，并以一己之力校勘、刻印古籍约二百五十种，被誉为清末民初时期著名藏书家、版本目录学家。

陶湘在民国初期的藏书界享有“陶开化”之雅号，且“陶刻”“陶装”“陶氏书套”也被业内广为赞誉。陶湘整理和传刻的北宋李明仲著《营造法式》，刊行后引起国外汉学家、建筑家注意。为此，我国成立了第一个专门研究传统建筑的学术机构——中国营造学社。陶湘除了在藏、校、刻书方面享有盛誉，还是一位资深的版本目录学家，1926年主持故宫殿版图书编订，1929年出任故宫博物院图书馆专门委员，撰成《清代殿本始末记》一文，并辑成明、清两代多种书目收入《书目丛刊》，是专门鉴定殿版书的专家。

我最初听到外曾祖父陶湘的故事是在20世纪60年代初，那时正值年少，父母每天忙于工作，家中只有外祖母带着我和弟弟。闲来无事时，外祖母经常给我们讲故事，有时也讲她自己的身世和公公陶湘。记得她说陶湘身兼七职，收入颇丰，喜藏书，家里常年有雇工负责晒书、刻板……每每讲到此，外祖母脸上便会露出骄傲自豪的神情，看得出，她是由衷地敬佩公公。受外祖母感染，我竟然臆想出场景：一位身穿灰色长布衫的老先生坐在桌旁，正专心致志地伏案刻字……一位短打扮的中年男人把一摞摞书摊在院子里晾晒……

真正明白外曾祖父陶湘藏书之意义和价值是退休以后。那些年兴起博客热，我也加入了浩浩荡荡的写博大军，并经常上网看博文，取人之长，补己之短。一次，不经意间发现网上有介绍陶湘的内容，出于好奇，我一方面收集正式媒体刊登的文章，一方面到北京拜访陶湘的长孙陶宗震，寻找祖传家庭档案。

陶宗震师从梁思成，曾徒手画出人民大会堂、东华门外贸大楼、新北京饭店东楼设计方案。他参与过天安门广场设计，主持北京大学总体规划及教学楼设计，被誉为建筑大家。陶宗震和老伴吕林热情地为我提供了收藏多年的陶湘所撰《涉园七十年记略》《陶湘遗嘱》，以及《陶氏家谱》《陶湘行述记略》《陶氏家集》等珍贵家传秘籍,并讲述了陶湘鲜为人知的故事。陶宗震说,陶湘晚年因专嗜刻书,造成银行透支,利息滚计,只得以售书偿还债务和维持生计,七八年间好书罄尽。中华人民共和国成立后,按照陶湘"公藏世守"之遗愿,由其父亲陶祖椿牵头,众弟兄签名、盖章同意,通过全国人大常委会副委员长陈叔通介绍,与文化部副部长兼国家文物局局长郑振铎联系,将遗存于天津交通银行的十二大橱书籍、碑帖和四十箱书版全部捐献国家。

2010年夏,我写了一篇《津门藏书家陶湘》,7月22日刊登在《今晚报》休闲版"津门书人书事"专栏。之后,我将这篇文章转载于博客,引起博友"饱蠹鱼"注意,从此我们多有交流。"饱蠹鱼"即天津市问津书院掌门人、天津师范大学教授王振良。多年来,他致力于天津历史文化研究和保护,且对藏书情有独钟,2014年入选首届全国"书香之家"。王振良对老一辈藏书家陶湘之夙愿和艰辛理解得颇为透彻,对其一生为藏书文化所作贡献如数家珍。2017年天津图书馆拍摄了专题片《陶湘和涉园》,撰稿人便是王振良。

藏书史是近代中国文化史研究热点之一。随着互联网日益发达,在网上能看到很多研究陶湘的论文,然而我以为,原始资料匮乏似乎成为深入探讨这一课题的瓶颈,尤其是关于陶湘身世的文章,颇有人云亦云,以讹传讹之憾。为此,我萌生了将尚存之家族文献集结成册,为从事相关研究人员提供一手资料的想法。我把这个动议告知王振良后,得到他的鼓励和鼎力相助,主动帮助我联系出版事宜,并为本书取名《涉园缥缃》,列入他主编的"天津记忆文库"。

本书内容包括陶湘撰写的《武进陶湘字兰泉号涉园七十年记略》《陶湘遗嘱》,以及《陶公兰泉行述记略》《陶氏家谱》《陶氏家集》《涉园收集影印金石图籍字画墨迹丛书十帙目录》等。

陶湘在《涉园七十年记略》中记载了平生任职情况和藏书、刻书全过程,以及与盛宣怀、傅增湘等中国近现代史中重要人物密切交往情况,出版本书有助于后人深入了解和研究清末民初对中国传统文化的抢救和传承情况。

《陶氏家谱》涵盖了从远祖第一世汉徐州牧溧阳侯陶谦直至陶湘孙辈的情况,其中远祖世系表、恩纶、世德、世系、世表、文传、服制图等对我国文化人类学研究提供了重要资料。另外,家谱中详细记载了溧阳陶氏家族的一支迁入常州后,十世祖宗的行述、传记、墓志铭以及家庭成员情况,可为探讨陶湘身世之谜提供正确依据。

陶湘之八子陶祖莱是中科院力学研究所教授,参与研发中国第一代单兵防空导弹,后从事流体力学和生物力学、生物医学工程等领域研究,为我国成功完成载人航天壮举立下汗马功劳。2015年、2020年分别荣获生物医学工程学会终身贡献奖、杰出贡献奖。陶祖莱为本书作序，由其子陶昕整理成文，遗憾的是他未能亲眼看到此书出版发行。

我于2017年11月始将陶湘资料陆续输入电脑，进行编辑、校对、点校、插图、排版工作，并联系出版事宜等，历时六载，终于付梓。正可谓：兰泉典藏皆散外，涉园缥缃沁馨来。墨舞春风迎百花，中华文化传万代。

特别感谢舅舅陶宗震热情提供家传档案；特别感谢叔外祖父陶祖莱和舅舅陶昕为本书作序；特别感谢王振良教授拨冗点校《涉园七十年记略》；特别感谢南开大学同事朱军帮助校对；特别感谢我的丈夫李建军与我共同分担校对工作，并用电脑精心修饰每一幅扫描图片；感谢所有为出版本书无私奉献的朋友。

由于本书内容涉及古籍，且家谱中大部分文章写于清代，常有异体字和字库里没有的字，尤其点校更是仁者见仁，智者见智，因此对于编辑中出现的差错，敬请读者指正。

李小芹

2023年12月1日